ज्ञान गरिमा के
70 वर्ष

भारतीय ज्ञानपीठ

# भारतीय स्वतन्त्रता आन्दोलन में उत्तरप्रदेश जैन समाज का योगदान

# भारतीय स्वतन्त्रता आन्दोलन में उत्तरप्रदेश जैन समाज का योगदान

अमित जैन

भारतीय ज्ञानपीठ

**मूर्तिदेवी ग्रन्थमाला : ग्रन्थांक 51**

**ISBN 978-93-263-5234-5**

**भारतीय स्वतन्त्रता आन्दोलन में**
**उत्तरप्रदेश जैन समाज का योगदान**
(शोध)
अमित जैन

**प्रथम संस्करण : 2014**
**मूल्य : 300 रुपये**

प्रकाशक : **भारतीय ज्ञानपीठ**
18, इन्स्टीट्यूशनल एरिया, लोदी रोड, नयी दिल्ली–110 003

मुद्रक : विकास कम्प्यूटर ऐंड प्रिंटर्स, दिल्ली

साज–सज्जा : ज्ञानपीठ कला प्रभाग



BHARATIYA SWATANTRATA AANDOLAN MEIN
UTTAR PRADESH JAIN SAMAJ KA YOGDAN
(Research)
AMIT JAIN

Published by : **Bharatiya Jnanpith**
18, Institutional Area, Lodi Road, New Delhi-110 003

e-mail : jnanpith@satyam.net.in, sales@jnanpith.net
website : www.jnanpith.net

**First Edition : 2014**
**Price : Rs.300**

# अनुक्रम

*Dr. Karan Singh*
MEMBER OF PARLIAMENT
(RAJYA SABHA)

3, NYAYA MARG
CHANAKYAPURI
NEW DELHI - 110 021

सत्यमेव जयते

## प्राक्कथन

भारतीय स्वतंत्रता आंदोलन में देश के सभी वर्गों और भौगोलिक क्षेत्रों का अतुलनीय योगदान रहा है । यह भारतीय समाज का समग्र आंदोलन ही था, जिसके कारण विवश होकर अंग्रेजों को यहां से जाना पड़ा । स्वतंत्रता आंदोलन के विभिन्न पक्षों पर भारतीय विश्वविद्यालयों और अन्य संस्थानों में भी गंभीर शोधकार्य होता रहा है, और अभी भी हो रहा है । स्वतंत्रता आंदोलन से जुड़े काफी दस्तावेज अभी भी हमारी पहुँच से दूर हैं । ज्यों-ज्यों इस प्रकार के दस्तावेज हमें प्राप्त होते जायेंगे, त्यों-त्यों स्वतंत्रता आंदोलन के विभिन्न अनछुए पक्षों पर और भी प्रकाश पड़ेगा ।

डाक्टर जैन ने समाज का स्वतंत्रता आंदोलन में योगदान विषय पर शोधकार्य करने के लिये मुख्य रूप से उत्तर प्रदेश को आधार बनाया है लेकिन मोटे तौर पर यह राष्ट्रीय स्तर का ही मूल्यांकन कहा जायेगा । इस शोधकार्य में असहयोग आंदोलन, सविनय अवज्ञा आंदोलन, और भारत छोड़ो आंदोलन के दौरान जैन समाज ने उत्तर प्रदेश के विभिन्न जिलों में सक्रिय होकर किस प्रकार अंग्रेजों का विरोध किया तथा देश को स्वतंत्र कराने में अपनी अहम भूमिका निभाई इसका विवरण मिलता है । प्रस्तुत ग्रंथ में लेखक ने परिश्रमर्पूतक महत्पूर्ण सामग्री का संकलन करके स्वतंत्रता आंदोलन में एक नया अध्याय जोड़ा है, जिससे जहां जैन समाज को अपने गौरवमय इतिहास की जानकारी प्राप्त होगी वहीं शोध शास्त्री भी जैन समाज की स्वतंत्रता आंदोलन में समग्र भूमिका के सभी आयाम जन-साधारण के सामने ला सकेगें । मुझे इस बात की भी हार्दिक प्रसन्नता हो रही है कि इस ग्रंथ के प्रकाशन का दायित्व भारतीय ज्ञानपीठ ने उठाया है ।

मैं शोध ग्रंथ के प्रकाशन की सफलता की कामना करता हूँ ।

कर्ण सिंह

(कर्ण सिंह)..

नयी दिल्ली -110021
वसंत पंचमी, 4 फरवरी-2014

Tel. : 611-1744, 611-5291 Fax : 687-3171
E-mail : karansingh@karansingh.com

# आशीर्वचन

अहिंसा जैन-दर्शन की आधारशिला है। प्रत्येक जैन श्रावक एवं साधु की दिनचर्या अहिंसा व्रत के पालन पर केन्द्रित रहती है। जहाँ साधु अहिंसा महाव्रत का पालन करते हैं वहीं श्रावक अहिंसा अणुव्रत का पालन करता है।

जैन शास्त्रों में हिंसा के चार प्रकार बताये गये हैं– संकल्पी हिंसा (संकल्पपूर्वक किसी प्राणी की हिंसा करना), आरम्भी हिंसा (जीवन यापन एवं दैनन्दिन कार्यों में होनेवाली हिंसा), उद्योगी हिंसा (उद्योग, व्यापार आदि में होनेवाली हिंसा), विरोधी हिंसा (धर्म, समाज एवं राष्ट्र की रक्षा हेतु विरोधी/आततायी के प्रतिकार में होनेवाली हिंसा।)

जैन श्रावक संकल्पी हिंसा का तो पूर्णतः त्यागी होता है किन्तु आरम्भी, उद्योगी एवं विराधी हिंसा का यथाशक्ति त्याग करता है क्योंकि गृहस्थ के रूप में इनका पूर्णतः त्याग शक्य नहीं है। साथ ही धर्म, समाज एवं राष्ट्र के हितों के विपरीत कार्य करनेवाले, भारत को परतंत्र कर उसकी अस्मिता को नुकसान पहुँचाने वाले का प्रतिकार करना प्रत्येक श्रावक का कर्तव्य है। विदेशी शासकों/आक्रान्ताओं का प्रतिकार न करना अहिंसा नहीं कायरता होगी।

जैन श्रावकों ने अपने कर्तव्य का निर्वहन करते हुए जहाँ राष्ट्र के आर्थिक, सामाजिक उन्नयन एवं राजनैतिक चेतना जागृत करने में अग्रणी भूमिका का निर्वाह किया वहीं आजादी के संघर्ष के विभिन्न चरणों असहयोग आंदोलन, सविनय अवज्ञा आंदोलन एवं भारत छोड़ो आंदोलन में पूर्ण सक्रियता से सहभागिता दी। कुछ समाज बंधुओं ने अग्रिम पंक्ति में आकर संघर्ष किया, जेल गये, शहीद हुए तो कुछ परदे के पीछे रहकर संसाधनों को जुटाने, संरक्षण देने एवं संपर्क की श्रृंखला बनाते रहे।

जैन लेखकों, पत्र-पत्रिकाओं एवं सामाजिक नेतृत्व ने आजादी के आंदोलन को बढ़ाने, विदेशियों के प्रति घृणा का वातावरण बनाने, भारत की एकता एवं अखंडता को मजबूत कर राष्ट्रीय स्वाभिमान को जागृत करने में अग्रणी भूमिका का निर्वाह किया, किंतु सम्यक् अभिलेखीकरण एवं विश्लेषण न हो पाने के कारण यह ऐतिहासिक योगदान इतिहास की बहुप्रचलित पुस्तकों में स्थान न पा सका। बहुत से तथ्य केवल अभिलेखागारों में ही संरक्षित बने रहते यदि अमित जी अपने पी-एच.डी. शोध हेतु 'भारतीय स्वतंत्रता आंदोलन में उत्तरप्रदेश जैन समाज का योगदान' विषय का चयन न करते।

मुझे यह जानकर प्रसन्नता हुई कि श्री अमित जी का शोधप्रबंध सुसंपादित रूप में भारतीय ज्ञानपीठ द्वारा प्रकाशित हो रहा है।

इस महत्वपूर्ण कृति के सृजन, संपादन एवं प्रकाशन हेतु श्री अमित जैन एवं भारतीय ज्ञानपीठ, दिल्ली के सभी पदाधिकारियों को मेरा मंगल शुभाशीष।

आचार्य ज्ञानसागर

नयी दिल्ली, 28 फरवरी 2014

# आत्मकथ्य

"मैं वहाँ (श्रवणबेलगोल जैन तीर्थ) एक महान भारतीय विचारधारा को विनयांजलि देने गयी थी। जैन विचारकों द्वारा प्रवाहित इस विचारधारा ने हमारे इतिहास पर और हमारी संस्कृति पर, सदाचार की गहरी छाप छोड़ी है। इतना ही नहीं, इस चिन्तन ने देश के स्वतन्त्रता संग्राम को भी प्रभावित किया है और हमें नीति के लिए संघर्ष करने की प्रेरणा दी है। महात्मा गाँधी ने भी जैन तीर्थंकरों द्वारा बताये गये अहिंसा और अपरिग्रह के मार्ग को अपनी साधना का आधार बनाया था"।[1] ये वाक्य भारत की प्रधानमन्त्री श्रीमती इन्दिरा गाँधी ने लोकसभा में उन विपक्षी सांसदों को सम्बोधित करते हुए कहे थे, जो प्रधानमन्त्री के तौर पर उनके श्रवणबेलगोल कर्नाटक स्थित जैन महोत्सव में सम्मिलित होने की आलोचना कर रहे थे।[2]

वास्तव में जैन धर्म ने प्राचीन काल से ही भारतीय संस्कृति और सभ्यता पर अपनी अमिट छाप छोड़ी है। 'संस्कृति के चार अध्याय' में रामधारी सिंह दिनकर ने लिखा है - जैन धर्म बहुत अधिक प्राचीन है, यह उतना ही पुराना है, जितना वैदिक धर्म। जैन धर्म के तीर्थंकर ऋषभदेव के पुत्र भरत के नाम पर ही हमारे देश का नाम भारत पड़ा। जैन धर्म की दो बड़ी विशेषताएं अहिंसा और तप हैं। इसलिए, यह अनुमान तर्क सम्मत है कि अहिंसा और तप की परम्परा प्राग्वैदिक थी और उसी का विकास जैन धर्म में हुआ।

भगवान महावीर ई.पू. छठी शताब्दी में हुए और उन्होंने जैन मार्ग का जोरदार प्रवर्तन किया। इससे उस मार्ग के प्रणेता वे ही समझे जाने लगे, किन्तु जैन धर्म में चौबीस तीर्थंकर हुए और महावीर वर्धमान चौबीसवें तीर्थंकर थे। उनसे पूर्व तेईस तीर्थंकर और हुए थे। तेईसवें तीर्थंकर पार्श्वनाथ थे, जो ऐतिहासिक पुरुष हैं और जिनका समय महावीर और बुद्ध दोनों से कोई 250 वर्ष पहले पड़ता है।

जैन धर्म का अहिंसावाद वेदों से निकला है, इसके पीछे साक्ष्य यह है कि ऋषभदेव और अरिष्टनेमि जैन मार्ग के इन दो प्रवर्तकों का उल्लेख ऋग्वेद में मिलता है। जैन धर्म के पहले तीर्थंकर ऋषभदेव हैं। उनकी कथा विष्णु पुराण और भागवत् पुराण में भी आती है, जहाँ उन्हें महायोगी, योगेश्वर और योग तथा तप मार्ग का प्रवर्तक कहा गया है। इन दोनों पुराणों का यह भी कहना है कि दशावतार के पूर्व

होने वाले अवतारों में से एक अवतार ऋषभदेव भी है। इससे पता चलता है कि वेदों के गृहस्थ प्रधान युग में वैराग्य, अहिंसा और तपस्या के द्वारा धर्मपालन करनेवाले जो अनेक ऋषि थे, उनमें ऋषभदेव का अन्यतम स्थान था और उनकी परम्परा में जो लोग अहिंसा तथा तपश्चर्या के मार्ग पर बढ़ते रहे, उन्होंने जैन धर्म का पथ प्रशस्त किया।

जैन पन्थ के अन्तिम तीर्थंकर महावीर वर्धमान हुए। उन्होंने अपने जीवनकाल में ही जैन धर्म की नींव भली-भाँति पुष्ट कर दी और जब उनका निर्वाण हुआ, तब जैन धर्म पूर्ण रूप से संगठित और सक्रिय था। आज जैन मतावलम्बियों में अधिक संख्या उन्हीं की है, जो व्यापारी हैं। यह भी जैन धर्म के अहिंसावाद का ही परिणाम है। जैन साधु इस चिन्ता में बहुत अधिक पीड़ित रहते थे कि कहीं उनके हाथों किसी जीव का नाश न हो जाये। मगर कृषि में तो खेत जोतने से जीव हिंसा होती ही है। इस हिंसा से घबराकर जैनियों में कृषि को छोड़कर व्यापार पर जीने की प्रथा चल पड़ी।

दक्षिण भारत में जैन धर्म का जो प्रचार हुआ, उससे भारत की एकता में और भी वृद्धि हुई। जैन मुनियों और साहित्य के साथ संस्कृत के बहुत से शब्द दक्षिण पहुँचे और वे मलयालम, तेलुगु और कन्नड़ भाषाओं में मिल गये। जैन समाज ने दक्षिण में बहुत सी पाठशालाएँ भी खोली थी। आज भी कन्नड़ इलाके में बच्चों को अक्षरारम्भ कराते समय 'ॐ नमः सिद्धम्' यह पहला वाक्य पढ़ाया जाता है, जो जैनों के नमस्कार मंत्र का वाक्य है।

गुजरात की जनता पर जैन शिक्षा (अहिंसा और सादगी) का आज भी अच्छा प्रभाव है तथा यह भी कोई आकस्मिक बात नहीं है कि अहिंसा, उपवास और सरलता के प्रबल समर्थक गाँधी जी गुजरात में ही जन्मे।[3]

*बचपन में गाँधी*

महात्मा गाँधी के जीवन पर जैन धर्म की अमिट छाप थी। फ्रेंच भाषा के विख्यात लेखक और शांतिवादी चिंतक श्री रोमा रौलाँ जो नोबल पुरस्कार विजेता थे और महात्मा गाँधी के परम् मित्र भी थे, ने अपनी पुस्तक 'महात्मा गाँधी' में स्पष्ट लिखा है कि -

"His parents were followers of the Jain School of Hinduism, which regards ahimsa, the doctrine of non-injury to any form of life, as one of its basic principles. This was the doctrine that Gandhi was to proclaim victoriously throughout the world. Jainism believes that the principle of love, not intelligence, is the road that leads to God."[4]

महात्मा गाँधी के माता-पिता भारतीय संस्कृति के जैन धर्म के अनुयायी थे, जो अहिंसा में अटूट विश्वास करता है। अहिंसा का अर्थ है, किसी भी प्रकार के प्राणी को चोट न पहुँचाना यह इसका एक मूलभूत सिद्धान्त है। यह एक ऐसा (जैन) दर्शन था, जिसे गाँधी जी ने पूरे संसार में बड़े गर्व के साथ फैलाया। जैन लोगों का विश्वास है कि कोरी बुद्धिमत्ता नहीं, अहिंसात्मक करूणा का सिद्धान्त ही वह रास्ता है, जो परमात्मा तक बना देता है।

*युवा गाँधी*

महात्मा गाँधी की माता पुतली बाई धार्मिक प्रवृत्ति की महिला थीं। महात्मा गाँधी की आठ वर्ष की उम्र में सगाई और बारह वर्ष की उम्र में शादी हुई थी। उन्नीस वर्ष की उम्र में अपनी पढ़ाई पूरी करने के लिए लंदन विश्वविद्यालय के 'लॉ स्कूल' में उन्हें इंग्लैण्ड भेजा गया। भारत छोड़ने से पूर्व उनकी माताजी ने उनको जैन धर्म के तीन व्रत दिलवाये। जहाँ निषेध था - शराब, मांस और शारीरिक सम्बन्ध का।

इस सन्दर्भ में गाँधी जी ने अपनी आत्मकथा में लिखा है, ''गुजरात में जैन सम्प्रदाय का बड़ा जोर है। उसका प्रभाव हर जगह, हर काम में पाया जाता है। इसलिए मांसाहार का जैसा विरोध और तिरस्कार गुजरात में श्रावकों तथा वैष्णवों में पाया जाता है, वैसा हिन्दुस्तान में या सारी दुनिया में और कहीं नहीं पाया जाता। ये मेरे संस्कार थे।''

गाँधी जी ने लिखा है, मेरे पिताजी के पास जैन धर्माचार्यों में से भी कोई न कोई हमेशा आते रहते थे। पिता जी उन्हें भिक्षा भी देते थे। वे पिताजी के साथ धर्म और व्यवहार की बातें किया करते थे। मेरी विदेश यात्रा पर मेरी माता जी ने शंकाएँ उठाई। मैंने माँ से कहा, तू मेरा विश्वास नहीं करेगी? माता जी बोलीं - मुझे तेरा विश्वास है, पर दूर देश में क्या होगा? मेरी तो अक्ल काम नहीं करती। मैं बेचरजी स्वामी से पूछूँगी।

बेचर जी स्वामी मोढ़ बनियों में बने हुए एक जैन साधु थे। जोशी जी की तरह वे भी हमारे सलाहकार थे। उन्होंने मदद की। मैंने माँस, मदिरा तथा स्त्री-संग से दूर रहने की प्रतिज्ञा की। तब माता जी ने मुझे विदेश जाने की आज्ञा दी।[5]

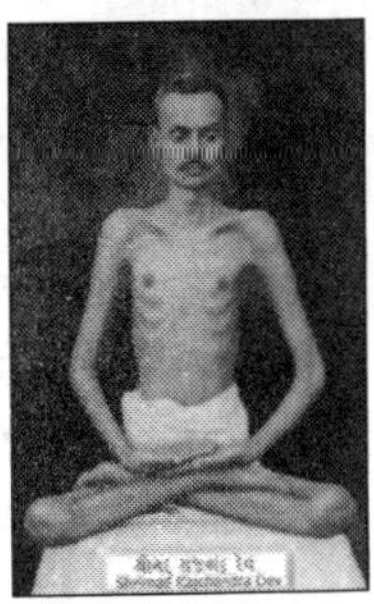

*श्रीमद रायचंद*

इस प्रकार महात्मा गाँधी के जीवन पर बचपन से ही जैन धर्म के सिद्धान्तों का प्रभाव था। बम्बई में जैन कॉन्फ्रेंस के अवसर पर उन्होंने कहा था कि—मुझ पर जैन भाइयों की

बहुत कृपा दृष्टि है। भारतवर्ष में एक सगे भाई के समान भाईबन्दी के साथ रहने का दावा जैन ही कर सकते हैं। मेरे परम मित्र डॉक्टर प्राणजीवन जैन हैं, जिनके चरित्र का मैं बहुत सम्मान करता हूँ। रायचंद भाई (जैन) मेरे मित्र थे और शहर बम्बई में मेरे रहने का जो स्थान है, वह भी एक देवाशंकर जैन भाई का है।

महात्मा गाँधी ने जैन संत श्रीमद् रायचंद भाई के विषय में एक बार कहा था 'बहुत बार कह और लिख गया हूँ कि मैंने बहुतों के जीवन में से बहुत कुछ सीखा है, परन्तु सबसे अधिक किसी के जीवन से मैंने ग्रहण किया हो, तो वह कवि श्रीमद् रायचन्द्र के जीवन से है। दया धर्म भी मैंने उनके जीवन से सीखा है। खून करने वाले से भी प्रेम करना यह दया धर्म मुझे कवि ने सिखाया है।'

गाँधी जी ने प्रसिद्ध जैन तीर्थ शत्रुंजय (गुजरात) का उल्लेख करते हुए कहा, "मैं जब श्री पालीताना गया। उस समय मुझे श्री शत्रुंजय जाना ही था, और वहाँ केवल सैर के वास्ते नहीं, बल्कि भक्ति से जाना था। उसके दर्शन करके मुझे बड़ा हर्ष हुआ। मैं पाँव की रक्षा के लिए लकड़ी की खड़ाऊँ पहनता हूँ और उनकी आवश्यकता रहती है। पहाड़ पर चढ़ते हुए खड़ाऊँ उतरवाने में जैन बन्धु संकोच कर रहे थे, परन्तु मैं समझ गया और उनके बिना ही ऊपर चढ़ गया।"[6]

*लाला लाजपत राय*

अहमदाबाद में एक बार जैन सेठ माणेकलाल जेठा द्वारा स्थापित सार्वजनिक पुस्तकालय के उद्घाटन अवसर पर गाँधी जी ने कहा था - "गुजरात में जैन धर्म की पुस्तकों के अनेक भण्डार हैं, परन्तु वे वणिकों के घर में ही शोभायमान हैं। वे उन ग्रन्थों को सुन्दर रेशमी वेष्टनों में लपेट कर रखे हुए हैं। ग्रन्थों की यह दशा देखकर मेरा हृदय आहत हो रोता है, परन्तु यदि मैं रोता रहता, तो आज 63 वर्ष तक कैसे जीता? मेरा मन तो यह है, कि यदि चोरी का दोष न गिना जाये, तो मैं इन ग्रन्थों को चुरा लूं और इन वणिकों से कहूँ कि यह तुम्हारे लायक नहीं थे, इसलिए मैंने चुरा लिये।"[7] इस प्रकार गाँधी जी समय-समय पर जैन समाज को अपना मार्गदर्शन भी देते रहते थे।

आधुनिक भारत के शिल्पी, दार्शनिक, समाज-सुधारक एवं स्वतन्त्रता सेनानी लाला लाजपतराय का जन्म एक जैन परिवार में हुआ था।[8] लाला जी ने जुलाई 1916 के मॉडर्न-रिव्यू में प्रकाशित अपने लेख 'अहिंसा परमो धर्मः' में स्वयं लिखा था, मेरा जन्म एक जैन कुल में हुआ है। मेरे दादा अहिंसा के पक्के अनुयायी थे। साँप चाहे उन्हें काट लेता, पर वह उसे कभी नहीं मारते थे। वह किसी छोटे से कीड़े-मकोड़े को कभी कोई कष्ट नहीं पहुँचाते थे। वह घण्टों पूजा-पाठ में लगे रहते थे। बिरादरी में उनका अच्छा मान और आदर होता था। उनके एक भाई साधु थे, जो अपने धर्म

के आचार्य माने जाते थे। उनके समान श्रेष्ठ साधु मैंने बहुत ही कम देखे हैं। वह अपने सिद्धान्तों का पूरा-पूरा पालन करते थे वे अनेक प्रकार के धर्माचरण करके अपना शरीर क्षीण करते थे, और अपनी कामनाओं तथा प्रवृत्तियों को वश में रखते थे।[9] लाला लाजपतराय ने भारतीय स्वतन्त्रता आन्दोलन में अपनी महत्त्वपूर्ण भूमिका अदा की।

भारतीय स्वतन्त्रता आन्दोलन (1919-1947) में महात्मा गाँधी और लाला लाजपतराय के योगदान को देश का बच्चा-बच्चा जानता है। इन दोनों देशभक्तों के जीवन पर जैन धर्म का महत्त्वपूर्ण प्रभाव रहा। दिये गये तथ्य इस बात की पुष्टि करते हैं।

प्रस्तुत ग्रन्थ में भारतीय स्वतन्त्रता आन्दोलन के दौरान उत्तर प्रदेश जैन समाज द्वारा दिये गये योगदान का उल्लेख किया गया है। उत्तर प्रदेश, जैन धर्म के चौबीस तीर्थंकरों में से अट्ठारह तीर्थंकरों की जन्मभूमि होने का गौरव रखता है। भारतीय गणतन्त्र का जनसंख्या की दृष्टि से सबसे विशाल राज्य उत्तर प्रदेश इतिहास काल के प्रारम्भ से ही आदि तीर्थंकर ऋषभदेव और तदनन्तर हुए तेईस जैन तीर्थंकरों के अनुयायियों से युक्त रहा है।[10]

भारतीय स्वतन्त्रता आन्दोलन (1919-1947) के दौरान उत्तर प्रदेश (तत्कालीन संयुक्त प्रान्त) में जैन समाज की जनसंख्या बहुत कम थी। सरकारी आकड़ों के अनुसार 1921 में हुई जनगणना के अनुसार उत्तर प्रदेश की कुल जनसंख्या 39,292,926 थी, जिनमें जैन अनुयायियों की संख्या मात्र 68,111 थी। जो कुल जनसंख्या की 0.173 प्रतिशत है।[11] 1931 में हुई जनगणना के अनुसार उत्तर प्रदेश की कुल जनसंख्या 40,585,338 थी, जिनमें जैनों की संख्या 67,954 थी। जो कुल जनसंख्या की 0.167 प्रतिशत है।[12] 1941 में हुई जनगणना के अनुसार प्रदेश की कुल जनसंख्या 56,346,456 थी, जिनमें जैन समाज की संख्या 103,029 थी। जो कुल जनसंख्या की 0.183 प्रतिशत है।[13]

1921, 1931, 1941 की जनगणना रिपोर्ट का अध्ययन करने से ज्ञात होता है कि जैन समाज उत्तर प्रदेश में कम संख्या में था और गुख्यतः 17-18 जिलों में निवास करता था। इनमें - मुजफ्फरनगर, मेरठ, बुलन्दशहर, अलीगढ़, मथुरा, आगरा, एटा, मैनपुरी, मुरादाबाद, इटावा, झाँसी, सहारनपुर, बिजनौर, इलाहाबाद, लखनऊ, कानपुर, देहरादून और बनारस जिले उल्लेखनीय हैं। इन जिलों के अलावा कुछ और जिलों में भी जैन परिवार रहते थे, जिनकी संख्या नाम मात्र की थी। जनगणना रिपोर्ट के अनुसार इस पुस्तक में उत्तर प्रदेश के उन्हीं जिलों का उल्लेख किया गया है, जिनमें जैन समाज की जनसंख्या थी।

उत्तर प्रदेश के जैन समाज ने संख्या में कम होने के बाद भी देश के आर्थिक,

सामाजिक और राजनीतिक क्षेत्र में अपना महत्त्वपूर्ण योगदान दिया। देश के आर्थिक विकास में साहू जैन परिवार के सदस्य साहू शांतिप्रसाद जैन तथा साहू श्रेयांसप्रसाद जैन का प्रमुख योगदान रहा। सेठ अचलसिंह जैन, सेठ छेदीलाल जैन, सेठ प्रकाशचन्द जैन आदि ने भी संयुक्त प्रान्त के आर्थिक विकास में अपना योगदान दिया।

सामाजिक क्षेत्र में उत्तर प्रदेश जैन समाज ने अद्वितीय योगदान दिया। जैन संत क्षुल्लक गणेशप्रसाद वर्णी, ब्रह्मचारी सीतलप्रसाद आदि ने समाज को अपना मार्गदर्शन दिया। जैन समाज द्वारा जगह-जगह पाठशालाएँ, स्कूल, विद्यालय, कॉलेज, गुरुकुल, बोर्डिंग हाऊस, अनाथालय, औषधालय, धर्मशालाएँ, प्रकाशन संस्थायें, ग्रन्थमालाएं तथा अनेक सभा सोसाइटियों की स्थापना की गयी। वर्तमान में भी जैन समाज द्वारा मुजफ्फरनगर, खतौली, सहारनपुर, बड़ौत, बिजनौर, नजीबाबाद, आगरा, फिरोजाबाद, आदि में स्थापित डिग्री कॉलेजों में हजारों छात्र-छात्राएँ अध्ययन कर रहे हैं। उत्तर प्रदेश में जैन समाज द्वारा संचालित 25-30 जैन हाईस्कूल एवं इण्टरमीडिएट कॉलेज हैं, इसके अलावा लगभग 100 जूनियर प्राइमरी स्कूल व प्राथमिक पाठशालाएँ जैन समाज द्वारा चलायी जा रही हैं।[14]

राजनीतिक क्षेत्र में भी जैन समाज ने अपनी जनसंख्या के अनुपात से कहीं अधिक बढ़-चढ़ कर भाग लिया। कई जैन नेताओं ने प्रादेशिक एवं राष्ट्रीय स्तर पर आन्दोलन में कार्य किया। इन नेताओं में अजितप्रसाद जैन, सुमतप्रसाद जैन, श्रीमती लेखवती जैन, बाबू रतनलाल जैन, नेमिशरण जैन, सेठ अचलसिंह जैन, अमोलकचन्द जैन आदि का नाम उल्लेखनीय है।

महात्मा गाँधी ने जैन धर्म के प्रमुख सिद्धान्त 'अहिंसा' को राष्ट्रीय आन्दोलन का प्रमुख हथियार बनाया। 1919 में उन्होंने 'असहयोग आन्दोलन' चलाकर ब्रिटिश सरकार के प्रति असहयोगी रुख अपनाने का आह्वान किया, जिसके परिणामस्वरूप हजारों देशवासियों ने सरकारी सुविधाओं, शिक्षण संस्थाओं, न्यायालयों आदि का बहिष्कार किया। कई नेताओं ने अपने सरकारी पदक वापस लौटा दिये। असहयोग आन्दोलन दो वर्षों तक चला, जिसमें हजारों प्रदेशवासियों ने अपनी भागीदारी की। इनमें जैन समाज के लोगों ने भी बढ़-चढ़कर भाग लिया।

6 अप्रैल 1930 को गाँधी जी ने दाँडी पहुँचकर नमक कानून को भंग किया। उसके बाद पूरे देश में 'सविनय अवज्ञा आन्दोलन' पूरे वेग से चल पड़ा। जगह-जगह नमक बनाया जाने लगा। इस आन्दोलन से जन-जन में जागृति की एक नई लहर दौड़ गई। उत्तर प्रदेश के जैन समाज ने भी इस आन्दोलन में बढ़-चढ़कर भाग लिया और जेलों की यात्रायें की।

अक्टूबर 1940 में महात्मा गाँधी ने व्यक्तिगत सत्याग्रह का आरम्भ किया।

उन्होंने पहले सत्याग्रही के रूप में आचार्य विनोबा भावे को चुना। विनोबा जी की गिरफ्तारी के बाद आन्दोलन तीव्र हो गया और सम्पूर्ण भारत में फैल गया। इस आन्दोलन में भी जैन समाज ने अपनी गिरफ्तारियाँ दी। 8 अगस्त 1942 को गाँधी जी के नेतृत्व में तीसरा और महत्त्वपूर्ण संघर्ष 'भारत छोड़ो' आन्दोलन शुरू हो गया। इस आन्दोलन के लिए महात्मा गाँधी ने 'करो या मरो' का नारा दिया। उत्तर प्रदेश के जैन समाज ने पूर्व की भाँति इस आन्दोलन में भी महत्त्वपूर्ण भाग लिया और बड़ी संख्या में जेल यात्रायें की। इस महत्त्वपूर्ण आन्दोलन के परिणाम स्वरूप ही आगे चलकर 15 अगस्त 1947 को हमारा देश आजाद हुआ।

भारतीय स्वतन्त्रता आन्दोलन में जैन पत्र-पत्रिकाओं ने भी अपनी महत्त्वपूर्ण भूमिका अदा की। इन जैन पत्र-पत्रिकाओं में जैन गजट, जैन मित्र, जैन संदेश, वीर, दिगम्बर जैन, अनेकान्त, वीर सन्देश, श्वेताम्बर जैन, जैन प्रदीप, जैन दर्शन, आदि प्रमुख हैं। जैन पत्रों ने देश में राष्ट्रीय एकता की भावना का प्रचार, स्वतन्त्रता की भावना जागृत करना, अतीत का गौरव गान एवं राष्ट्र नेताओं का स्मरण, स्वदेशी भावना का प्रचार, गाँधी जी एवं उनके आन्दोलन को रचनात्मक समर्थन और विश्व में शांति की स्थापना हेतु कार्य किया।

जैन समाज के देशभक्त लेखकों ने भी अपनी लेखनी के माध्यम से स्वतन्त्रता आन्दोलन में भागीदारी की। इन लेखकों में ऋषभचरण जैन की कई कृतियों को अंग्रेजी सरकार ने प्रतिबंधित कर दिया। परतन्त्र काल में जैनेन्द्र कुमार, यशपाल जैन, अक्षयकुमार जैन, शांतिस्वरूप जैन 'कुसुम' आदि की रचनाओं ने देशवासियों में स्वतन्त्रता प्राप्ति की भावना जाग्रत करने हेतु महत्त्वपूर्ण कार्य किया।

जैन समाज ने तत्कालीन सामाजिक कुरीतियों को समाप्त करने में भी अपना योगदान दिया। आजाद हिन्द फौज में भी जैन समाज ने भाग लिया। जैन सन्त गणेशप्रसाद वर्णी ने आजाद हिन्द फौज की सहायतार्थ अपनी चादर को समर्पित कर दिया। कई जैन नागरिकों ने गुप्त रूप से भी देशभक्तों की सहायता की। इस प्रकार भारतीय स्वतन्त्रता आन्दोलन में उत्तर प्रदेश जैन समाज ने प्रत्येक कदम पर देश का साथ दिया।

प्रस्तुत विषय पर मैंने सन् 2007 में शोध कार्य प्रारंभ किया था। चौधरी चरणसिंह विश्वविद्यालय, मेरठ से 'भारतीय स्वतंत्रता आन्दोलन में उत्तर प्रदेश के जैन समाज का योगदान (वर्ष 1919 ई० से 1947 ई० तक)' की शोध रूपरेखा स्वीकृत होने के बाद मैंने इस विषय से संबंधित प्रमाणिक सामग्री जुटानी प्रारम्भ कर दी। इस हेतु मैंने उत्तर प्रदेश सरकार के जनसम्पर्क एवं सूचना विभाग, लखनऊ से उन जैन स्वतंत्रता सेनानियों के विषय में जानकारी एकत्रित की जिनका उल्लेख सरकारी दस्तावेजों में किया गया है। उत्तर प्रदेश के दो दर्जन से भी अधिक जनपदों में घूमकर

मैंने स्वतंत्रता सेनानियों एवं उनके परिवारों से साक्षात्कार लेने का प्रयास किया। इन प्रयासों से काफी जानकारियाँ एकत्रित हुई।

नई दिल्ली स्थित नेहरू स्मृति संग्रहालय और पुस्तकालय, राष्ट्रीय अभिलेखागार, कलानिधि पुस्तकालय (आई.जी.एन.सी.ए.), संसद भवन पुस्तकालय, सप्रू हाऊस पुस्तकालय, वीर सेवा मन्दिर पुस्तकालय आदि में अध्ययन के दौरान स्वतंत्रता आंदोलन में उत्तर प्रदेश के जैन समाज के योगदान से संबंधित महत्त्वपूर्ण दस्तावेज एकत्रित हुए। सूचना के अधिकार अधिनियम के तहत् विभिन्न सरकारी विभागों से भी जानकारी लेने का प्रयास किया गया, जिसमें भी आशा के अनुरूप सफलता मिली। इन सभी सामग्री के आधार पर मैंने अपना शोध कार्य पूर्ण किया। 12 फरवरी 2011 को विश्वविद्यालय के तेइसवें दीक्षांत समारोह में उत्तर प्रदेश के राज्यपाल एवं कुलाधिपति श्री बी.एल. जोशी ने मुझे पी-एच.डी. की उपाधि प्रदान की।

उपरोक्त कार्य के दौरान मुझे आदरणीया डॉ. मधुबाला गुप्ता (शोध निर्देशिका एवं अध्यक्षा, इतिहास विभाग एस.डी. कॉलेज मुजफ्फरनगर) का विशेष निर्देशन एवं स्नेह मिला, मैं उनका आभारी हूँ। अपने माता-पिता श्रीमती कांतीदेवी जैन एवं श्री वी.के. जैन के साथ ही उत्तर प्रदेश के पूर्व मुख्य सचिव डॉ. योगेन्द्र नारायण जी, श्री दर्शनलाल जैन (जगाधरी), स्वतंत्रता सेनानी सुन्दरलाल बहुगुणा (पर्यावरणविद), इनसीड (फ्रांस) के डीन श्री दीपकचंद्र जैन, श्री सी.के. जैन, (पूर्व महासचिव लोकसभा), श्री निर्मल कुमार सेठी (महासभाध्यक्ष), श्री एस.के. जैन (24, अकबर रोड, नयी दिल्ली), श्री आशु जैन (आयकर आयुक्त), पद्मश्री डॉ. श्याम सिंह 'शशि', स्व. श्री अरूण गुप्त (स्वतंत्रता सेनानी), डॉ. विनीता जैन, डॉ. के.सी. गुप्त, डॉ. के. सी. जैन (मु.नगर), नई दिल्ली निवासी डॉ. के.पी. जैन, (साऊथ एक्स.), डॉ. शिशिरकान्त जैन (सुखदेव विहार), श्री हृदयविक्रम जैन (गुलमोहर पार्क), स्व. श्री सुमतप्रसाद जैन (चाँदनी चौक), श्री विपिन मित्तल (संसद भवन), श्री राम मेहरोत्रा (रिलायंस इंडस्ट्रीज), श्री राजन जैन (पूर्व निदेशक ई.आई.एल.), छोटे भाई ई. अंकुर जैन (इंजीनियर्स इंडिया लिमिटेड), छोटी बहन कुमारी स्वीटी जैन, श्री अनिल जैन 'हीरा' (वीर सेवा समिति, दिल्ली), आगरा निवासी पूर्व सांसद निहाल सिंह जैन एवं श्री मदनलाल बैनाड़ा, लखनऊ निवासी डा. शशिकान्त जैन एवं रमाकान्त जैन, बिजनौर निवासी डा. अशोक जैन एवं डा. ऊषा जैन, मथुरा निवासी श्री केशवदेव जैन, कानपुर निवासी श्री अजित कुमार जैन आदि अनेक महानुभावों का मैं हृदय से आभारी हूँ, जिन्होंने समय-समय पर मुझे अपना मार्गदर्शन प्रदान किया।

उपाधि मिलने के बाद मेरा प्रयास था कि उपरोक्त शोध ग्रंथ को प्रकाशित कराया जाये, इस क्रम में मैं अत्यन्त आभारी हूँ 'भारतीय ज्ञानपीठ' के प्रबधन्यासी, धर्मनिष्ठ, साहू अखिलेश जैन, निदेशक श्री रवीन्द्र कालिया एवं मुख्य प्रकाशन

अधिकारी डा. गुलाबचंद जैन का जिन्होंने मुझ जैसे नये शोध छात्र के कार्य का प्रकाशन सहर्ष रूप से करना स्वीकार किया। इस कार्य में मुझे श्री अनिल कुमार जैन (गुलमोहर पार्क), श्री रमेशचंद्र जैन (नवभारत टाइम्स), स्व. कमल सिंह (अलीगढ़) का विशेष सहयोग मिला जिसके लिए मैं उनका आभारी हूँ। मैं अपनी धर्मपत्नी श्रीमती सोनम जैन एवं सुपुत्री कुमारी अराध्या जैन के प्रति भी स्नेह व्यक्त करता हूँ, जिन्होंने ग्रंथ के प्रकाशन में हो रही देरी के लिए मुझे समय-समय पर सजग किया। प्रस्तुत ग्रंथ के लेखन में जिन विद्वानों, लेखकों, प्रकाशकों के ग्रंथों, पुस्तकों एवं पत्र-पत्रिकाओं आदि से मुझे सहायता प्राप्त हुई उन सभी के प्रति भी मैं कृतज्ञता ज्ञापित करता हूँ।

मैं विशेष रूप से भारतीय संस्कृति और इतिहास के पुरोधा डॉ. कर्ण सिंह जी का आभारी हूँ जिन्होंने अपनी व्यस्त दिनचर्या से समय निकालकर पुस्तक का प्राक्कथन लिखा। मैं राष्ट्रसंत आचार्य ज्ञानसागर महाराज का भी आभारी हूँ जिन्होंने पुस्तक हेतु अपना आशीर्वचन प्रदान करके मेरा उत्साहवर्धन किया है। उन्होंने ग्रंथ के अधिक से अधिक प्रचार हेतु भी प्रेरणा प्रदान की है।

मुझे आशा है कि इस ग्रंथ से उत्तर प्रदेश के स्वतंत्रता आन्दोलन में जैन समाज के योगदान की विस्तृत, क्रमबद्ध, तथ्यपरक, प्रामाणिक व प्रेरणादायक जानकारियाँ प्राप्त होंगी, जिससे भविष्य में भी जैन समाज एवं साथ ही अन्य समुदाय अपने देश के प्रति समर्पण एवं त्याग की भावना को और अधिक सुदृढ़ कर सकेंगे।

***डॉ. अमित जैन***
***नयी दिल्ली***

*सन्दर्भ*

1. नवभारत टाइम्स (दैनिक पत्र), 27 फरवरी, 1981, पृ.3,
2. गोमटेश्वर सहस्त्राब्दी महोत्सव दर्शन, 1981, पृ.228
3. 'दिनकर' रामधारी सिंह : संस्कृति के चार अध्याय, पृष्ठ 146-161
4. Mahatma Gandhi by Romain Rolland (1866-1944, Celebrated French Writer, thinker and pacifist), Page 3, 4 Published in Great Britain in 1924.
5. गाँधी मोहनदास कर्मचन्द, 'आत्मकथा', पृ.17, 29, 34, 37
6. 'वीर' (पाक्षिक पत्र), 15 जून 1925, पृ.430, 431
7. 'वीर', 16 अक्टूबर, 1933, पृ.6
8 अ. फिरोजचन्द, लाजपतराय जीवन तथा कार्य, (अनुवादक : मोहिन्दर सिंह), पृ.4
ब. आधुनिक भारत के शिल्पी लाला लाजपतराय (1865-1928) भाग 5, पृ.39
9. अहिंसा और सत्य (गाँधी जी) के परिशिष्ट 'ग' के पृष्ठ 603 पर संकलित लाला लाजपतराय का मॉर्डन-रिव्यू में प्रकाशित लेख।
10. भगवान महावीर स्मृति ग्रंथ, खण्ड-6, पृ.99, लखनऊ
11. Census of India, 1921, United Provinces of Agra and Oudh, Volume XVI, Part I, Report, Pg.60
12. Census of India, 1931, United Provinces of Agra and Oudh, Part I, Report, Pg. 494
13. Census of India, 1941, Volume V, United Provinces Tables, Pg.58, 60
14. भगवान महावीर स्मृति ग्रंथ, खण्ड 6, पृ.97, लखनऊ

# उत्तर प्रदेश के जैन समाज का आर्थिक, सामाजिक और राजनैतिक विकास में योगदान

## आर्थिक विकास में योगदान

जैन परम्परा के प्रथम तीर्थंकर भगवान ऋषभदेव ने युग के प्रारम्भ में देशवासियों को षट्कर्मों का उपदेश दिया था। इन षट्कर्मों असि, मसि, कृषि, विद्या, वाणिज्य और शिल्प के द्वारा उन्होंने न्यायपूर्वक जीविकार्जन करने का मार्ग दिखाया। ऋषभदेव का जन्म उत्तर प्रदेश की प्राचीनतम नगरी 'अयोध्या' में हुआ था। उनके द्वारा दिग्दर्शित षट्कर्मों ने आगे चलकर उद्योगों का रूप ग्रहण कर लिया। ये उद्योग लघु और कुटीर उद्योग के रूप में प्रचलित हो गये। जैन अनुयायियों ने औद्योगिक दृष्टि से वस्त्र, धातु, लौह, स्वर्ण, रत्न, भांड, काष्ठ आदि के उद्योगों में लोकप्रियता प्राप्त की।[1] जैन व्यापारियों ने देश के साथ ही विदेशों में जाकर भी व्यापार किया और समृद्धि प्राप्त की। राजस्थान, गुजरात और मद्रास के व्यापार पर जैन वणिकों का नियंत्रण था। दक्षिण भारत में भी जैन व्यापारी मजबूत स्थिति में थे।[2] अंग्रेजी राज में जैन समाज ने पूर्व की भाँति ही व्यापार के क्षेत्र में अपना योगदान किया। वाईसराय लार्ड कर्जन ने एक बार कहा था-जैन कौम भारत में बहुत प्रसिद्ध व्यापारी कौम है। भारत का दो तिहाई व्यापार जैन समाज के द्वारा होता है। इस कौम के लोग बहुत सूक्ष्मदर्शी हैं, इसलिए जवाहरात का अधिक व्यापार इस समुदाय के हाथ में है। इस कौम के लोग जिधर लग जाते हैं, उधर अपना पूर्ण यश प्रकट कर देते हैं।[3]

*साहू सलेकचंद जैन*

तत्कालीन संयुक्त प्रान्त के जैन समाज ने देश के आर्थिक विकास में अपना महत्त्वपूर्ण योगदान किया। कई जैन परिवारों ने राष्ट्रीय स्तर पर ख्याति प्राप्त की। इन जैन

साहू जुगमन्दरदास

परिवारों में बिजनौर जिले के नजीबाबाद कस्बे के साहू जैन परिवार का नाम विशेष रूप से उल्लेखनीय है। नजीबाबाद में साहू जैन परिवार बड़ा जमींदार परिवार था। पूरे जिले में यह परिवार अपनी आर्थिक समृद्धि हेतु प्रसिद्ध था। अंग्रेजी सरकार ने साहू परिवार के सदस्य जुगमन्दरदास जैन को 'रायबहादुर' की उपाधि प्रदान की थी। 'रायबहादुर' की उपाधि लगी होने के बाद भी साहू जुगमन्दरदास जैन देश-विद्रोही कार्यों के खिलाफ रहते थे।

प्रसिद्ध लेखक एवं स्वतत्रंता सेनानी अयोध्याप्रसाद गोयलीय ने लिखा है-रायबहादुर जुगमन्दरदास जाहिरा में न खद्दरपोश थे, न ही कांग्रेसी। वे ऑनरेरी मजिस्ट्रेट, मुंसिफ और ट्रेजरार थे। इसलिए जनता उन्हें भी जी-हुजूर समझती थी, लेकिन वे जी-हुजूर नहीं थे। सरकारी ऑफिसर्स की हाँ में हाँ मिलाना वे खिलाफे शान समझते थे और देशविरोधी कार्यों में उनसे सहयोग की आशा किसी को हो ही नहीं सकती थी। जुगमन्दरदास जैन ने 6 वर्ष तक जिला बोर्ड के चेयरमैन रहते हुए जिले में काफी विकास कार्य कराये तथा जरूरतमन्दों की आर्थिक मदद की। अन्तिम समय (1935) तक श्री जैन जनपद की सेवा करते रहें।[4]

साहू शान्तिप्रसाद जैन

साहू शान्तिप्रसाद जैन एवं साहू श्रेयांसप्रसाद जैन ने उद्योगपति के रूप में पूरे देश में ख्याति प्राप्त की। शान्तिप्रसाद जैन का जन्म 1911 में नजीबाबाद में हुआ था। 1933 में उनका विवाह उद्योगपति रामकृष्ण डालमिया की पुत्री रमारानी से हुआ। रमारानी की माता का बचपन में ही निधन हो गया था, अतः उनकी शिक्षा तथा पालन-पोषण सेठ जमनालाल बजाज की देखरेख में हुआ। श्री बजाज विख्यात देशभक्त एवं उद्योगपति थे। उनके सान्निध्य के कारण रमाजी में बचपन से ही देशसेवा के संस्कार घर कर गये थे।[5]

इन्दिराजी के साथ रमारानी

साहू शान्तिप्रसाद जैन ने अनेक उद्योगों की स्थापना की तथा डालमिया उद्योग समूह में भी अपनी महत्त्वपूर्ण भागीदारी की। अक्टूबर 1938 में गठित प्रथम राष्ट्रीय औद्योगिक समिति में पं. जवाहरलाल नेहरू ने उन्हें देश के तरूण उद्योगपतियों के प्रतिनिधि के तौर पर मनोनीत किया।[6] उद्योगपतियों

के प्रतिनिधि के रूप में साहू जी की विशिष्ट प्रतिभा सम्पन्नता और व्यापक अनुभवों का लाभ पूरे देश को मिला। उनके उद्योगों में 'दी जयपुर उद्योग लिमिटेड' (सीमेंट वर्क्स) सवाई माधोपुर राजस्थान, साहू कैमिकल्स लिमिटेड बनारस, साहू जैन लिमिटेड कलकत्ता, अशोका मार्केटिंग लि. दिल्ली, साहू सीमेंट सर्विस दिल्ली, एस. के.जी. शुगर लि. आदि इकाई बहुत प्रसिद्ध हुई।[7]

साहू शान्तिप्रसाद जैन ने श्री रामकृष्ण डालमिया के आग्रह पर डालमिया समूह के प्रमुख उद्योग 'रोहताश इण्डस्ट्रीज लिमिटेड' का कार्य भी संभाल लिया। साहू जी के नेतृत्व में यह उद्योग देश की बड़ी पेपर एवं गत्ता उत्पादन इकाइयों में गिना जाने लगा। उन्होंने 'देहरी रोहताश लाइट रेलवे लि.'डालमियानगर बिहार का भी कुशल संचालन किया। बिहार राज्य के आर्थिक विकास में साहू जी की महत्त्वपूर्ण भूमिका रही। बिहार में डालमिया नगर औद्योगिक विकास नगर की स्थापना उन्हीं के प्रयासों से हुई। उस स्थान पर पहले केवल रोहताश इंडस्ट्रीज ही थी, परन्तु आज वहाँ चीनी, सीमेन्ट, पेपर, कैमिकल्स, वनस्पति आदि से सम्बन्धित अनेक इकाइयां कार्यरत हैं।

रोहताश इंडस्ट्रीज के पास प्रारम्भ से ही अपना निजी हेलीकॉप्टर तथा अनेक महत्त्वपूर्ण सुविधाएं थी।[8] साहू जी ने इन सभी सुविधाओं का प्रयोग देश के उद्योग व्यवसाय की अभिवृद्धि में किया। उन्होंने उद्योगों से सम्बन्धित विभिन्न पद्धतियों का गम्भीर अध्ययन किया तथा प्राविधिक विषय क्षेत्र में निरंतर गवेषणाएँ करायी। श्री जैन ने कागज, चीनी, वनस्पति, सीमेंट, पाट-निर्मित वस्तुएँ, भारी रसायन, नाइट्रोजन, खाद, पावर, एल्कोहल, प्लाइवुड, साईकिल, कोयले की खानें, लाइट रेलवे इंजीनियरिंग के कारखाने आदि विशाल उद्योग समूह का संचालन किया। 1945 में उन्होंने आस्ट्रेलिया, डच ईस्टइंडीज, सोवियत रूस, ब्रिटेन, अमेरिका, जर्मनी तथा अन्य यूरोपीय देशों का परिभ्रमण किया।[9] उनके मन में देश के बेरोजगारों के प्रति अतिसंवेदना थी। उन्होंने प्रतिवर्ष हजारों युवकों को विभिन्न साहू जैन संस्थानों में व्यवहारिक प्रशिक्षण देने की व्यवस्था करायी तथा बाद में उन्हें विभिन्न पदों पर नियुक्त किया।

आजादी के बाद (1948) उन्होंने विश्व की ख्याति प्राप्त समाचार पत्र कम्पनी 'बैनेट कोलमैन एण्ड कम्पनी लि.' का संचालन किया।[10] जिसके अंतर्गत 'दी टाइम्स ऑफ इंडिया' (अंग्रेजी दैनिक), नवभारत टाइम्स (हिन्दी दैनिक) आदि कई समाचार-पत्रों व पत्रिकाओं का प्रकाशन आरंभ हुआ तथा कई टी.वी. चैनलों का प्रसारण होना शुरू हुआ।

साहू शान्तिप्रसाद जैन के भाई साहू श्रेयांसप्रसाद जैन ने प्रारम्भ में कुछ समय जमींदारी के कार्यों को सम्भाला तथा जिले की म्यूनिस्पिल्टी बोर्ड के उपाध्यक्ष तथा बिजनौर जिला शिक्षा कमेटी के अध्यक्ष के रूप में अपनी सेवायें दी।[11] भारत छोड़ो

आन्दोलन के दौरान सन् 1943 में साहू जी को अंग्रेजी सरकार ने गिरफ्तार कर लिया और 2 माह लाहौर जेल में बंद रखा।[12] जेल से छुटने के बाद साहू जैन परिवार के बुजर्गों की राय पर श्रेयांसप्रसाद जैन बम्बई चले गये। बम्बई में रहकर आन्दोलनकारियों की आर्थिक सहायता करने के साथ ही साहू जी ने निजी उद्योगों और व्यापारिक इकाइयों की स्थापना करनी प्रारम्भ कर दी। शीघ्र ही वस्त्र, रबड़, ऑटोमोबाइल, रसायनिक, विद्युत आदि वस्तुओं के निर्माताओं के रूप में उनकी ख्याति फैलने लगी। भारत की सबसे बड़ी कास्टिक सोडा निर्माता कम्पनी ध्रांगधा रासायनिक वर्क्स लिमिटेड के साहू जी अध्यक्ष चुने गये। श्री जैन ने कैरोना साहू कम्पनी लि., न्यू केसरे हिन्द स्पिनिंग एण्ड विविंग कम्पनी लि., दी रायमंड वुलन मिल्स लि., दी पाईनियर मैगनिशया वर्क्स लिमिटेड, दी सौराष्ट्र फायनेंशयल कारपोरेशन लि., रेडियो लैम्पस वर्क्स लि. आदि कम्पनियों का संचालन किया। इन कम्पनियों ने देश के आर्थिक विकास में अपना योगदान दिया तथा हजारों बेरोजगारों को रोजगार उपलब्ध कराया।[13]

*साहू श्रेयांसप्रसाद जैन*

साहू श्रेयांसप्रसाद जैन देश के प्रमुख उद्योगपति थे। आजादी के बाद 1952 में उन्हें राज्यसभा सदस्य बनाया गया तथा 1988 में 'पद्मविभूषण' से सम्मानित किया गया।[14] साहू परिवार के अन्य सदस्यों ने भी इस दौरान (1919-1947) देश के आर्थिक विकास में अपना महत्त्वपूर्ण योगदान दिया।

उत्तर प्रदेश के जैन समाज के अनेक नागरिकों ने अनेक उद्योग धन्धों की स्थापना करके देश के आर्थिक विकास को गति दी। 1932 में सासनी (हाथरस) के छेदीलाल जैन एवं प्रकाशचन्द्र जैन ने सासनी में 'खण्डेलवाल ग्लास वर्क्स' संस्थान की स्थापना की। चिमनी, शीशी व बोतल बनाने का यह उत्तर भारत में सबसे बड़ा कारखाना था। संस्थान की उच्च गुणवत्ता के कारण यह कारखाना बहुत प्रसिद्ध हुआ। 1942 में इसकी दूसरी ब्रांच छोटा अम्बोना (बिहार) में स्थापित की गयी। इन कारखानों में सैंकड़ों श्रमिकों को रोजगार मिला।[15]

*श्री छेदीलाल जैन*

*श्रीप्रकाशचन्द्र जैन*

आगरा के स्वतंत्रता सेनानी सेठ अचलसिंह जैन ने देश की औद्योगिक उन्नति के लिए काफी परिश्रम किया। जून

1938 में नैनीताल जाकर सेठ जी ने उत्तर प्रदेश के तत्कालीन उद्योग मंत्री डॉ. कैलाशनाथ काटजू से मुलाकात की। उन्होंने मंत्री जी को बताया कि प्रदेश में बेरोजगारी बहुत अधिक है, अतः नये-नये उद्योग स्थापित करने बहुत जरूरी हैं। उत्तर में डॉ. काटजू ने कहा-'हमें अपने प्रदेश में उद्योग और कला कौशल की उन्नति के लिए पूर्ण प्रयत्न करना चाहिए। सरकार इस कार्य में सहायता देने को तैयार है। जो व्यक्ति किसी प्रकार का उद्योग चलाना चाहें, उन्हें कम सूद पर कर्ज मिल सकेगा। जिन्हें मशीन तथा औजारों के लिए धन की आवश्यकता होगी, उन्हें सरकार आर्थिक सहायता देगी। पश्चिमी जिलों में हाइड्रो-इलैक्ट्रिक करेंट सस्ते भाव में दिया जायेगा। जिस वस्तु को अपने प्रान्त में आने से रोकना चाहेंगे, उस पर टैक्स लगाया जायेगा।'

*सेठ अचल सिंह*

सेठ अचलसिंह को उद्योग मंत्री की इन बातों से विशेष प्रसन्नता हुई और उन्होंने आगरा लौटकर इन विचारों को हिन्दी व अंग्रेजी के अखबारों में प्रकाशित कराया। इन समाचारों को पढ़कर श्री जैन के आवास पर काफी संख्या में नागरिक पहुँचने लगे। सेठ जी ने लोगों की जिज्ञासाओं को देखते हुए यह विचार किया कि अगर सरकार सुविधायें उपलब्ध कराये, तो हमारे प्रदेश में औद्योगिकरण हो सकता है और बेरोजगारी को समाप्त किया जा सकता है।

सेठ अचलसिंह ने यह विचार करके जल्द ही एक 'संयुक्त प्रान्तीय औद्योगिक सम्मेलन' कराने की योज़ना बनाई। उनके प्रयासों से 18 नवम्बर 1938 को लखनऊ की औद्योगिक प्रदर्शनी के मैदान में यह सम्मेलन आयोजित किया गया। इस सम्मेलन में पूरे प्रदेश के उन प्रमुख कार्यकर्ताओं ने भागीदारी की, जो उद्योग लगाने में इच्छुक थे। विशाल जनसमूह की उपस्थिति में सम्मेलन का कार्य प्रारम्भ हुआ। बहुत सज्जनों ने अपने-अपने सुझावों से सम्मेलन को मार्गदर्शन दिया।

सम्मेलन में सेठ अचलसिंह ने अपने सारगर्भित भाषण में कहा कि हमारे बहुत भाई उद्योग-धन्धों (दस्तकारी) की स्थापना के लिए आर्थिक सहायता चाहते हैं। उन्हें सहायता दिलाने के लिए एक संस्था होनी चाहिए। यह संस्था भारत सरकार से रुपये दिलाने के साथ ही उद्योग-धंधों को लगाने के लिए पूरी योजना भी बतायें, जिससे हमारे नागरिक सुविधा पूर्वक उद्योग धंधे लगा सकें। सम्मेलन में कई महत्त्वपूर्ण प्रस्ताव पास हुए, जिनका प्रभाव वर्तमान उद्योग नीति में भी दृष्टिगोचर होता है।

सेठ अचलसिंह देश के आर्थिक विकास में पशुओं की भूमिका को भी महत्त्वपूर्ण मानते थे। अक्टूबर 1944 में उन्होंने अपने विचार प्रकट करते हुए कहा था- मैं अपने देशवासियों का ध्यान पशु-धन की ओर ले जाना चाहता हूँ। भारत का

मुख्य धन यही धन माना जाता था। इस देश के निवासियों का प्रधान भोजन दूध, दही और घी था। गत महायुद्ध और अकाल में लाखों पशु मर गये। 1939 से 1944 तक इस देश में पशुओं की संख्या 30 करोड़ थी, परन्तु अब 15 करोड़ ही रह गई है। परिणाम यह हुआ कि पशुओं का मूल्य चौगुना-पंचगुना हो गया। उनका कहना था कि पशु रक्षा का प्रश्न उतना धार्मिक नहीं जितना आर्थिक है और जब इसे आर्थिक सिद्धान्तों द्वारा हल किया जायेगा, तभी आशातीत सफलता प्राप्त होगी। इस उद्देश्य को ध्यान में रखते हुए उन्होंने 24, 25 और 26 दिसम्बर 1945 को आगरा के रामलीला मैदान में 'अखिल भारतीय पशु-रक्षा सम्मेलन' का विशाल आयोजन कराया।

इस सम्मेलन में स्वदेशी प्रदर्शनी, चर्मरहित वस्तु-प्रदर्शनी, पशु और कृषि प्रदर्शनी का भव्य आयोजन किया गया। पूरे भारत में अपने तरह का यह अनूठा तथा प्रथम सम्मेलन था, जिसने भारतवासियों के मन में अपने पशु धन के प्रति आकर्षण पैदा किया। इस सम्मेलन की सफलता हेतु महात्मा गाँधी, महामना मालवीय जी, डॉ. राजेन्द्र प्रसाद, आचार्य कृपलानी, डॉ. सम्पूर्णानन्द, के.एम. मुंशी आदि राष्ट्रीय नेताओं ने अपने शुभकामना संदेश भेजे, जो कार्यक्रम में पढ़कर सुनाये गये।

अखिल भारतीय पशु-रक्षा सम्मेलन का उद्घाटन 23 दिसम्बर, 1945 को जानकी देवी बजाज (धर्मपत्नी सेठ जमनालाल बजाज) अध्यक्षा गो-सेवा-संघ, वर्धा ने किया। सम्मेलन में लगी प्रदर्शनियों को देखकर भारत के भिन्न-भिन्न स्थानों से पधारे लगभग 5000 प्रतिनिधि स्वयंसेवकों ने अपने पशुधन को बचाने का संकल्प लिया। सम्मेलन में कई शहरों और ग्रामों से पशु प्रदर्शनी में अनेक अच्छे पशु भी आये थे। अच्छी नस्लों के पशुओं को सम्मेलन के संयोजक सेठ अचलसिंह ने इनाम भी दिये। स्वदेशी और चर्म रहित प्रदर्शनी भी बहुत प्रेरणात्मक रही।

अखिल भारतीय पशु-रक्षा सम्मेलन में पधारे 250 से अधिक गोशाला संचालकों और पशु-रक्षा प्रेमियों से सेठ जी ने देश के आर्थिक विकास में सहयोगी बनने का आह्वान किया। इस सम्मेलन में कई उपयोगी प्रस्ताव पास किये गये। जो कार्यान्वित करने के लिए भारत-सचिव, भारत सरकार, प्रांतीय सरकारों और देशी रजवाड़ों को भेजे गये। इसी अवसर पर 'पशु-सेवक' नामक मासिक पत्र का प्रकाशन प्रारम्भ किया गया। यह पत्र पशु-रक्षा, नस्ल-सुधार, सस्ते एवं शुद्ध दूध की आपूर्ति, कृषि सुधार आदि का प्रचार करने में महत्त्वपूर्ण सिद्ध हुआ।[16]

उत्तर प्रदेश जैन समाज के उद्योगों और व्यापार का विस्तृत विवरण बम्बई से प्रकाशित श्री भारतवर्षीय दिगम्बर जैन डायरेक्टरी में मिलता है। यह डायरेक्टरी श्री माणिकचन्द्र जी 'जे.पी.' के परिवार ने प्रकाशित करायी थी। इस डायरेक्टरी का अवलोकन करने से पता चलता है कि तत्कालीन संयुक्त प्रान्त के 17-18 जिलों में

*माणिकचन्द्र जी 'जे.पी.'*

जैन समाज की आबादी थी। इस सर्वे में इन जिलों के 847 गाँवों के निवासी जैन लोगों को भी शामिल किया गया है। डायरेक्टरी में व्यापार का अलग से कॉलम बनाया गया है। 90 पृष्ठीय इस रिपोर्ट से पता चलता है कि जैन समाज में बड़े जमींदार, साहुकार, बैंकर, कास्तकार (उद्योगपति), सर्राफ आदि की बड़ी संख्या थी। इनके अलावा जैन नागरिक गेहूँ और गुड़-खाँड की आढ़तें, पंसारीगिरी, बजाजी(कपड़ा व्यवसाय), छपाई उद्योग, लेन-देन, बर्तन व्यवसाय, आदि भी प्रमुख रूप से करते थे। जैन समाज में काफी संख्या में हकीम, वकील, अध्यापक और अन्य प्रबुद्ध वर्ग भी था, जो अपनी योग्यता से अर्थ उपार्जित करता था। इस डायरेक्टरी में विशेष ध्यान देने योग्य बात यह है कि जैन समाज में नौकरी करने वाला वर्ग ना के बराबर था। अतः सभी उद्योग/व्यापार आदि कार्यों में लगे हुए थे।[17] जैन समाज ने अपने धर्म के अनुकूल उन व्यापारों को अपनाया, जिसमें हिंसा ना होती हो। इस प्रकार उत्तर प्रदेश के जैन समाज ने देश के आर्थिक विकास में अपना योगदान दिया।

## *सामाजिक विकास में योगदान*

जैन धर्म का सामाजिक क्षेत्र में सबसे बड़ा योगदान यह है कि इसने कभी भी जाति और वर्णों में अन्तर नहीं समझा। इस धर्म के अनुसार प्रत्येक व्यक्ति अपने कर्मों से महान् बनता है।[18] जैन समाज ने सदैव बहुजन हिताय, बहुजन सुखाय के दृष्टिकोण से कार्य किया। 20वीं शताब्दी के प्रारम्भ से ही क्षुल्लक गणेशप्रसाद वर्णी, ब्रह्मचारी सीतल प्रसाद, पंडित गोपालदास बरैया, कर्मवीर भाऊराव पाटिल आदि अनेक जैन विभूतियों ने सामाजिक विकास के लिए अनेक संस्थाओं की स्थापना की। वर्तमान में अकेले भाऊराव पाटिल द्वारा स्थापित सामाजिक संस्थाओं का वार्षिक बजट 82 करोड़ रुपया है। सेठ माणिकचन्द पानाचन्द जैन ने अनेक शैक्षिक संस्थायें खोली।[19]

जैन समाज ने आर्थिक रूप से सम्पन्न होने के कारण जगह-जगह जैन मंदिर, पाठशालाएँ, स्कूल, विद्यालय, कॉलेज, गुरुकुल, बोर्डिंग हाऊस, अनाथालय, औषधालय, धर्मशालाएं, प्रकाशन संस्थायें, ग्रन्थ मालाएँ, पत्र-पत्रिकाओं के कार्यालय तथा अनेक सभा सोसाइटियों की स्थापना की। इन संस्थाओं ने जाति-पाति के भेदभाव से ऊपर उठकर सच्चे मन से भारतीय नागरिकों की सेवा की।

मुजफ्फरनगर जैन समाज ने शिक्षा की आवश्यकता को अनुभव करते हुए 'जैन स्कूल कमेटी' की स्थापना की। जिसके अंतर्गत 1934 में जैन कन्या पाठशाला

*के.के. जैन स्कूल में अध्ययनरत विद्यार्थी एवं अध्यापक*

की स्थापना हुई।[20] लड़कियों को शिक्षा उपलब्ध कराने हेतु यह जिले की प्रथम शैक्षिक संस्था थी। वर्तमान में यह संस्था 'जैन कन्या इण्टर कॉलेज' एवं 'जैन कन्या डिग्री कॉलेज' के नाम से दो संस्थान चला रही है। जैन स्कूल कमेटी द्वारा 1934 में ही जैन स्कूल की स्थापना भी की गयी।[21] यह जैन स्कूल वर्तमान में 'जैन इण्टर कॉलेज' के नाम से मेरठ रोड, मुजफ्फरनगर पर स्थित है।

खतौली (मुजफ्फरनगर) में जैन सन्त गणेशप्रसाद वर्णी की प्रेरणा से जैन समाज ने सन् 1926 में प्रसिद्ध जैनाचार्य कुन्दकुन्द स्वामी के नाम से 'कुन्दकुन्द एजुकेशन सोसायटी' की स्थापना की। इस सोसायटी ने 1926 में ही 'के.के. जैन स्कूल' की स्थापना की। इस शिक्षण संस्था को 1936 में सीनियर बेसिक, 1944 में हाईस्कूल तथा 1947 में इण्टरमीडिएट की मान्यता मिली।[22] बाद में जैन समाज ने इण्टर कॉलेज के साथ ही 'के.के. जैन डिग्री कॉलेज' की स्थापना की। खतौली में यह एकमात्र डिग्री कॉलेज था। इस कॉलेज से बड़ी संख्या में ग्रामीण विद्यार्थी भी लाभ उठा रहे हैं। शामली (मुजफ्फरनगर) की जैन समाज ने 1944 में कन्या शिक्षा हेतु 'जैन कन्या इण्टर कॉलेज' की स्थापना की। यह शिक्षण संस्था अपने अनुशासन और अच्छे शिक्षण के लिए जानी जाती है।[23] मुजफ्फरनगर जिले में जैन समाज द्वारा स्थापित प्राचीन जैन मंदिरों के अलावा जैन औषद्यालय, जैन अतिथि भवन, धर्मशालाएं व अन्य जनकल्याण की संस्थाएं 70 दशक से भी अधिक समय से प्राणीमात्र की सेवा कर रही हैं।

मेरठ जनपद में श्री धर्मदास जैन ने 1909 में धर्मदास ट्रस्ट की स्थापना की। इस ट्रस्ट में उस समय 1 लाख रुपये थे। इस ट्रस्ट के माध्यम से कई शिक्षण संस्थाओं और जैन धर्मशाला की स्थापना की गयी। 1941 में श्री धर्मदास जैन देवनागरी संस्कृत विद्यालय मेरठ की स्थापना हुई।[24] मेरठ में जैन बोर्डिंग हाऊस, आचार्य नेमिसागर जैन औषद्यालय, श्री महावीर दिगम्बर जैन कन्या इण्टर कॉलेज, श्रीजैन

*मेरठ स्थित श्री जैन पाठशाला का दृश्य जहाँ सैकड़ों विद्यार्थी अध्ययन करते थे।*

पाठशाला, मेरठ सदर आदि संस्थाएं लम्बे समय से नागरिकों की सेवा कर रही हैं।

बड़ौत (तत्कालीन मेरठ जिले में स्थित) के जैन समाज ने शिक्षा के क्षेत्र में अपना महत्त्वपूर्ण योगदान दिया। 20 जनवरी 1916 को एक छोटी-सी पाठशाला के रूप में श्री दिगम्बर जैन पाठशाला का प्रारम्भ हुआ था। सन् 1921 में इस शिक्षण संस्था को हाईस्कूल और सन् 1940 में इण्टर कॉलेज हेतु मान्यता मिली।[25] यह दिगम्बर जैन इण्टर कॉलेज संयुक्त प्रान्त का पहला इन्टर कॉलेज था, जिसमें अंग्रेजी, इतिहास, गणित, नागरिक शास्त्र, अर्थशास्त्र, उर्दू तथा धर्म शास्त्र विषय पढ़ाये जाते

*दिगम्बर जैन कॉलेज, बड़ौत*

*महलका स्थित जैन इंटर कॉलेज*

थे। हर वर्ष इसका परीक्षाफल 93.25 प्रतिशत रहता था। 28.12.43 को इस कॉलेज के छात्रावास का शिलान्यास उत्तर प्रदेश के गवर्नर साहब बहादुर द्वारा हुआ था। 28.10.1943 तक बड़ौत जैन समाज ने इस छात्रवास के लिए 50,000 का चन्दा एकत्रित किया।[26] दिगम्बर जैन कॉलेज शीघ्र ही डिग्री कॉलेज बन गया। जैन समाज ने इंटर कॉलेज, डिग्री कॉलेज के साथ ही दिगम्बर जैन पॉलिटेक्निक की भी स्थापना की। ये सभी संस्थायें वर्तमान में भी पूरे क्षेत्र में शिक्षा की जागृति उत्पन्न करने में महत्त्वपूर्ण योगदान दे रही हैं। महलका जैन समाज ने भी अपनी सक्रियता का परिचय देते हुए अपने यहां जैन इंटर कॉलेज की स्थापना की।

*सरधना स्थित जैन इंटर कॉलेज*

सरधना (मेरठ) की जैन समाज ने अपने सामाजिक दायित्वों का निर्वाह करते हुए कई सामाजिक संस्थाओं की स्थापना की। 'जैन गजट' (साप्ताहिक पत्र) के पुराने अंकों को देखने से ज्ञात होता है कि सरधना में 1904 से ही जैन पाठशाला स्थापित हो चुकी थी। 1907 में इस पाठशाला में केवल 42 विद्यार्थी पढ़ते थे। इस पाठशाला के मुख्य अध्यापक पं. मक्खनलाल जैन थे।[27] वर्तमान में यह संस्था प्रगति करते हुए 'आचार्य नेमिसागर जैन इण्टर कॉलेज' के नाम से प्रसिद्ध हो गई है।

जैन समाज सरधना ने 1930 में आचार्य नेमिसागर जैन धर्मार्थ औषधालय ट्रस्ट की स्थापना की। इस ट्रस्ट में उस समय 10,000/- रुपये थे। इस ट्रस्ट ने सरधना में निःशुल्क औषधालय की स्थापना की, जिसके माध्यम से हजारों गरीब और जरूरतमंद मरीज लाभांवित हुए।[28]

हस्तिनापुर (मेरठ) जैन समाज का प्राचीन तीर्थक्षेत्र है। यह स्थान प्रथम जैन तीर्थंकर ऋषभदेव के प्रथम आहार दान क्षेत्र एवं सोलहवें, सत्रहवें, अट्ठारहवें तीर्थंकर क्रमशः श्री शांतिनाथ, श्री कुंथुनाथ एवं श्री अरहनाथ के जन्म स्थान के रूप में जैन समाज द्वारा पूज्य माना जाता है। हस्तिनापुर में जैन समाज ने कई विशाल जैन मंदिरों, धर्मशालाओं, शिक्षण संस्थाओं की स्थापना करायी। सन् 1911 में हस्तिनापुर में महात्मा भगवानदीन ने ऋषभ-ब्रह्मचार्याश्रम नामक गुरुकुल की स्थापना की थी। यह गुरुकुल प्राचीन शिक्षण व्यवस्था के साथ ही आधुनिक शिक्षा भी उपलब्ध कराता था। प्रसिद्ध साहित्यकार जैनेन्द्र कुमार इसी गुरुकुल के विद्यार्थी रहे।[29] स्थानीय जनता के शिक्षण हेतु हस्तिनापुर में जैन समाज द्वारा स्थापित गुरु विरजानंद जैन हायर सेकेण्ड्री स्कूल की भी महत्त्वपूर्ण भूमिका है। 1945 से हस्तिनापुर में जैन गुरुकुल संस्कृत विद्यालय विधिवत् कार्य कर रहा है। इस गुरुकुल की अपनी बड़ी बिल्डिंग हैं तथा इसमें दूर-दूर के विद्यार्थी अध्ययन हेतु आते हैं।[30] इस प्रकार जनपद मेरठ के जैन समाज ने सामाजिक क्षेत्र में अपना महत्त्वपूर्ण योगदान दिया।

*सेठ जम्बूप्रसाद जैन*

जैन समाज सहारनपुर ने भी आगे आकर सामाजिक क्षेत्र में अपनी महत्त्वपूर्ण भूमिका अदा की। स्व नाम धन्य लाला जम्बूप्रसाद जैन रईस सहारनपुर की एक बहुत बड़ी रियासत के मालिक थे। जम्बूप्रसाद जैन अपनी दानवीरता के लिए सारे हिन्दुस्तान में विख्यात थे। सामाजिक क्षेत्र में उनके द्वारा विभिन्न कार्य कराये गये। अंग्रेजी सरकार ने कई बार उन्हें प्रभावित करने के लिए रायबहादुर, ऑनरेरी मजिस्ट्रेट आदि उपाधियाँ देने की कोशिश की, परन्तु उन्होंने सदैव यह प्रस्ताव अस्वीकृत कर दिया। उन्होंने अपने मिलने का समय सायं 5 बजे निर्धारित कर रखा था। जिले का कलक्टर भी यदि इससे पहले मिलने आता, तो उसे निराशा ही हाथ लगती। कन्हैयालाल मिश्र 'प्रभाकर' ने लिखा है- 'लखनऊ दरबार में आने हेतु सेठ जम्बूप्रसाद जैन को गवर्नर का निमंत्रण मिला। उन्होंने यह कहकर उसे अस्वीकृत कर दिया कि मैं तो 5 बजे ही मिल सकता हूँ, विवश, गवर्नर महोदय को समय की ढील देनी पड़ी। कई बार उन्हें ऑनरेरी मजिस्ट्रेट बनाने का प्रस्ताव आया, पर उन्होंने कहा-मुझे अवकाश ही नहीं है।'[31]

सेठ जम्बूप्रसाद जैन ने जनपद में कई सामाजिक संस्थाओं की स्थापना करायी। 1922 में उन्होंने जैन मंदिर के निर्माण के साथ ही 'जम्बू जैन विद्यालय' की नींव डाली। सेठ जी की मृत्यु के बाद उनके पुत्र प्रद्युम्न कुमार जैन ने जम्बू जैन विद्यालय की उन्नति के लिए अनेक प्रयास किये। यह विद्यालय 1940 में मिडल स्कूल से हाईस्कूल तथा 1944 में हाईस्कूल से इंटर कॉलेज बन गया। इस कॉलेज

*जुगमन्दरलाल जैन*

में वाणिज्य, कला तथा विज्ञान संकायों में शिक्षण होने लगा। प्रद्युम्न कुमार जैन ने विद्यालय की आर्थिक स्थिति को मजबूत करने के लिए अपनी भूमि पर अच्छे बाजार का निर्माण कराया, जिससे विद्यालय को प्रतिवर्ष दस हजार रुपये की निश्चित आय होने लगी। जनपद सहारनपुर में उस समय कोई भी डिग्री कॉलेज नहीं था। इस कमी को पूरा करने के लिए श्री जैन ने अपनी सौ बीघा जमीन दान में दे दी तथा अपनी तिजोरी का मुँह डिग्री कॉलेज निर्माण के लिए खोल दिया। डिग्री कॉलेज के प्रबन्धन हेतु प्रद्युम्नकुमार जैन को जम्बू जैन इण्टर कॉलेज के प्रधानाध्यापक रूपचन्द जैन, सलावा (मेरठ) का भी सहयोग मिला। शीघ्र ही यह डिग्री कॉलेज बनकर तैयार हो गया।[32] यह डिग्री कॉलेज जम्बू विद्यालय जैन डिग्री कॉलेज उर्फ जे.वी. जैन कॉलेज सहारनपुर के नाम से वर्तमान में सम्पूर्ण पश्चिमोत्तर प्रदेश में अपना विशिष्ट स्थान रखता है।[33]

सहारनपुर में जैन समाज द्वारा संचालित जैन अस्पताल भी जनता की महत्त्वपूर्ण सेवा कर रहा है। 1916 में महात्मा गाँधी और मदन मोहन मालवीय जी ने जैन अस्पताल का दौरा करके उसके कार्यों की सराहना की थी।[34] बैरिस्टर जुगमन्दरलाल जैन, बाबू विशालचन्द्र जैन, श्रीमती चन्द्रवती जैन सहारनपुर ने भी सामाजिक क्षेत्र में अपना महत्त्वपूर्ण योगदान दिया।

बैरिस्टर जुगमन्दरलाल जैन ने 1910 में ऑक्सफोर्ड विश्वविद्यालय के जेटर कॉलेज से वकालत की डिग्री ली। उसके बाद 1914 में वे इन्दौर राज्य के न्यायाधीश बने। ब्रिटिश सरकार ने उन्हें ऑनरेरी मजिस्ट्रेट तथा व्यवस्था विधायिनी सभा का अध्यक्ष बनाकर 'रायबहादुर' की उपाधि भी प्रदान की।[35] अंग्रेजों द्वारा सभी उपाधियाँ देने के बाद भी वह कभी सरकार के आगे नहीं झुके। वह कहते थे, भारत के रईसों और अमीरों ने देखा है नवाबी जमाना या देखी है, हिन्दू रियासतें। अगर इन्होंने कभी विलायत जाकर अंग्रेजों का जीवन देखा होता, तो वह अंग्रेजों से इस तरह न मिलते, जिस तरह आज-कल मिलते हैं। ये भारतीय तीन कौड़ी के अंग्रेज को लाखों रुपये का बना देते हैं। इसमें कुसुर अंग्रेजों का है या हिन्दुस्तानियों का? मजाल है, कोई बड़े से बड़ा अंग्रेज मेरे साथ इस तरह का बर्ताव करे, जैसा वह यहाँ के रईसों से करता है।

एक बार स्वतंत्रता सेनानी महात्मा भगवानदीन से उन्होंने कहा था-मैं कई

कलेक्टरों से मिला हूँ। वह इन बम फेंकनेवालों की बड़ी तारीफ करते हैं। उनको वह उन रईसों से बहुत ऊँचे दर्जे का समझते हैं, जिनको वह बड़े-बड़े खिताब देते हैं। यह दूसरी बात है कि बम फेंकने वालों को उन्हें फाँसी पर चढ़ाना पड़ता है, पर फाँसी पर चढ़ाते दुःख मानते हैं। भगवानदीन जी, यह सुनकर तुम्हें अचरज होगा कि मैं एक ऐसी मेम से मिल चुका हूँ, जिनके पति को एक बम फेंकनेवाले ने खत्म किया था। वह भी यह कह बैठी कि इतनी छोटी उम्र के लड़के जब देश की खातिर हथेली पर जान लिए फिरते हैं, तब हम लोगों का हिन्दुस्तान में रहना मुश्किल है। उसी का कहना था कि हम अंग्रेज, लोगों को खिताब दे देकर गुलामी की याद भुलाए रखना चाहते हैं, पर ये दीवाने तो कुछ चाहते ही नहीं।[36]

जुगमन्दरलाल जैन ने अंग्रेजों के बीच रहकर भी भारतीय संस्कृति का प्रचार किया। जीवन के अंतिम समय में उन्होंने एक लाख रुपये की राशि से एक ट्रस्ट की स्थापना की, जिसके द्वारा जनहितकारी कार्य किये जाते हैं।[37] श्री जैन के ट्रस्ट की आमदनी से सेन्ट्रल पब्लिशिंग हाऊस दिल्ली, जैन अजिताश्रम लखनऊ, ऋषभ जैन बाल लाइब्रेरी लन्दन, जैन साहित्य मण्डल लन्दन आदि संस्थाओं को निरन्तर आर्थिक सहायता मिलती रही। 13.07.1927 को 46 वर्ष की अल्प आयु में श्री जैन का निधन हो गया।[38]

बाबू विशालचन्द्र जैन ने सामाजिक क्षेत्र में उल्लेखनीय कार्य किये। 1937-1939 तक उत्तर प्रदेश में प्रथम कांग्रेसी मंत्रिमण्डल बना, तो श्री जैन को अवैतनिक विशिष्ट मजिस्ट्रेट नियुक्त किया गया। उसके बाद उन्हें ऑनरेरी प्रथम श्रेणी का स्पेशल मजिस्ट्रेट बनाया गया। इन पदों पर रहते हुए उन्होंने सैंकड़ों दीन-दुखियों की सहायता की। मूक तथा बधिर बच्चों की शिक्षा के लिए स्थापित 'सेवा निधि किदवई अपंग आश्रम' के भी विशालचन्द्र जैन अध्यक्ष रहे। उनके पुत्र विनोद कुमार जैन (आई.पी.एस.) स्वतंत्रता के बाद उत्तर प्रदेश के पुलिस महानिदेशक भी रहे।[39]

सहारनपुर की श्रीमती चन्द्रवती जैन जिले की प्रथम महिला थी, जिन्हें 18 मई सन् 1943 को अखिल भारतीय हिन्दी साहित्य सम्मेलन के 30वें अधिवेशन में सुप्रसिद्ध विद्वान पं. माखनलाल चतुर्वेदी द्वारा प्रतिष्ठित 'सेकसरिया पुरस्कार' से सम्मानित किया गया था। यह पुरस्कार उन्हें उनकी कृति 'नींव की ईंट' नामक कहानी संग्रह के लिए दिया गया था। इस कृति में सामाजिक जीवन पर आधारित चौदह कहानियाँ संकलित हैं। श्रीमती चन्द्रवती जैन दिल्ली के डॉ. सर मोतीसागर जैन की पुत्री थी। मोतीसागर जैन दिल्ली और लाहौर के प्रसिद्ध वकील थे। वे काफी समय लाहौर हाइकोर्ट के न्यायाधीश तथा दिल्ली विश्वविद्यालय के कुलपति पद पर भी आसीन रहे। चन्द्रवती जैन का विवाह सहारनपुर के प्रसिद्ध बैंकर ऋषभसैन जैन के साथ हुआ था। सहारनपुर में रहकर चन्द्रवती जैन ने कई सामाजिक कार्यों में

भागीदारी की। एक लेखिका के साथ ही वे सहारनपुर की जैन कन्या पाठशाला इण्टर कॉलेज की अध्यक्षा भी रही।[40] इसी प्रकार सहारनपुर जैन समाज के अन्य नागरिकों ने भी सामाजिक कार्यों में अपना योगदान दिया।

*मूर्तिदेवी सरस्वती इंटर कॉलेज*

बिजनौर के नजीबाबाद कस्बे के रहनेवाले साहू जैन परिवार ने सामाजिक क्षेत्र में भी अपनी अमिट छाप छोड़ी। साहू परिवार ने 1921 में नजीबाबाद में एक शिक्षण संस्था की स्थापना की थी।[41] इस शिक्षण संस्था ने बाद में कई विशाल संस्थाओं को जन्म दिया। इन शिक्षण संस्थाओं में मूर्ति देवी कन्या विद्यालय, मूर्ति देवी सरस्वती इण्टर कॉलेज, साहू जैन महाविद्यालय प्रमुख हैं।

*मूर्तिदेवी कन्या विद्यालय*

सूचना के अधिकार अधिनियम 2005 की धारा (6) के अंतर्गत बिजनौर के जिला विद्यालय निरीक्षक से लेखक ने सूचना माँगी थी कि इन शिक्षण संस्थाओं की वर्तमान स्थिति क्या है? मूर्ति देवी कन्या विद्यालय के सम्बन्ध में बिजनौर के सह जिला विद्यालय निरीक्षक ने पत्र द्वारा सूचित किया कि यह विद्यालय अब इंटर कॉलेज बन गया है। इस संस्था को हाईस्कूल, इंटरमीडिएट (साहित्यिक वर्ग, कलात्मक वर्ग, वैज्ञानिक वर्ग, वाणिज्य वर्ग व व्यवसायिक शिक्षा) की मान्यता प्राप्त है। इसमें अध्ययनरत छात्राओं की संख्या 2223 है तथा शिक्षिकाओं की संख्या 22 है। मूर्ति देवी सरस्वती इंटर कॉलेज के सम्बन्ध में सह जिला विद्यालय निरीक्षक ने बताया कि वर्तमान में इस कॉलेज में अध्ययनरत् विद्यार्थियों की संख्या 2465 है तथा अध्यापकों की संख्या 34 है। साहू जैन डिग्री कॉलेज 60 बीघा जमीन पर स्थापित है और जिले की उच्च शिक्षा में अपना महत्त्वपूर्ण स्थान रखता है।[42]

*साहू जैन महाविद्यालय*

साहू परिवार ने पूरे देश में जगह-जगह शिक्षण संस्थायें, छात्रावास, संग्रहालय, हॉस्पिटल, धर्मशालायें आदि सामाजिक संस्थाओं की स्थापना

की तथा बड़ी संख्या में जरूरतमंद छात्रों को छात्रवृत्तियाँ प्रदान की। साहू जैन ट्रस्ट, साहू जैन चैरिटेबिल सोसायटी ने सदैव मानव सेवा की मिशाल पेश की।[43]

साहू शान्तिप्रसाद जैन ने भारतीय भाषाओं, साहित्य, संस्कृति के विकास में अपना अद्वितीय योगदान दिया। अखिल भारतीय प्राच्य विद्या परिषद् के बारहवें अधिवेशन के अवसर पर दिसम्बर 1943 में वाराणसी में कुछ अग्रणी भारतीय विद्याविदों ने साहू शान्तिप्रसाद जैन से एक ऐसे संस्थान की स्थापना का अनुरोध किया, जो संस्कृत के साथ-साथ प्राकृत, पाली और अपभ्रंश की साहित्य-निधि का अनुसंधान एवं प्रकाशन कर सके। उत्तर में भारतीय विद्या और संस्कृति के प्रति अपने हार्दिक लगाव के अनुरूप ही साहू जी ने भारतीय ज्ञानपीठ की स्थापना का निर्णय लिया।[44]

सन् 1944 में भारतीय ज्ञानपीठ की स्थापना कर साहू जी ने अपनी धर्मपत्नी श्रीमती रमा जैन के साथ मिलकर अनेक साहित्यिक योजनाओं को चलाया। भारतीय ज्ञानपीठ के अंतर्गत कई ग्रन्थमालाओं की स्थापना की गयी। इनमें मूर्ति देवी ग्रन्थमाला के अंतर्गत भारतीय चिन्तन, संस्कृति और धर्म के अनेक दुर्लभ ग्रन्थों का वैज्ञानिक पद्धति से सम्पादन करके प्रकाशन किया जाता है। इन ग्रन्थों का प्रकाशन संस्कृत, प्राकृत, पालि, तमिल, अपभ्रंश, कन्नड़, हिन्दी और अंग्रेजी भाषाओं में होता है। इसी प्रकार ज्ञानपीठ द्वारा संचालित माणिक चन्द्र ग्रन्थ माला, कन्नड़ ग्रन्थमाला, लोकोदय ग्रन्थमाला, राष्ट्रभारती ग्रन्थमाला द्वारा लब्ध प्रतिष्ठित साहित्यिक ग्रन्थों का प्रकाशन किया जाता है।[45]

भारतीय ज्ञानपीठ द्वारा प्रत्येक वर्ष 'ज्ञानपीठ-पुरस्कार' दिया जाता है। जो वर्तमान में भी देश का सर्वोच्च साहित्यिक पुरस्कार माना जाता है। इस पुरस्कार के अंतर्गत ग्यारह लाख रुपये, वाग्देवी की मूर्ति एवं प्रशस्ति प्रदान की जाती है।[46] इस प्रकार साहू जैन परिवार ने देश के सामाजिक एवं साहित्यिक विकास में अपना महत्त्वपूर्ण योगदान दिया।

नहटौर (बिजनौर) में 12 मार्च, 1941 को जैन समाज की एक बड़ी कांफ्रेंस बुलायी गयी थी, जिसकी अध्यक्षता बाबू उग्रसैन जैन (प्रबन्धक-जैन इण्टर कॉलेज बड़ौत) ने की। इस सम्मेलन में जैन समाज के प्रतिष्ठित नेताओं प. कैलाशचन्द जैन, अयोध्याप्रसाद गोयलीय, पं. रामलाल जैन, बाबू नन्दकिशोर जैन (रिटायर्ड डिप्टी कलेक्टर) आदि की उपस्थिति में कई महत्त्वपूर्ण प्रस्ताव पास किये गये, जिनमें पहला प्रस्ताव था, जिले में प्रत्येक स्थान पर पाठशालाएँ तथा वीर सेवक संघ स्थापित किये जायें तथा दूसरे प्रस्ताव में पास किया गया कि बिजनौर जिले का कोई भी जैन अपने पुत्रों के विवाह में वधू पक्ष से किसी प्रकार भी दहेज नहीं लेगा।[47]

इस सम्मेलन के निर्णय के अनुसार नहटौर, स्योहारा आदि स्थानों पर जैन

पाठशालाएँ खोली गयी। ये शिक्षण संस्थायें तब से आज तक निरन्तर उन्नति करते हुए शिक्षा प्रचार का महत्त्वपूर्ण कार्य कर रही हैं। सूचना के अधिकार के तहत मिली जानकारी के अनुसार जे.वी.एम. इण्टर कॉलेज नहटौर में अध्ययनरत् विद्यार्थियों की संख्या 946 तथा अध्यापकों की संख्या 24 है। इसी प्रकार स्योहारा जिला बिजनौर में जैन मंदिर के ही निकट स्थित एस.डी.जे.एम.एस. इण्टर कॉलेज में अध्ययनरत् विद्यार्थियों की संख्या 436 तथा अध्यापकों की संख्या 13 है।[48]

बद्रीदास जैन

बिजनौर जैन समाज के लाला बद्रीदास जैन ने बिजनौर में विशाल जैन मंदिर के निर्माण के साथ ही यात्रियों के ठहरने के लिए जैन धर्मशाला का निर्माण कराया।[49] बद्रीदास जैन के भतीजे राजेन्द कुमार जैन ने ही 1960 में बिजनौर जिले के सबसे बड़े डिग्री कॉलेज 'वर्धमान कॉलेज' की स्थापना की थी।[50]

अलीगढ़ के सेठ छेदीलाल जैन तथा प्रकाशचन्द जैन द्वारा 1943 में के.एल. जैन ऐजूकेशन ट्रस्ट की स्थापना की गयी। इस ट्रस्ट के द्वारा 1943 में ही सासनी में विद्यामंदिर इंग्लिश स्कूल का प्रारम्भ कराया गया। यह स्कूल वर्तमान में श्री किरोड़ीलाल जैन इण्टर कॉलेज के नाम से पूरे जिले में प्रसिद्ध है। इसी ट्रस्ट द्वारा 'प्रकाश धर्मार्थ होम्योऔषधालय' की स्थापना भी की गयी, जो मानव सेवा में सदैव समर्पित रहता है।[51]

राजा लक्ष्मण दास

मथुरा में चौरासी नामक स्थान पर जैन समाज का प्राचीन सिद्ध क्षेत्र है। यहाँ जैन समाज द्वारा स्थापित विशाल जैन मंदिर, धर्मशालाएं, धर्मार्थ औषधालय तथा कई शिक्षण संस्थायें समाजसेवा कर रही हैं। सेठ रघुनाथदास जैन ने चौरासी के विशाल जैन मंदिर का निर्माण कराया था।[52] 1896 में मथुरा में ही जैन समाज की प्रमुख सामाजिक संस्था 'श्री भारतवर्षीय दिगम्बर जैन महासभा' का प्रथम अधिवेशन हुआ था। इस अवसर पर राजा लक्ष्मणदास जैन (राजा लक्ष्मणदास जैन अखिल भारतीय कांग्रेस के संस्थापक सदस्यों में से एक थे) के सहयोग से मथुरा में संस्कृत जैन महाविद्यालय की स्थापना की गयी थी। इस महाविद्यालय ने काफी समय तक

संस्कृत भाषा की उन्नति हेतु कार्य किया।[53] वर्तमान में इस महाविद्यालय के भवन में जैन समाज द्वारा 'ऋषभ इण्टर कॉलेज' चलाया जाता है।[54]

आगरा के जैन समाज ने 1933 में 'आगरा दिगम्बर परिषद्' तथा 1941 में श्री दिगम्बर जैन शिक्षा समिति की स्थापना की। इन संस्थाओं द्वारा आगरा में कई शिक्षण संस्थाओं, धर्मशालाओं, शोधसंस्थान और औषद्यालय आदि का निर्माण कराया गया। जैन समाज द्वारा संचालित इन संस्थाओं में श्री महावीर दिगम्बर जैन इण्टर कॉलेज अपना विशेष स्थान रखता है। यह इण्टर कॉलेज माध्यमिक शिक्षा के स्तर पर आगरा का श्रेष्ठ कॉलेज माना जाता है।[55]

आगरा के सेठ अचलसिंह ने अनेक प्रकार से समाज की सेवा की। 1928 में उन्होंने ग्रामीण जनता की सेवा के लिए 'अचल ग्राम सेवा संघ' की स्थापना की। इस संघ के द्वारा उन्होंने गरीब किसान भाइयों के दुःखों को दूर करने के लिए अनेक कार्य किये। उन्होंने इस संस्था के माध्यम से विभिन्न गाँवों की उन्नति हेतु भी कार्य किया। सेठ अचलसिंह ने 1935 में एक लाख रुपये की राशि से 'अचल ट्रस्ट' की स्थापना की। इस ट्रस्ट का विधिवत् उद्घाटन 3 नवम्बर 1935 को उत्तर प्रदेश के तत्कालीन मुख्यमंत्री पं. गोविन्द वल्लभ पंत की अध्यक्षता में जसवन्त पिक्चर पैलेस आगरा में श्री श्रीप्रकाश द्वारा हुआ था।

अचल ट्रस्ट के द्वारा पुस्तकालय खुलवाना, वाचनालय स्थापित करना, पाठशालाएँ खुलवाना, योग्य विद्यार्थियों को छात्रवृत्ति देना, उपयोगी पुस्तकें लिखवाकर प्रकाशित करना/कराना, औषधालय और अस्पताल स्थापित करना, रोगियों को मुफ्त या कम मूल्य पर दवा देना, निराश्रित एवं दुखियों की सहायता करना, देशोपकारी तथा राष्ट्रीय उन्नति के कार्यों में आर्थिक मदद करना आदि कार्य किये गये। इस ट्रस्ट का एक विशाल भवन आगरा के बेलनगंज में स्थापित किया गया, जिसका नाम 'अचल भवन' रखा गया। इस भवन में एक पुस्तकालय एवं वाचनालय भी स्थापित किया गया।

सेठ अचलसिंह ने 1941 में अपनी पत्नी श्रीमती भगवती देवी जैन के नाम पर बी.डी. जैन कन्या विद्यालय का प्रारम्भ किया। यह विद्यालय आगरा में 'श्रीमती भगवती देवी जैन कन्या विद्यालय इण्टरमीडिएट कॉलेज, आगरा छावनी' के नाम से प्रसिद्ध है। उन्होंने इण्टर कॉलेज के साथ ही अपने निजी भवन 32ए, गार्डन रोड

आगरा में बी.डी. जैन डिग्री कॉलेज की स्थापना की, जो वर्तमान में आगरा की प्रमुख नारी-शिक्षण संस्था मानी जाती है।[56]

कामताप्रसाद जैन

फिरोजाबाद (आगरा) के सेठ छदामीलाल जैन ने समाज सेवा हेतु 1932 में एक ट्रस्ट की स्थापना की, जिसके द्वारा सी.एल.जैन जू हाईस्कूल हिरनगाँव फिरोजाबाद, सेठ छदामीलाल नेत्र चिकित्सालय, सरस्वती देवी जैन धर्मशाला तथा दिगम्बर जैन महावीर जिनालय फिरोजाबाद आदि संस्थाओं की स्थापना की गयी। इस ट्रस्ट के द्वारा बाद में सी.एल. जैन पोस्ट ग्रेजुएट कॉलेज फिरोजाबाद की स्थापना भी की गयी। एटा में बाबू कामता प्रसाद जैन ने 1931 में 'अखिल विश्व जैन मिशन' की स्थापना की। इस मिशन के द्वारा उन्होंने अहिंसा एवं शाकाहार का देश-विदेश में प्रचार किया।[57] इटावा में जैन धर्म भूषण ब्रह्मचारी सीतल प्रसाद की प्रेरणा से 1924 में जैन विद्यालय, जैन कन्या पाठशाला तथा प्राणी रक्षा सभा की स्थापना की गयी। ये सभी संस्थायें वर्तमान में भी समाजसेवा में जुटी हैं।[58]

सुमेरचंद दिगम्बर जैन हॉस्टल के विद्यार्थी व अध्यापकगण

इलाहाबाद में जैन समाज द्वारा 1912 में सुमेर चन्द दिगम्बर जैन हॉस्टल की स्थापना की गयी। इस हॉस्टल ने उच्च शिक्षार्थ इलाहाबाद आनेवाले छात्रों को अध्ययन हेतु पूर्ण सुविधा उपलब्ध करायी। इस हॉस्टल में 1931 तक एक समृद्ध लाइब्रेरी, सुन्दर गार्डन तथा खेल के मैदान की सुविधा उपलब्ध थी।[59]

बैरिस्टर चम्पतराय

कानपुर जैन समाज ने भी अपने सामाजिक दायित्वों को निभाया। कानपुर में 1908 में जैन समाज द्वारा चाँद औषधालय की स्थापना की गयी। जनवरी 1908 की मासिक रिपोर्ट के अनुसार औषधालय से 315 मरीजों ने निःशुल्क दवाइयाँ प्राप्त की। इस औषधालय के संचालक वैद्य कन्हैया लाल जैन थे। इस औषधालय ने स्वतंत्रता आन्दोलन के

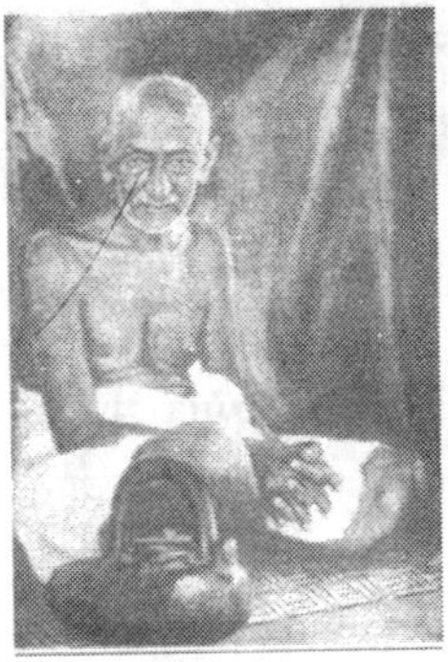

*श्री गणेशप्रसाद वर्णी*

दौरान भी अपनी सेवाएं दी।[60] कानपुर के बैरिस्टर चम्पतराय जैन ने समाजसेवा में देश एवं विदेशों में ख्याति प्राप्त की। महात्मा गाँधी और रवीन्द्र नाथ टैगोर से उनका घनिष्ठ सम्बन्ध था।[61] उनके पौत्र लक्ष्मीचन्द्र जैन ने 1934 में आई.सी.एस. की परीक्षा उत्तीर्ण की थी।[62] चम्पतराय जैन ने 1942 में समाजसेवा हेतु 2 लाख रुपये से सी.आर. जैन ट्रस्ट की स्थापना की। इस ट्रस्ट से जरूरतमंदों की मदद की जाती है।[63]

जैन संत गणेशप्रसाद वर्णी ने उत्तर प्रदेश के साथ ही अन्य प्रान्तों में भी विभिन्न शिक्षण संस्थाओं की स्थापना करायी। श्री वर्णी का जन्म ललितपुर के हसेरा गाँव में हुआ था। सन् 1905 में उन्होंने बनारस में स्याद्वाद जैन महाविद्यालय की स्थापना की।[64] एक्ट 21 सन् 1860 के अनुसार 15 दिसम्बर 1913 को इस महाविद्यालय की रजिस्ट्री हुई।[65] इस महाविद्यालय ने प्राच्य शिक्षण के साथ ही आधुनिक शिक्षा का भी उत्तम प्रबंध किया। सन् 1916 में इस महाविद्यालय में महात्मा गाँधी पधारे थे। उस समय विद्यालय की रिमार्कबुक में उन्होंने लिखा था-इस संस्था की मुलाकात लेने से मैं बहुत खुश हुआ हूँ। मुझे उम्मीद है कि इस संस्था के विद्यार्थी ऐसे धर्म निष्ठ होंगे, जिससे समस्त हिन्द को फायदा होगा।[66] सन् 1939 में इस महाविद्यालय से प्रथम आचार्य व एम.ए. का बैच निकला था।[67] स्याद्वाद जैन महाविद्यालय ने स्वतंत्रता आन्दोलन में देश का बढ़-चढ़ कर साथ दिया।

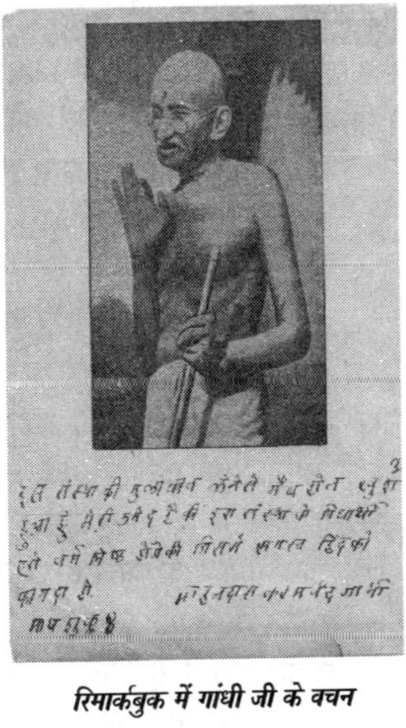

*रिमार्कबुक में गांधी जी के वचन*

श्री गणेशप्रसाद वर्णी ने पूरे संयुक्त प्रान्त में भ्रमण करके शिक्षा की ज्योति जगाई। उनकी प्रेरणा से 1947 तक अनेक शिक्षण संस्थाओं की स्थापना उ.प्र. के साथ ही अन्य प्रान्तों में भी की गयी। इन संस्थाओं में श्री वर्णी जैन इण्टर कॉलेज ललितपुर, के. के. जैन कॉलेज खतौली, गणेश दिगम्बर जैन संस्कृत विद्यालय सागर, गुरुदत्त दिगम्बर जैन पाठशाला द्रोणागिरि, श्री शिक्षा मंदिर जबलपुर, श्री पार्श्वनाथ विद्यालय बरुआ सागर, श्री शांति जैन पाठशाला आहार, श्री गणेश गुरुकुल पटना गंज, जैन

गुरूकुल मढ़िया जी जबलपुर, जैन महिलाश्रम सागर, प्राचीन जैन गुरूकुल बड़ागाँव (उ.प्र.) आदि प्रमुख हैं।[68] इन सभी संस्थाओं से हजारों देशवासी लाभ उठा रहे हैं।

गणेश प्रसाद वर्णी की भाँति ही ब्रह्मचारी सीतलप्रसाद ने भी देश के सामाजिक क्षेत्र में महत्त्वपूर्ण कार्य किये। उन्होंने भारतीय संस्कृति एवं सभ्यता के प्रचार हेतु कन्याकुमारी से कश्मीर तक व्यापक भ्रमण किया। उन्होंने शहरों में ही नहीं देहातों में भी जागृति का मंत्र फूँका।[69] लखनऊ निवासी ब्रह्मचारी सीतल प्रसाद ने पूरे संयुक्त प्रान्त में अनेक सामाजिक, धार्मिक संस्थाओं की स्थापना करायी। इस प्रकार उत्तर प्रदेश के जैन समाज ने देश के सामाजिक विकास में अपना महत्त्वपूर्ण योगदान दिया।

## *राजनीतिक विकास में योगदान*

जैन समाज के व्यक्ति अपने संस्कारों के कारण राष्ट्रीय दृष्टिकोण रखते हैं। भारत देश उनकी मातृभूमि और धर्मभूमि है। जैन मूलतः भारतीय है। भारत के बाहर उनका कोई तीर्थ क्षेत्र नहीं है, न ही किसी जैन महापुरुष की समाधि है।[70] जैन समाज के नागरिक प्रतिदिन निम्न स्त्रोत का पाठ करते हैं-

संपूजकानां प्रतिपालकानां, यतीन्द्र-सामान्य-तपोधनानाम्।
देशस्य राष्ट्रस्य पुरस्य राज्ञः, करोतु शांतिं भगवान् जिनेन्द्रः।।
क्षेमं सर्वप्रजानां, प्रभवतु बलवान् धार्मिकों भूमिपालः।
काले-काले च सम्यग्वर्षतु मधवा व्याधयो यांतु नाशम्।।

इसका अर्थ है कि - हे परमात्मा! आप देश, राष्ट्र, प्रजा और राजा सभी को सदा शांति प्रदान करें। सभी प्रजा का कुशल हो, राजा बलवान और धर्मात्मा हो, बादल समय-समय पर वर्षा करें, सब रोगों का नाश हो, संसार के प्राणियों को एक क्षण भी कष्ट न हो, सम्पूर्ण देश में सुख शांति रहे।[71]

जैन समाज के व्यक्ति का जीवन इसी उदात्त भावना से अनुप्रेरित रहता है। देश पर जब कभी भी संकट आया उस समय जैन समाज ने आगे बढ़कर देश का साथ दिया। अंग्रेजी सरकार के विरुद्ध लड़े गये भारतीय स्वतंत्रता आन्दोलन में भी जैन समाज ने अपनी जनसंख्या के अनुपात से कहीं अधिक बढ़-चढ़कर भाग लिया। उत्तर प्रदेश के जैन समाज ने 1919 से लेकर 1947 के दौरान राष्ट्रीय आन्दोलन में अपनी महत्त्वपूर्ण भूमिका अदा की। गाँधी जी द्वारा चलाये गये असहयोग आन्दोलन, सविनय अवज्ञा आन्दोलन और भारत छोड़ो आन्दोलन में जैन नागरिकों ने बढ़-चढ़कर भाग लिया और जेलों की यात्रायें की, जिनका विस्तारपूर्ण वर्णन आगामी अध्यायों में किया गया है। जैन समाज के कई नागरिकों ने इस दौरान विभिन्न राजनैतिक पदों पर रहकर प्रदेश एवं देश की सेवा की।

मुजफ्फरनगर के सुमतप्रसाद जैन ने 1920 में कांग्रेस की सदस्यता ग्रहण करके देश सेवा का कार्य करना प्रारम्भ कर दिया। 1923-26 तक श्री जैन मुजफ्फरनगर नगर पालिका के चेयरमैन रहे।[72] उसके बाद 1937-40 तक श्री जैन जिला ग्रामीण विकास संघ के चेयरमैन रहे। 1946 में उन्हें उत्तर प्रदेश विधान परिषद् का सदस्य चुना गया। श्री जैन तीनों आन्दोलनों में जेल गये तथा प्रान्त में कांग्रेस को मजबूत बनाने में अपना योगदान दिया। आजादी के बाद 1952 में वे राज्यसभा सदस्य तथा 1957 में लोकसभा के सदस्य चुने गये।[73]

सहारनपुर के बाबू अजितप्रसाद जैन ने देश के राजनीतिक क्षेत्र में अपनी महत्त्वपूर्ण भूमिका अदा की। जेल की लम्बी यात्रा करने के साथ ही उन्होंने उत्तर प्रदेश कांग्रेस को समय-समय पर अपना मार्गदर्शन भी दिया।[74] 1937 तथा 1946 में श्री जैन उत्तर प्रदेश विधान सभा के लिए चुने गये। उन्होंने उ.प्र. में जमींदारी उन्मूलन कमेटी में रहकर अपनी सक्रिय भूमिका निभाई।[75]

आजादी के बाद अजित प्रसाद जैन 1947-50 तक संविधान निर्मात्री सभा के सदस्य, 1950-52 तक प्रोविजनल पार्लियामेंट के सदस्य। 1952, 1957 एवं 1962 में लोकसभा सदस्य, 1950-54 तक केन्द्रीय राहत और पुर्नवास एवं 1954-59 तक केन्द्रीय खाद्य एवं कृषि मंत्री जैसे पदों पर रहकर देश के राजनीतिक विकास में सहभागी बने।[76] 1965 में श्री जैन केरल के राज्यपाल, 1968 में राज्यसभा सदस्य आदि पदों पर भी कार्यरत रहे।[77]

देवबन्द (सहारनपुर) निवासी श्रीमती लेखवती जैन ने अम्बाला में रहकर राष्ट्रीय क्षेत्र में सरोजनी नायडू के समान कार्य किया।[78] 1933-37 तक वे पंजाब विधान परिषद् की पहली महिला एम.एल.सी. रही। बाद में वे लम्बे समय तक पंजाब विधान सभा की डिप्टी स्पीकर भी रही।[79]

बिजनौर के बाबू रतनलाल जैन एवं नेमिशरण जैन ने भी आन्दोलन में सक्रिय भाग लेने के साथ ही विभिन्न राजनीतिक पदों पर कार्य किया। रतनलाल जैन 1937-1940 तक विधान परिषद् सदस्य रहे। जिला कांग्रेस कमेटी के वे लगातार 8 वर्षों तक अध्यक्ष बने रहे। आजादी के बाद 1952 में वे उत्तर प्रदेश विधान सभा के सदस्य बने।[80] बाबू नेमिशरण जैन 1923 व 1926 में उ.प्र. विधान परिषद् के सदस्य, 1937-40 तक जिला ग्रामीण विकास संघ बिजनौर के चेयरमैन तथा आजादी के बाद 1950 में प्रोविजनल पार्लियामेंट तथा 1952 में प्रथम लोकसभा के सदस्य चुने गये।[81]

आगरा के सेठ अचल सिंह जैन 1921-24 तक म्यूनिसिपल बोर्ड आगरा के वाईस चेयरमैन, 1924 में उ.प्र. विधान परिषद् सदस्य, 1937 व 1946 में उ.प्र. विधान सभा सदस्य तथा आजादी के बाद 1952-1977 तक लगातार 5 बार

लोकसभा के सदस्य रहे।[82] राजनीतिक क्षेत्र में उन्होंने महत्त्वपूर्ण कार्य किया।

बनारस के अमोलकचन्द जैन 1938-39 तथा 1946-48 तक उ.प्र. के शिक्षा मंत्री बाबू सम्पूर्णानन्द के प्राइवेट सैक्रेट्री रहे। 1952 में वे राज्यसभा सदस्य तथा बाद में अन्य महत्त्वपूर्ण पदों पर कार्यरत रहे।[83]

इन सभी जैन कार्यकर्ताओं के अतिरिक्त अन्य जैन नागरिकों ने भी अपने-अपने क्षेत्र में राजनीतिक कार्यों में भाग लिया। इस प्रकार उत्तर प्रदेश के जैन समाज ने देश के आर्थिक, सामाजिक और राजनैतिक विकास में अपना महत्त्वपूर्ण योगदान दिया।

### *सन्दर्भ*


1. जैन संस्कृति कोष (तृतीय खण्ड), पृष्ठ 224, शीर्षक-उद्योग धंधे
2. जैन धर्म का इतिहास (द्वितीय खण्ड), पृष्ठ 592, शीर्षक-आर्थिक क्षेत्र
3. जैन मित्र (साप्ताहिक पत्र), 13 दिसम्बर, 1928, पृष्ठ 53
4. गोयलीय अयोध्याप्रसाद, जैन जागरण के अग्रदूत, पृष्ठ 562, 563
5. Progressive Jains of India, Page 37, New Delhi
6. http:/www.jaina.org
7. दिल्ली जैन डायरेक्टरी, शीर्षक-उद्योग व व्यापार, पृष्ठ 130
8. www.jaina.org, Progressive Jains of India, Page 254
9. वीर (पाक्षिक पत्र), 22 नवम्बर, 1992, अंक 12, पृष्ठ 100
10. www.jaina.org, Progressive Jains of India, Page 253,255
11. Parliament of India, Council of States, WHO's WHO 1952, Page 71, Delhi
12. गोमटेश्वर सहस्त्राब्दी महोत्सव दर्शन, 1981 (स्मारिका), पृष्ठ 13
13. Parliament of India 'Rajya Sabha', WHO's WHO 1955, Page 83, 84
14. कासलीवाल डॉ. कस्तूरचन्द, जैन समाज का वृहद् इतिहास, पृष्ठ 27
15. विधिवंशिका, लुहाड़्या परिवार-सासनी, शीर्षक-उद्योग/व्यापार, पृष्ठ 44-51 (सचित्र)
16. 'प्रेम' सूरजभान जैन, अचल-चरित, पृष्ठ 21-44
17. श्री भारतवर्षीय दिगम्बर जैन डायरेक्टरी, सन् 1914, पृष्ठ 1-90
18. जैन कैलाश चन्द, जैन धर्म का इतिहास (द्वितीय खण्ड), पृष्ठ 590
19. जैन समाज का वृहद् इतिहास (प्रथम खण्ड), पृष्ठ 8
20. U.P. District Gazetteers 'Muzaffarnagar', Page 233
21. साक्षात्कार-यतीन्द्र कुमार जैन, 44 ठाकुर द्वारा मु.न., दिनांक 22.01.2007
22. District Gazetteer 'Muzaffarnagar', Page 232-233
23. District Gazetteer Meerut, Page 278, 309, Editor - Smt. Esha Basant Joshi (I.A.S.), Pub. : U.P. Government, 1965
24. District Gazetteer Meerut, Pages 278, 309
25. श्री तनसुखराय जैन स्मृति ग्रन्थ, पृष्ठ 79

26. जैन संदेश (साप्ताहिक पत्र), 20 जून, 1940, पृष्ठ 2, आगरा
27. जैन गजट (साप्ताहिक पत्र), 1 जनवरी, 1908, पृष्ठ 9
28. District Gazetteer Meerut, Page 310
29. नेहरू स्मारक संग्रहालय और लाइब्रेरी नई दिल्ली के मौखिक इतिहास विभाग के डॉ. हरिदेव शर्मा द्वारा दिनांक 13.05.1967 को लिये गये श्री जैनेन्द्र कुमार के साक्षात्कार से उद्धृत, पृष्ठ 2
30. जिला गजेटियर, मेरठ, पृष्ठ 73, 278, 309
31. जैन जागरण के अग्रदूत, पृष्ठ 527-28
32 शर्मा डॉ. के.के., सहारनपुर संदर्भ (खण्ड 2), पृष्ठ 59, 359, 400
33. जिला गजेटियर सहारनपुर, पृष्ठ 281
34. दैनिक जागरण, 15 अगस्त, 2008, शीर्षक 1857 से 1947 तक निरन्तर लड़े सहारनपुरवासी, पृष्ठ 1, मेरठ
35 प्रमुख ऐतिहासिक जैन पुरुष और महिलायें, पृष्ठ 366,
36. भगवानदीन महात्मा, मेरे साथी, पृष्ठ 109
37. सहारनपुर सन्दर्भ (खण्ड 2) पृष्ठ 76 सहारनपुर
38. वीर (पाक्षिक पत्र), 1 जून, 1929, पृष्ठ 12, मेरठ
39. सहारनपुर सन्दर्भ (खण्ड 2), जैन, पृष्ठ 365-367
40 अ. सहारनपुर सन्दर्भ (खण्ड 2), पृष्ठ 318
ब. दिवंगत हिन्दी सेवी (खण्ड 1), पृष्ठ 211, 318
41. Sahu Jain Trust, Bharatiya Jnanpith, Sahu Jain Charitable Society An Introduction, Page 8, 9, Calcutta
42. मनोज कुमार आर्य, सहजिला विद्यालय निरीक्षक बिजनौर द्वारा पत्रंक सं. शि.स./सू. अधि./5507-08/2008-09, दिनांक 29.09.2008 के द्वारा पंजीकृत डाक से उगलब्ध करायी गयी सूचनाओं पर आधारित।
43. a) Uttar Pradesh District Gazetteers 'Bijnor', Page 228,
b) Sahu Jain Trust, An Introduction, Page 1-46
44. 39वां ज्ञानपीठ पुरस्कार (परिचय पुस्तिका), पृष्ठ 47
45. Sahu Jain Trust, An Introduction, Page - 36-41
46 जैन वीरेन्द्र : ज्ञानपीठ पुरस्कार विजेता साहित्यकार, पृष्ठ 18,
47. जैन संदेश (साप्ताहिक पत्र), 20 मार्च, 1941, पृष्ठ 3, आगरा
48. यह आँकड़े बिजनौर के सह जिला विद्यालय निरीक्षक द्वारा प्रेषित पत्रांक संख्या सं.-शि. स./सू.अधि./5507-8/2008-09, दिनांक 29.09.2008 पर आधारित है।
49. वीर (पाक्षिक पत्र), 1 जून, 1925, पृष्ठ 418
50. Progressive Jains of India, Page 53
51. विधि वंशिका, लुहाड़्या परिवार-सासनी, पृष्ठ 40-43
52. Mathura A Gazetteer, Editor - D.L. Drake, Brockman, I.C.S., Page 82, Pub. : Usha Publications, New Delhi

53. जैन गजट (साप्ताहिक पत्र), 21 जनवरी, 1999, पृष्ठ 6
54. (i) श्री ऋषभ ब्रह्मचर्याश्रम चौरासी मथुरा का संक्षिप्त विवरण द्वारा मुनीश कुमार जैन मंत्री ऋषभ इण्टर कॉलेज, पृष्ठ 5, 6 (मूल प्रति)
(i) श्रीमती सोनिया गांधी का दिनांक 19 अक्टूबर 2006 को लिखित पत्र।
55. 'मन्थन' (स्मारिका), पृष्ठ-59, 60
56. 'प्रेम' सूरजभान जैन, अचल-चरित, पृष्ठ 27-39
57. प्रोग्रेसिव जैन्स ऑफ इन्डिया, पृष्ठ 40-317
58. जैन डॉ. ज्योतिप्रसाद, युग पुरुष ब्रह्मचारी सीतलप्रसाद, पृष्ठ 24
59. The Jaina Hostel Magazine, January, 1931, Page 39,
60. जैन गजट (साप्ताहिक पत्र), 1 जनवरी, 1908, पृष्ठ 9
61. प्रोग्रेसिव जैन्स ऑफ इण्डिया, पृष्ठ 29
62. वीर (पाक्षिक पत्र), 1 जून, 1934, मुख पृष्ठ पर सचित्र
63. प्रोग्रेसिव जैन्स ऑफ इण्डिया, पृष्ठ 29
64. जिला गजेटियर, वाराणसी, पृष्ठ 323
65. जैन संदेश (साप्ताहिक पत्र), 12 सितम्बर, 1940, पृष्ठ 8
66. 'संस्मरण' (स्मारिका), कवर पृष्ठ 2
67. सिद्धान्ताचार्य पंडित कैलाशचन्द्र शास्त्री अभिनन्दन ग्रन्थ, पृष्ठ-52
68. श्री वर्णी जैन इण्टर कॉलेज ललितपुर की रजत जयंती पर प्रकाशित स्मारिका, पृष्ठ 4, प्रधान सम्पादक-रतनचन्द जैन प्रधानाचार्य
69. गोयलीय अयोध्या प्रसाद, जैन जागरण के अग्रदूत, पृष्ठ 33
70. जैन समाज का वृहद् इतिहास (प्रथम खण्ड), पृष्ठ 7
71. पूजन पाठ प्रदीप (जिनवाणी संग्रह), शांतिपाठ, पृष्ठ 313, 316
72. Parliament of India Council of States, WHO's WHO 1952, Page 186, 187
73. Parliament of India Second Loksabha, WHO's WHO 1957, Page 331-32
74. A.P. Jain Papars, Press Clippings, F-No.3, List No. 150
75. Parliament of India Second Lok Sabha, WHO's WHO 1957, Page 162, 163
76. www.parliamentofindia.nic.in/ls/lok03/lok03.htm
77. a) www.en.wikipedia.org/wiki/governersof-kerala
b) Parliament of India, Rajya Sabha, WHO's WHO 1968, Page 108-109, Delhi
78. वीर (पाक्षिक पत्र), 1 नवम्बर, 1933 पृष्ठ 42
79. प्रोग्रेसिव जैन्स ऑफ इण्डिया, पृष्ठ 191-192, नई दिल्ली
80. अ) 'पुण्य स्मरण' (स्मारिका), 24 मई, 1977, पृष्ठ 13-16
ब) प्रोग्रेसिव जैन्स ऑफ इण्डिया, पृष्ठ 249
81. a) Parliament of India, WHO's WHO 1950, Page 45, 46
b) Parliament of India.nic.in
82. Achal Singh Papers, F-No. ACC 603, List No. (190 LLVII), NMML, Delhi.
83. Parliament of India, Council of States, WHO's WHO 1952, Page 11, Delhi

# असहयोग आन्दोलन और जैन समाज की भूमिका

महात्मा गाँधी ने रौलट एक्ट, जलियाँवालाबाग हत्याकाण्ड एवं ब्रिटिश सरकार के अत्याचारों से त्रस्त होकर 'असहयोग आन्दोलन' का प्रारम्भ कर दिया। असहयोग आन्दोलन के कार्यक्रम में रचनात्मक एवं नकारात्मक दोनों पक्षों का समन्वय किया गया। रचनात्मक कार्यक्रम के अंतर्गत हिन्दू-मुस्लिम एकता, अहिंसा, सत्याग्रह, अछूतोद्धार एवं स्वदेशी प्रचार को मुख्य रूप से प्रचारित किया गया, जबकि नकारात्मक कार्यक्रमों के अंतर्गत कॉलेजों, परिषदों एवं न्यायालयों के बहिष्कार का आह्वान किया गया। गाँधी जी द्वारा दिये गये कार्यक्रमों के अनुसार भारतीय जनता ने ब्रिटिश सरकार को चुनौती देने के लिए कमर कस ली। आन्दोलन के 'अहिंसा' रो प्रेरित होने के कारण जैन अनुयायियों ने इसमें बढ़-चढ़कर भाग लिया। असहयोग आन्दोलन के दौरान जगह-जगह जैन समाज ने अपनी गिरफ्तारियां दी तथा अपनी सरकारी उपाधियों को त्याग दिया।

26, 27 दिसम्बर 1920 को अहमदाबाद में 'जैन राजनैतिक सम्मेलन' बुलाया गया, जिसमें बड़ी संख्या में पूरे भारत के जैन समाज ने भागीदारी की। इसके माध्यम से असहयोग आन्दोलन को पूर्ण रूपेण स्वीकार कर जैन समाज ने प्रत्येक प्रान्त में आन्दोलन को सुव्यवस्थित चलाने की रणनीति बनाई। तत्कालीन समाचार पत्र 'आज' ने लिखा, खिलाफत सम्मेलन के मण्डप में जैन धर्म भूषण ब्रह्मचारी

*असहयोग आंदोलन के दौरान हुई एक सभा का दृश्य*

*अहमदाबाद में जैन राजनीतिक सम्मेलन में मौजूद देशभर के प्रतिनिधि*

सीतलप्रसाद के सभापतित्व में जैन राजनैतिक सम्मेलन का पंचम अधिवेशन हुआ। असहयोग को स्वीकार कर कई प्रस्ताव पास किये गये। कलकत्ते के पद्मराज जैन, इटावा के सूरजभान जैन, कुंवर दिग्विजय सिंह, संयुक्त प्रान्त असहयोग आश्रम के चुन्नीलाल जैन महोबा, श्री भगवानदीन आदि को उनकी गिरफ्तारी के लिए बधाई दी गयी।[1]

जैन राजनैतिक सम्मेलन ने महत्वपूर्ण प्रस्ताव पास किये। जिन्हें 'आज' समाचार पत्र ने सर्वसाधारण के परिज्ञानार्थ अपने पत्र में मुख्य रूप से प्रकाशित किये। ये प्रस्ताव थे–

1. यह सम्मेलन समिति देशभक्त लोकमान्य बाल गंगाधर तिलक की असमय मृत्यु पर हार्दिक शोक प्रकट करती है और सहानुभूति सूचक पत्र उनके कुटुम्बी जनों के पास भेजना निश्चित करती है तथा उपस्थित जनता से प्रार्थना करती

*ब्र. सीतलप्रसाद*

*पद्मराज जैन*

*कुंवर दिग्विजय सिंह*

है कि वे लोकमान्य के सदृश देशोन्नति के लिए न्यौछावर होने वाले विद्वान जैन समाज में भी तैयार करें।

2. यह सम्मेलन समिति राष्ट्रीय सभा कांग्रेस के असहयोग सम्बंधी सिद्धान्तों का अनुमोदन करती है तथा जैन समाज का आह्वान करती है कि अगली कार्यवाही के लिए नीचे लिखे कार्य किये जायें।

क. जिन लोगों को सरकारी उपाधियाँ प्राप्त हैं, उन्हें वे शीघ्र ही छोड़ देनी चाहिए।

ख. जो लोग सरकारी कौंसिलों में मेम्बर हैं, उन्हें कौंसिलों से पृथक् हो जाना चाहिए।

ग. वकील और बैरिस्टर आदि को वकालत छोड़कर स्वतंत्र जीवी होना चाहिए।

घ. जैनियों को अपने फैसले करने के लिए अदालतों में न जाकर पंचायतों से फैसला करवाना चाहिए।

ङ. मुकदमे, फैसले करने के लिए विद्वान लोगों की स्वतंत्र पंचायतें स्थापित करनी चाहिए।

च. जैन विद्यार्थियों को सरकारी सहायता प्राप्त स्कूल और कॉलेज छोड़ देना चाहिए।

छ. विद्वान वकील आदि व्यक्तियों को देशोपयोगी लौकिक शिक्षा तथा धार्मिक शिक्षा के प्रचारार्थ जातीय शिक्षालय स्थापित करने चाहिए।

ज. विलासिता को छोड़कर अपने देश की वस्तुओं को काम में लाना चाहिए तथा विदेशी वस्तुओं का बहिष्कार करना चाहिए।

झ. स्वदेशी वस्त्र आदि पदार्थों के निर्माण हेतु व्यापारियों को स्वतंत्र कारखाने खोलने चाहिए।

प. सभी जैन भाइयों को सरकारी बैंकों से अपना रुपया निकाल लेना चाहिए और उसे व्यापार में लगाना चाहिए।

3. यह सम्मेलन निम्नलिखित महाशयों को धन्यवाद देती है, जिन्होंने सरकारी उपाधियाँ तथा वकालत छोड़ दी है और उन जैन विद्यार्थियों को भी धन्यवाद देती है, जिन्होंने सरकारी सहायता प्राप्त स्कूल और कॉलेजों को छोड़ दिया है। कुछ नाम लिखे जा रहे हैं-

क. श्रीयुत् प्यारेलाल जैन वकील देहली, उन्होंने अपनी सरकारी उपाधि राय साहबी छोड़ दी है।

ख. श्रीयुत् गोकुलचंद जैन वकील दमोह, उन्होंने अपनी राय साहबी तथा वकालत छोड़ दी है।

ग. बाबू झुम्मनलाल जैन वकील, सहारनपुर उन्होंने अपनी वकालत छोड़ दी है।

घ. श्रीयुत् गणेशीलाल जैन नाहटा कलकत्ता उन्होंने अपनी वकालत को त्याग दिया है।

ङ. श्रीयुत् मनीलाल जैन तथा कालीदास गणेशदास जैन जौहरी ने अपनी सरकारी उपाधियाँ त्याग दी हैं।[2]

इस सम्मेलन में एक बजट भी पास किया गया, जिसे देश हित में खर्च करने का निर्णय लिया गया। इस सम्मेलन से लौटकर संयुक्त प्रान्त के जैन समाज के प्रतिनिधि ब्रह्मचारी सीतलप्रसाद, दिग्विजय सिंह, महात्मा भगवानदीन ने पूरे संयुक्त प्रान्त का दौरा करके जैन समाज को असहयोग आन्दोलन में भाग लेने को प्रेरित किया।

मुजफ्फरनगर जिले के जैन समाज ने असहयोग आन्दोलन में पूरे जोश के साथ भाग लिया। 6 फरवरी 1919 को रौलट एक्ट के विरोध में जबरदस्त हड़ताल की गई, इसी दौरान जनपद में कांग्रेस की शाखा खोली गयी, जिसके संस्थापकों में उग्रसेन जैन सर्राफ प्रमुख रहे।[3] महात्मा गाँधी भी इसी दौरान प्रथम बार जिले में पधारे।[4] 1920 में मुजफ्फरनगर में प्रथम राजनीतिक सम्मेलन हुआ जिसमें पं. सुन्दरलाल ने पधारकर असहयोग का प्रस्ताव प्रचंड बहुमत से पास कराया।[5]

असहयोग आन्दोलन का प्रस्ताव पास होते ही बाबू सुमतप्रसाद जैन, उग्रसेन जैन, उल्फतराय जैन आदि ने जैन समाज के सहयोग से पूरे जनपद में भ्रमण किया तथा विदेशी शासन की नीतियों से जनता को अवगत कराया। उ.प्र. सूचना विभाग के अनुसार सुमतप्रसाद जैन आत्मज होशयार सिंह जैन सन् 1920 में कांग्रेस में सम्मिलित हुए तथा प्रत्येक आन्दोलन में भाग लेकर उन्होंने जेल यात्रायें की।[6]

सुमतप्रसाद जैन के योगदान को देखते हुए कांग्रेस ने 1923 में हुए नगरपालिका के चुनाव में उन्हें अपना प्रत्याशी चुना। श्री जैन के परिश्रम एवं लोकप्रियता का यह परिणाम हुआ कि कांग्रेस के सभी सदस्य भारी वोटों से जीते। सुमतप्रसाद जैन नगरपालिका के पहले चेयरमैन बने। श्री जैन 1923-26 तक नगरपालिका के चेयरमैन रहे।[7] असहयोग आन्दोलन के दौरान पूरे जनपद में विदेशी वस्तुओं के बहिष्कार का आन्दोलन उन्होंने अपने हाथों में ले लिया। उनके नेतृत्व के कारण पूरे जनपद में विदेशी वस्त्रों के त्याग एवं बहिष्कार ने गति पकड़ ली। प्रमुख दैनिक समाचार पत्र 'आज' में छपा-कस्बा मीरांपुर (जिला मुजफ्फरनगर) के बजाजों ने यह प्रण किया है कि वह आइन्दा विदेशी माल नहीं मंगायेंगे। तमाम बजाजों ने हल्फनामे पर हस्ताक्षर कर दिये हैं। यहाँ के हलवाइयों ने भी विदेशी शक्कर इस्तेमाल करना बन्द कर दिया है। स्थानीय कांग्रेस कमेटी ने शराब का बहिष्कार इस जोश के साथ किया कि ठेकेदार ने स्वयं ही शराब बेचना छोड़ दिया।[8]

सुमतप्रसाद जैन जिला मजिस्ट्रेट तथा अन्य सरकारी अधिकारियों से कभी नहीं डरे, उनके साहस की सर्वत्र बड़ी प्रशंसा होती थी। एक घटना उल्लेखनीय है-

30 सितम्बर 1924 को मुजफ्फरनगर रामलीला जुलूस के दौरान 'गांदियान' मस्जिद के पास कुछ मुसलमान 'या अली' कहकर चिल्ला उठे। इससे कुछ सनसनी फैल गयी, परन्तु जुलूस तीन घण्टे तक बराबर शांति से चलता रहा और उसके बाद भी मुस्लिम व हिन्दु समाज के सम्बन्ध सामान्य रहे। परन्तु इस घटना का फायदा उठाने के लिए 5 अक्टूबर को जिला मजिस्ट्रेट जी.के. डलिंग का एक हुक्म सबडिविजनल अफसर की मार्फत कुछ नेताओं के पास पहुँचा, जिसमें कहा गया कि मस्जिद की नमाज के वक्त और जुलूस निकालने के समय में आधे घण्टे का फर्क जरूर रहना चाहिए। जनपद के समाजसेवियों ने इस हुक्म को नापसंद किया।

इस सम्बन्ध में एक दल जिला मजिस्ट्रेट से मिलने गया, परन्तु मजिस्ट्रेट अपने हुक्म पर अड़े रहे। दूसरे दिन दशहरे को मजिस्ट्रेट घोड़े पर सवार होकर हथियार बंद पुलिस के साथ शहर से निकले और कोतवाली के सामने सदर सड़क पर अपना सारा दल खड़ा करके शहर के नामी रईस और नागरिकों को तहसील के चपरासी द्वारा वहाँ बुलाया। सभी को बीच में खड़ा करके जिला मजिस्ट्रेट ने उन्हें अपमानजनक शब्द कहे। लाला आनन्दस्वरूप, लाला जगदीशप्रसाद एम.एल.सी, लाला केशवदास पर विभिन्न आरोप लगाये गये। म्यूनिसिपल बोर्ड के चेयरमैन लाला सुमतप्रसाद जैन बी.ए. से यह पूछा गया कि आप कल लाला सुखबीर सिंह आदि के साथ हमारे (जिला मजिस्ट्रेट) बंगले पर क्यों नहीं आये? इसके बाद जिला मजिस्ट्रेट और पुलिस सुपरिन्टेन्डेंट कुर्सी पर बैठ गये और उन्होंने हुक्म सुनाया कि एक सप्ताह के लिए सभी को स्पेशल कॉन्स्टेबल बनना होगा।

सुमतप्रसाद जैन ने स्पेशल कॉन्स्टेबल बनने से साफ इन्कार कर दिया। उन्होंने कहा कि नगर में उपद्रव मचने की कोई आशंका नहीं है, मैंने कल की सभा में 'अहिंसा' का उपदेश दिया था। मुझे स्पेशल कॉन्स्टेबल बनने से साफ इन्कार है, चाहे मुझे जो सजा दी जाये। श्री जैन पर पुलिस कानून की दफा 19 में मुकदमा चलाया गया।[9] इस समाचार से जहाँ अंग्रेज अफसरों की निरंकुशता का पता चलता है, वहीं दूसरी ओर श्री जैन की निडरता और दृढ़ता का भी आभास होता है। इस प्रकार मुजफ्फरनगर में जैन समाज ने अंग्रेजी शासन का कड़ा मुकाबला किया।

मेरठ जिले के पुरुष और महिलाओं ने सक्रिय होकर 1920-21 के असहयोग आन्दोलन में भाग लिया। 1921 में महात्मा गाँधी ने मेरठ का दौरा किया और एक विशाल जनसभा को सम्बोधित किया, जिसमें 50,000 लोग उपस्थित थे।[10] मेरठ के जैन समाज ने असहयोग आन्दोलन में बढ़-चढ़कर भाग लिया। कीर्तिप्रसाद जैन, रिसालसिंह जैन, अतरसेन जैन, भगवानदास जैन, सुमतप्रसाद जैन छपरौली, भगवती प्रसाद जैन हापुड़, चतरसेन जैन सरधना, सुखबीरसिंह जैन, उमरावसिंह जैन, ऋषभदास जैन, ओमप्रकाश जैन, उग्रसैन जैन आदि अनेकों जैनों ने आन्दोलन की

प्रत्येक गतिविधियों में अपना योगदान दिया।

उ.प्र. सूचना विभाग के अनुसार अतरसेन जैन 142 आनन्दपुरी, मेरठ ने लोकमान्य तिलक से प्रेरणा लेकर सन् 1916 से राजनीतिक जीवन आरम्भ किया। श्री जैन सन् 1921 से 1928 तक कांग्रेस के महामंत्री, जिला कांग्रेस के सहायक मंत्री व प्रान्तीय कांग्रेस के सदस्य रहे। उन्होंने लम्बे समय तक जेलों की यात्रायें की।[11] अतरसेन जैन ने कांग्रेस की नीतियों को घर-घर पहुँचाने के लिए 'देशभक्त' पत्र को माध्यम बनाया। सम्पादक के रूप में उन्होंने असहयोग आन्दोलन से प्रत्येक मेरठवासी को जोड़ने का प्रयास किया।

*कीर्तिप्रसाद जैन*

बाबू कीर्तिप्रसाद जैन मूलतः बिनौली (मेरठ) के रईस व जमीन्दार थे। सन् 1921 में उन्होंने वकालत छोड़कर मेरठ कांग्रेस के मंत्री का दायित्व ग्रहण करके असहयोग आन्दोलन में बहुत काम किया। 1926 में कीर्तिप्रसाद जैन गुजरानवाला (पंजाब) चले गये और वहाँ जैन गुरूकुल के अधिष्ठाता के रूप में कांग्रेस के आन्दोलनों में भाग लेने लगे। गुजरानवाला कांग्रेस कमेटी ने उन्हें War-Tribunal (युद्ध सम्बन्धी न्यायाधिकरण) का जज नियुक्त किया था, इसलिए 14 जुलाई को सरकार ने उन्हें गिरफ्तार कर लिया।[12] कीर्तिप्रसाद जैन के भाई रिसालसिंह जैन ने भी असहयोग आन्दोलन में सोत्साह भाग लिया।

हस्तिनापुर (मेरठ) का ऋषभब्रह्मचर्याश्रम भी असहयोग आन्दोलन के दौरान देशसेवा में सक्रिय रहा। इस आश्रम की स्थापना 1 मई, 1911 को अक्षय तृतीया के दिन ऐलक पन्नालाल के आशीर्वाद से हुई थी। महात्मा भगवानदीन इस आश्रम के अधिष्ठाता हुए।[13] उन्होंने गुरुकुल काँगड़ी के समान यहाँ के विद्यार्थियों को देश सेवा का पाठ पढ़ाया। अयोध्याप्रसाद गोयलीय ने लिखा है, 'महात्मा भगवानदीन हस्तिनापुर-आश्रम को गुरुकुल-काँगड़ी बना देने की धुन में स्टेशनमास्टरी को तिलांजलि दे आये।'[14]

आश्रम की गतिविधियों पर सरकार की सन्देह दृष्टि थी। अजितप्रसाद जैन (लखनऊ) ने लिखा है-'जहाँ तक मुझे मालूम हुआ, एक पुलिस का जासूस आश्रम में अध्यापक के रूप में लगा हुआ था।'[15] आश्रम के विद्यार्थी विदेशी कपड़े का बहिष्कार, राष्ट्रीय गीतों का वाचन, मेरठ आये हुए नेताओं की सभाओं की व्यवस्था आदि कार्यों में सक्रिय भाग लेते थे। प्रसिद्ध साहित्यकार जैनेन्द्र कुमार ने भी इसी आश्रम में शिक्षा पायी थी।[16] 'जैनेन्द्र' यह आश्रम का ही दिया हुआ नाम था, वास्तव

*जैनेन्द्र कुमार*

में जैनेन्द्र कुमार का नाम आनन्दीलाल जैन था। आश्रम के देश प्रेम के संस्कारों के फलस्वरूप जैनेन्द्र कुमार ने आजादी के आन्दोलनों में लम्बी जेलयात्रायें की। उनकी भाँति ऋषभब्रह्मचर्याश्रम के अनेक विद्यार्थियों ने भी देश सेवा में जीवन समर्पित कर दिया।[17]

मेरठ के छपरौली कस्बे के जैन समाज ने असहयोग आन्दोलन में अपना सहयोग किया। उ.प्र. सूचना विभाग के अनुसार भगवानदास जैन निवासी छपरौली जिला मेरठ सन् 1918 से कांग्रेस के कार्यकर्ता रहे। उन्होंने कांग्रेस के आन्दोलनों में भाग लेने के कारण कई बार जेल की सजा काटी।[18] छपरौली के जैन विद्यार्थियों ने सरकारी स्कूलों में जाना छोड़ दिया तथा देश के कार्यों में लग गये।

लाला शीतलप्रसाद जैन अमीनगर सराय (मेरठ) ने सन् 1922 से सक्रिय होकर देश के लिए कार्य किया तथा प्रत्येक आन्दोलन में जेल गये, तहसील बागपत के कार्यकर्ताओं पर उनका अच्छा प्रभाव रहा। इसी प्रकार बड़ौत में कामताप्रसाद जैन ने भी सन् 1922 से ही स्वतंत्रता आन्दोलन में भाग लेना प्रारम्भ कर दिया था। वे भी बाद के आन्दोलनों में जेल गये। श्री जैन प्रभावशाली जननेता थे।[19] इस प्रकार जनपद मेरठ के जैन समाज ने असहयोग आन्दोलन में अपना सहयोग प्रदान किया।

गाँधी जी द्वारा चलाये जा रहे असहयोग आन्दोलन का प्रभाव जन-जन तक पहुँच रहा था। 1919-20 में जिन कॉलेजों के विद्यार्थियों की संख्या 52,482 थी, वह 1921-22 में घटकर 45,933 रह गई। इसी प्रकार माध्यमिक विद्यालयों में 1919-20 में विद्यार्थियों की संख्या 1,281,810 थी, जो 1921-22 में घटकर 1,239,524 रह गई।[20] विदेशी कपड़े का बहिष्कार करने तथा शराब बंदी आदि कार्यक्रमों में देशवासियों ने पूरी हिम्मत झोंक दी। जैन समाज के नागरिक भी इन आन्दोलन गें किरी रो पीछे गहीं रहे।

बुलन्दशहर जनपद में विदेशी वस्त्रों की विशाल होली चौक बाजार में जलाई गयी। कांग्रेस के स्वयं-सेवकों ने घर-घर जाकर हजारों की संख्या में विदेशी कपड़े एकत्र किये थे। इसमें सभी वर्गों ने सहयोग दिया।[21] जैन समाज के लाला बसंतराय जैन, लाला खूबचंद जैन (बजाज) ने यह प्रतिज्ञा की कि वे विदेशी वस्त्र नहीं बेचेंगे। सिकन्दराबाद के लाला शंभूनाथ जैन, परमेश्वरीदास जैन, मुंशीलाल जैन ने जेल जाने वाले देशभक्तों की आर्थिक सहायता की।

सम्पूर्ण भारतवर्ष में सन् 1918 में रौलट एक्ट बनते ही अंग्रेजी शासन के

विरुद्ध जनता की भावनाएं भड़क उठी थी। अलीगढ़ जिले में भी जनता रौलट एक्ट का विरोध करने में पीछे नहीं रही।[22] जैन समाज ने भी अपना विरोध प्रकट किया। हाथरस (अलीगढ़) से प्रकाशित जैन पत्र 'जैन मार्तण्ड' ने लगातार अंग्रेजी सरकार के विरुद्ध लिखना प्रारम्भ कर दिया। फलस्वरूप सरकार ने उसे चेतावनी दी कि वह आइन्दा ऐसे समाचार न छापे।

प्रमुख समाचार पत्र 'आज' में समाचार छपा 'हाथरस से प्रकाशित होने वाले हिंदी मासिक पत्र के सम्पादक श्री मिश्रीलाल सोगानी और प्रिंटर बाबूलाल जैन को दिनांक 18 अप्रैल को ज्वाइंट मजिस्ट्रेट साहब ने तहसील चपरासी द्वारा स्थानीय पंचघर पर बुलाकर हुक्म सुनाया कि 'जैन मार्तण्ड' में फरवरी सन् 1921 (माघ मास) में जो नज़म (कविता) प्रकाशित हुई है, उसको गवर्नमेंट ने राज्य नियम के विरुद्ध समझा है। इसलिए इलाहाबाद से हुक्म आया है कि 'जैन मार्तण्ड' को इत्तला दी जाये कि वह आइन्दा ऐसे मजमून प्रकाशित न करे, वरना जमानत तलब की जायेगी।'[23] सरकार की चेतावनी के बाद भी जैन मार्तण्ड के सहायक संपादक सुदर्शन जैन ने देशभक्ति से ओत-प्रोत रचनायें छापने का अभियान जारी रखा।[24]

जैनेन्द्र कुमार का जन्म भी अलीगढ़ में हुआ था। श्री जैनेन्द्र के परिवार ने असहयोग आन्दोलन में सक्रिय योगदान दिया। उस समय जैनेन्द्र जी अध्ययन कर रहे थे। अतः असहयोग आन्दोलन में भाग लेने के कारण उनका अध्ययनक्रम अवरुद्ध हो गया। उन्होंने सन् 1923 के नागपुर सत्याग्रह में भी भाग लिया।[25] सन् 1918 में जब गाँधी जी की गिरफ्तारी होने की वजह से दिल्ली में गोली चली, उस समय इत्तफाक से जैनेन्द्र जी दिल्ली टाऊन हॉल पर मौजूद थे। उस समय उनकी उम्र मात्र चौदह बरस थी, परन्तु वह गोलीकांड को ऐसे देखते रहे, मानों उनके लिए वह एक मामूली खेल था। इस घटना का उनके जीवन पर बड़ा प्रभाव पड़ा और उन्होंने सन् 1920 में जब वे बनारस हिन्दू विश्वविद्यालय के विद्यार्थी थे, एक पत्र अपने मामा को लिखा कि वह कॉलेज छोड़कर आन्दोलन में हिस्सा लेना चाहते हैं। जिसके जवाब में उनके मामा ने लिखा कि होना तो यह चाहिये था कि तुम मुझे खबर देते कि तुमने कॉलेज छोड़ दिया है, न कि यह कि तुम मुझसे कॉलेज छोड़ने की इजाजत चाह रहे हो।

जैनेन्द्र जी कॉलेज छोड़कर आन्दोलन में कूद पड़े। उनका सारा परिवार इस देश यज्ञ में सहयोगी बना। उनकी माता रामदेवी बाई जैन ने भी असहयोग आन्दोलन में पूर्ण योगदान दिया। सन् 1918 में रामदेवी बाई ने अलीगढ़ से दिल्ली पहुँचकर पहाड़ी धीरज में एक महिला आश्रम की स्थापना की। इस आश्रम की लड़कियों ने दिल्ली में कांग्रेस के प्रत्येक आन्दोलन में भाग लिया। जितनी सभाएं कांग्रेस की होती थी, उनमें आश्रम की सभी लड़कियों को जाने की छुट्टी थी। रामदेवी बाई उनको

अपने सुव्यवस्थित तरीके और अपने ही इन्तजाम से भेजती थी। आश्रम की एक लड़की ने लाहौर कांग्रेस के अवसर पर लेडी वालिंटियर कोर में काम किया था। जब-जब दिल्ली में कांग्रेस हुई, तब-तब सारा का सारा आश्रम किसी न किसी तरह कांग्रेस की सेवा में लग जाता था। असहयोग आन्दोलन के दौरान महिला आश्रम की तीन लड़कियों को पुलिस की मार खानी पड़ी, एक लड़की को छः महीने की जेल भुगतनी पड़ी, जो लड़की जेल गई, वह बाल विधवा थी और जेल जाने के समय उसकी उम्र 18-19 वर्ष से ज्यादा नहीं थी।

सन् 1918 के जुलाई महीने में जब रामदेवी बाई के भाई (महात्मा भगवानदीन) बिजनौर में पकड़े गये, तो उनसे मिलने के लिए वह दौड़ी-दौड़ी बिजनौर जेल पहुँची। एक बार तो उनके भाई ने उनसे मिलने से इन्कार कर दिया, क्योंकि वह समझते थे कि उनका दिल कमजोर है और वह जेल में उन्हें हथकड़ियों और बेड़ियों में कैसे देखेंगी। (उन दिनों राजनैतिक कैदियों को सन् 1921 के असहयोग आन्दोलन की तरह कोई सुविधा प्राप्त न थी और उनके साथ मामूली डाकुओं जैसा बर्ताव किया जाता था। राजनैतिक कैदियों के पाँवों में डंडा-बेड़ियाँ डाली जाती थी और रात को कितने ही कैदी एक साथ एक जंजीर में बाँध दिये जाते थे), परन्तु जेल सुपरिटेंडेंट के कहने सुनने पर वह माने और जब वे रामदेवी बाई से मिले, तो उन्होंने देखा कि उनके चेहरे पर न कोई घबराहट थी, न कोई उदासी और आँख भीगने की तो कोई बात ही न थी। रामदेवी बाई ने अपने भाई को और प्रोत्साहित किया तथा देश की तत्कालीन स्थितियों की चर्चा के अलावा और कोई बात न की। महात्मा भगवानदीन उस समय पंजाब मार्शल लॉ में पकड़े गये थे।[26]

जैन संदेश ने महात्मा भगवानदीन के विषय में लिखा था- राष्ट्रीय क्षेत्र में सार्वजनिक रूप से केवल दो ही व्यक्ति 'महात्मा' कहे जाते हैं-गाँधी जी और भगवानदीन जी। निश्चय ही वे अपने ढंग के अनोखे महात्मा हैं। भगवान दीन जी सबसे पहले 1918 में जेल गये, तब से लेकर उनकी राष्ट्रीय सेवायें दिनों दिन बढ़ती ही गई।[27] इस प्रकार रामदेवी बाई तथा महात्मा भगवानदीन ने देश सेवा को अपना लक्ष्य बनाया।

सन् 1923 में नागपुर सत्याग्रह में भाग लेने के कारण महात्मा भगवानदीन को नागपुर जेल में बंदी बनाया गया, वहाँ उन्होंने लगातार 56 दिन तक उपवास किया और वह सूखकर काँटा हो गये। उनके आत्म विश्वास और हिम्मत को देखकर अन्य कैदी भी प्रोत्साहित हुए। उसी दौरान रामदेवी बाई के पुत्र जैनेन्द्र कुमार होशंगाबाद जेल में थे। जेल में आन्दोलन करने के कारण उन्हें डंडा और बेड़ियों की सजा और दी गयी। ये खबरें रामदेवी बाई को मिली, परन्तु वे इन खबरों से बिल्कुल भी विचलित न हुई तथा दिल्ली के आश्रम की लड़कियों को देशभक्ति का पाठ पढ़ाने

में संलग्न रही।

सन् 1922 में रामदेवी बाई बैतूल गई हुई थी, वहाँ भी उन्होंने कांग्रेस के लिए कार्य करना प्रारम्भ कर दिया। वे बैतूल के अंग्रेज कलेक्टर को राखी बाँधने पहुँच गयी और उसके बदले में कांग्रेस के लिए चंदा माँगने लगी। उस कलेक्टर ने चन्दा तो नहीं दिया, हाँ पाँच सेव जरूर दिये, जो उन्होंने स्वयंसेवकों में बाँट दिये। रामदेवी बाई का भाषण सुनकर नागपुर के प्रांतीय कांग्रेस कमेटी के प्रेसीडेण्ट बैरिस्टर अभ्यंकर ने कहा था, 'कांग्रेस को अगर ऐसी दो-चार महिला नेता मिल जायें, तो अंग्रेजी राज का पासा पलट जाये।'[28] इस प्रकार अलीगढ़ के इस जैन परिवार ने पूर्ण समर्पण के साथ असहयोग आन्दोलन में भाग लिया। इन सभी का सहयोग तब तक निरंतर मिलता रहा, जब तक हमारा देश आजाद नहीं हो गया।

*अयोध्याप्रसाद गोयलीय*

मथुरा में भी जैन समाज द्वारा असहयोग आन्दोलन में भाग लिया गया। अयोध्याप्रसाद गोयलीय उस समय छोटे थे, परन्तु उन्होंने विद्यार्थियों का संगठन बनाकर इस आन्दोलन में हिस्सेदारी की। उन्होंने स्वयं उल्लेख किया है, 'सन् 1919 में रौलट एक्ट के विरोध में भारतव्यापी हड़ताल हुई, तो हम सब जैन विद्यार्थियों ने भी हड़ताल की और उपवास रखा। एक सभा करके गरमागरम भाषण दिये, प्रस्ताव पास किया और मथुरा की बृहत् सभा में लाइन बनाकर भाषण सुनने गये।' उसी समय जैन छात्र संगठन की ओर से हस्तलिखित अर्द्ध साप्ताहिक 'ज्ञानवर्द्धक' पत्र निकाला गया। जिसमें सुन्दरलाल जैन, गोयलीय जी, मथुरादास जैन आदि छात्र लिखते थे। इस पत्र में विभिन्न राजनैतिक टिप्पणियाँ की जाती थी तथा मथुरावासियों को देश की आजादी में भाग लेने को प्रोत्साहित किया जाता था।[29]

मथुरा के जैन समाज ने अन्य प्रान्तों में जाकर भी आजादी की लड़ाई में भाग लिया। मथुरा जिला उन दिनों कांग्रेस संगठन की दृष्टि से दिल्ली प्रान्त में सम्मिलित था। अतएव दिल्ली से समय-समय पर यहाँ कांग्रेस नेताओं का आगमन होता रहता था। उनके आगमन से जनता देश के कार्यों को करने के लिए प्रोत्साहित होती थी।[30] अयोध्या प्रसाद गोयलीय भी नेताओं के आह्वान पर दिल्ली चले आये और असहयोग आन्दोलन में दिन-रात मेहनत करने लगे। उन्होंने स्वयं लिखा है—'सन् 1919 में रौलट एक्ट विरोधी आन्दोलन के फलस्वरूप अध्ययन के बन्धन को तोड़कर सन् 1920 में मैं दिल्ली चला आया और गली-गली, कूचे-कूचे में घूमकर खद्दर बेचने लगा।'[31]

वृन्दावन (मथुरा) में जन्मी ब्रह्मचारिणी चन्दाबाई का पूरा जीवन भी देश सेवा, परोपकार, शिक्षा का प्रचार-प्रसार आदि कार्यों को करते हुए व्यतीत हुआ। उनका जन्म एक वैष्णव अग्रवाल परिवार में हुआ था। 11 वर्ष की अवस्था में चन्दाबाई का विवाह आरा (बिहार) के सुप्रसिद्ध जैन रईस धर्मकुमार जैन के साथ हुआ। परन्तु 1 वर्ष बाद ही वह विधवा हो गई। असहयोग आन्दोलन के दिनों में उन्होंने लड़कियों की शिक्षा के लिए 1921 में आरा में जैन बाला विश्राम की स्थापना की, जिसमें देश सेवा का पाठ पढ़ाया जाता था।[32]

*ब्र. चन्दाबाई*

*धर्मकुमार जैन*

जैन आश्रम का महत्व बहुत अधिक था। जिस प्रकार पूज्य मालवीय जी महाराज का हिन्दू विश्वविद्यालय, गुरूदेव का शांति निकेतन, शिव प्रसाद गुप्त का काशी विद्यापीठ, गाँधी जी का सेवाश्रम, मीरा बहन का 'गोलोक', रमण महर्षि का तिरूवन मलय आश्रम और योगी अरविन्द का पाण्डिचेरी आश्रम प्रसिद्ध हुआ, उसी प्रकार श्री चन्दाबाई का जैन बाला विश्राम ने भी अपार ख्याति प्राप्त की।[33]

महात्मा गाँधी ने आश्रम के बारे में कहा था—'पण्डिता चन्दाबाई द्वारा स्थापित 'वनिता विश्राम' देखकर मुझे बड़ा आनन्द हुआ और मकान की शांति देखकर आनन्द हुआ।'[34] गाँधी जी जैन बाला विश्राम में पधारते रहते थे। गाँधी जी के एक बार के आश्रम आगमन की खबर थी-'28 जनवरी को महात्मा गाँधी जैन बाला विश्राम आरा में सपत्नीक पधारे। आश्रम की छात्राओं ने गाँधी जी का भव्य स्वागत किया तथा दो बालिकाओं ने राष्ट्रीय भजन गाये। विश्राम की कोषाध्यक्षा बजबाला देवी ने आश्रम की गतिविधियों पर प्रकाश डाला। गाँधी जी के सम्बोधन के बाद उन्हें विश्राम की छात्राओं का शिल्प एवं चर्खे आदि का काम दिखलाया गया, जिससे प्रसन्न होकर महात्मा जी ने अपनी शिष्या इंग्लैण्ड निवासी मीराबाई जी को विश्राम की छात्राओं को चर्खा सिखाने के लिए 3-4 माह के लिए भेजने की इच्छा प्रकट की। पश्चात् पंडिता चन्दाबाई जी द्वारा लिखित सभी पुस्तकें खादी के वेष्टन से परिवेष्टित करके महात्मा जी को भेंट की गई।'[35] इस प्रकार चंदाबाई जी द्वारा स्थापित आश्रम राष्ट्रीय नेताओं के लिए भी प्रेरणा देने वाला था।

आगरा के जैन समाज ने असहयोग आन्दोलन में बढ़-चढ़ कर भाग लिया। बाबू चाँदमल जैन, अचलसिंह जैन, मानिकचंद जैन, महेन्द्र जैन आदि अनेक जैन बन्धुओं ने आगे आकर जैन समाज को असहयोग आन्दोलन से जोड़ा। उनके द्वारा विदेशी वस्त्रों को त्यागकर स्वदेशी वस्त्र अपनाने का आह्वान किया गया। जैन मंदिरों ने भी समर्थन जुटाने तथा असहयोग आन्दोलन को मजबूत बनाने के प्रयास किये।

'आज' में समाचार था–'स्वदेशी कपड़ा' (शीर्षक), 'घुलियागंज में कल एक सभा हुई। 50-60 जैनी उपस्थित थे। पंडित चिरंजीलाल जैन ने प्रस्ताव किया कि मंदिर में विदेशी कपड़े न लाये जायें। स्वदेशी वस्त्रों का ही उपयोग किया जाये। लाला हजारीलाल जैन, लाला बाबूलाल जैन, बाबू मोतीलाल जैन आदि के भाषण हुए।'[36]

बाबू चाँदमल जैन एक समर्पित कार्यकर्ता थे, जिन्होंने असहयोग आन्दोलन प्रारम्भ होते ही अपनी वकालत छोड़ दी। इसकी पुष्टि तत्कालीन समाचार पत्र की सुर्खियों से होती है–'वकालत छोड़ी' (शीर्षक) यहाँ के एक जैन वकील बाबू चाँदमल जैन ने असहयोग सिद्धान्त के अनुसार वकालत छोड़ दी है। अब वे कोई नया मुकदमा नहीं लेते।[37] चाँदमल जैन असहयोग आन्दोलन के दौरान जिला कांग्रेस कमेटी के सभापति रहे। 'आज' समाचार पत्र ने लिखा–'जिला कमेटी का चुनाव' (शीर्षक) जिला कमेटी का चुनाव बहुत शांति के साथ पूर्ण सफलता पूर्वक हो गया। सभापति लाला चाँदमल जैन (पूर्व वकील), उप सभापति इमाम साहब व सेठ अचल सिंह जी...चुने गये। चुनाव के दिन तहसीलों के प्रायः सभी सदस्य उपस्थित थे।[38]

कांग्रेस के सभापति रहते हुए चाँदमल जैन ने आगरा में घर-घर आन्दोलन का संदेश पहुँचाया। एक बार श्री जैन बाजार में घूम रहे थे, कि उन्होंने देखा कि एक अंग्रेज सिपाही एक व्यक्ति को कोड़े मार रहा है। उन्होंने तत्काल उस अंग्रेज का विरोध किया। अंग्रेज सिपाही क्रोधित हो गया और उसने उन्हें ही हंटरों से पीटना शुरू कर दिया। घायल चाँदमल जैन को वहीं छोड़कर अंग्रेज सिपाही आगे बढ़ गया।[39] इसी प्रकार अन्य प्रकरणों में भी उन्होंने संघर्ष किया। नाराज ब्रिटिश अधिकारियों ने इन्हें गिरफ्तार कर जेल भेज दिया तथा कड़ी कैद के बीच रखा।

तत्कालीन पत्र 'आज' प्रत्येक गतिविधियों की खबर रखता था, उसने 'आगरे में गिरफ्तारियाँ और सजाएँ' शीर्षक से लिखा-12 फरवरी को 2 बजे लाल कुटी में 5 स्वयंसेवक पकड़े गये। वे लोग 14 फरवरी को सेन्ट्रल जेल भेजे गये और 15 फरवरी को उनका मुकदमा हुआ और प्रत्येक को 300-300 की दो जमानत देने तथा 509 का मुचलका लिखने को कहा गया, ऐसा न करने पर स्वयंसेवकों को धारा 108 के अनुसार एक साल की कड़ी कैद भुगतनी पड़ेगी। आगरा कांग्रेस कमेटी के सभापति चाँदमल जैन और प्रान्तीय कांग्रेस कमेटी के सदस्यों का मुकदमा 15 फरवरी को मजिस्ट्रेट की अदालत में हुआ और उन लोगों को 6-6 माह की कड़ी सजा

और जुर्माने हुए।[40]

'आज' ने अपने अगले अंकों में भी इसी सजा से सम्बन्धित विशेष समाचार छापा। पत्र ने लिखा जिला मजिस्ट्रेट मूवी ने...चाँदमल जैन वकील को 6 मास की कड़ी सजा और 100 रुपये जुर्माना किया है।[41] आगरे की चिट्ठी शीर्षक से पत्र ने लिखा-तहसीलों में प्रचार कार्य बराबर हो रहा है। बहुत से लोग गिरफ्तार भी कर लिये गये हैं। एतमाद्पुर तहसील के कई प्रचारक साल-साल भर के लिए जेल गये हैं। शहर के लोग भी निरंतर देशसेवा कर रहे हैं। बाबू चाँदमल जो 12 तारीख को पकड़े गये थे, डिस्ट्रिक जेल में रखे गये हैं। उन्हें धारा 151 के अनुसार 6 मास कठिन कारावास का दण्ड हुआ था। अधिकांश सज्जनों के जेल में होने पर भी कांग्रेस के कार्यकर्ताओं में उत्साह की कमी दिखाई नहीं पड़ती।[42] चाँदमल जैन जेल से छूटने के बाद फिर सक्रिय हो गये। एक समाचार था-'महती सभा' (शीर्षक) उस दिन नन्दराम कटरे में एक महती सभा हुई। सभापति चाँदमल जैन थे। आगरा कमिश्नरी के मुख्य-मुख्य नेता लोग पधारे थे। सब जिलों के नेताओं के प्रभावशाली भाषण हुए, सबसे जोरदार व्याख्यान कुँवर दिग्विजयसिंह का था।[43] एक दूसरा समाचार था, 'आगरा कांग्रेस कमेटी' (शीर्षक) आगरा शहर कांग्रेस कमेटी की तरफ से एक आम सभा चाँदमल जैन के सभापतित्व में हुई, जिसमें मौलाना मुहम्मद अली की लड़की की मृत्यु पर अफसोस जाहिर किया गया। अकाली सिखों से सहानुभूति प्रकट की गयी तथा बताया गया कि खद्दर की हाट सब्जी मंडी फव्वारे पर जल्द लगाने का प्रबन्ध किया जा रहा है। गाँधी थैली में चन्दा देने और कार्यक्रम पूरा करने के लिए अपील की गयी।[44] ये सभी समाचार चाँदमल जैन की सक्रियता को इंगित करते हैं।

जैन समाज आगरा की अग्रणी संस्था जैन कुमार सभा ने भी यह निश्चित किया कि विदेशी टोपी पहने कोई सज्जन जैन मंदिर में अन्दर न घुसने दिया जाये। इसकी पूर्ति के लिए उस सभा ने पूर्ण प्रयत्न किया।[45]

आगरा के सेठ अचलसिंह ने वर्ष 1916 से राष्ट्रीय आन्दोलनों में भाग लेना प्रारम्भ कर दिया था। लखनऊ में 1916 के अखिल भारतीय राष्ट्रीय कांग्रेस कमेटी के अधिवेशन में सेठ जी सम्मिलित हुए तथा आजन्म कांग्रेस की सेवा करने का व्रत लिया। उन्हें कांग्रेस ने शहर कांग्रेस कमेटी आगरा का उपसभापति नियुक्त किया।[46] सेठ अचलसिंह ने अथक परिश्रम करके आगरा में अनेक सार्वजनिक सभायें आयोजित करायी। इन सभाओं में देश के प्रसिद्ध नेताओं के भाषण कराने का प्रयास अचलसिंह करते थे। एक बार उन्होंने राजस्थान के सुप्रसिद्ध क्रान्तिकारी नेता अर्जुनलाल सेठी को आगरा बुलाया। सेठी जी आगरा में जगह-जगह जाकर भाषण देने लगे। अखबारों ने इन चिंगारीनुमा खबरों को प्रमुखता से प्रकाशित किया–'श्रीयुत् सेठी जी (अर्जुनलाल) यहाँ पधारे हुए हैं। नगर के मुख्य बाजारों की चौपड़ में उनके

यथावत् व्याख्यान हो रहे हैं, उनके एक व्याख्यान से प्रभावित होकर कई लोगों ने विदेशी टोपियां जला दी।'[47]

उस समय सेठ जी के प्रयासों से कांग्रेस की बड़ी बैठकें भी आगरा के जैन मंदिरों व धर्मशालाओं में आयोजित की जाती थी। 'आज' का समाचार था—'आगरे में अधिवेशन' (शीर्षक) 'संयुक्त प्रान्तीय कांग्रेस कमेटी की दूसरी बैठक आगामी शनिवार दिनांक 10 सितम्बर को 12 बजे दिन में जैन धर्मशाला रोशन मौहल्ला आगरा में होगी। प्रबन्धकारिणी समिति की बैठक भी उसी स्थान और समय पर शुक्रवार 9 सितम्बर को होगी।'[48] इस प्रकार जैन समाज के सक्रिय योगदान के कारण आगरा ने पूरे संयुक्त प्रान्त के आन्दोलनों का नेतृत्व किया।

नवम्बर 1921 में ब्रिटेन के युवराज भारत आये। अखिल भारतीय कांग्रेस कमेटी ने उनके बहिष्कार करने का निर्णय लिया।[49] आगरा में शहजादे को ताजमहल, एत्माद्दौला, सिकन्दरा, लाल किला आदि दिखाने के लिए कार द्वारा ले जाया गया। शहजादे जहाँ-जहाँ भी गये, वहीं वायुमण्डल 'प्रिंस ऑफ वैल्स गो बैक' के नारों से गूँज उठा और अंग्रेज अधिकारियों के रंग में भंग पड़ गया। उस समय नगर कांग्रेस कमेटी के उपाध्यक्ष सेठ अचलसिंह के नेतृत्व में ही यह बहिष्कार कार्यक्रम सफलता पूर्वक सम्पन्न हुआ था।[50]

आगरा निवासी मानिकचन्द जैन भी असहयोग आन्दोलन के दौरान सक्रिय रहे। ब्रिटिश सरकार ने उन पर 'जाल' का अभियोग लगाया, परन्तु वे उससे बच गये। इस सन्दर्भ में 'आज' ने लिखा-'दिनांक 30 अप्रैल को बाबू मानिकचन्द जैन जिन पर जाल का अभियोग लगाया गया था, सेशन जजी से छोड़ दिये गये हैं।'[51]

एटा जिले में असहयोग आन्दोलन के तहत नागरिकों ने सरकारी सेवाओं का बहिष्कार किया। बच्चों ने अंग्रेजी और सरकारी स्कूलों में जाना बंद कर दिया, न्यायालयों का काम ठप्प हो गया।[52] सन् 1921 के आस-पास जवाहरलाल नेहरू भी कासगंज (एटा) आये। उन्हें यहाँ जिला कांग्रेस कमेटी का प्रधान बनाया गया। सम्भवतः एटा जिला ही पहला जिला था, जिसने जवाहरलाल नेहरू को पहले-पहल अपना अध्यक्ष चुना था।[53] इस प्रकार एटा में राष्ट्रीय आन्दोलन जोर-शोर से चल रहा था। दामोधरदास जैन, दिलसुखराय जैन, फूलचंद जैन, पद्मचंद जैन, जीवाराम जैन, गुलजारीलाल जैन, पारसदास जैन, कालिकाप्रसाद जैन आदि उस समय एटा जैन समाज के प्रसिद्ध व्यक्तियों में थे। इन सभी ने असहयोग आन्दोलन के दौरान अपने बच्चों को सरकारी स्कूलों में भेजना बंद कर दिया। 1922 में एटा के नागरिकों द्वारा पंडित मोतीलाल नेहरू को रुपयों की थैली भेंट की गयी, जिसमें जैन समाज ने बढ़-चढ़कर आर्थिक सहयोग दिया।

मैनपुरी में असहयोग आन्दोलन के दौरान वकालत, अदालत, सरकारी स्कूल

आदि का बहिष्कार तथा हिन्दू-मुस्लिम एकता की गूंज के साथ चर्खा, खादी और स्वदेशी की भावना का पर्याप्त प्रचार हुआ।[54] जैन समाज के द्वारा भी उपरोक्त आन्दोलनों में भागीदारी की गयी। लाला नारायणदास जैन, प्यारेलाल जैन, लाला बालकिसनदास जैन, गोपालदास जैन, भजनलाल जैन, लाला श्यामलाल जैन, महोलाल जैन, मोतीलाल जैन आदि ने संगठन बनाकर खादी का प्रचार किया तथा जैन मंदिरों में विदेशी वस्त्र पहनकर आने पर पाबंदी लगा दी।[55] ब्रह्मचारी सीतलप्रसाद की प्रेरणा से मैनपुरी के जैन समाज ने चर्खा चलाने हेतु विशेष प्रबन्ध किये तथा जैन विद्यार्थियों ने सरकारी स्कूलों में जाना छोड़ दिया।

मुरादाबाद जिले में भारतीय राष्ट्रीय कांग्रेस की गतिविधियाँ सन् 1921 में तेज हो गयी। जनता ने असहयोग आन्दोलन में भाग लिया और 24 लोग गिरफ्तार किये गये।[56] मुरादाबाद में खिलाफत एवं असहयोग आन्दोलन सम्बंधी पकड़-धकड़ सन् 1921 के अन्त में शुरू हुई, जो सन् 1922 तक किसी न किसी रूप में चलती रही। मुरादाबाद जैन समाज के गैंदनलाल जैन, हकीम टेकचन्द जैन, सिपाहीलाल जैन, केशोशरण जैन आदि जैन नागरिकों ने आगे आकर देश सेवा की प्रतिज्ञा ली।

'जैन संदेश' ने अपने एक अंक में लिखा-मुंशी गैंदनलाल जैन ने उस समय समाज सुधार के अनेक कार्य किये, जिस युग में समाज सुधार का कार्य करने वाले विद्रोही समझे जाते थे। श्री जैन मुरादाबाद की 'जैन सेवा समिति' के प्रमुख थे तथा देश के दीवाने थे। गुलाम देश की दयनीय दशा देखकर सन् 1921 में उनके हृदय में ज्वाला फूट पड़ी और वे राष्ट्रीय आन्दोलन में कूद पड़े। पूज्य बापू ने आह्वान किया, रणभेरी की ध्वनि सुनी और श्री जैन जी-जान से राष्ट्रीय महासंग्राम में जुट गए।

हकीम टेकचन्द जैन मुरादाबाद के डयोंढ़ी ग्राम के रहने वाले थे, उन्होंने देशभक्तों की चिकित्सा का कार्य सम्भाला। उनके राष्ट्रीय विचारों से अनेक लोग प्रभावित हुए। श्री जैन बाद के आन्दोलनों में जेल गये तथा सदैव गाँधी जी के सूत्रों पर चलते रहे। सिपाहीलाल जैन मुरादाबाद के राजथल ग्राम के रहने वाले थे। उन्होंने सन् 1921 के असहयोग आन्दोलन से ही राष्ट्रीय जीवन का प्रारम्भ किया। मुरादाबाद आकर उन्होंने अंग्रेजों के खिलाफ मोर्चा खोला। 'जैन संदेश' के अनुसार सिपाही लाल जैन 50 ग्रामों के मण्डल के प्रधान रहे तथा राष्ट्रीय महासभा की प्रत्येक योजनाओं को कार्यान्वित करने में उनका प्रमुख योगदान रहा।[57]

केशोशरण जैन ने भी तन-मन-धन से इस आन्दोलन में योगदान दिया। उनके विषय में जैन संदेश ने अपने तत्कालीन अंक में लिखा-लाला केशोशरण सुवर्ण की तरह तपे हुए एक उत्कृष्ट देश सेवी हैं। उनका निवास मुरादाबाद से 15 मील दूर हरियाना ग्राम है। वे कांग्रेस के प्रत्येक आन्दोलन में जेल गये।[58]

ब्रह्मचारी सीतलप्रसाद ने भी समय-समय पर मुरादाबाद पधार कर जैन समाज को देश सेवा करने हेतु प्रेरित किया। उनके मुरादाबाद दौरे से सम्बन्धित समाचार सभी राष्ट्रीय अखबारों में प्रकाशित होते थे। 'आज' का एक समाचार था 'मुरादाबाद में सभा' (शीर्षक) कल टाऊनहॉल में एक सार्वजनिक सभा हुई। बाबूलाल जैन ने सभापति का आसन ग्रहण किया था। उपस्थिति काफी थी। ब्रह्मचारी सीतलप्रसाद ने अहिंसा और स्वदेशी पर लगभग दो घंटे तक व्याख्यान दिया। लोगों पर भाषण का बहुत अधिक प्रभाव पड़ा।'[59]

फर्रूखाबाद जिले में असहयोग आन्दोलन का बहुत प्रभाव पड़ा। सरकारी न्यायालयों और शिक्षा संस्थाओं का बहिष्कार किया गया। फर्रूखाबाद जिले के कस्बों फतेहगढ़, कम्पिल, शमशाबाद, कन्नौज, इन्दरगढ़ के नागरिकों ने भी इस आन्दोलन में बढ़-चढ़कर भाग लिया। स्थानीय नेताओं ने बैठकों को सम्बोधित करते हुए स्वदेशी और स्वराज्य का प्रचार किया।[60]

फर्रूखाबाद में हुए राजनीतिक सम्मेलन की अध्यक्षता श्रीमती सरोजनी नायडू ने की थी और उसी दौरान पं. जवाहरलाल नेहरू और श्रीमती कमला नेहरू भी जिले में पधारे थे।[61]असहयोग आन्दोलन के दौरान फर्रूखाबाद के लगभग चार दर्जन व्यक्तियों को जेल और जुर्माना भोगना पड़ा।[62] जैन समाज ने भी असहयोग आन्दोलन में अपना सहयोग दिया। प्यारेलाल जैन, छदामीलाल जैन, आत्माराम जैन, लल्लूमल जैन, दरबारीलाल जैन, दिलसुखराय जैन, वंशीधर जैन, अनोखेदयाल जैन आदि उस समय जैन समाज के प्रमुख मुखिया थे। उन्होंने सर्वसम्मति से यह प्रस्ताव पास किया कि जैन समाज अपने किसी मुकदमे आदि के सिलसिले में सरकारी न्यायालयों का प्रयोग नहीं करेगा और सभी फैसले समाज की पंचायत में ही सुलझाये जाय़ेंगे।[63]

जिला इटावा के जैन समाज ने भी असहयोग आन्दोलन में भाग लिया। असहयोग आन्दोलन का समर्थन करने हेतु 29 दिसम्बर, 1920 को अहमदाबाद में होने वाले 'जैन राजनीतिक सम्मेलन' में इटावा के सूरजभान जैन ने भी अपने साथियों के साथ भागीदारी की थी।[64] वहाँ से लौटकर सूरजभान जैन और उनके संगठन ने इटावा में घर-घर जाकर असहयोग आन्दोलन का प्रचार किया।

इटावा के कुँवर दिग्विजयसिंह भी इस आन्दोलन में सक्रिय होकर जुट गये। उन्होंने इटावा में कांग्रेस को मजबूत बनाकर अंग्रेजी सरकार को कड़ी चुनौती दी। उनकी भाषण शैली भी विशेष प्रभावपूर्ण थी, जिसका प्रभाव इटावा के साथ-साथ अन्य जिलों में भी पड़ता था। आगरा में उनका भाषण विशेष रूप से सराहा गया था।[65] श्री जैन असहयोग आन्दोलन में भाग लेने के कारण लम्बे समय जेलों में भी रहे। उ.प्र. सूचना विभाग के अनुसार कुँवर दिग्विजय सिंह विधिपुरा इटावा असहयोग

आन्दोलन के एक निष्ठावान कार्यकर्ता रहे, जिन्होंने 500 रुपये जुर्माना सहित 18 मास कैद की सजा काटी।[66] उनका महात्मा भगवानदीन से भी निकट सम्पर्क रहा। भगवानदीन जी ने अपने प्रसिद्ध लेख 'राजनीति के मैदान में आओ' में भी उनका उल्लेख किया है।[67]

इटावा में आयोजित होने वाले जैन उत्सवों में भी स्वतंत्रता आन्दोलन के विषय को प्रमुखता से उठाया जाता था। भारतीय जैन परिषद् के एक अधिवेशन में लखनऊ निवासी अजितप्रसाद जैन ने प्रत्येक जैन से आह्वान किया कि उसे इस समय देश सेवा में पूरा भाग लेना चाहिए, क्योंकि यह आन्दोलन जैन धर्म के सिद्धान्तों से ही प्रेरित है।'[68] इस अधिवेशन में कई महत्वपूर्ण प्रस्ताव स्वीकृत किये गये। कार्यक्रम में स्वदेशी वस्त्र व्यवहार पर जोर दिया गया और जैन विद्यार्थियों से हिन्दी साहित्य में विशेषज्ञ होने का अनुरोध किया गया। अधिवेशन में बैरिस्टर चम्पतराय, रतनलाल जैन, ब्रह्मचारी सीतलप्रसाद, कामताप्रसाद जैन के प्रभावशाली व्याख्यान हुए। जैन तत्व प्रकाशिनी सभा ने सभी से स्वदेशी अपनाने का अनुरोध किया।[69] इटावा से निकलने वाले जैन मासिक पत्र 'सत्योदय' ने भी स्वतंत्रता आन्दोलन में भागीदारी की। 'पटेल बिल' के मसले पर तो उसने जैनियों का भारी समर्थन देश को दिलाया।[70]

झाँसी के जैन समाज ने सभी जैन मंदिरों में स्वदेशी वस्तुओं का उपयोग करना प्रारम्भ कर दिया। उस समय झाँसी जैन समाज के अग्रणीय समाजसेवियों में मुन्नूलाल जैन, नंदलाल जैन, परमानंद जैन, लाला भजनलाल जैन, चन्द्रभान किशोर जैन, जानकीप्रसाद जैन, सागरमल जैन, परसादीलाल जैन, मोहनलाल जैन, मनसुखदास जैन, बिहारीलाल जैन, शांतिप्रसाद जैन प्रमुख थे। उन्होंने किसी न किसी माध्यम से इस आन्दोलन में अपना योगदान दिया।

सहारनपुर जिले में सन् 1920 में कांग्रेस की विधिवत् स्थापना हुई। लाला बारूमल जैन के पुत्र झुम्मनलाल जैन वकील कांग्रेस के प्रथम प्रधान चुने गये।[71] असहयोग आन्दोलन के तहत श्री जैन ने जनपद वासियों को कांग्रेस के कार्यक्रमों का क्रियान्वयन करने हेतु प्रेरित किया। उन्होंने 1920 में ही सदैव के लिए अपनी वकालत छोड़ दी।[72]

झुम्मनलाल जैन ने अपनी टोली के साथ अदालतों का बहिष्कार किया तथा कौमी अदालतों की स्थापना करायी। इस प्रकार की अदालतों में जनता द्वारा श्री जैन को ही न्यायाधीश चुना जाता था। उनके पेशकार के रूप में मुंशी जहूरअहमद काम करते थे।[73] सहारनपुर में जैन समाज को प्रेरित करके उन्होंने चर्खे का प्रचार, स्वदेशी वस्तुओं को ग्रहण कराना और शराब की दुकानों पर धरना देना आदि कार्य कराये।

सन् 1921 में मोहंड के जंगलों में वाइसराय ने शिकार खेलने का कार्यक्रम

बनाया। जिला प्रशासन ने वाइसराय की बेगार करने के लिए शहर और देहाती क्षेत्रों से लोगों को एकत्रित करने का निर्णय लिया। प्रशासन के इस निर्णय का पता चलते ही बाबू झुम्मनलाल जैन, वैद्य रतन लाल चातक एवं हकीम पन्ना लाल ने बेगार प्रथा का सख्त विरोध किया। उन्होंने गाँव-गाँव जाकर ग्रामीण लोगों से बेगार नहीं करने की अपील की, जिसके फलस्वरूप ग्रामीणों ने फसल काटने का बहाना बनाकर बेगार करने से इंकार कर दिया। थक-हार कर अंग्रेज अफसरों को कुलियों का सहारा लेना पड़ा।[74] झुम्मनलाल जैन स्पष्ट वक्ता एवं पैने लेखक भी थे। उन्होंने सदैव निःस्वार्थ भाव से देश की सेवा की।

*अजितप्रसाद जैन*

असहयोग आन्दोलन के आरम्भ होने से पूर्व ही सहारनपुर निवासी अजितप्रसाद जैन में देशभक्ति की भावना जागृत हो गई थी। सन् 1917 में सहारनपुर में संयुक्त प्रांतीय कांग्रेस का अधिवेशन हुआ, जिसकी अध्यक्षता डॉ. एम.एन. ओहदेदार ने की थी। इस अधिवेशन में नवयुवक जवाहरलाल नेहरु, खलीकुज्जमा और हरकरण नाथ मिश्र भी आये थे। अजित प्रसाद जैन ने अपने संस्मरण में उल्लेख किया है कि 'इस अधिवेशन में मैं स्वयंसेवक था और मुझे इन तीनों युवकों की सेवा का भार सौंपा गया था। इस प्रकार श्री जवाहर लाल से मित्रता का वह सिलसिला शुरू हुआ, जो उनकी मृत्युपर्यन्त रहा।'[75]

अजितप्रसाद जैन के मन पर बचपन से ही अंग्रेजों की क्रूरता की छाप पड़ चुकी थी। उस समय अंग्रेजों द्वारा सेना में रंगरूटों की भर्ती की जा रही थी। सहारनपुर में एक अपराधी प्रवृत्ति के कुबड़े युवक ने सजा से बचने एवं रुपयों के लालच में सेना के लिए भर्ती करानी प्रारम्भ कर दी। एक दिन दोपहर बाद जब अजित प्रसाद स्कूल से लौट रहे थे, तो उन्होंने देखा कि वह कुबड़ा युवक अपने से दुगने लम्बे, गठे जिस्म के ग्रामीण से भिड़ा हुआ हैं इतने में ही वहाँ दो पुलिस वाले आये और उस ग्रामीण युवक को घेर कर ले गये। उसके बाद में उसका कोई पता न लग सका। उन्होंने इस सन्दर्भ में लिखा है–'इस घटना का मेरे दिल पर गहरा प्रभाव पड़ा और 50 वर्ष से अधिक बाद आज भी उस युवक की कातर दृष्टि, उसकी करूण पुकार तथा बेबसी की तस्वीर मेरी आँखों के सामने नाच उठती हैं।'

अजितप्रसाद जैन अपने मित्र खुरशेदलाल के साथ अध्ययन हेतु एस.एम. हाईस्कूल चंदौसी (उत्तर प्रदेश) में भर्ती हो गये। चंदौसी में उस समय रौलट एक्ट के विरोध में प्रदर्शन हो रहे थे। 7 अप्रैल, 1918 की सुबह उन्होंने स्कूल के विद्यार्थियों

का एक जत्था बनाकर बाजार की दुकानें बंद करा दी तथा 24 घंटे का उपवास रखा। इस प्रकार श्री जैन ने बचपन से ही स्वतंत्रता आन्दोलन में सक्रिय भाग लेना प्रारम्भ कर दिया था। बाद के सभी आन्दोलनों में उन्होंने लम्बी जेल यात्रायें की।

*बाबु ज्योतिप्रसाद*

देवबन्द के बाबू ज्योतिप्रसाद जैन ने असहयोग आन्दोलन में अपने साथियों के साथ भाग लिया। उन्होंने देवबन्द में कांग्रेस संगठन को मजबूत बनाने के लिए दिन-रात कार्य किया। तिलक स्वराज्य फंड में उन्होंने चंदा एकत्रित कराया तथा जनसभाओं में अपने जोशीले भाषण दिये। जनसभाओं में बोलने की शुरूआत वे निम्न पंक्तियों से करते थे-'गावो सब स्वदेश गुणगान सोचो युक्ति वही जिसमें हो, जननी का उत्थान।' बाबू ज्योतिप्रसाद जनता को सम्बोधित करते हुए कहते थे, 'भाई देशवालों जो सामान और कपड़ा तुम्हारे धन को चाटने का, तुम्हारे देश के भाइयों को निर्धन बनाकर भूखा मारने का और तुमको आलसी, निर्धन, निरुत्साही और बनावट पसंद बनाने का कारण हो रहा है। उससे परहेज करो और उसे पहनना छोड़ो। उसके अंदर दरिद्रता और निर्धनता के परमाणु भरे हुए हैं, जो देश को अधो-गति में पहुंचा रहे हैं।[76] उन्होंने अपने पत्र 'जैन प्रदीप' के माध्यम से भी देशसेवा की तथा अपनी मृत्यु पर्यन्त खादी पहनते रहे।

*जुगल किशोर मुख्तार*

देवबन्द के जुगल किशोर जैन 'मुख्तार' जैन समाज के प्रमुख विद्वान और समाजसेवी थे। सन् 1920 से उन्होंने मृत्युपर्यन्त खादी वस्त्र पहने। गाँधी जी की पहली गिरफ्तारी पर उन्होंने यह व्रत लिया था कि जब तक महात्मा जी नहीं छूटेंगे, तब तक मैं बिना चर्खा चलाये भोजन नहीं करूंगा। वे सूत कातकर वह सूत संघ को प्रदान कर देते थे तथा उसके बदले मे खादी का कपड़ा बनवाते थे।[77]

सहारनपुर के रामपुर मनिहारन कस्बे के जैन समाज ने भी असहयोग आन्दोलन में सक्रिय भागीदारी की। यहाँ के लाला हुलासचन्द जैन 1917 से ही कांग्रेस में भाग लेने लगे थे। श्री जैन भारत सेवक समाज के सक्रिय सदस्य थे। उन्होंने सन् 1922 में 'गया' कांग्रेस अधिवेशन में जिले के प्रतिनिधि के तौर पर भाग लिया और जिले

की गतिविधियों के बारे में अधिवेशन को जानकारी दी। हुलासचंद जैन की सक्रियता का उल्लेख उ.प्र. के सूचना विभाग ने भी किया है।

बाबू सुमेरचंद जैन (एडवोकेट) भी स्वतंत्रता आन्दोलन में सक्रिय रहे। 1923 में स्वराज्य पार्टी के आदेश पर उन्होंने यू.पी. कौंसिल का चुनाव लड़ा। पं. मोती लाल नेहरू ने उनके समर्थन में कई जनसभायें की, परन्तु चुनाव में उन्हें विजय प्राप्त नहीं हो पायी।[78] श्री जैन देश के लिए दिन-रात कार्य करने में कभी पीछे नहीं हटे।

जनपद बिजनौर के जैन समाज ने असहयोग आन्दोलन में सक्रिय भागीदारी की। रतनलाल जैन व नेमिशरण जैन ने इस आन्दोलन की कमान सम्भाली। रतन लाल जैन प्रारम्भ से ही देशभक्ति की भावना से ओतप्रोत थे, वे बहुत निडर और साहसी व्यक्ति थे।

*रतनलाल जैन*

अप्रैल 1917 में श्री रतनलाल जैन ने इलाहाबाद विश्वविद्यालय में एल.एल.बी. की परीक्षा दी। एक दिन परीक्षा देने के उपरान्त वे अपने साथी गोपीचन्द धाड़ीवाल के साथ अलफ्रेड पार्क में घूमने गये। उस समय उनकी उम्र 21 वर्ष थी। वे पार्क में घूम ही रहे थे कि एक अंग्रेज उन्हें देखकर चिल्लाया, 'यह तुम्हारे बाप की जमीन नहीं है।' चिल्लाने के बाद वह अंग्रेज उन्हें अपशब्द कहने लगा। युवा रतनलाल जैन को अंग्रेज के इस व्यवहार पर क्रोध आ गया और उन्होंने अपने साथी के साथ उसे पीट दिया। अंग्रेज को पीटने के बाद वे वहाँ से निकल आये। उस अंग्रेज का नाम मि. ब्राउटन था।[79] इस प्रकार रतनलाल जैन निडर एवं साहसी व्यक्ति थे। असहयोग आन्दोलन के प्रारम्भ होते ही उन्होंने अपनी वकालत को छोड़कर देशसेवा में भाग लेना प्रारम्भ कर दिया।

नेमिशरण जैन ने सन् 1921 में कांग्रेस की सदस्यता ग्रहण की।[80] 3, 4 नवम्बर, 1922 को बिजनौर जिले में राजनीतिक सम्मेलन का कार्यक्रम निश्चित किया गया, जिसमें श्रीमती सरोजनी नायडू, मौलाना आजाद सुवहानी, महात्मा भगवानदीन, डॉ. लक्ष्मीदत्त आदि ने आने की स्वीकृति प्रदान की।[81] इस सम्मेलन को सफल बनाने के लिए नेमिशरण जैन ने दिन-रात मेहनत करनी प्रारम्भ कर दी। श्री जैन उस समय जिला कांग्रेस कमेटी के मंत्री थे। स्थानीय अंग्रेज अधिकारियों ने इस सम्मेलन को विफल करने के लिए जाविता फौजदारी की धारा 108 के अंतर्गत श्री जैन को नोटिस दिया और उसके बाद उन्हें गिरफ्तार कर लिया।[82]श्री जैन को 1 नवम्बर, 1922 को 1 वर्ष कड़ी कैद की सजा सुनायी गयी। नेमिशरण

जैन सदैव कांग्रेस के कार्यक्रमों में सक्रिय रहे। 1923 के चुनावों में वे उ.प्र. विधान परिषद् के सदस्य बने।

नवम्बर 1924 में श्री नेमिशरण जैन के नेतृत्व में बिजनौर में अंग्रेजी प्रशासन के निर्णयों का सख्त विरोध किया गया। बिजनौर के पास स्थित दारानगर में गंगा के तट पर प्रतिवर्ष कार्तिक स्नान पर बड़ा मेला लगता था, जिसमें एक लाख के लगभग स्थानीय जनता स्नान करने पहुँचती थी। इस मेले का प्रबन्ध जिला बोर्ड द्वारा किया जाता था। 1923 में जिला बोर्ड ने इस मेले का उद्घाटन पं. जवाहरलाल नेहरू से कराया और मेले के सहयोगियों को श्री सी.एस. रंगा ऐयर द्वारा पुरस्कृत किया गया।

जिला बोर्ड द्वारा राष्ट्रीय नेताओं को बुलाने के कारण अंग्रेजी सरकार बहुत नाराज हुई, उसने अगले साल (1924) से इस मेले का प्रबंध जिला बोर्ड से छिनकर जिला मजिस्ट्रेट के सुपुर्द कर दिया। मजिस्ट्रेट ने नवम्बर 1924 में होने वाले इस मेले पर टैक्स लगा दिया। कांग्रेस के जिला मंत्री नेमिशरण जैन ने मजिस्ट्रेट को पत्र लिखकर यह पूछा कि मेले में लगाने वाला टैक्स कानून की किस धारा के अंतर्गत लगाया गया है? मजिस्ट्रेट उत्तर में कुछ कानून न बता सके। इस पर श्री जैन ने प्रशासन को चेतावनी दी कि बिना कानून मालूम किये जनता टैक्स नहीं देगी।[84]

नेमिशरण जैन

नेमिशरण जैन ने अपनी बात पर अडिग रहते हुए बिजनौर की जनता को बिना टैक्स दिये मेले में जाने को प्रोत्साहित किया। 9 नवम्बर, 1924 को श्री जैन स्वयं, मेले में बिना टैक्स दिये गये। उनके जाने के बाद विश्वामित्र गोयल की धर्मपत्नी ज्ञानवती देवी, द्वारकाप्रसाद की धर्मपत्नी विद्यावती देवी एवं एक अन्य महिला सत्यवती देवी ने शाम 7 बजे बिना टैक्स दिये जबरदस्ती मेले में प्रवेश किया। जिला मजिस्ट्रेट ने इस बात पर क्रोधित होकर 9 नवम्बर की रात को ही पुलिस कार्यवाही के आदेश दे दिये। पुलिस ने रात को 11 बजे नेमिशरण जैन के आवास पर छापा मारा, परन्तु श्री जैन पुलिस को चकमा देकर निकल गये। उसके बाद पुलिस ने उन तीनों महिलाओं के घर जाकर उन्हें गिरफ्तार कर लिया। गिरफ्तार कर तीनों को जिला मजिस्ट्रेट के समक्ष लाया गया, मजिस्ट्रेट ने उन्हें चेतावनी देते हुए रात के 1 बजे उन पर पांच-पांच रुपये का जुर्माना लगा दिया।

10 नवम्बर को जिला प्रशासन की इस मनमानी की खबर पूरे जनपद में फैल

गयी। नेमिशरण जैन ने नुक्कड़ सभाओं को सम्बोधित कर जनता में जोश भर दिया और इसी प्रकार टैक्स न देने का आह्वान किया। फलस्वरूप 10 तारीख को ही सुबह 8 बजे श्रोत्रिय जगदीशदत्त व मौ. अब्दुललतीफ ने टैक्स देने से इंकार कर दिया और अपनी गिरफ्तारी दी, उन पर दस-दस रुपये का जुर्माना हुआ। उसके बाद प्रातः 10 बजे नेमिशरण जैन की माता दुर्गादेवी जैन, बहिन प्रकाशवती जैन, धर्मपत्नी श्रीमती शीलवती जैन व भाई ने बिना टैक्स दिये मेले में प्रवेश किया और अपनी गिरफ्तारियाँ दी। इन सभी पर पाँच-पाँच रुपये जुर्माना किया गया। दोपहर 12 बजे तीन स्त्रियाँ व एक पुरुष गिरफ्तार हुए। उसके बाद 1 बजे बाबू रतनलाल जैन ने अपने साथियों सहित मेले में प्रवेश किया और टैक्स देने से साफ इंकार कर दिया, उन्हें भी गिरफ्तार कर लिया गया। बिजनौर निवासियों का निरंतर उत्साह देखकर जिला मजिस्ट्रेट परेशान हो गया, अतः उसने आदेश दिया कि टैक्स न देने वालों को गिरफ्तार न किया जाये। केवल उनके नाम नोट कर लिये जायें।

जिला मजिस्ट्रेट ने इस आन्दोलन के सूत्रधार नेमिशरण जैन एवं रतनलाल जैन सहित सात लोगों पर यह कहकर कि इनके ताँगे रुकने से भीड़ हो गई तथा सारा रास्ता रुक गया, पुलिस एक्ट की धारा 32 में मुकदमे चलाये तथा प्रत्येक पर दो सौ रुपये का जुर्माना कर दिया। नेमिशरण जैन ने उत्तर प्रदेश विधान परिषद् में सरकार से यह प्रश्न पूछा कि कलक्टर ने मेले में टैक्स किस कानून के अंतर्गत लगाया? उनके इस प्रश्न पर सरकार भी चुप रह गयी।[84] बिजनौर में श्री जैन ने इस आन्दोलन को पूरे जोर के साथ उठाया। 11 नवम्बर, 1924 को श्री पुरुषोत्तमदास टंडन ने बिजनौर कांग्रेस कैम्प कार्यालय में पहुँचकर एक सार्वजनिक सभा को सम्बोधित किया। श्री टंडन ने जिला प्रशासन द्वारा मेले में 'कर' और 'तहबाजारी' वसूल करने के निर्णय की घोर शब्दों में निन्दा की। उन्होंने कर न देने वाले नागरिकों के प्रयासों की सराहना की।[85] इस घटना से स्पष्ट है कि जैन समाज के नागरिकों ने बिजनौर में सक्रिय होकर कार्य किया।

लखनऊ के जैन समाज ने असहयोग आन्दोलन प्रारम्भ होने से पूर्व ही देश सेवा का कार्य प्रारम्भ कर दिया था। सन् 1918 में बाबू अजितप्रसाद जैन (एडवोकेट) ने लखनऊ में एक सेवा समिति की नींव डाली। इस समिति का जाल सारे शहर में तेजी से फैल गया। सेवा समिति गुप्त रूप से देश सेवा का कार्य करती थी तथा रात को लखनऊ की सड़कों पर पहरा देती थी। समिति के विषय में स्वतंत्रता सेनानी महात्मा भगवानदीन ने लिखा है-'अंग्रेजी सरकार की आँखों में शीघ्र ही यह समिति खटकने लगी, क्योंकि यह समिति धीरे-धीरे पूरे लखनऊ पर कब्जा करती मालूम होती थी और ऐसा साफ दिखाई दे रहा था कि बहुत जल्द वैसी समितियाँ बनारस और इलाहाबाद में खड़ी हो जाएंगी।'[86] महात्मा भगवानदीन ने भी

अजितप्रसाद जैन के साथ एक दिन, रात के दो बजे से चार बजे तक इस समिति के कार्यकर्ताओं के साथ गस्त की थी।

अजितप्रसाद जैन

अजितप्रसाद जैन बहुमुखी प्रतिभासम्पन्न व्यक्ति थे। लखनऊ स्थित उनका निवास अंग्रेज विरोधी कार्यों का हमेशा अड्डा बना रहा। राजस्थान के क्रांतिकारी नेता अर्जुनलाल सेठी (जैन) से उनका घनिष्ठ सम्बन्ध था। अर्जुनलाल सेठी ने जयपुर में 'वर्द्धमान जैन विद्यालय' की स्थापना की थी।[87] इस विद्यालय के विद्यार्थियों को सेठी जी ने देश भक्ति का पाठ पढ़ाया। उनके संस्कारों के अनुरूप इन विद्यार्थियों ने भारत माता को अंग्रेजों के चंगुल से मुक्त कराने के लिए क्रांति का मार्ग चुना। इन छात्रों में मोतीचंद जैन, मानिकचंद, जयचंद, विष्णुदत्त द्विवेदी और जोरावर सिंह प्रमुख थे। क्रांतिकारी गतिविधियों को अंजाम देने के लिए धन की आवश्यकता थी। उन दिनों हथियार खरीदने के लिए क्रांतिकारी लोग राजनीतिक डकैतियों का सहारा लेते थे। अतः इन विद्यार्थियों ने भी धन प्राप्त करने हेतु बिहार में आरा जिले के अंतर्गत 'नीमेज' नामक स्थान पर स्थित एक आश्रम पर छापा मारा। छापे के दौरान हुए संघर्ष में आश्रम के महंत भगवानदास की मृत्यु हो गयी। महंत की अचानक मृत्यु होने के कारण क्रांतिकारियों को आश्रम में रखा धन का भंडार नहीं मिल पाया और वे निराश हो गये।

इन क्रांतिकारियों ने अपना अगला निशाना जोधपुर राज्य के अंतर्गत आने वाले एक आश्रम को बनाया। उस आश्रम का महंत बड़ी सम्पत्ति का मालिक था और वह हीरे-जवाहरातों को बाँस की एक पोली लाठी के अंदर छिपाकर रखता था। क्रांतिकारियों ने उस महंत से प्रार्थना की कि यदि आप हमको अपने पास के धन में से थोड़ा धन भी दे देंगे, तो भारतमाता को स्वतंत्र कराने के यश में आप भी साझेदार होंगे, परन्तु महंत न माना, विवश होकर क्रांतिकारियों को महंत के साथ बल प्रयोग करना पड़ा और उस संघर्ष में वह महंत भी चल बसा। क्रांतिकारियों ने उसकी लाठी को तोड़ा, पर उसके अंदर हीरे-जवाहरातों के स्थान पर कोयले निकले। हीरे-जवाहरात उसने पहले ही अन्यत्र छिपा दिये थे।[88]

अर्जुनलाल सेठी

इस प्रकार दूसरी बार भी क्रांतिकारियों को सफलता नहीं मिल पायी।

अंग्रेजी सरकार की नजर शीघ्र ही अर्जुनलाल सेठी के जैन विद्यालय पर पड़ गयी। सेठी जी सरकार की मंशा भापते ही अपने विद्यालय को जयपुर से इंदौर ले गये। इंदौर के जैन विद्यालय में भी जयपुर की भाँति ही क्रांतिकारी तैयार किये जाते थे। पुलिस ने एक बार इस विद्यालय पर छापा मारा। छापे के दौरान विद्यालय में ठहरे एक पुराने विद्यार्थी शिवनारायण के पास से कुछ गुप्त दस्तावेज पकड़े गये, जिसके आधार पर पुलिस को 'नीमेज' और 'जोधपुर' कांड के बारे में जानकारी मिल गयी। इन दोनों कांडों में शामिल क्रांतिकारियों में से दो क्रांतिकारी मोतीचंद जैन और विष्णुदत्त द्विवेदी को पुलिस ने गिरफ्तार कर लिया और उन पर अभियोग चलाया गया। सैशन जज शाहबाद ने 05.10.1914 को मुकदमे का फैसला सुनाते हुए मोतीचंद जैन को मृत्युदण्ड तथा विष्णुदत्त द्विवेदी को 12 वर्ष कैद की सजा सुना दी।[89] मोतीचंद जैन शहीद हो गये। अर्जुनलाल सेठी को भी पुलिस ने गिरफ्तार कर लिया, परन्तु उनके विरुद्ध यथेष्ट प्रमाण न मिलने के कारण उन्हें जयपुर की जेल में नजरबंद करके रखा गया।[90]

श्री अर्जुनलाल सेठी नजरबंदी से मुक्त होने के बाद पुनः क्रांतिकारी गतिविधियों का संचालन करने लगे। उनकी गतिविधियों से परेशान होकर 11.03.1916 को महाराजा जयपुर के आदेश पर श्री सेठी को 5 वर्ष कैद की सजा सुना दी गयी। उन पर आरोप लगाया गया कि वे आतंकवाद को प्रोत्साहित कर रहे हैं। सबसे पहले उन्हें अजमेर जेल भेजा गया, वहाँ से केन्द्रीय सरकार के आदेश पर रेग्यूलेशन 3/1818 में उन्हें शाहीनजरबंद बनाकर मद्रास जेल में रखा गया।[91] अर्जुनलाल सेठी की गिरफ्तारी के कारण राष्ट्रीय नेताओं को बहुत धक्का लगा। लोकमान्य तिलक, ऐनीबीसेन्ट, महात्मा गाँधी तथा लखनऊ निवासी ब्रह्मचारी सीतल प्रसाद और अजितप्रसाद जैन एडवोकेट ने उन्हें मुक्त कराने के लिए भरसक प्रयास किये, परन्तु अंग्रेजी सरकार टस से मस न हुई।[92]

महात्मा गाँधी इस सम्बन्ध में अजितप्रसाद जैन (लखनऊ) से पत्राचार करते रहते थे। एक पत्र में उन्होंने लिखा, 'मैंने अर्जुनलाल सेठी के सम्बन्ध में वर्ष के प्रारम्भ में कार्यवाही की थी, किन्तु जब मुझे मालूम हुआ कि उनके खिलाफ सरकार के पास निश्चित प्रमाण हैं, तब से मेरा उत्साह मंद पड़ गया है। मामले में आगे कदम उठाने के पहले मैं उस पर आपसे बातचीत करना चाहता हूँ। आपका यह तर्क ठीक है कि हम बिना शर्त छोड़ देने की नहीं, बल्कि उचित रूप से मुकदमा चलाने की माँग करते हैं।... मेरा कांग्रेस के अधिवेशन में लखनऊ आने का कार्यक्रम बन रहा है, तब मैं आपसे मिलकर सम्पूर्ण मामले पर बातचीत करूँगा।[93] इस पत्र से स्पष्ट है कि गाँधी जी भी श्री सेठी की रिहाई के सम्बन्ध में चिन्तित रहते थे, परन्तु

राष्ट्रीय नेताओं के परिश्रम का कुछ फल न मिला और अंग्रेजी सरकार ने उन्हें पूरे 5 साल जेल में रखा। मद्रास की वैल्लोर सेंट्रल जेल में सेठी जी को सरकार द्वारा इतना अधिक परेशान किया गया कि सन् 1921 में जब वे जेल से रिहा होकर देहली आये, तो उनका स्वास्थ्य बहुत बिगड़ा हुआ था। इस स्थिति में भी वे असहयोग आन्दोलन में शामिल हुए।[94]

सेठी जी ने असहयोग आन्दोलन के दौरान 1 मार्च 1921 से लगातार 10 दिन तक आगरा में प्रवास किया। उनके उपदेशों से प्रभावित होकर बड़ी संख्या में आगरा निवासियों ने विदेशी वस्त्र जला दिये।[95] सन् 1923 में उनके युवा पुत्र प्रकाशचंद जैन की मृत्यु हो गयी, वह मात्र 25 साल के थे। इस शोक की घड़ी में भी उन्होंने पं. सुन्दरलाल का पत्र मिलते ही बम्बई जाकर कांग्रेस की सभा को सम्बोधित किया।[96] अर्जुनलाल सेठी ने देश के लिए दिन-रात कार्य किया। उत्तर प्रदेश का तत्कालीन दैनिक पत्र 'आज' भी बराबर श्री सेठी से सम्बन्धित खबरों का प्रकाशन करता रहा।

'आज' ने अपने एक समाचार में लिखा-'श्री अर्जुनलाल सेठी ने यूरोप जाने के लिए पासपोर्ट बनाने हेतु दरखास्त दी थी, परन्तु प्रान्तीय सरकार ने बिना कोई कारण बताये पासपोर्ट देने से इन्कार कर दिया। बहुत दिनों तक जेल में रहने और पुत्र वियोग के कारण सेठी जी का स्वास्थ्य ऐसा बिगड़ गया है कि उसे सुधारने के लिए यूरोप जाना परमावश्यक है। उनका चेहरा देखने से यह मालूम हो जाता है कि उन्हें जलवायु परिवर्तन और पूरा आराम करने की बहुत जरूरत है। भारत में रहकर उन्हें आराम नहीं मिल सकता, क्योंकि राजनीतिक कार्य उनके लिए अन्न-जल की तरह अपरिहार्य हो गया हे। सेठी जी जैसे देशभक्त के लिए यहाँ रहते हुए राजनीतिक कार्य का त्याग करना असंभव है। समुद्र यात्रा से उनके स्वास्थ्य में सुधार हो सकता था, परन्तु सरकार की मनमानी के कारण यह सम्भावना भी समाप्त हो गयी। यह नौकरशाही की ज्यादती है।'[97] अर्जुनलाल सेठी का उत्तर प्रदेश से घनिष्ठ सम्बन्ध था और वे अजितप्रसाद जैन, ब्रह्मचारी सीतलप्रसाद, महात्मा भगवानदीन, सेठ अचलसिंह, अयोध्याप्रसाद गोयलीय आदि के कहने पर सदैव यहाँ आकर आन्दोलन की मजबूती हेतु कार्य करते थे। अजितप्रसाद जैन (लखनऊ) ने सदैव उनका साथ दिया। महात्मा भगवानदीन ने लिखा है कि अगर अजितप्रसाद जी सच्चे मन से सेठी जी का साथ न देते, तो सरकार न जाने कितने वर्ष पहले उन्हें फाँसी पर लटका चुकी होती।[98]

अजितप्रसाद जैन सदैव राजनीतिक मुकदमे निःशुल्क लड़ते थे। 9 अगस्त, 1925 को रामप्रसाद बिस्मिल ने अपने दल के साथ शाहजहाँपुर और लखनऊ के मध्य स्थित काकोरी स्टेशन पर ट्रेन डकैती डाली। इस डकैती में क्रांतिकारियों के हाथ

काफी धनराशि लगी। इस घटना से ब्रिटिश सरकार हिल गयी, उसने इस घटना को अपने लिए एक चुनौती माना। सरकार ने मि. हार्टन की अध्यक्षता में एक विशेष पुलिस इकाई गठित की तथा शीघ्र ही रामप्रसाद बिस्मिल और उनके साथियों को पकड़ लिया।[99]

अजितप्रसाद जैन ने श्री बिस्मिल की वकालत करना स्वीकार कर लिया। इस सम्बन्ध में उन्होंने स्वयं लिखा है -'1926 में काकोरी षड़यंत्र का मुकदमा चला। मैंने रामप्रसाद बिस्मिल की निःशुल्क वकालत की। मैंने उसे सलाह दी कि वह काकोरी डकैती करना और क्रांतिकारी दल का सदस्य होना स्वीकार कर ले। मैं उसे प्राणदंड से बचा लूंगा, क्योंकि उसने किसी भी डकैती में किसी भी व्यक्ति की जानकर हत्या नहीं की थी, किन्तु उसने मेरी सलाह नहीं मानी, परिणामतः मैंने उसकी वकालत छोड़ दी और उसे फांसी हो गई।'[100] इस प्रकार श्री जैन ने तत्कालीन राजनीतिक परिस्थितियों में जहाँ तक हो सका, अपना सहयोग दिया। श्री जैन काशी हिन्दू विश्वविद्यालय की सेनेट के सदस्य रहे। यूनिवर्सिटी के नये विधान बनाने में उनका सहयोग रहा। इस कमेटी के भी वे वरिष्ठ सदस्य थे।[101]

कानपुर में असहयोग आन्दोलन के दौरान जैन समाज के नेता वैद्य कन्हैयालाल जैन सहित अन्य जैन अनुयायियों ने अपना योगदान दिया। कन्हैयालाल जैन 1920 में कानपुर नगरपालिका के सदस्य थे।[102] श्री जैन ने विदेशी कपड़े के बहिष्कार हेतु काफी प्रयास किया। स्थानीय कांग्रेस कमेटी ने उनके सहयोग से करीब 40 बजाजों से प्रतिज्ञा करायी कि वे विदेशी कपड़े नहीं मंगायेंगे तथा सदैव स्वदेशी कपड़ों का ही कारोबार करेंगे।[103] कानपुर के जैन समाज के नवयुवकों ने 1921 में 'युवक चर्खा मंडल' की स्थापना की। इस मंडल के कार्यकर्ताओं ने नगर में विदेशी वस्त्रों की होली जलाने और खादी के प्रचार-प्रसार में महत्वपूर्ण भूमिका अदा की। युवक चर्खा मण्ड़ल में बाबू देवकुमार जैन, मनोहरलाल जैन, पद्मराज जैन प्रमुख रूप से कार्य करते थे।[104]

कानपुर के प्रमुख उद्योगपति लाला लक्ष्मणदास जैन के पुत्र बाबूराम जैन एवं फूलचंद जैन ने कांग्रेस कमेटी के विभिन्न पदों पर रहकर 'स्वतंत्रता आन्दोलन' में भागीदारी की। लक्ष्मणदास जैन ने लाठी मोहाल (कानपुर) में एक धर्मशाला का निर्माण कराया। जिसका उद्घाटन 1920 में हुआ। यह धर्मशाला 'लक्ष्मणदास धर्मशाला' के नाम से प्रसिद्ध हुई। इस धर्मशाला का उपयोग क्रांतिकारियों के गुप्त ठिकाने के रूप में किया जाता था। इस धर्मशाला में अनेकों बार चन्द्रशेखर आजाद, गणेशशंकर विद्यार्थी, भगत सिंह आदि क्रांतिकारी ठहरे। जैन परिवार ने उस धर्मशाला में एक गुप्त दरवाजा भी लगवाया हुआ था, जो कि एक सराय की तरफ खुलता था। सन् 1924 में भगत सिंह कानपुर आये। वे मुख्य रूप से रामनारायण बाजार में रहते

थे, परन्तु उन्होंने क्रांतिकारियों से मिलने का स्थान 'लक्ष्मणदास धर्मशाला' को ही चुन रखा था।[105]

लाला फूलचन्द जैन अपने धन का उपयोग देशहित के कार्यों में करते थे। गणेशशंकर विद्यार्थी का पत्र 'दैनिक प्रताप', रमाशंकर अवस्थी का पत्र 'दैनिक वर्तमान' एवं अनेक समाचार पत्रों के प्रकाशन में वे आर्थिक सहयोग देते थे। 1923 से लगातार कई वर्षों तक फूलचन्द जैन कानपुर कांग्रेस कमेटी के कोषाध्यक्ष रहे। उनके नेतृत्व में कानपुर में अनेक राष्ट्रीय स्तर के कार्यक्रम सफलतापूर्वक सम्पन्न हुए।

26 दिसम्बर से 28 दिसम्बर 1925 में हुए कांग्रेस के राष्ट्रीय महासभा के अधिवेशन में उन्होंने दिन-रात परिश्रम किया। अपनी बड़ी टीम के साथ फूलचन्द जैन ने खाने-पीने की व्यवस्थाओं को सम्भाला।[106] उनकी प्रशंसा करते हुए स्वयं गाँधी जी ने लिखा है, 'कानपुर में फूलचंद जैन नामक एक व्यापारी है, वह लोहे का व्यापार करते हैं। उनकी नम्रता की कोई सीमा नहीं है। उनको देखकर कोई भी उन्हें लक्षाधिपति न समझेगा बल्कि सामान्य मजदूरी करके पेट भरने वाला ही समझेगा, परन्तु रसोई के मद की आय में खर्च से जितनी भी कमी थी, उसे उन्होंने अपनी तरफ से पूरा करना स्वीकार करके अपनी ही देखरेख में सारी व्यवस्था की थी, न कभी उनका महासभा देखने के लिए दिल चला और न कभी प्रदर्शन देखने के लिए। वह तो सदैव अपने ही काम में लगे रहते थे। उन्होंने शहर में से ही परोसनेवालों का एक बड़ा संघ खड़ा किया था। महासभा में आये लोगों को वह इतने प्रेम और आग्रह से भोजन कराते थे, मानो वह अपने घर ही पर उन्हें खाना खिलाते हों।' महासभा की अन्य व्यवस्थाओं में भी फूलचंद जैन ने अपना सहयोग किया। गाँधी जी ने उन्हें 'विशाल पुरुष' की उपाधि दी थी।[107]

बनारस में स्याद्वाद जैन महाविद्यालय ने असहयोग आन्दोलन के दौरान सक्रिय होकर कार्य किया। उस समय बनारस में अंग्रेजी पुलिस अपना मनमाना अत्याचार कर रही थी। इस बात की पुष्टि तत्कालीन पत्र 'आज' के द्वारा होती है। उसने लिखा, 'काशी की इस समय यह हालत है कि जो भी व्यक्ति खद्दर पहनकर निकलता है, उसी पर पुलिस शंका करने लगती है। अकारण ही पुलिस नागरिकों को पकड़कर थाने में बंद कर देती है। गाली देना या मार देना तो साधारण बात है। यह तो मानो अंग्रेजी पुलिस का जन्मसिद्ध अधिकार है।[108]

इन विषम परिस्थितियों में भी जैन महाविद्यालय के छात्रों ने विदेशी कपड़ों की होली जलायी तथा सरकारी परीक्षाओं का बहिष्कार करने में अपना सहयोग दिया। अहिंसा और सत्याग्रह के आदर्शों से प्रेरित होकर छात्रों ने महाविद्यालय में स्वदेशी चीजों के अतिरिक्त अन्य वस्तुओं के प्रयोग पर पूर्णतः पाबंदी लगा दी।[109]

*स्याद्वाद जैन महाविद्यालय, काशी*

ब्रह्मचारी सीतलप्रसाद उस समय महाविद्यालय के अधिष्ठाता थे। उन्होंने महाविद्यालय के छात्रों को देश सेवा के कार्य करने हेतु सदैव प्रेरित किया। ये जैन छात्र काशी में तो कांग्रेस के कार्यों में भागीदारी करते ही थे। बाहर के जनपदों में जाकर भी ये देश सेवा में भाग लेते थे। कानपुर में हुए कांग्रेस के अधिवेशन में इस महाविद्यालय का स्वयंसेवक दल सेवा कार्य करने हेतु गया था।[110]

जैन महाविद्यालय के 17वें वार्षिकोत्सव पर बाबू श्री प्रकाश ने कहा था-इस जैन विद्यालय के छात्रों ने असहयोग आन्दोलन में प्रशंसनीय कार्य किया। मुझे आशा है कि जब तक हमारा देश स्वतंत्र नहीं हो जायेगा, तब तक ये विद्यार्थी इसी उत्साह पूर्वक स्वतंत्रता आन्दोलन में भाग लेते रहेंगे। भारत के इतिहास में यह समय बड़े महत्व का है। इस समय हम सभी मिलकर जो देश हितकारी कार्य करेंगे, उसका परिणाम बहुत व्यापक होगा। हमारे देश में जो शस्त्रहीन युद्ध हो रहा है, उस पर सारे संसार की दृष्टि गड़ी हैं। आज हम एक ऐसा बीज बो रहे हैं, जिसके वृक्ष भविष्य में सारे संसार में फैल जायेंगे और उसकी छाया में सभी देशों के पीड़ित मनुष्य विश्राम कर सकेंगे।

इस वार्षिकोत्सव पर ब्रह्मचारी सीतलप्रसाद, सेठ मनिकचंद जैन बम्बई, द्वारिकाप्रसाद जैन रईस बिजनौर, नानकचन्द जैन बनारस, विद्यालय के मंत्री सुमतिलाल जैन, प्रो. चन्द्रशेखर जैन शास्त्री आदि ने जैन समाज का आह्वान किया कि वे राष्ट्रीय आन्दोलन में तन-मन-धन से अपना सहयोग दें।[111] बनारस के अन्य जैन नागरिक भी देश सेवा के लिए आगे आये और उन्होंने अपना योगदान दिया।

*स्याद्वाद जैन महाविद्यालय, काशी के छात्र एवं अध्यापकगण*

इस प्रकार असहयोग आन्दोलन 1 अगस्त 1920 से प्रारम्भ होकर 6 फरवरी, 1922 तक चला। 5 फरवरी, 1922 को चौरी-चौरा (गोरखपुर) की घटना के बाद गाँधी जी ने बारदोली में कांग्रेस कार्यसमिति की बैठक में इस आन्दोलन को स्थगित करने का प्रस्ताव पारित कराया था। घोषित रूप से असहयोग आन्दोलन अवश्य ही 1922 में स्थगित हो गया, परन्तु यह आन्दोलन तब तक प्रभावी बना रहा, जब तक कि गाँधी जी ने सविनय अवज्ञा आन्दोलन का प्रारम्भ नहीं कर दिया। इस प्रकार स्पष्ट है कि असहयोग आन्दोलन में उत्तर प्रदेश के जैन समाज ने अपना महत्वपूर्ण योगदान दिया।

### *सन्दर्भ*

1. 'आज' (प्रमुख दैनिक समाचार पत्र), दिनांक 01.01.1921, दिन रविवार, संस्करण 388, पृष्ठ नं. 7, कॉलम नं. 2, काशी
2. वही, दिनांक 18.01.1921, पृष्ठ 7, कॉलम नं. 1, शीर्षक 'जैन पॉलिटिकल कॉन्फ्रेंस के निर्णय'
3. U.P. District Gazetteer 'Muzaffarnagar', Page 41

4. दैनिक जागरण, शुक्रवार, 15 अगस्त, 2008, पृष्ठ 3
5. भारतीय स्वतंत्रता संग्राम में मुजफ्फरनगर का योगदान, पृष्ठ 84
6. स्वतंत्रता संग्राम के सैनिक, जिला मुजफ्फरनगर, पृष्ठ 102, 'ग'
7. Parliament of India 'Rajya Sabha', Page 217, WHO's WHO 1955, New Delhi
8. 'आज' (प्रमुख दैनिक समाचार पत्र), 22 फरवरी, 1922, दिन बुधवार, पृष्ठ 6, शीर्षक-'मीरांपुर की खबर', कॉलम नं. 4, काशी
9. 'आज', 27.10.1924, दिन सोमवार, पृष्ठ 4, कॉलम नं.1, 2, शीर्षक-'दशहरे का उत्सव बंद, कलक्टर का दुर्व्यवहार'
10. Uttar Pradesh District Gazetteer 'Meerut', Page 57
11. स्वतंत्रता संग्राम के सैनिक, भाग 16, जिला मेरठ, पृष्ठ 4
12. 'दिगम्बर जैन', कार्तिक मार्गशीर्ष वीर संवत् 2457, पृष्ठ 16घ
13. गोयलीय अयोध्या प्रसाद, जैन जागरण के अग्रदूत, पृष्ठ 441
14. 'अनेकांत' जून सन् 1948, पृष्ठ 241
15. जैन जागरण के अग्रदूत, शीर्षक-आत्मकथा, पृष्ठ 441
16. Progressive Jains of India, Page 81
17. भगवानदीन महात्मा, मेरे साथी, पृष्ठ 33, भारत जैन महामंडल वर्धा
18. स्वतंत्रता संग्राम के सैनिक, जिला मेरठ, पृष्ठ 75
19. दीपंकर आचार्य, स्वाधीनता आन्दोलन और मेरठ, पृष्ठ 297
20. 1921 के असहयोग आन्दोलन की झाकियाँ, पृष्ठ 32, 33,
21. शुक्ल प्रो. चिंतामणि, बुलन्दशहर जनपद का इतिहास, पृष्ठ 94
22. स्वतंत्रता संग्राम के सैनिक, भाग 34, जिला अलीगढ़, पृष्ठ 'ङ'
23. 'आज' (दैनिक पत्र), 06.05.1921, पृष्ठ 2, कॉलम नं.4, काशी
24. 'जैन मार्तण्ड' (मासिक पत्र) के विभिन्न अंकों पर आधारित
25. अलीगढ़ जनपद का राजनैतिक इतिहास, पृष्ठ 394
26. भगवानदीन महात्मा, मेरे साथी, पृष्ठ 35, 36, 66, 78, 79
27. जैन संदेश, 23 जनवरी 1947, पृष्ठ 84, आगरा
28. मेरे साथी, पृष्ठ 84, 41, 86
29. जैन जागरण के अग्रदूत, पृष्ठ 170, 171, 327, 328,
30. स्वतंत्रता संग्राम के सैनिक, भाग 25, जिला मथुरा, पृष्ठ ग,
31. जैन जागरण के अग्रदूत, पृष्ठ 328
32. Progressive Jains of India, Page 72
33. ब्रह्मचारिणी पंडिता चन्दाबाई अभिनंदन ग्रंथ, पृष्ठ 39, 40
34. जैन जागरण के अग्रदूत, पृष्ठ 120, शीर्षक 'बापू का आशीर्वाद'
35. 'जैन मित्र', 17 फरवरी, 1927, वर्ष 28, अंक 15, पृष्ठ 235
36. 'आज' (दैनिक पत्र), 01.12.1921, पृष्ठ 7, काशी
37. वही, 23.01.1921, पृष्ठ 6, काशी
38. वही, शीर्षक 'हमारी आगरे की चिट्ठी', 01.12.1921, पृष्ठ 7

39. 'जैन संदेश', 23.01.1947, पृष्ठ 24, आगरा
40. 'आज' (दैनिक पत्र), 19.02.1922, दिन रविवार, पृष्ठ 4, काशी
41. वही, 20.02.1922, दिन सोमवार, पृष्ठ 5, काशी
42. वही, 27.02.1922, दिन सोमवार, पृष्ठ 6, काशी
43. वही, 01.12.1921, दिन गुरूवार, पृष्ठ 7, काशी
44. वही, 29.03.1924, दिन शनिवार, पृष्ठ 6, काशी
45. वही, 01.12.1921, दिन गुरूवार, पृष्ठ 7, काशी
46. वही, 01.12.1921, पृष्ठ 7, शीर्षक-जिला कमेटी का चुनाव
47. वही, 03.03.1921, पृष्ठ 7, शीर्षक-अर्जुनलाल सेठी का आगमन
48. वही, 07.09.1921, पृष्ठ 5, कॉलम नं. 3, काशी
49. 1921 के असहयोग आन्दोलन की झांकियाँ, पृष्ठ 34
50. Progressive Jains of India, Page 103
51. 'आज' (दैनिक पत्र), 03.05.1921, पृष्ठ 5, काशी
52. U.P. District Gazetteer 'Etah', Page 34, 35, Editor - Balwant Singh, I.A.S., Pub. Government of U.P., 1988
53. स्वतंत्रता संग्राम के सैनिक : भाग 29, जिला एटा, पृष्ठ घ, सम्पादक
54. स्वतंत्रता संग्राम के सैनिक, भाग 30, जिला मैनपुरी, पृष्ठ ग,
55. जाति प्रबोधक, नवम्बर सन् 1927, वर्ष 5, अंक 8, पृष्ठ 12
56. Uttar Pradesh District Gazetteer 'Moradabad', Page 55
57. जैन संदेश (राष्ट्रीय अंक), 23 जनवरी, 1947, पृष्ठ 35, 36
58. वही, (राष्ट्रीय अंक), पृष्ठ 36
59. 'आज', गुरूवार, 12 अप्रैल 1923, पृष्ठ 4, कॉलम 1
60. U.P. District Gazetteer 'Farrukhabad' Page 57
61. स्वतंत्रता संग्राम के सैनिक, भाग 3, इलाहाबाद डिवीजन, जिला फर्रूखाबाद, पृष्ठ क
62. स्वतंत्रता संग्राम में फर्रूखाबाद जनपद का योगदान, पृष्ठ 2
63. 'वीर संदेश' (मासिक पत्र), 4 फरवरी, 1927, पृष्ठ 42, अंक 4
64. 'आज' (दैनिक पत्र), 01.01.1921, पृष्ठ 7, कॉलम 2, काशी
65. वही, 01.12.1921, पृष्ठ 7, कॉलम नं. 2, काशी
66. स्वतंत्रता संग्राम के सैनिक, भाग 3, इलाहाबाद डिवीजन, जिला इटावा, पृष्ठ 15,
67. जैन हितैषी (मासिक पत्र), भाग 12, सन् 1916, पृष्ठ 446
68. 'आज', 08.11.1924, शनिवार, पृष्ठ 4, काशी
69. वही, 13.11.1924, गुरूवार, पृष्ठ 7, काशी
70. 'सत्योदय' (मासिक पत्र), जनवरी सन् 1919, पृष्ठ 28, 29
71. स्वतंत्रता संग्राम के सैनिक, भाग 15, जिला सहारनपुर, पृष्ठ 26,
72 अ) 1921 के असहयोग आन्दोलन की झाँकियाँ, पृष्ठ 63
ब) 'आज' दिनांक 18.01.1921, पृष्ठ 7, कॉलम नं.1
73. शर्मा डॉ. के. के.: सहारनपुर संदर्भ, पृष्ठ 140

74. दैनिक जागरण, शुक्रवार, 15 अगस्त 2008, पृष्ठ 1, मेरठ
75. 1921 के असहयोग आन्दोलन की झाँकियाँ, पृष्ठ 58, 59, 61
76. बाबू ज्योतिप्रसाद जैन व्यक्तित्व और कृतित्व, पृष्ठ 43, देवबंद
77. जैन जागरण के अग्रदूत, पृष्ठ 219, भारतीय ज्ञानपीठ
78. शर्मा डॉ. के.के.: सहारनपुर सन्दर्भ, पृष्ठ 70, 142, 145
79. 'पुण्य स्मरण' (स्मारिका) पृष्ठ 63, सम्पादक-डॉ. रामस्वरूप आर्य
80. Parliament of India, WHO's WHO 1950, Page 46
81. 'आज' (दैनिक पत्र), 27.10.1922, दिन शुक्रवार, पृष्ठ 4
82. वही, 29.10.1922, दिन रविवार, पृष्ठ 6, कॉलम नं. 2
83. अ. 'आज', 11.11.1924, दिन मंगलवार, पृष्ठ नं. 6, कॉलम नं. 2,
ब. 'वीर', 15.12.1924, पृष्ठ 104, मेरठ
84 अ. 'आज',13.11.1924, पृष्ठ 3, काशी
ब.'वीर', 15.12.1924, पृष्ठ 104, 105 मेरठ
85. 'आज',14.11.1924, पृष्ठ 4, कॉलम नं. 1, काशी
86. भगवानदीन महात्मा : मेरे साथी, पृष्ठ 8
87. Progressive Jains of India, Page 22
88. 'सरल' श्री कृष्ण 'क्रांतिकारी कोश' (द्वितीय खण्ड), पृष्ठ 33, 34
89. राष्ट्रीय अभिलेखागार की फाइल संख्या होम, 1915 जुडिशियल ए मार्च 276-295 (4/161), होम 1915, पोल. डिपोजिट अप्रैल 9, होम 1914, पोल. बी. दिसम्बर 218-222 (1/97), (4/161), (1/500), होम 1919 पोल. ए. जून 97-92 व के.डब्ल्यू. (4/162-165) पर आधारित
90. 'सरल' श्रीकृष्ण, क्रांतिकारी कोश (द्वितीय खण्ड), पृष्ठ 34
91. राष्ट्रीय अभिलेखागार की फाइल संख्या होम 1917 पोल. डिपोजिट अप्रैल 63, (4/155-156)
92. जैन जागरण के अग्रदूत, पृष्ठ 326, भारतीय ज्ञानपीठ
93. यह पत्र संयुक्त गाँधी वाङ्मय भाग-13, पृष्ठ 308-09 एवं उत्तर प्रदेश में गाँधी जी, पृष्ठ 259 से लिया गया है।
94. भगवानदीन महात्मा, मेरे साथी, पृष्ठ 16, 17
95. 'आज' (दैनिक पत्र), 03.03.1921, पृष्ठ 7, कांशी, शीर्षक-श्री अर्जुनलाल सेठी का आगमन
96. Progressive Jains of India, Page 22
97. 'आज' (दैनिक पत्र), 20.07.1924, पृष्ठ 4, दिन रविवार, काशी,
98. भगवानदीन महात्मा, मेरे साथी, पृष्ठ 7, भारत जैन महामण्ड़ल वर्धा
99. उत्तर प्रदेश में क्रांतिकारी आन्दोलन का इतिहास, पृष्ठ 68, 77, 78
100. जैन जागरण के अग्रदूत, पृष्ठ 447, 448
101. 'आज',16.12.1920, पृष्ठ 2, 7, काशी
102. स्वतंत्रता संग्राम के सैनिक, भाग 3, इलाहाबाद डिंवीजन, जिला कानपुर, पृष्ठ 348,

103 अ. 'आज', 05.04.1922, पृष्ठ 8, कॉलम 1, काशी
ब. 'वीर',15.08.1925, पृष्ठ 563, मेरठ

104. कानपुर : कल, आज और कल (खण्ड 1), पृष्ठ 91, प्रकाशक-कानपुरीयम, कानपुर, 1997

105. स्व. लाला फूलचन्द जैन के परिवार के सदस्य श्री अजितकुमार जैन द्वारा लिखे गये लेख 'वंश परम्परा' से उद्धृत। (मूल प्रति)

106. साक्षात्कार-श्री अजितकुमार जैन, लक्ष्मण स्टील कम्पनी, लोहा मार्किट, स्टेशन रोड, कानपुर, दिनांक 20.02.2009

107. उत्तर प्रदेश में गाँधी जी, सम्पादक-श्री रामनाथ सुमन, पृष्ठ 1209

108. 'आज', 07.09.1922, सम्पादकीय लेख, पृष्ठ 3

109. 'संस्मरण' श्री स्याद्वाद महाविद्यालय बनारस की स्वर्ण जयंती पर प्रकाशित (स्मारिका), पृष्ठ 39, सम्पादक-प्रो. खुशालचन्द्र गोरावाला

110. जैन जागरण के अग्रदूत, पृष्ठ 34, भारतीय ज्ञानपीठ

111 'आज' (दैनिक पत्र), 05.05.1924, पृष्ठ 6, काशी

## सविनय अवज्ञा आन्दोलन और जैन समाज

महात्मा गाँधी ने विभिन्न शांतिपूर्ण तरीकों से ब्रिटिश सरकार को यह समझाना चाहा कि वह शीघ्र से शीघ्र भारत को पूर्ण स्वाधीनता प्रदान कर दें, परन्तु सरकार द्वारा सदैव नकारात्मक उत्तर ही मिलता रहा। अंततः गाँधी जी ने 12 मार्च, 1930 को अपने 78 अनुयायियों के साथ साबरमती आश्रम से प्रस्थान करके 200 मील की पदयात्रा करते हुए 6 अप्रैल, 1930 को 'दांडी' के समुद्र तट पर पहुँचकर नमक कानून को भंग किया। इस कानून के भंग होने के साथ ही पूरे देश में 'सविनय अवज्ञा आन्दोलन' चलाने का निर्देश गाँधी जी द्वारा दिया गया। आन्दोलन के तहत पूरे देश में सर्वत्र नमक बनाया गया। सत्याग्रही कार्यकर्ताओं ने जगह-जगह 'सत्याग्रह

*सविनय अवज्ञा आंदोलन के दौरान समुद्र तट पर नमक बनाते देशभक्त*

आश्रम' स्थापित किये। बड़ी संख्या में स्वयंसेवकों ने विदेशी कपड़ों का बहिष्कार किया। महिला कार्यकर्ताओं ने शराब की दुकानों के बाहर धरना दिया तथा घर-घर चर्खे चलवाये। भारतीय नागरिकों ने सरकार को 'कर' देना बंद कर दिया। सरकार के विरोध में सार्वजनिक सभाएं की गई। ब्रिटिश सरकार ने कार्यकर्ताओं का दमन करने हेतु उन पर गोलियाँ चलवाई, डंडे बरसाये, गिरफ्तारियाँ की, उनकी सम्पत्ति को जब्त किया, परन्तु उनका उत्साह कम नहीं हुआ।

उत्तर प्रदेश में सविनय अवज्ञा आन्दोलन के प्रारम्भ होते ही जनपद मुजफ्फरनगर में सत्याग्रह आश्रम की स्थापना की गई। जिसे 'कुँजा का आश्रम' कहा जाता था। यह स्थान वर्तमान में जी.टी. रोड पर चन्द्रा टाकीज के सामने पड़ता है। यह आश्रम सत्याग्रहियों के एकत्रित होने तथा आंदोलन की रणनीति निर्धारित करने में महत्त्वपूर्ण स्थान रखता था। आन्दोलन का कार्य करने वाले स्वयंसेवकों के ठहरने व खाने-पीने की व्यवस्था इस आश्रम में व्यवस्थित ढंग से की जाती थी। उलफतराय जैन भोजन व्यवस्था के प्रबन्धक थे।[1] इस आश्रम से स्वयंसेवकों को तैयार करके नमक आन्दोलन के कार्यक्रमों का प्रचार-प्रसार करने हेतु पूरे जिले में भेजा जाता था।

मुजफ्फरनगर में नमक आन्दोलन की गतिविधियों में नेशनल स्कूल भी मुख्य केन्द्र रहा।[2] काली नदी पर नमक बनाकर आन्दोलन का श्रीगणेश हुआ। जिसमें डॉ. बाबूराम गर्ग, सुमतप्रसाद जैन, उग्रसेन जैन, श्री केशवगुप्त आदि का सक्रिय योगदान रहा। इस आन्दोलन में जैन समाज को प्रेरित करने वाले सुमतप्रसाद जैन को कांग्रेस ने अपना चौथा अधिनायक चुना। श्री जैन शामली में हुए सत्याग्रह के भी प्रमुख थे।[3] शामली उस समय सत्याग्रह का प्रमुख केन्द्र बन गया, जब पुलिस ने जबरदस्ती मकानों और दुकानों से झंडे उतरवाये तथा उन्हें थाने में रख लिया। हजारों स्वयंसेवकों ने जबरदस्त उत्साहपूर्वक आन्दोलन किया और अन्ततः भयंकर लाठीचार्ज तथा अपनी मनमानी करने के बाद मजबूर होकर पुलिस को उतारे हुए सभी झंडे वापस करने पड़े। इसी प्रकार जनपद मुजफ्फरनगर के अन्य स्थानों जलालाबाद, बुढ़ाना, जानसठ आदि में भी ब्रिटिश सरकार को कड़ी चुनौती दी गयी।

जैन समाज ने इन सभी आन्दोलनों में बढ़-चढ़कर भाग लिया। प्रत्यक्ष एवं परोक्ष दोनों रूपों में ही जैन बन्धु इस आन्दोलन को सफल बनाने में लगे रहे। उग्रसेन जैन ने राष्ट्रीय कार्यों में अपना जीवन समर्पित कर दिया। श्री जैन ने सन् 1930 में 6 मास कैद तथा 1932 में 1 वर्ष कैद की सजा पायी।[4] उग्रसेन जैन की चर्चा जैन समाज द्वारा प्रकाशित तत्कालीन समाचार-पत्रों में भी रहती थी। एक समाचार था-'लाला उग्रसेन जैन (सर्राफ) छूटनेवाले हैं।'[5] इस प्रकार उनकी प्रत्येक गतिविधियों पर जैन समाज की नजर रहती थी तथा उनसे प्रेरणा लेकर कई जैन नवयुवक सत्याग्रह में सक्रिय हुए।

*गिरफ्तारी देने के लिए जाते हुए देशभक्त*

सविनय अवज्ञा आन्दोलन के दौरान 'जैन मित्र' ने लगातार जैन वीरों के समाचार प्रकाशित किये। 'जैन मित्र' का एक समाचार था 'शामली के शिखरचन्द जैन और दुलीचन्द्र जैन पकड़े गये हैं। शिखरचन्द जैन ने इस आन्दोलन में सक्रिय भाग लिया। 29 मार्च, 1930 को उन्हें 6 महीने जेल हुई तथा वे मुजफ्फरनगर और फैजाबाद जेलों में रखे गये।[6] उसी प्रकार दुलीचन्द जैन आत्मज प्रताप सिंह जैन ने नमक सत्याग्रह आन्दोलन में सन् 1930 में 6 मास कैद की सजा पायी।[7] एक समाचार था–'कैराना में बाबू दीपचन्द्र जैन (बी.ए. वकील) को सत्याग्रह करते हुए गिरफ्तार किया गया।'[8] सूचना विभाग उ.प्र. सरकार द्वारा प्रकाशित 'स्वतन्त्रता संग्राम के सैनिक' पुस्तक के अनुसार दीपचन्द जैन पुत्र मुसद्दीलाल जैन ने नमक सत्याग्रह आन्दोलन के दौरान सन् 1930 में 6 मास कैद की सजा पायी।[9] प्रारम्भ से ही कांग्रेस के सक्रिय कार्यकर्ता रहे सुमतप्रसाद जैन को इस आन्दोलन में भाग लेने के कारण 6 मास की कड़ी कैद हुई। वे मुजफ्फरनगर, आगरा, बरेली आदि कारागारों में रखे गये।[10] इस आन्दोलन में कार्य करनेवालों में उल्फतराय जैन का नाम अग्रणीय स्वतंत्रता सेनानियों में लिया जाता है। जिलाधिकारी क्रुकशैंक की विदाई पार्टी के दौरान हुए प्रदर्शनों की शिकायत पर उल्फतराय जैन सहित 7 लोगों की गिरफ्तारी हुई तथा 12 अगस्त 1930 को दफा, 379, 453 के अंतर्गत उन्हें 6 महीने कैद की सजा दी गई।[11]

चरथावल थाना तितावी निवासी बनवारीलाल जैन ने इस आन्दोलन के दौरान सन् 1932 में 6 मास कैद की सजा पायी।[12] श्री जैन के प्रयासों से चरथावल में अनेक राष्ट्रप्रेमियों ने सक्रिय होकर देश के लिए कार्य किया। इनके पुत्र चुन्नालाल जैन भी बाद के आन्दोलनों में जेल गये। मौहल्ला अबुपुरा मुजफ्फरनगर निवासी महावीर जैन सुपुत्र यादराम जैन ने भी नमक सत्याग्रह आन्दोलन के दौरान 12.04. 1930 को 1 साल कैद तथा 60 रुपये जुर्माने की सजा पाई।[13]

मुजफ्फरनगर में राष्ट्रीय स्तर की स्वतंत्रता सेनानी श्रीमती लेखवती जैन (देवबंद) का आगमन भी होता रहता था। 10 मई, 1935 को 'जैन विद्यार्थी सम्मेलन' के द्वितीय अधिवेशन के अध्यक्षीय भाषण में उन्होंने कहा था कि आज हम एक अद्भुत राजनैतिक युग से गुजर रहे हैं। निकट भविष्य में हमारे देश की शासन पद्धति में एक महत्त्वपूर्ण परिवर्तन होनेवाला है। नये शासन विधान के अनुसार प्रान्तीय शासन की बागडोर प्रजा द्वारा निर्वाचित प्रतिनिधियों के हाथों में आ जायेगी। इस सम्बन्ध में मैं जैन युवकों का आह्वान करती हूँ कि यदि वह चाहते हैं कि वे देश और जाति की सेवा में सक्रिय भाग लें और निज समाज को गौरवान्वित करें, तो इसके लिए उन्हें अभी से तैयारी करनी होगी। उन्होंने कहा कि आपको चाहिए कि आप राजकीय कार्यों में अधिक से अधिक भाग लें। इस समय देश को आपकी आवश्यकता है। अगर आप लोग इन आन्दोलनों में कांग्रेस का साथ देंगे, तो जैन समाज अपने सक्रिय योगदान के लिए स्वतंत्रता संग्राम के इतिहास में सदैव स्मरण किया जाता रहेगा।[14] इस प्रकार लेखवती जैन के दौरों से भी जैन समाज को प्रेरणा मिलती रही।

*श्रीमती लेखवती जैन*

मेरठ जिला प्रारम्भ से ही स्वतंत्रता आन्दोलन में योगदान देने के लिए जाना जाता है। 1930 में नमक सत्याग्रह के आरम्भ होने पर स्थानीय कार्यकर्ताओं ने इसमें सक्रिय भाग लिया। सैंकड़ों लोग अंग्रेजों के विरुद्ध आगे आये और मेरठ के नागरिकों ने इस प्रकार खुलकर आन्दोलनों में भाग लिया कि वातावरण में से विदेशी दासतां की गंध गायब हो गयी। मेरठ में जगह-जगह सत्याग्रह आश्रमों की स्थापना की गयी। इसके अंतर्गत खेकड़ा और बड़ौत में भी सत्याग्रह आश्रम स्थापित हुए।[15] 6 अप्रैल, 1930 को सत्याग्रहियों का एक दल मेरठ से रवाना हुआ। यह जत्था 11 अप्रैल को बिजवाड़ा-बिनौली होते हुए बड़ौत पहुँचा। हजारों लोग मार्ग में स्वागत के लिए खड़े थे। बड़ौत में इनका जुलूस निकाला गया। सत्याग्रहियों ने देश भक्ति का संदेश दिया तथा 12 अप्रैल को नमक बनाया और उसे गाँधी चौक पर खुले रूप से बेचा गया।[16]

बड़ौत की जैन समाज ने इस आन्दोलन में सक्रिय योगदान दिया। कामता प्रसाद जैन, बाबूराम जैन, शीतलप्रसाद जैन आदि अनेक कार्यकर्ताओं ने आन्दोलन

का समर्थन किया तथा ब्रिटिश सरकार के विरोध में प्रदर्शन किये। बड़ौत में कामताप्रसाद जैन अपने क्षेत्र का नेतृत्व करते थे। बड़ौत में श्री जैन ने प्रस्ताव रखा कि सरकार को 'कर' देना बंद किया जाये, क्योंकि केवल हिंसक तरीकों से सरकार को नहीं डराया जा सकता। यह प्रस्ताव सर्वसम्मति से पारित हुआ।[17] सूचना विभाग उ.प्र. के अनुसार-कामताप्रसाद जैन पुत्र होशियार सिंह (बड़ौत, जिला मेरठ) कांग्रेस के एक पुराने कार्यकर्ता हैं, जिन्होंने 1930 में 6 मास कैद की सजा पायी, तथा छूटने के बाद पुनः उसी वर्ष नमक कानून के अंतर्गत 100 रुपये जुर्माने की सजा उन्हें मिली। बाद में वे दिल्ली-मेरठ दल के क्रांतिकारियों के साथ मिल गये।[18]

उनका अपने इलाके में इतना अधिक प्रभाव था कि जब उनकी गिरफ्तारी हुई, तो घर-घर में उनके कार्यों की प्रशंसा की गयी। तत्कालीन समाचार पत्र 'हिन्दुस्तान' की एक खबर देखिये-सविनय अवज्ञा कमेटी मेरठ के वरिष्ठ सदस्य कामताप्रसाद जैन की गिरफ्तारी पर बड़ौत में पूरी हड़ताल रही।[19] जब वे जेल से छूटकर आये, तो 'जैन मित्र' में समाचार प्रकाशित हुआ—'एक जैन कांग्रेस प्रमुख का स्वागत' (शीर्षक) कामताप्रसाद जैन सत्याग्रह युद्ध में 6 माह की जेल की कड़ी कैद को पार करके बाराबंकी जेल से 7 अक्टूबर को बड़ौत पधारे। करीब 2000 लोगों ने स्टेशन पर उनका स्वागत किया, जिसमें महिलाएँ भी थी। 50 घुड़सवार स्वदेशी झंडा लिये हुए थे। जुलूस नगर में घूमा। म्यूनिसिपल बोर्ड और कांग्रेस कमेटी ने श्री जैन को

*चर्खे का प्रचार-प्रचार गांधी जी का मूलमंत्र था*

मानपत्र भेंट किया।[20] श्री जैन की प्रेरणा से पूरा क्षेत्र आजादी के आन्दोलनों में भाग लेने को प्रेरित हुआ।

बड़ौत के बाबूराम जैन ने भी सन् 1930 के आन्दोलन में 6 मास कैद की सजा पायी।[21] शीतलप्रसाद जैन बड़ौत ने भी इन आन्दोलनों में सक्रियता दिखायी। बड़ौत की तरह ही खेकड़ा भी जैन समाज द्वारा दिये गये सक्रिय योगदान के लिए जाना जाता है। यहाँ के जैन समाज ने विदेशी वस्त्रों के बहिष्कार के साथ ही जेलों की यात्रायें भी की।

'जैन मित्र' के तत्कालीन समाचार के अनुसार खेकड़ा में जैन युवक समाज की तरफ से जैन मंदिर पर धरना दिया गया, जिसके परिणामस्वरूप सब स्त्री-पुरुष अब मंदिर में स्वदेशी वस्त्र पहनकर ही आते हैं। यहाँ के जैन युवक सत्याग्रही कार्यों में खूब कार्य कर रहे हैं। नेमीचन्द जैन सत्याग्रह करते हुए गिरफ्तार किये गये हैं।[22] इस समाचार का समर्थन करते हुए उ.प्र. सरकार का सूचना विभाग लिखता है 'नेमचन्द जैन खेक़ड़ा जिला मेरठ सन् 1930-31 के कांग्रेस आन्दोलनों में 6 मास कैद रहे।'[23] उनको 11 अगस्त, 1930 को गिरफ्तार किया गया था। उसके बाद वे मेरठ और फैजाबाद की जेलों में भी रहे।[24] खेकड़ा के श्यामलाल जैन ने भी सन् 1930-31 के आन्दोलन में 6 मास कैद की सजा पायी।[25] इसके अलावा ऐसे जैन कार्यकर्ताओं की सूची बहुत लम्बी है, जो जेल में तो नहीं जा सके, परन्तु उन्होंने तन-मन-धन से देश की सेवा की।

मेरठ जिले में जहाँ पर भी जैन समाज की छोटी-बड़ी बस्तियाँ थीं, वहीं जैन वीरों के द्वारा देश सेवा का व्रत लिया गया तथा देश की आजादी में योगदान दिया गया। छपरौली (मेरठ) एक ऐसा कस्बा था, जिसमें 70 घर जैन समाज के थे। सभी घरों में स्वदेश के प्रति अनन्य लगाव था। वहाँ की जैन माँ-बहिनों ने सूत कातने का रिकॉर्ड बनाया। तत्कालीन जैन पत्रिका 'दिगम्बर जैन' में प्रकाशित खबर पढ़कर यह स्पष्ट हो जाता है कि किस प्रकार जैन समाज आन्दोलन के प्रत्येक क्षेत्र में अपना योगदान देता रहा। पत्रिका लिखती है कि छपरौली के 70 घर जैनियों में 90 से ऊपर चर्खे चलते हैं। ऐसे बहुत कम घर हैं, जिनमें केवल एक ही चर्खा चलता हो, परन्तु अधिकांश घरों में 2 चर्खे चलते हैं तथा किसी-किसी में तीन तक चलते हैं। चर्खों को चलाने वाले पुरुष नहीं हैं। उनको चलानेवाली हैं, उद्योगशील उन घरों की (स्त्रियाँ) देवियाँ। वहाँ पर उन्होंने चर्खे को अपने हाथ में ले रखा है। वहाँ कोई भी ऐसी जैन स्त्री देखने में नहीं आई, जो चर्खा चलाना न जानती हो। वे अन्य कामों को गौणता से सम्पादित करती हैं, परन्तु चर्खे को उन्होंने प्रधानता दे रखी है। किसी-किसी के घर 1 वर्ष में 200 का और किसी-किसी के घर 100 का सूत तैयार होता है और तैयार करने वाली वहाँ की उद्योगी स्त्रियां ही हैं।[26] इसी पत्रिका में लिखा है कि यद्यपि

छपरौली में जैन समाज सुसम्पन्न है। सभी दाल रोटी से आनन्द में हैं, यानी कोई इतना मोहताज नहीं है, जो चर्खे पर ही अपना जीवन बसर करता हो, परन्तु वे तो गाँधी जी के निर्देशानुसार चर्खे चलाने में लगे हुए हैं। छपरौली के भगवानदास जैन 1930-31 के आन्दोलन में 6 मास जेल में रहे। छपरौली के सुमतप्रसाद जैन भी राष्ट्रीय आन्दोलनों में सक्रिय रहे।

छपरौली की भाँति ही अमीनगर सराय के जैन समाज ने भी राष्ट्रीय आन्दोलन में भाग लिया। यहाँ आशाराम जैन ने जैन समाज का नेतृत्व किया और जेल गये। सूचना विभाग के अनुसार आशाराम जैन ने सविनय अवज्ञा आन्दोलन में भाग लिया और सन् 1930 में 6 मास कैद और 500 रुपये जुर्माने की सजा पायी।[27]

जिला मेरठ का इतिहास अनेक वीरों की गाथाओं से भरा है। जिनमें तहसील बागपत के गाँव सिसाना के महान् क्रांतिकारी विमलप्रसाद जैन का नाम विशेष उल्लेखनीय है। श्री जैन की जीवनगाथा वीरता और अदम्य साहस के प्रसंगों से भरी हुई है।

विमलप्रसाद जैन

रूपवती जैन

8 अप्रैल, 1929 का दिन भारतीय स्वतंत्रता आन्दोलन के इतिहास में अपना विशेष स्थान रखता है। इस दिन राष्ट्रीय भावना से ओत-प्रोत भगत सिंह और बटुकेश्वर दत्त ने सरकार द्वारा तैयार किये गये औद्योगिक विवाद विधेयक और जनसुरक्षा विधेयकों का विरोध करने हेतु केन्द्रीय असेम्बली में बम फेंके। केन्द्रीय असेम्बली में 8 अप्रैल, 1929 को जनसुरक्षा विधेयक बहुमत से पास हो चुका था। जैसे ही जॉर्ज शुस्टर ने घोषणा की, भगत सिंह दर्शक-दीर्घा में अपनी कुर्सी से उठे और गृहसदस्य (होम मेम्बर) की बेंच के पीछे की ओर एक बम फेंका। बटुकेश्वर दत्त ने दूसरा बम फेंका। दोनों ने 'इंकलाब जिन्दाबाद', 'ब्रिटिश साम्राज्य मुर्दाबाद' और 'दुनिया के मजदूरों एक हो' के नारे लगाये।[28]

केन्द्रीय असेम्बली बम कांड की इस घटना से पूरे भारत में अंग्रेजी शासन के विरुद्ध उठने वाले आन्दोलन को बल मिला। इस महत्त्वपूर्ण घटना में बागपत के गाँव सिसाना निवासी विमलप्रसाद जैन का सहयोग रहा। श्री जैन की पत्नी रूपवती जैन ने भी इस कार्य में उनकी मदद की थी। 'श्रीमती रूपवती जैन न केवल एक क्रांतिकारी और देशभक्त महिला थी, बल्कि वह स्वयं क्रांति के प्रकरणों से सक्रिय होकर जुड़ी रही और अपने पति के कदम से कदम मिलाकर स्वाधीनता आन्दोलन

में हिस्सा लेती रही हैं।' अपनी कृति 'विमल प्रसाद जैन' में उन्होंने लिखा है, 'इन्होंने (विमल जी ने) क्रांतिकारी आन्दोलन में पूर्ण रूप से भाग लेना आरम्भ कर दिया। उस समय असेम्बली में बम फेकने की एक योजना बनी। इसके लिए प्रवेश पत्रों की जरूरत थी। उसका सारा इन्तजाम विमल जी ने किया। कई दिनों तक दस-दस, पन्द्रह-पन्द्रह प्रवेश पत्र अलग-अलग नामों से जुटाते रहे और असेम्बली में जाकर किस स्थान पर बम फेंकना है, उसका नक्शा बनाते रहे।'

उन्होंने लिखा है कि असेम्बली में बम फेंकने के लिए भगत सिंह और बटुकेश्वर दत्त के नाम तय हुए और उन दोनों का एक-एक फोटो कश्मीरी गेट के मशहूर फोटोग्राफर रामनाथ के यहाँ खिंचवाया गया। बम फेंकने के दिन विमल जी की जिम्मेदारी थी कि उनको असेम्बली में पहुँचाकर और अन्दर जाकर वे सब प्रवेश पत्र जिनके जरिये अन्दर प्रवेश किया गया, वापस लाकर जला दिये जायें। ऐसा ही किया गया। उसका परिणाम यह हुआ कि पुलिस को यह पता नहीं लग सका कि प्रवेश पत्र, जिससे उन्होंने प्रवेश किया था, किस-किस मेम्बर के जरिये दिये गये थे। वस्तुतः ये व्यक्ति थे सर हरीसिंह गौड़ और सर के.सी.रे 'एसोसिएटेड प्रेस ऑफ इंडिया' के चेयरमैन। विमलप्रसाद जैन को प्रवेश पत्र जलाने के पश्चात् सबसे जरूरी काम जो करना था, वह था कि दोनों क्रांतिकारियों के फोटो अखबार के दफ्तर तक पहुँचाना, जिससे यह घटना सचित्र प्रकाशित होकर पूरे देश में जनजागरण का कार्य कर सके।[29] श्री जैन के पुत्र शिशिरकान्त जैन बताते हैं कि 'हिन्दुस्तान टाइम्स' का दफ्तर उस समय हमारे आवास खारी बावड़ी से दो फर्लांग दूर नया बाजार में था। पिताजी ने फोटो बन्द लिफाफा 'हिन्दुस्तान टाइम्स' के सम्पादक साहनी साहब को इस चतुरता के साथ दिया कि उन्हें कुछ पूछताछ का मौका ही नहीं मिला और वे तुरन्त ही यह कहते हुए वहाँ से निकल लिये कि 'यह चीज आपके बहुत काम की है और जल्दी ही आपको इसकी बहुत सख्त जरूरत होगी।'[30] असेम्बली में बम धमाके होते ही 'हिन्दुस्तान टाइम्स' ने उसी दिन दोपहर को अपना विशेष संस्करण निकाला।[31] इस संस्करण में फोटो तथा विस्तृत खबरों को देखकर पुलिस हैरान रह गयी और इसी फिराक में रही कि ये फोटो कहाँ से लाये गये हैं। इस प्रकार क्रांतिकारियों का यह उद्देश्य पूर्ण करने में कि घटना का प्रचार शीघ्र से शीघ्र पूरे भारत में फैले, विमलप्रसाद जैन की महत्त्वपूर्ण भूमिका रही।

उत्तर प्रदेश जैन समाज ने यद्यपि स्वतंत्रता आन्दोलन में तन-मन-धन से पूर्ण सहयोग किया, परन्तु क्रांतिकारी गतिविधियों में निरन्तर कार्य करने वाले विमल प्रसाद जैन जैसे व्यक्तियों का उल्लेख कम ही प्राप्त होता है। 'दिल्ली षड्यंत्र केस' नाम से एक ऐतिहासिक मुकदमा चला था, जिसके मुख्य अभियुक्तों में उनका नाम सम्मिलित था। दिल्ली सरकार का गजेटियर विभाग लिखता है, 'विमलप्रसाद जैन

पुत्र बनारसीदास जैन मेरठ को दिल्ली षड्यंत्र केस में भागीदारी करने पर 22 अगस्त 1933 को 5 साल कैद की सजा मिली और उन्हें केन्द्रीय कारागार दिल्ली, पुरानी जेल दिल्ली, मुलतान आदि कारागारों में रखा गया।[32]

विमलप्रसाद जैन ने पूरे भारत में क्रांतिकारी गतिविधियों को चलाने के लिए बमों के निर्माण की आवश्यकता को महसूस किया तथा दिल्ली में बम फैक्ट्री की स्थापना में पूर्ण योगदान दिया। महान क्रांतिकारी चन्द्रशेखर आजाद, सच्चिदानन्द हीरानन्दवात्स्यायन 'अज्ञेय', विमलप्रसाद जैन व हिन्दुस्तान सोशलिस्ट रिपब्लिकन आर्मी के अन्य सदस्यों ने मिलकर मकान नं. 3614/3074 में झंडेवाला बम फैक्ट्री की स्थापना की। यह फैक्ट्री कुतुब रोड सदर बाजार के पास सदर थाना रोड जाने वाले पहले रास्ते के मोड़ पर कुछ दूरी पर स्थित थी। मकान का किरायानामा विमल जी के नाम से ही लिखा गया। फूलचंद जैन ने लिखा है 'चन्द्रशेखर आजाद के निर्देशानुसार विमलप्रसाद जैन ने ईदगाह रोड पर चारों ओर से खुला एक मकान, जिस पर दिल्ली नगरपालिका की गृह सं. 3614/3074 अंकित थी, बनवारीलाल पुत्र गुलजारी लाल वैश्य, चावड़ी बाजार वालों से जुलाई, 1930 में 53 रुपये माहवार किराये पर ले लिया। यहाँ 27 अक्टूबर 1930 तक बम फैक्ट्री का कार्य हुआ।'

बम फैक्ट्री की गोपनीयता बनाये रखने के लिए इसके बाहर 'हिमालियन टॉयलेट्स' लिखकर अंग्रेजी का एक बड़ा साइन बोर्ड लगा दिया गया। यह मकान चारों ओर से खुला हुआ था, जिससे खतरा होने पर बचकर निकला जा सके, फैक्ट्री वाला स्थान काफी बड़ा और सुभीते का था और दो भागों में विभाजित था। बड़ी सड़क की ओर वाले हिस्से में ऊपर की मंजिल में जंगलेवाली खिड़की लगी हुई थी और इसी में बारूद आदि रसायनों को मिलाकर बम बनाये जाते थे, जिससे जहरीला धुआं ऊपर की ओर ही खुले में निकल जाये। यह फैक्ट्री साधारण व्यापारिक संस्थान लगे इसलिए इसमें स्त्रियों की भर्ती की गयी। रूपवती जैन ने लिखा है, 'मुझे गाँव से बुलाने के लिए विमल जी ने अपने छोटे भाई जुगमन्दर दास जैन को गाँव में मुझे लेने के लिए भेजा था। निश्चित समय और स्थान पर विमल जी हमको लिवाने पहुँच गये। जुगमन्दर जी को वहीं से विदा कर दिया गया और मुझे लेकर वे बम फैक्ट्री में पहुँच गये।'

बम फैक्ट्री में जमादारनी अशरफी नाम की एक महिला थी, जो वहाँ साफ-सफाई करने आती थी। रूपवती जैन यह विशेष तौर पर ध्यान रखती थी कि अशरफी को भी यहाँ की गतिविधियों के बारे में पता नहीं चलना चाहिए। फूलचंद जैन ने लिखा है, रूपवती जैन, वहाँ (फैक्ट्री में) पार्टी के सब सदस्यों के भोजन इत्यादि का प्रबंध करती थीं और यहाँ बनाये हुए भोजन से जमादारनी का हिस्सा निकालकर पहले से अलग रख देती थीं। कभी-कभी श्रीमती जैन उसे सुगंधित तेल,

साबुन इत्यादि भी देती रहती थी और बताती थी कि यह फैक्ट्री में बना है। इससे वह बहुत प्रसन्न होती थी। इस प्रकार विमलप्रसाद जैन के परिवार के सहयोग से यह फैक्ट्री चल रही थी और यहाँ से बमों का निर्माण करके क्रांतिकारी गतिविधियों को अंजाम दिया जा रहा था।

गुप्तचरों की रिपोर्ट के आधार पर 4 नवम्बर, 1930 में पुलिस ने इस फैक्ट्री पर छापा मारा और सब कमरों की तलाशी लेने के बाद पुलिस के अधिकारी बहुत हैरान रह गये कि वहाँ कोई विस्फोटक सामान नहीं था। विमलप्रसाद जैन ने पुलिस कार्यवाही की भनक लगते ही बम फैक्ट्री को अपने मित्र तथा क्रांतिकारी कपूरचन्द्र जैन के मकान के भूमितल स्टोर में पहाड़वाली गली में हस्तांतरित कर दिया था। पुलिस पर बहुत अधिक दबाव था कि बम फैक्ट्री तथा उसके संचालकों को गिरफ्तार किया जाये। कोतवाली पुलिस ने एफ.आई.आर. नं. 412, थाना कोतवाली, दिनांक 04.11.1930 को आर्म्स एक्ट के अंतर्गत कपूरचंद जैन पुत्र मन्नूलाल जैन, 2714 गली पहाड़वाली, चौक रायजी, धर्मपुरा दिल्ली पर छापा मारकर भूमितल से झण्डेवाला बम फैक्ट्री की विस्फोटक सामग्री बरामद कर ली और कपूरचंद जैन को तुरन्त गिरफ्तार कर लिया गया।

अंग्रेजी पुलिस के हाथों जमादारनी अशरफी देवी भी लग गयी, जो वहाँ साफ-सफाई करने आती थी। पुलिस ने उससे जाँच पड़ताल की कि फैक्ट्री में क्या होता था, कौन रहता था, कौन आता था। अशरफी ने कहा, कुछ दिन पहले सब बाबू लोग चले गये हैं, इससे ज्यादा तो मैं कुछ नही जानती। हाँ मुझे कभी-कभी यहाँ रहने वाली बहन सुगंधित तेल, साबुन इत्यादि जो यहाँ बनता था, वह देती थी। पुलिस ने उसे बहुत डांटा और कहा कि सच-सच बता कि यहाँ जो हजारों की संख्या में बम रखे जाते थे, उन्हें कौन बनाता था और कौन लाता था व ले जाता था, परन्तु अशरफी तो इस सम्बन्ध में कुछ जानती ही नहीं थी। इसलिए पुलिस को निराशा ही हाथ लगी, परन्तु ज्यादा दबाव के कारण अशरफी ने कहा कि यदि बाबू लोग मेरे सामने आये, तो मैं पहचान कर शायद कुछ बता सकूं।

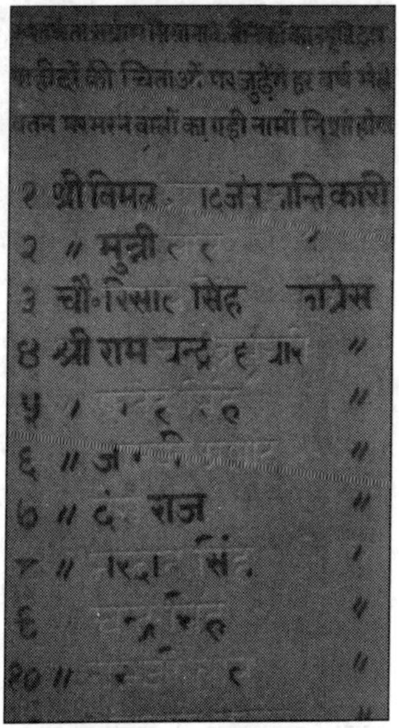

*गांव सिसाना के मुख्य द्वार पर लगे शिलापट्ट पर श्री विमलप्रसाद जैन का नाम प्रथम पंक्ति में दिया गया है।*

बम फैक्ट्री की लम्बी तहकीकात के बाद सरकार ने 'दिल्ली षड्यंत्र केस' के नाम से एक ऐतिहासिक मुकदमा चलाया, जिसकी सुनवाई के लिए एल.एस. व्हाइट की अध्यक्षता में तीन जजों का एक स्पेशल ट्रिब्यूनल बनाया गया। यह केस काफी लम्बे समय तक चला। आँखों देखी गवाह होने के कारण अशरफी का बयान इस केस में अहम् था। अयोध्याप्रसाद गोयलीय जो स्वयं महान स्वतंत्रता सेनानी व लेखक थे, जेल से आने के बाद विमल जी के परिवार में मिलने आये, जब उन्हें रूपवती जैन से पता चला कि जमादारनी अशरफी का बयान इस केस में अहम् हैं, तो उन्होंने पुलिस की निगरानी से बचते हुए अशरफी के घर जाकर किसी तरह उसे समझाया तथा कहा कि जिस मकान में तुम काम करती थीं, वहाँ देश के महान क्रांतिकारी आजादी की तैयारी कर रहे थे। देश की सेवा के लिए तुम्हारा बयान भी काम आयेगा। अतः अशरफी मान गयी। जब गवाही का समय आया, तो अशरफी ने बयान दिया कि मैं उस मकान में सफाई का काम करती थी। कौन-कौन उस मकान में रहता है, क्या करता है, मैं नहीं जानती, क्योंकि कमरों में जाने का मेरा कोई काम नहीं पड़ा। मुझे तो खाना बनाने वाली बहन भोजन दे दिया करती थी, न तो मैं किसी का नाम जानती हूँ और न ही मैं उन्हें पहचान सकती हूँ।

*धनकुमार जैन*

*जुगमन्दरदास जैन*

अशरफी के बयान के कारण इतने बड़े संगीन मुकदमे की जड़ें हिल गई। इस केस की कार्यवाही 21 माह तक लगातार चली और फैक्ट्री के संचालन के आरोप में तीन व्यक्तियों के विरुद्ध विस्फोटक एक्ट में कार्यवाही की गयी

1. डॉ. बाबूराम गुप्ता पुत्र झाझन मल, निवासी कासगंज, एटा
2. विमलप्रसाद जैन पुत्र बनारसीदास जैन सिसाना, बागपत (मेरठ)
3. सच्चिदानंद हीरानंद वात्स्यायन आत्मज हीरानन्द वात्स्यायन, लाहौर[33]

दिल्ली षड़यंत्र केस में विमलप्रसाद जैन को 5 साल लम्बे कारावास की सजा मिली। बंदीनामा के अनुसार उन्हें 4 विस्फोटक एक्ट के अंतर्गत 22.07.1933 को 5 साल की कैद हुई। दिल्ली जेल में वे बन्दी संख्या 5592 के अंतर्गत बन्द रहे।[34] लाहौर हाईकोर्ट में अपील करने पर विमलप्रसाद जैन की सजा दो वर्ष घटाकर तीन

वर्ष कर दी गयी। इसके अतिरिक्त अन्य क्रांतिकारी गतिविधियों में भी विमल जी का योगदान रहा। सरदार भगत सिंह, सुखदेव, बटुकेश्वर दत्त, राजगुरू डॉ. गया प्रसाद, चन्द्रशेखर आजाद आदि क्रांतिकारियों को अपने घर पर ठहराने से लेकर सारी व्यवस्थाओं को श्री जैन सुचारू रूप से सँभालते थे।[35]

उनके भाई धनकुमार जैन भी स्वतंत्रता आन्दोलन की गतिविधियों में भाग लेने के कारण जेल गये। दिल्ली सरकार का गजेटियर विभाग लिखता है कि धनकुमार जैन पुत्र बनारसीदास जैन, विमलप्रसाद जैन (अभियुक्त दिल्ली षड्यंत्र केस) के भाई हैं। उन्होंने आन्दोलन में सक्रिय भाग लिया तथा 1934 में गिरफ्तार हुए। इन्होंने लाहौर में प्रबोधचन्द्र और अन्य लैफ्ट नेताओं के साथ भी काम किया। विमल जी के छोटे भाई जुगमन्दरदास जैन भी अपने भाइयों की भाँति ही देश भक्ति की भावना से ओत-प्रोत थे। उन्होंने भी आन्दोलनों में सक्रिय भाग लिया तथा 19 नवम्बर, 1934 को उन्हें जेल भेजा गया।[36] इस प्रकार सिसाना बागपत के छोटे से इलाके के रहनेवाले विमलप्रसाद जैन और उनके समस्त परिवार ने राष्ट्रीय स्तर पर देश की सेवा की।

जिला मेरठ के अंतर्गत प्रत्येक क्षेत्र के नागरिक अपना-अपना सहयोग स्वतंत्रता आन्दोलन में दे रहे थे। मेरठ शहर के जैन समाज ने भी इस आन्दोलन के अंतर्गत शासन द्वारा किये जा रहे कड़े दमन का मुकाबला किया। अतरसेन जैन प्रारम्भ से ही कांग्रेस के प्रमुख कार्यकर्ताओं में गिने जाते थे। उ.प्र. सूचना विभाग के अनुसार अतरसेन जैन ने कांग्रेस के अनेक वार्षिक अधिवेशनों में प्रतिनिधि के तौर पर भाग लिया। सन् 1925 में जाब्ता फौजदारी कानून की धारा 108 में सजा पायी। सन् 1928 में भारतीय दण्ड संहिता की धारा 124(अ) के अंतर्गत 3 मास कड़ी कैद की सजा राजद्रोहात्मक भाषण देने के कारण उन्हें मिली पुनः 21 सितम्बर 1929 को पिछली धारा के अंतर्गत 2 वर्ष कड़ी कैद की सजा श्री जैन को दी गयी। वे 'देशभक्त' पत्र के सम्पादक भी रहे।[37]

रघुवीरसिंह जैन ने इस आन्दोलन में सक्रिय होकर कार्य किया तथा अपने साथ जैन समाज के अनेक नवयुवकों को भी राष्ट्रीय आन्दोलन से जोड़ा। उ.प्र. सूचना विभाग के अनुसार उन्होंने सन् 1930-31 के सविनय अवज्ञा आन्दोलन में भाग लिया तथा पिकेटिंग करते हुए हापुड़ में पकड़े गये और 6 मास कैद की सजा पायी।[38]

गिरीलाल जैन ने भी इन आन्दोलनों में सक्रियता दिखायी। इस आन्दोलन में वे जेल गये। 'जैन मित्र' ने लिखा-'मेरठ शहर के बाबू गिरीलाल जैन मुख्तार पकड़े गये हैं।'[39] गिरीलाल जैन ने जैन मंदिरों से विदेशी वस्त्रों को हटवाकर स्वदेशी वस्त्रों का चलन कराने में भी अपना योगदान दिया।

मेरठ के सुन्दरलाल जैन ने अपने कार्यों से समस्त मेरठ जनपद को प्रभावित किया। सविनय अवज्ञा आन्दोलन के तहत सुन्दरलाल जैन ने अपने साथियों को एकत्रित करके मेरठ सदर से एक पदयात्रा निकाली, जो हिण्डन तट (वर्तमान गाजियाबाद) पर पहुँचकर समाप्त हुई, वहाँ उन्होंने अपने 11 साथियों के साथ नमक बनाया। यह पदयात्रा मार्ग में आने वाले नागरिकों को सत्याग्रह का संदेश दे रही थी।

सूचना विभाग, उ.प्र. के अनुसार, सुन्दरलाल जैन थापरनगर मेरठ ने सन् 1930 में लाल पोस्टर केस के सिलसिले में 1 वर्ष कैद की सजा पायी। उन्हें सन् 1932 में विद्यार्थी षड्यंत्र केस में लगातार 3 वर्ष कैद की सजा दी गयी। श्री जैन जिला कांग्रेस कमेटी के सचिव और प्रांतीय कांग्रेस कमेटी के सदस्य रहे।[40] लाल पोस्टर केस एक महत्त्वपूर्ण मुकदमा था, जिसके तहत विद्यार्थियों को ब्रिटिश सरकार ने कड़ी सजा सुनायी। सुन्दरलाल जैन और उनके साथियों ने मेरठ कोतवाली पर एक पोस्टर चिपकाया, जिसमें घोषणा की गई थी कि 'हिन्दुस्तान सोशलिस्ट रिपब्लिकन आर्मी' की स्थापना मेरठ में भी हो गयी हैं यदि ब्रिटिश हुकुमत ने गाँधी जी के निहत्थे सैनिकों पर हमले किये, तो उन्हें कड़ा जवाब दिया जायेगा।[41] इस पोस्टर में लिखी घोषणा पढ़कर अंग्रेजी पुलिस घबरा गयी और उसने सुन्दरलाल जैन व उनके साथियों को गिरफ्तार कर लिया। यही केस 'लाल पोस्टर केस' के नाम से जाना जाता है। इसी प्रकार सुन्दरलाल जैन ने 1932 में भी लम्बी कैद की सजा पायी।

मेरठ में आजादी की लड़ाई में जैन समाज का प्रत्यक्ष एवं अप्रत्यक्ष दोनों रूपों में योगदान रहा। एक ओर तो जैन वीरों ने जेलों की यात्रायें की दूसरी ओर जैन महिलाओं ने जैन मंदिरों पर धरने देकर खादी वस्त्रों को पहनने पर जोर दिया तथा स्वयं भी विदेशी वस्त्रों (साड़ियों) का त्याग किया। महावीरप्रसाद जैन की पत्नी कमलादेवी जैन ने इस आन्दोलन में खुलकर भाग लिया तथा 3 मार्च 1932 को 2 महीने की सजा पायी।[42]

बुलन्दशहर में भी स्वतंत्रता आन्दोलन का बिगुल बज चुका था। 1 अप्रैल 1930 को प्रदेश के गवर्नर के बुलन्दशहर पधारने पर उनका बहिष्कार किया गया। नदी के पुल पर काले झण्डों का प्रदर्शन किया गया, जिस पर पुलिस ने भयंकर लाठीचार्ज किया।[43] रघुबीरशरण जैन पुत्र विशम्भरदयाल जैन ने अपने साथियों के साथ 23 अप्रैल को हरी गोपाल के नेतृत्व में निकलनेवाले नमक सत्याग्रह जत्थे में भाग लिया। इस पहले जत्थे द्वारा बनाया गया नमक तीस रुपये में नीलाम हुआ। इस जत्थे ने सुनहरे ग्राम में भी नमक बनाकर उसे नीलाम किया।

सिकन्दराबाद, खुर्जा आदि स्थानों पर भी नमक कानून तोड़ा गया। जैन समाज द्वारा इन आन्दोलनों में सक्रिय योगदान दिया गया। अनूपशहर में चन्द्रसेन जैन सुपुत्र मुरलीधर जैन ने अपने छपाई के कार्य का इस्तेमाल देशभक्ति के पर्चे निःशुल्क

छापकर किया। वे अपने गाँव में घर-घर राष्ट्रीय नेताओं के चित्र बाँटा करते थे। खुर्जा के सेठ मेवाराम जैन, छतारी के लाला घनश्याम सिंह जैन, जहांगीराबाद के चैनसुख जैन, जेवर के नत्थनलाल जैन आदि राष्ट्रीय आन्दोलन में सक्रिय रहे। यद्यपि ये लोग जेल यात्रा नहीं कर सके, परन्तु प्रत्येक गतिविधियों में इनकी सक्रिय भागीदारी रही।[44]

*सेठ मेवाराम, खुर्जा*

अलीगढ़ जनपद के जैन समाज में जैनेन्द्र कुमार, यशपाल जैन और अक्षय कुमार जैन प्रमुख रहे जिन्होंने इस आंदोलन में सक्रियता पूर्वक भाग लिया।

जैनेन्द्र कुमार नमक कानून तोड़नेवाले जत्थे में शामिल हुए। देश सेवा में उन्होंने कभी नाम नहीं चाहा, इसका प्रत्यक्ष उदाहरण हमें निम्नांकित उदाहरण मिलता है-'सन् 1930 में महात्मा गाँधी का सत्याग्रह आन्दोलन प्रारम्भ हुआ। उस समय यमुना के किनारे (दिल्ली) एक कैम्प लगा। उसमें यह निश्चय किया गया था कि जैनेन्द्र जी पहले जत्थे का नेतृत्व करेंगे। लेकिन उन्होंने इस बात को स्वीकार नहीं किया और कहा कि नेतृत्व किसी जाने-माने कांग्रेसी को करना चाहिए। मुझे यह अधिकार नहीं है कि मैं यह सम्मान प्राप्त करूँ। हाँ मैं जत्थे में स्वयंसेवक के रूप में नेताओं के अधीन चलने को तैयार हूँ।'[45] उन्होंने सन् 1930 और 1932 के स्वतंत्रता संग्रामों में दो बार जेलयात्रा की। दिल्ली जेल में इनकी बंदी संख्या 5824 थी तथा जैनेन्द्र जी को भारतीय दण्ड संहिता 108 के तहत 18.07.1930 को 9 माह कैद की सजा दी गयी। 'बंदीनामा' के अनुसार जैनेन्द्र कुमार पुत्र प्यारेलाल जैन को धारा 17(2) क्रिमनल लॉ एक्ट के अंतर्गत 19.01.1932 को बंदी बनाया गया तथा 6 माह कैद हुई।[46] इस प्रकार जैनेन्द्र कुमार ने जेल बंदी का जीवन बिताया। जेल जीवन के दौरान ही वे साहित्य सेवा की ओर उन्मुख हो गये। कालान्तर में जैनेन्द्र कुमार ने अपनी वरद् लेखनी द्वारा अन्तर्राष्ट्रीय ख्याति प्राप्त की।[47]

जैनेन्द्र कुमार की भाँति ही यशपाल जैन भी गाँधीवादी विचारक रहे। 1935 में यशपाल जी ने इलाहाबाद विश्वविद्यालय से बी.ए. की परीक्षा उत्तीर्ण करने के साथ ही राष्ट्रीय आन्दोलनों में सक्रिय भाग लेना प्रारम्भ कर दिया। उन्होंने कालान्तर में गाँधी साहित्य की सर्वोत्कृष्ट संस्था 'सस्ता साहित्य मंडल' का भी संचालन किया।[48]

अलीगढ़ जनपद के विजयगढ़ में जन्म लेनेवाले अक्षयकुमार जैन में बचपन से ही देश सेवा की लगन थी। एक साक्षात्कार में उन्होंने कहा था—'मैं सन् 1930

में कांग्रेस में चला गया था। उस समय मेरी उम्र मात्र 15 वर्ष थी।'[49] विद्यार्थी जीवन से ही अक्षयकुमार जैन की राष्ट्रीय आन्दोलन में गहरी रूचि थी। उन्होंने अध्ययन के दौरान बनारस में जैन छात्रों का एक संगठन बनाया, जिसके माध्यम से उन्होंने वहाँ के जैन मंदिरों पर धरना दिया तथा स्वदेशी का प्रचार किया। तत्कालीन पत्र 'जैन मित्र' में समाचार छपा था—'जैन छात्र संगठन (भदैनी घाट बनारस) ने अक्षय कुमार जैन के नेतृत्व में तमाम जैन मंदिरों पर विदेशी वस्त्र के त्याग कराने हेतु धरना दिया। चार दिन की कड़ी मेहनत के बाद यह धरना पूर्णतः सफल रहा।[50] इसी प्रकार उन्होंने निरन्तर राष्ट्रीय आन्दोलन में कार्य किया।

अक्षयकुमार जैन

अक्षय जी को इलाहाबाद स्थित आनन्द भवन में जाने का भी अवसर मिला। जहाँ से उन्होंने देशभक्ति की दृढ़ प्रतिज्ञा की। उन्होंने लिखा है, सन् 1930 में जब एक युवक की हैसियत से आनन्दभवन में मेरा जाना हुआ, तो मैंने इन्दिरा जी को खद्दर का कुर्ता और पायजामा पहने अपने पिता, दादा और गाँधी की तरह भाषण करते हुए देखा, उस समय छोटे बच्चों की उस भीड़ को वे सम्बोधित करके कह रही थी, 'आगे बढ़ो कांग्रेस का झंडा ऊँचा रहे, ब्रिटिश हुकूमत की फौज-पुलिस से जरा भी मत डरो,' नन्हीं इन्दिरा उस समय तक निडरता का पाठ पढ़ चुकी थी।[51] इस प्रकार अक्षयकुमार जैन को बचपन से ही राष्ट्रीय नेताओं को नजदीक से देखने व जानने का अवसर मिला।

अलीगढ़ में इस आन्दोलन में कार्य करने के कारण धरमदास जैन ने अपने साथियों सहित जेल यात्रा की। 'जैन मित्र' ने लिखा—'हाथरस में राष्ट्रीय नेता धरमदास जैन जेल गये हैं।'[52] श्री जैन ने अलीगढ़ के सभी मंदिरों में विदेशी वस्त्रों को लाने पर पाबंदी लगाने में महत्त्वपूर्ण योगदान दिया।

मथुरा जिले में महात्मा गाँधी के आह्वान पर नमक सत्याग्रह प्रारम्भ हुआ। जगह-जगह नमक कानून तोड़ा जाने लगा। विदेशी वस्त्रों की दुकानों पर पिकेटिंग का कार्य बड़ी तत्परता से किया गया। जैन समाज द्वारा भी इन आन्दोलनों में सक्रियता पूर्वक भाग लिया गया। मथुरा में संचालित श्री ऋषभ ब्रह्मचर्य आश्रम में धर्म शिक्षा, लौकिक शिक्षा तथा देशभक्ति की शिक्षा दी जाती थी। देशभक्ति की शिक्षा का इतना अधिक प्रभाव जैन नवयुवकों पर पड़ा कि उन्होंने इस आन्दोलन में सक्रियता पूर्वक भाग लिया। जयन्तीप्रसाद जैन ने इस आन्दोलन के तहत दिन-रात कार्य किया तथा विदेशी वस्त्रों की होली जलायी। सूचना विभाग उ.प्र. के

अनुसार–जयंतीप्रसाद जैन पुत्र रिक्खीलाल जैन सहपऊ मथुरा ने सविनय अवज्ञा आन्दोलन में भाग लेने के कारण सन् 1930 में 3 मास और सन् 1932 में 6 मास का कारावास और 50 रुपये जुर्माने की सजा पायी।[53]

लेखक ने मथुरा जाकर ऋषभ ब्रह्मचर्याश्रम के वयोवृद्ध संचालक श्री केशवदेव जैन से साक्षात्कार किया। उन्होंने पुराने संस्मरणों को सुनाते हुए कहा कि इस आन्दोलन का प्रारम्भ होते ही इस आश्रम के अनेक विद्यार्थियों ने उसमें अपना योगदान दिया। अयोध्याप्रसाद 'गोयलीय' भी इसी आश्रम के छात्र थे। जिन्होंने केन्द्रीय स्थल दिल्ली में रहकर इन आन्दोलनों में सक्रिय भागीदारी दिखाई।[54]

'अनेकान्त' पत्रिका में गोयलीय ने लिखा है–दिल्ली में 1930 के नमक सत्याग्रह के पहले जत्थे में 5 सत्याग्रहियों में हम दो जैन थे। 70-80 हजार की भीड़, हमें देहली से सत्याग्रह स्थल (सीलमपुर-शाहदरा) की और पहुँचाने चली तो मार्ग में लाल किले के सामने लाल मंदिर आया। प्रत्येक शुभ कार्यों में जैनी मंदिर जाते ही हैं। अतः हम दोनों भी मंदिर को देखते ही भीड़ को रोक कर दर्शनार्थ गये। इस तनिक सी बात से देहली में यह बात फैल गयी कि देहली के दोनों सत्याग्रही जैन हैं। जैनों ने सबसे आगे बढ़कर अपने को भेंट चढ़ाया हैं। हाँ भेंट ही, क्योंकि उस समय किसी को गवर्नमेंट के इरादे का पता नहीं था।

उन्होंने लिखा है–हमें जब जत्थे में लिया गया, तब कांग्रेस अधिकरियों ने स्पष्ट चेतावनी दे दी थी कि सम्भव है तुम पर घोड़े दौड़ाये जायें, गोलियाँ चलाई जायें, लाठियाँ बरसाई जायें, अंगहीन या अपाहिज बनाये जायें। इस तरह के खतरों को ध्यान में रखकर ही साबुत कदम और पूर्ण अहिंसक बने रहने की हमने एक लाख जन-समूह में प्रतिज्ञा की थीं। गोयलीय जी के इस कदम से जैन समाज में भी राष्ट्रीय आन्दोलन से जुड़ने की अलख जगी। जैन लोग यह कहते नहीं थकते थे कि मथुरा से 'गोयलीय' ने दिल्ली आकर जैन समाज को आन्दोलन में भाग लेने के लिए जागृत कर दिया। उन्होंने लिखा है कि लोगों को जब मालूम हुआ कि हम दोनों जैन हैं, तो लोग अश-अश करने लगे और जैन तो गले मिल-मिलकर रोने लगे। 'भई तुम लोगों ने हमारी पत रख ली।' नमक सत्याग्रह हुआ। पुलिस ने अंडकोष पकड़कर परीटे नमक का गरम पानी छीना-झपटी में शरीरों पर गिरा, परन्तु सदैव इसी 'पत' का ध्यान बना रहा। व्यक्ति तो हमारे जैसे अनगिनत पैदा होंगे, पर 'पत' गई, तो फिर हाथ न आयेगी। इसी भावना ने हमें लहमे भर को विचलित नहीं होने दिया।[55]

अयोध्याप्रसाद गोयलीय को दिनांक 30.06.1930 को 2 वर्ष 3 माह कैद की सजा सुनायी गई तथा उन पर 124ए, 143 भारतीय दंड संहिता के तहत कार्यवाही की गयी। उनकी दिल्ली जेल में बंदी संख्या 5342 थी।[56]

गोयलीय जी दिल्ली के अलावा अन्य जेलों में भी रहे, उन्होंने लिखा है-दिल्ली

से हमें मिण्टगुमरी जेल भेज दिया गया। अण्डमान में स्थान रिक्त न होने के कारण पंजाब के जीवन पर्यन्त के सजायाफ्ता कैदी यही रखे जाते थे। हमें भी यहाँ एक वर्ष रहने का सौभाग्य प्राप्त हुआ।

गोयलीय जेलों के कष्टों को झेल रहे थे कि सन् 1931 में गाँधी इरविन समझौता हुआ और प्रायः सभी राजनैतिक बन्दी छोड़ दिये गये, परन्तु उन्हें मुक्त न करके मियाँवाली जेल में भेज दिया गया। इस जेल में और भी राजनैतिक बंदियों को रोका गया था। 'अनेकान्त' में उन्होंने लिखा है–मियाँवाली जेल में अमर शहीद यतीन्द्रनाथ दास, भगत सिंह और हरि सिंह रह चुके थे। सौभाग्य से उन्हीं बैरकों और कोठरियों में मुझे भी रहने का अवसर मिला।

मियाँवाली जेल में एक घटना घटी, गोयलीय जी का एक साथी जो बंगाली था, अपने साथियों को गुप्त तरीके से पत्र भेजा करता था। एक दिन सी.आई.डी. के संकेत पर वह पत्र पकड़ा गया और जेल में खलबली मच गई। उस समय वह बंगाली और गोयलीय जी दोनों एक ही कोठरी में थे। अतः जेल के अधिकारियों ने गोयलीय जी से छान-बीन करनी प्रारम्भ कर दी। उन्होंने लिखा है–'पत्र पकड़े जाते ही मुझे फाँसी की 10 नं. कोठरी में इसलिए भेज दिया गया कि मैं घबराकर सब भेद खोल दूँ। इस कोठरी में फाँसी की सजा पानेवाला वही व्यक्ति एक रात रखा जाता था, जिसे प्रातः फाँसी देनी होती थी। 9 कोठरियों में बन्द मृत्यु की सजा पाये हुए बंदियों का करूण क्रन्दन नींद हराम कर देता था। ऐसा मालूम होता था कि मैं श्मशान भूमि में बैठे धूं-धूं जलती चिताओं को देख रहा हूँ।'[57] गोयलीय जी को अनेक यातनायें दी गयी, परन्तु उन्होंने कलक्टर तथा जेल सुपरिन्टेन्डेंट को कुछ नहीं बताया। इस प्रकार उन्होंने जेल में तथा जेल के बाहर सदैव देश की स्वतंत्रता हेतु कड़ी तपस्या की। मथुरा के ऋषभब्रह्मचर्य आश्रम के वे गौरव बन गये।

मथुरा के सहपऊ इलाके के रहनेवाले केशवदेव जैन ने लेखक को बताया था कि उस समय सहपऊ में जैन समाज के जितने भी घर थे, सभी राष्ट्रीय आन्दोलनों में बढ़-चढ़कर भाग लेते थे। उनके अनुसार वे बच्चों की मंड़लियों में शामिल होकर कांग्रेस का झंडा गली-गली लगाया करते थे। सहपऊ के रामकरण जैन, रिक्खी लाल जैन व उनके पुत्र सुनहरीलाल जैन 'आजाद' आदि अनेक जैन बन्धुओं ने आन्दोलन के दौरान अंग्रेजी सरकार का डट कर मुकाबला किया। सूचना विभाग उ.प्र. के अनुसार–रामकरण जैन पुत्र बनारसीलाल जैन सहपऊ मथुरा को नमक सत्याग्रह आन्दोलन में भाग लेने के कारण सन् 1930 में 6 मास का कारावास और 300 रुपये जुर्माना हुआ।

रिक्खीलाल जैन ने भी जेल की यात्रा की। उन पर नमक सत्याग्रह आन्दोलन में भाग लेने के कारण सन् 1931 में 6 मास का कारावास और 50 रुपये जुर्माना

हुआ।

मथुरा के रामसिंह जैन तथा उनकी पत्नी मंगलीदेवी जैन भी इस आन्दोलन में जेल गये। उन्होंने काफी यातनायें भोगी। सूचना विभाग के अनुसार–रामसिंह जैन पुत्र युगलसिंह मथुरा को नमक सत्याग्रह में भाग लेने के कारण सन् 1930 में 6 मास के कारावास का दण्ड मिला और जेल में 30 बेतों की सजा मिली। इसी आन्दोलन के दौरान सन् 1932 में उन्हें पुनः 6 मास कारावास और 50 रुपये का जुर्माना हुआ। इसी प्रकार उनकी पत्नी का उल्लेख करते हुए सरकारी विभाग लिखता है-मंगली देवी पत्नी रामसिंह जैन को आन्दोलन में भाग लेने के कारण सन् 1932 में 6 मास के कारावास का दण्ड मिला।[58]

आगरा में जैन समाज ने इस आन्दोलन और सत्याग्रह में सक्रिय भाग लिया। नमक सत्याग्रह के लिए 6 अप्रैल, 1930 की तिथि तय की गई और कांग्रेस की ओर से ऐलान किया गया कि शाहदरा (आगरा) में नमक बनाया जाएगा। शाहदरा से 1 मील दूर यमुना के पास नमक बनाना प्रारम्भ कर दिया गया। इस दौरान अनेक गिरफ्तारियाँ हुई।[59]

आन्दोलन में जैन समाज का नेतृत्व सेठ अचलसिंह जैन ने किया। सेठ जी ने स्वयं लिखा है–जब सन् 1930 में महात्मा गाँधी द्वारा सत्याग्रह छेड़ा गया, उस समय मैंने अपनी तुच्छ सेवाएँ देश को अर्पित कर दी। फलतः दिनांक 20 सितम्बर, 1930 को मैं गिरफ्तार किया गया और मुझे 6 महीने की सख्त सजा और पाँच सौ रुपया जुर्माना किया गया, जिसको मैंने सहर्ष स्वीकार किया।[60] सूचना विभाग उ.प्र. भी इसका समर्थन करते हुए लिखता है–अचलसिंह सेठ पुत्र पीतमसिंह आगरा नमक सत्याग्रह आन्दोलन के दौरान 20 सितम्बर, 1930 को पकड़े गये तथा 31 अक्टूबर को 6 मास कैद और 500 रुपये जुर्माना या जुर्माना न देने पर 1 मास अतिरिक्त कैद की सजा पायी।[61]

सेठ अचलसिंह को 22 फरवरी, 1932 को भी लम्बी जेल यात्रा की सजा मिली। सेठ जी ने लिखा है कि महात्मा जी के इंग्लैण्ड से आने के बाद यानी दिनांक 4 जनवरी, 1932 को फिर युद्ध प्रारम्भ हो गया। इस समय भी मैंने अपनी सेवाएँ देश को अर्पित की। फलस्वरूप मैं दिनांक 22 फरवरी को गिरफ्तार किया गया और धारा 17ए, 17बी और चौथे ऑर्डिनेंस की चौथी धारानुसार साढ़े तीन वर्ष की सख्त सजा और पाँच सौ रुपया जुर्माने का दण्ड मुझे दिया गया। पर चूंकि सारी सजाएँ साथ-साथ चलीं, इसलिए वह केवल अट्ठारह महीने की रही। यह अवसर मेरे लिए एक स्वर्ण अवसर था।[62] तत्कालीन समाचार पत्र 'आज' में उल्लेख है कि प्रान्तीय कौंसिल के भूतपूर्व सदस्य म्यूनिसिपल बोर्ड के वाइस चेयरमैन तथा स्थानीय कांग्रेस कमेटी के अध्यक्ष सेठ अचलसिंह कल शाम को ऑर्डिनेंस के अनुसार गिरफ्तार कर

लिये गये। वे दुकान से लौट रहे थे कि गिरफ्तार कर जेल खाने की लारी में बैठा लिये गये और तुरन्त जिला जेल पहुँचा दिये गये। सेठ जी की गिरफ्तारी के प्रति विरोध प्रकट करने के लिए पूरी हड़ताल मनायी गयी। पुलिस तथा अधिकारियों का हड़ताल रोकने का प्रयत्न विफल हुआ। हड़ताल की घोषणा करने के सम्बन्ध में 8 स्वयंसेवक गिरफ्तार हुए।[63]

सेठ अचलसिंह आगरा में हुए प्रत्येक सत्याग्रह आन्दोलन में सक्रिय रहे। इनसे स्थानीय अंग्रेज अधिकारी भी घबराते थे। सेठ जी ने 1932 में सरकार द्वारा लगाये गये जुर्माने को देने से साफ इंकार कर दिया। सरकार द्वारा उनकी कुर्की करायी गयी। तत्कालीन पत्र 'आज' का समाचार था—सेठ अचलसिंह का जुर्माना वसूल करने के लिए पुलिस ने सेठ जी का ताँगा और घोड़ा कुर्क कर लिया है। खबर है कि जेल में सेठ जी का स्वास्थ्य अच्छा नहीं है। इस पर भी देखनेवालों ने उन्हें प्रसन्न देखा।[64]

*महेन्द्र जैन, आगरा*

स्वतंत्रता आन्दोलन के दौरान आगरा में प्रचार-प्रसार का कार्य महेन्द्र जैन के नेतृत्व में किया गया। महेन्द्र जैन पूरे आगरा में महेन्द्र जी के नाम से प्रसिद्ध थे। सूचना विभाग उ.प्र. लिखता है कि उनके संचालन में आगरा में प्रकाशन विभाग ने बड़ी मुस्तैदी के साथ काम किया। उनके कारण ही सत्याग्रह संग्राम के समाचार 'सैनिक' और अन्य समाचार पत्रों में तो छपते ही थे, आगरा के बाहर के समाचार पत्रों में भी अच्छा स्थान पाते थे। महेन्द्र जी इस आन्दोलन के दौरान 19 फरवरी, 1931 को गिरफ्तार हुए तथा उन्होंने 3 मार्च 1931 को 6 मास कैद तथा 250 रुपये जुर्माने की सजा पायी।[65] अंग्रेजी सरकार की नजरों में सदैव श्री जैन खटकते रहते थे, क्योंकि सरकार को पूरा भरोसा था कि वे आगरा ही नहीं, अपितु पूरे प्रान्त में अंग्रेजी शासन की खिलाफत करने वाले समाचार छापते हैं। 'जैन मित्र' ने इस दौरान लिखा—आगरा में महेन्द्र जी के मकान को 150 पुलिस ने घेरकर तलाशी ली और दो पुस्तकें ले गई। तलाशी साईक्लोस्टाइल के विषय में थी।[66]

उनकी पत्नी अंगूरीदेवी जैन ने भी इस आन्दोलन में बढ़-चढ़कर भाग लिया। जैन संदेश के अनुसार—अंगूरी देवी को सन् 1930 के आन्दोलन में 6 मास की कड़ी कैद हुई थी।[67] अंगूरीदेवी जैन के साहसपूर्ण कार्यों का विवरण हमें 'आज' के तत्कालीन अंक से मिलता है। 'आज' के अनुसार 4 मार्च, 1932 को आगरे में गाँधी दिवस मनाया गया। नवीं अधिनेत्री श्रीमती पद्मावती एक महिला के साथ व्याख्यान

देने निकली, पर पुलिस ने उन्हें तुरन्त गिरफ्तार कर लिया। श्रीमती पद्मावती के बाद महेन्द्र जी की धर्मपत्नी अंगूरी देवी जिले की दसवीं अधिनेत्री बनायी गयी। एक घंटे बाद वे दो बालकों के साथ 'सैनिक' के दफ्तर पर चढ़कर और भीतरले किवाड़ लगाकर भारत माता की जय के नारे लगाने लगी, जब भीड़ सैंकड़ों की संख्या में इकट्ठी हो गयी, तब उन्होंने व्याख्यान देना शुरू किया। वे जब तक व्याख्यान देती रही, तब तक पुलिस ऊपर पहुँचने की कोशिश करती रही। आखिर पुलिस बगल के मकान पर से जंगला तोड़कर 'सैनिक' के कार्यालय में पहुंची। पुलिस के पहुंचते ही श्रीमती जी ने व्याख्यान समाप्त कर दिया और पुलिस ने उनको गिरफ्तार कर लिया।

अंगूरी देवी के विषय में पत्र में आगे उल्लेख मिलता है कि गिरफ्तारी के बाद भी वे रास्ते भर भारत माता की जय के नारे लगाती हुई कोतवाली तक गयी। बीच में दो बार पुलिस ने उनको रिक्शे में बैठाना चाहा, पर वे नहीं मानी। एक जगह तो हजारों की भीड़ को हटाने के लिए पुलिस को लाठी की शरण लेनी पड़ी। श्री महेन्द्र की लड़की को जेल भेजने में पुलिस अधिकारियों ने बड़ा ऐतराज किया। यहाँ तक कि इसी बात पर वे श्रीमती महेन्द्र को छोड़ने को भी राजी हो गये, पर श्रीमती जी के सत्याग्रह के सामने उनकी एक न चली, अन्त में उन्हें लड़की के साथ जेल भेजना पड़ा। अंगूरी देवी के विषय में एक और समाचार प्रकाशित हुआ, 'श्रीमती महेन्द्र बीमार' (शीर्षक), श्रीमती महेन्द्र लगभग 6 महीने से बीमार थी और अभी तक उनका इलाज हो रहा था। डॉक्टरों की राय नहीं थी कि वे अभी जेल जायें, पर उनके दृढ़ संकल्प को कोई रोक नहीं सका और वे अचानक आज गिरफ्तार हो गयी।[68] सूचना विभाग उ.प्र. के अनुसार अंगूरी देवी धर्मपत्नी महेन्द्र जैन मानपारा आगरा ने 1930 में आगरे की कोतवाली की पिकेटिंग में भाग लिया। सन् 1932 में बरौदा गाँव जाकर सत्याग्रह किया और सविनय अवज्ञा आन्दोलन के दौरान 5 मार्च 1932 को 6 मास कैद तथा 50 रुपये जुर्माने की सजा पायी।[69] इस प्रकार श्रीमती अँगूरी देवी ने सम्पूर्ण आगरा में सत्याग्रह का बिगुल बजाया।

*श्रीमती अंगूरी देवी*

जैन समाज आगरा ने स्वतंत्रता के इस आन्दोलन में निरन्तर कार्य किया। 'जैन सेवा मण्डल' द्वारा आगरा के सभी जैन मंदिरों में जाकर विदेशी वस्त्रों का बहिष्कार कराया गया। इससे सम्बन्धित एक समाचार के अनुसार–'जैन सेवा

मण्डल' धूलियागंज, आगरा में कुछ वर्षों से स्थापित है। हिंसा बंदी, समाजसेवा आदि अनेक कार्य उनके द्वारा किये गये हैं। वर्तमान में मंडल द्वारा 15 जैन मंदिरों में स्वदेशी वस्त्र प्रचार किया जा रहा है।[70]

आगरा के सेठ रतनलाल जैन, बाबू मानिकचंद जैन, नेमीचंद जैन, बाबू गोर्धनदास जैन, बाबू किशनलाल जैन, उत्तमचन्द जैन, श्यामलाल जैन 'सत्यार्थी', प्रताप चन्द जैन, फूलचन्द जैन बरवासिया आदि ने भी इस आन्दोलन में भाग लिया और जेलों की यात्राऐं की। 'जैन संदेश' के राष्ट्रीय अंक में उल्लेख मिलता है कि जैन समाज आगरा ने बड़ी संख्या में जेलों की यात्रायें की। पत्र के अनुसार—बाबू मानिकचंद जैन सविनय अवज्ञा आन्दोलन के समय से ही राष्ट्रीय क्षेत्र में कार्य कर रहे हैं। इसमें उन्हें 6 मास की सजा हुई थी। इसी प्रकार नेमीचंद जैन के बारे में उल्लेख मिलता है कि नेमीचन्द जैन बसैया के रहनेवाले हैं। वे 1930 से राष्ट्रीय क्षेत्र में कार्य कर रहे हैं। इस आन्दोलन में उन्हें 1 साल की सजा हुई थी।[71]

आगरा निवासी किशनलाल जैन को 1930 के आन्दोलन में कारावास जाना पड़ा। हार्डी बम केस के भी वे अभियुक्त रहे थे।[72] श्यामलाल जैन 'सत्यार्थी' को इस आन्दोलन में 6 मास की कड़ी सजा हुई थी, जब श्री जैन कारागार में थे, उसी बीच उनकी पत्नी तथा पुत्र स्वर्ग सिधार गये। उनके सामने अनेक बाधायें आयीं, परन्तु वे देशभक्ति से विचलित नहीं हुए।[73] स्व. बाबू साँवलदास की सुपुत्री शरबती देवी ने इस आन्दोलन के तहत कारावास की कठिन सजा पायी।[74]

फिरोजाबाद के जैन समाज ने भी आगरा के जैन समाज का अनुकरण करते हुए देश सेवा में अपना योगदान दिया। बाबू सन्तलाल जैन, बसन्तलाल जैन, रामबाबू जैन, नत्थीलाल जैन, हुकुमचन्द जैन, दरबारीलाल जैन, पन्नालाल जैन, रतनलाल जैन (बंसल), निर्मलकुमार जैन, राजकुमार जैन, धनवन्तसिंह जैन, गुलजारीलाल जैन आदि जैन नागरिक स्वतंत्रता आन्दोलन में सक्रिय रहे।[75]

सविनय अवज्ञा आन्दोलन के बाद कौंसिल और असेम्बली में प्रवेश करने का निर्णय कांग्रेस द्वारा लिया गया। आगरा में जैन समाज द्वारा दिये जा रहे निरन्तर योगदान को देखते हुए सेठ अचलसिंह को कांग्रेस ने अपना प्रत्याशी घोषित किया।[76] चुनाव के प्रचार हेतु राष्ट्रीय नेताओं का आगमन आगरा में होने लगा, जिससे जनता में अभूतपूर्व उत्साह का संचार हुआ। 'सैनिक' के एक समाचार के अनुसार -सरदार वल्लभभाई पटेल फिरोजाबाद से लौटकर आगरा पधारे तथा सेठ अचलसिंह के निवास पर ठहरे। शाम को जैन धर्मशाला में उन्होंने शहर के कार्यकर्ताओं से भेंट की और उनसे शहर के चुनाव सम्बन्धी हालत मालूम किये। इसके बाद बेलनगंज से सरदार पटेल के सानिध्य में जुलूस निकाला गया। आगरा म्युचुअल इंश्योरेंस कम्पनी से जुलूस प्रारम्भ हुआ। जुलूस के साथ भारी भीड़ थी। मोतीगंज की सार्वजनिक सभा

में जुलूस खत्म हुआ। उसके बाद सेठ अचलसिंह के सभापतित्व में सभा हुई। करीब दस हजार लोगों की भीड़ में सरदार पटेल ने अपना भाषण दिया।[77] इसी प्रकार अनेक नेताओं के पधारने से जनता राष्ट्र प्रेम की ओर आकर्षित हुई।

आगरा की जनता ने सेठ अचलसिंह को जीताने का संकल्प लिया। जनता के इस उत्साह का परिणाम यह हुआ कि अन्य पार्टियों को प्रत्याशी के चयन में भी मुश्किलें आयी। 'सैनिक' ने लिखा—नगर में चुनाव चर्चा जोरों पर है, अभी तक हमको यह सूचना नहीं मिली है कि कांग्रेस उम्मीदवार सेठ अचल सिंह के

सैनिक

आगरा से शहर वालों से अनुरोध

सफेद और हरे रंगको याद रखिये

आगरा शहर

मैं भी ८ फरवरी सोमवार को सवेरे ७॥ से नये विधान के अनुसार वोटें पड़ेगी। आगरा वही शहर जहां से पिछली लड़ाई में हजारों आदमी जेल गये और स्त्रियों और बच्चों की मुसीबतें झेलीं। यह वही शहर है जिसका मस्तक सदा ऊंचा रहा है और इतिहास में भी जिसका नाम है। आज उसी शहर के सामने परीक्षा का दिन आ रहा है। बिहार बंगाल पंजाब सब जगह के बड़े बड़े शहरों के समाचार आगरा की जनता ने पढ़ लिये होंगे। हर स्थान में कांग्रेस की विजय हुई है और आगरे में भी कांग्रेस की विजय निश्चित है.

सेठ अचलसिंह

को शहर का बच्चा बच्चा जानता है। उनकी सेवाएं छुपी हुई नहीं हैं। उनको कांग्रेस ने खड़ा किया है और कांग्रेस की आज्ञाओं को मानने के लिए ही वे खड़े आरहे हैं। उधर

करनसिंह केन

सेठ अचलसिंह

से जनता खूब वाकिफ है। देश में पिछले कई सालों से राष्ट्रीय आन्दोलन चल रहा है। उससे जन-साधारण को अपने अधिकारों की रक्षा करना आगया है। वे सरकारी चालों, झूठे भुलावे और लालच में नहीं पड़ते हैं। यह तो नीच और थोड़े आदमियों का काम है। हमारी कांग्रेस की लड़ाई सीधी लड़ाई है। एक तरफ आज़ादी है दूसरी तरफ गुलामी मौत और बेइज्जती है। इसके अलावा यहां सिद्धान्तों की लड़ाई है। हमारी निगाह में छोटे छोटे जाति-पाँति या आपसी झगड़ों के सवाल तो आही नहीं पाते। हमारे सामने एक बड़ा



प्रमुख समाचार पत्र 'सैनिक' में प्रकाशित सेठ अचलसिंह जी का समाचार

खिलाफ कौन खड़ा हो रहा है। कांग्रेस उम्मीदवार के खिलाफ अभी तक किसी ने अपना नाम नहीं बताया है। इसका यह अनुमान लगा लेना अनुपयुक्त नहीं है कि

सेठ जी के सामने खड़े होने का कोई साहस ही नहीं कर रहा है।[78] जब चुनाव निकट आये, तो 'सैनिक' ने लिखा-आगरा शहर में भी 8 फरवरी, 1937, दिन सोमवार को सवेरे 7 बजे से नये विधान के अनुसार वोटें पड़ेंगी। कांग्रेस के प्रत्याशी सेठ अचल सिंह को शहर का बच्चा-बच्चा जानता है। उनकी सेवाएँ छुपी हुई नहीं हैं। उनको कांग्रेस ने खड़ा किया है और कांग्रेस की आज्ञाओं को मानने के लिए ही वे चुनाव

७२० ] जैनमित्र, गुरुवार आश्विन सुदी १० वीर सम्वत् २४५६। 720

आयगी तो २ घड़ीके भीतर भीतर ही जागृति होजायगी व आत्मचिंतवन होने लगेगा। इस सिद्धांतके नियमसे हरएक साधुको देखना चाहिये कि उसका निद्रा लेनेके सम्बंधमें क्या हाल है। क्या एक अंतर्मुहूर्तसे अधिक लगातार निद्रा आती है? यदि नहीं आती है इस शर्तपर कि शरीर स्वास्थ्ययुक्त है तो उन्हें यह जान लेनेका चिन्ह है कि वे छठे तथा सातवें गुणस्थानवाले हैं और यदि २ घड़ीसे अधिक लगातार नींद आती हो तो उन्हें समझ लेना चाहिये कि वे मुनिपदके गुणस्थानों या दरजोंसे पीछे रहे हैं। उन्हें तब अपनी त्रुटियोंको ढूंढना चाहिये जिससे ऐसी अवस्था होजावे कि अंतर्मुहूर्तसे अधिक आत्मानुभवसे बाहर न रहा जाय, वैसा उद्यम करना योग्य है। आत्मकल्याणके हेतु ही यह सूचना की गई है। मुमुक्षु साधुओंको ध्यान देना योग्य है।

## कारावासी दिगम्बर जैन वीर।

भारतवर्षीय स्वातंत्र्य यज्ञमें जैनसमाज आशातीत आहुतियां देरहा है। अभी जैन समाजके सैकड़ों वीर कारावासमें निवास कर रहे हैं। हमारे जैनमित्रमें आजतक जेलमें गये हुये जिन दिगंबर जैनोंके नाम प्रगट हुवे हैं वे इसप्रकार हैं–

ला० श्यामलाल वकील–रोहतक २ वर्ष सख्त
ला० रामशरण जैन „ ४ माह
ला० लछमनप्रसादजी „ .... .... ....
छोटालाल घेलाभाई गांधी–अंकलेश्वर १ वर्ष
छिबलाल मोतीचन्द मेहता–सोलापुर २ „ सख्त
फूलचंद कसमचन्द सरैया–सूरत १। „ „
अयोध्याप्रसादजी गोयलीय–देहली ३ माह „
बा० रतनलालजी वकील–बिजनौर १ वर्ष १००)
सेठ माणिकचंद शाह–सोलापुर ६ माह १०००)
ला० सौभाग्यमल–देहली ३ माह
भाई सोमचन्द नृसिंहपुरा–बम्बई „ .... ....
„ गिरधरलाल जैन „ „ .... ....
बा० नेमीशरण वकील–बिजनौर १ वर्ष १००)
महात्मा भगवानदीनजी–जबलपुर १ „ सख्त
चुन्नीलाल जमनादास दलालिया–बंबई ३ मास
ला० जगदीशराम–हिसार ४ माह सख्त
रामचन्दजी सिंघई–रोहतक .... .... ....
उदमरामजी रानीवाले–कलकत्ता ६ माह सख्त
ला० हरफूलसिंहजी–रोहतक .... .... ....
सुखदेवसिंहजी–रोहतक .... .... ....
श्रीमती इन्दुमती पुत्री पदमराज–कलकत्ता ९ माह
वैद्य पं० मथुराप्रसादजी–ललितपुर ९ माह
हुकुमचन्दजी–कटनी .... .... .... ....
कुन्दनलालजी „ ३ माह
जैनेन्द्रकुमार मंत्री नवयुवक सभा देहली
नरेंद्रमल „.... ....
मदनलाल „.... ....
मेघराम दामोदरदास „.... ....
दौलतराम „.... ....
मोहनलाल „.... ....
विश्वम्भरदास गार्गीय–झांसी १ वर्ष
बाबू लक्ष्मीचन्दजी „ १ „
श्री० कचरा मूलचंदभाई–दाहोद
अजितप्रसादजी सेक्रेटरी कांग्रेस–सहारनपुर १॥ वर्ष
पं० सुमनलालजी „ ६ माह
रतनलालजी काला–अमरावती १ वर्ष सख्त
ला० मुंशीलाल जैन–रावलपिण्डी ६ माह
झवेरीलाल–दाहोद .... .... .... ....
कस्तूरचंद „ .... .... .... ....
ला० संतलालजी–मैनपुरी .... .... ....
मंगलजी चिरोंजीलाल–अमरावती ६ माह सख्त
कैद १००) जुर्माना या ६ माह और
ला० तनसुखराम जैन–रोहतक .... ....
ला० रामकिशनदास „.... .... ....
श्री भगतसुख देवसिंहजी „ १ वर्ष
दीपचंदजी जमींदार–बैतूल १ वर्ष सख्त
नेमीचंद जैन–खेकड़ा.... .... .... ....
केशरीमल–गोंदिया ४ माह सख्त
लक्ष्मीचन्द „ ४ माह सख्त १००) दंड
चेतराम–फटंगी .... .... .... ....
नरेंद्रलालजी–चांदा ३ माह
तिलोकचंदजी–कालका .... .... ....
बाल वीर साकरचंद सरैया–सूरत १४ माह
रघुवरप्रसादजी–दमोह मंत्री कांग्रेस ६ माह
सिं० लुलीचंदजी–चौरई
बुद्धसेन बंसीलाल–अमरोहा ४ माह
चांदबिहारीलाल बाबूराम–अमरोहा ४ माह
हुलासचंद–रामपुर .... .... .... ....
माधूमल–सहारनपुर .... .... .... ....
कामरेड रामशरणदास–रोहतक (दूसरीबार)....
सुखदेवसिंह „ .... .... ....
सिं० पन्नालालजी–अमरावती ६ माह सख्त (।) और १०००) दंड

इनके अतिरिक्त और भी अनेक नाम हैं जो हमें प्राप्त नहीं होसके हैं। मालूम हुआ है कि मात्र कटनी तहसीलसे ही करीब ५० दि० जैन जेल गये हैं। हमारी इच्छा है कि समस्त जेलवासी दिगम्बर जैनोंकी सचित्र सूची व परिचय दिगम्बर जैनके विशेषांकमें निकाली जावे। इसलिये जैन समाजसे निवेदन है कि जहां जहांसे जो दि० जैन भाई जेल गये हों उनके सम्बंधी या ग्रामनिवासी भाई शीघ्र ही उन वीरोंके फोटो हमारे पास मय परिचयके भेज देवें। ब्लाक हम स्वयं बनवा लेंगे। आशा है कि उत्साही भाई इस कार्यमें विलम्ब नहीं करेंगे। सोलापुरके गोलीबारसे मृत्यु प्राप्त सेठ हीराचन्द अमीचन्द शाहके शहीद पुत्रके चित्रकी भी हमें आवश्यक्ता है।

नोट–उपरोक्त सूचीके सिवाय और भी दिगंबर जैन भाई इस संग्राममें जेल जानेवाले होंगे ही इसलिये जिन२ पाठकोंको इससे विशेष नाम मालूम हों हमें मय पतेके सूचित करें ताकि वे भी इस सूचीमें रहा सकें। निवेदक–

मूलचंद किसनदास कापड़िया,
सम्पादक, दिगम्बर जैन–सूरत।

### दिवाली पर्वके लिये–

दिवालीके कार्ड ।।।) सैं०, चिठ्ठियां ।।) सैं०
महावीर चरित्र (संक्षिप्त, पढ़ने योग्य) ≈)
दीपमालिका विधान (दिवाली पूजन) –)॥
निर्वाणकांड गाथा–भाषा –)
बृहत् निर्वाण विधान और त्रैलोक्य–
जिनालयविधान (दिवाली पर्वकी बड़ी पूजा) ।≈)
भगवान महावीर (महान ग्रन्थ) १।।।), २)
महावीरचरित्र २।।), महावीर व बुद्ध २।।)
निश्चयधर्मका मनन २।)
बुधजन सतसई (फिर तैयार है) ।≈)
सम्यक्त कौमुदी–(आठ कथाएं) ।।।)
गोमट्टस्वामी (नवीन रंगीन चित्र) ।।)
दशांग धूप–२।।) फी रतल
अगरबत्ती–१।) फी रतल
पवित्र काश्मीरी केशर–१।।) फी तोला
मैनेजर–दि० जैन पुस्तकालय–सूरत।

*'जैन मित्र' में प्रकाशित कारावासी दिगम्बर जैन वीरों की सूची*

लड़ रहे हैं।[79] इस चुनाव में सेठ अचलसिंह भारी मतों से विजयी हुए।

जिला एटा में नमक सत्याग्रह का प्रारम्भ कासगंज में नमक कानून तोड़कर किया गया। एटा की सब्जी मंडी में नमक बनाते समय लगभग 60-70 सत्याग्रहियों पर अंग्रेज कप्तान और पुलिस ने अत्याचार किये और उन्हें बुरी तरह पीटा गया।[80] इन आन्दोलनों में एटा जैन समाज ने भी भाग लिया। गुलजारीलाल जैन, नाथूमल जैन, प्रेमचन्द जैन, जीवाराम जैन आदि ने जेल यात्रायें की। सूचना विभाग उ.प्र. के अनुसार गुलजारीलाल पुत्र मुरलीधर जैन ने इस आन्दोलन के दौरान सन् 1930 में 3 मास कैद की सजा पायी। इसी प्रकार नाथूमल जैन ने भी अत्यंत सक्रियता पूर्वक आन्दोलन में भाग लिया। स्वतंत्रता संग्राम के सैनिक में उल्लेख मिलता है कि नाथूमल जैन पुत्र रतीराम जैन कासगंज एटा को इस आन्दोलन के दौरान सन् 1932 में 6 मास कैद और 10 रुपये जुर्माने की सजा मिली।[81]

जिला मैनपुरी में सन् 1930 के आन्दोलन के दौरान अनेक स्थानों पर नमक कानून तोड़कर नमक बनाया गया। मद्यनिषेध के कार्यक्रम के अंतर्गत कलक्टर द्वारा किया जाने वाला शराब व ताड़ी के ठेके का नीलाम रुकवाने के उद्देश्य से धरना व प्रदर्शन का आयोजन किया गया। इस प्रदर्शन पर जिला पुलिस कप्तान ने गहरा लाठीचार्ज करवाया, जिससे कई लोगों को चोटें आयी।[82]

जैन समाज ने इन आन्दोलनों में बढ़-चढ़ कर भाग लिया। तत्कालीन समाचार पत्र 'जैन-मित्र' के अनुसार-मैनपुरी में संतलाल जैन की गिरफ्तारी हुई है। यहाँ की जैन जनता सत्याग्रह में खूब काम कर रही है। जैन वीरों का एक जत्था 'सोरो' (एटा) गया है। यहाँ पर फत्तूलाल जैन तथा सेवाराम जैन कांग्रेस के मुख्य कार्यकर्ताओं में हैं। अभी 11 जैन स्वयं सेवक कांग्रेस में कार्य कर रहे हैं।[83] जैन स्वयंसेवकों के जेल जाने के समाचार 'जैन मित्र' में छपते रहते थे। एक समाचार के अनुसार-मैनपुरी में कांग्रेस के कार्यकर्ता सेवाराम जैन तथा संतलाल जैन को गिरफ्तार किया गया।[84] एक अन्य समाचार था—मैनपुरी में युगमंदरदास जैन 1 माह की सजा भोग कर आये हैं, मालूम हुआ है कि फिर से जाने की तैयारी हो रही है।[85]

मैनपुरी के जैन युवक संघ ने भी आजादी के महायज्ञ में अपनी आहुती दी। 'जैन मित्र' में प्रकाशित संघ का एक समाचार ही उसकी सक्रियता को बताने में समर्थ है। समाचार के अनुसार—मैनपुरी के जैन युवक संघ की ओर से पन्नालाल जैन जसवन्तनगर के सभापतित्व में एक विशाल सभा हुई, जिसमें निम्नलिखित प्रस्ताव पास किये गये—1. जुगमंदरदास जैन (सेठिया) के सत्याग्रही जत्थे के साथ जेल जाने के उपलक्ष्य में बधाई दी गई। 2. जैन लोग मंदिर में देशी वस्त्र पहनकर ही आयें। 3. अगर एक हफ्ते तक मंदिर में लोग स्वदेशी वस्त्र पहनकर न आये, तो धरना प्रारम्भ किया जाये।[86]

इस प्रकार मैनपुरी के जैन समाज ने तन-मन-धन से राष्ट्रीय आन्दोलन में भाग लिया। जैन युवकों का उत्साह इतना अधिक था कि वे दिन-रात देश के कार्यों में ही लगे रहते थे। इन्हीं देश प्रेमियों में गुणधरलाल जैन का नाम भी उल्लेखनीय है, जिन्होंने अपने परिवार की परवाह किये बिना राष्ट्रीय आन्दोलन में भाग लिया और जेल की यात्रायें की। श्री जैन का उल्लेख करते हुए 'जैन संदेश' का राष्ट्रीय अंक लिखता है कि गुणधरलाल जैन सन् 1929 से कांग्रेस में काम करते रहे। नमक आंदोलन में उन्होंने एक वर्ष का कठिन कारावास भुगता, गाँधी इरबिन पैक्ट के अंतर्गत वे छूट कर घर आ गये। उस समय इनके बच्चे बहुत छोटे थे। इनके घर में पिता के अतिरिक्त कोई कमाने वाला नहीं था, फिर भी वे सबकी उपेक्षा करते हुए अपने हृदय के उठते हुए उद्‌गारों को न रोक सके। इस पर भी सरकार ने इन पर 100 रुपये जुर्माना और कर दिया, जो कि इनकी स्थिति के बाहर की चीज थी। इसी बीच इनके पिता पर काफी कर्जा बढ़ गया और विवश होकर उन्हें अपना एकमात्र मकान भी बेचना पड़ा।[87]

मुरादाबाद जिले में सविनय अवज्ञा आन्दोलन के दौरान नमक बनाया गया, जिसमें मुंशी गेंदनलाल जैन ने सक्रिय भाग लिया। सूचना विभाग के अनुसार -गेंदन लाल 'मुंशी' पुत्र ज्वालाप्रसाद ने नमक सत्याग्रह आन्दोलन के दौरान सन् 1930 में 6 मास कड़ी कैद की सजा पायी।[88] 'दिगम्बर जैन' पत्रिका में प्रकाशित समाचार के अनुसार-मुंशी गेंदनलाल जैन उर्दू भाषा के कवि, साहसी सुधारक और स्थानीय कांग्रेस के उत्साही कार्यकर्ता हैं। मुरादाबाद में जागृति उत्पन्न करने वाले वे एक प्रभावक व्याख्याता हैं। दफा 144 को भंग करने पर उन्हें 6 महीने की कठिन सजा हुई है।[89] 'जैन संदेश' के अनुसार 1931 में श्री जैन जेल गये, वे जेल में ही बीमार हो गये। 6 मास का कठिन कारावास भोग कर जब श्री जैन बाहर आये, तो उन्होंने घर की चाहरदीवारी में चारपाई की शरण ली और भयंकर रोग यन्त्रणा से पीड़ित होकर केवल 41 वर्ष की अवस्था में ही इस संसार को छोड़कर चले गये।[90]

गंगादेवी

मुरादाबाद में गंगादेवी जैन ने महिलाओं को इस आंदोलन में सक्रिय किया तथा स्वयं भी जेल की यात्रा की। 'दिगम्बर जैन' पत्रिका में उनका उल्लेख करते हुए कहा गया है कि—श्रीमती जैन एक श्रीमान

घराने की राष्ट्रसेविका जैन महिला है। जवाहर दिन के उपलक्ष्य में जुलूस निकालने के कारण उन्हें 4 माह की सजा तथा 50 रुपये जुर्माना हुआ। श्रीमती जी 'ए' क्लास में रखी गयी है।[91] जैन संदेश के अनुसार उन्होंने जैन महिलाओं को जागृत किया। कांग्रेस प्लेटफार्म पर बड़े-बड़े जलसों में पब्लिक व्याख्यान दिये और जेल यात्रा भी की।[92]

*कल्याणकुमार 'शशि'*

मुरादाबाद के पास की रामपुर स्टेट के रहने वाले कल्याणकुमार जैन 'शशि' ने मुरादाबाद जिला कांग्रेस में बहुत कार्य किया। वे कांग्रेस के कार्यों से बाहरी प्रदेशों में भी जाते रहते थे। 'दिगम्बर जैन' पत्रिका के अनुसार श्री शशि जैन समाज के एक प्रतिभाशाली उदीयमान कवि हैं। अक्टूबर में श्री जैन काश्मीर से लौट रहे थे कि रावलपिण्डी बम केस के संदेह में उन्हें गिरफ्तार कर लिया गया। मुरादाबाद कांग्रेस में श्री 'शशि' का विशेष सहयोग रहा।[93] इसी दौरान 'जैन मित्र' में भी समाचार छपा—रावलपिण्डी में कल्याणकुमार 'शशि' गिरफ्तार कर लिये गये हैं। इस आन्दोलन में उन्होंने 6 माह के लिए जेल यात्रा की तथा कुछ समय तक सत्याग्रह आश्रम मुरादाबाद के अध्यक्ष भी रहे।[94]

*चांद बिहारीलाल*

अमरोहा (मुरादाबाद) के जैन समाज ने भी सक्रिय होकर इस आन्दोलन में अपनी आहुति दी। 'जैन मित्र' के अनुसार-अमरोहा में झंडा सत्याग्रह के कारण बुद्धसेन जैन पुत्र बाँकेलाल जैन, चाँद बिहारीलाल जैन पुत्र बाबू राम जैन को 4-4 माह की सजा हुई है।[95] बुद्धसेन जैन एक उत्साही नवयुवक हैं। आजादी के युद्ध में उन्होंने खूब कार्य किया। 4 माह की सजा पूरी करके श्री जैन अभी ही छूटे हैं। उन्हीं की भांति चाँदबिहारीलाल जैन भी देश सेवा का अच्छा कार्य कर रहे हैं। इसलिए 4 माह का कारावास उन्हें भी भोगना पड़ा। अब वे सजा पूरी करके आ गये हैं।[96]

जनपद फर्रूखाबाद में 26 जनवरी, 1930 को जिले के प्रमुख स्थानों पर झंडे फहराकर पूर्ण स्वराज्य का संकल्प दोहराया गया।[97] नमक आन्दोलन में जनपदवासियों ने बढ़-चढ़कर भाग लिया। जैन समाज के कर्मठ कार्यकर्ता गुरधर जैन ने अपने साथियों सहित इन आन्दोलनों में भाग लिया तथा जेल की यात्रा की। उ.प्र. सरकार के सूचना विभाग के अनुसार श्री गुरधर पुत्र वंशीधर जैन (कायमगंज, जिला

फर्रूखाबाद) ने सन् 1930 के राष्ट्रीय आन्दोलन में सक्रिय भाग लिया और 1 वर्ष कड़ी कैद की सजा पायी।[98] उनकी तरह ही विशम्भरदयाल जैन, आत्माराम जैन, ललताप्रसाद जैन आदि ने भी इस आन्दोलन में अपना सहयोग दिया। आजादी की लड़ाई के किसी भी पड़ाव पर फर्रूखाबाद जनपद पीछे नहीं रहा।

इटावा जनपद के जैन समाज ने भी इस आन्दोलन में भागीदारी दर्ज की। यहां की कई जैन संस्थाओं ने स्वदेशी प्रचार का अभियान सम्भाला। 'जैन मित्र' के तत्कालीन अंक के अनुसार-जैन बालबुद्धि विकाशिनी सभा इटावा ने चेतावनी दी थी कि यदि जैन समाज 26 जून, 1930 तक स्वदेशी वस्त्र का प्रयोग न करेगी, तो सभा को विवश होकर जैन मंदिरों पर धरना देने के लिए विवश होना पड़ेगा। उसके फलस्वरूप आज दिनांक 23 जून को जैन पंचायत की एक सभा उक्त चेतावनी पर विचार करने के लिए श्री जैन धर्मशाला गाढ़ीपुरा में हुई, जिसमें जैन पंचायत ने यह निश्चय किया कि समस्त जैन समाज स्वदेशी वस्त्र ही खरीदकर प्रयोग करेगी और सभी मंदिरों में भी वहीं वस्त्र पहनकर आयेंगे। इसलिए यह सभा जैन समाज के निश्चय पर धरना स्थगित करती हैं। आशा है कि अन्य पंचायतें भी इस निर्णय का अनुकरण करेंगी।[99] इस प्रकार इटावा जैन समाज में विदेशी वस्त्रों का बहिष्कार किया गया।

नमक आन्दोलन के दौरान कर्मवीर के सम्पादक कृष्णलाल जैन, कुंवर दिग्विजयसिंह, शिवसहाय जैन, किशनलाल जैन आदि सक्रिय रहे। जनपद इटावा के स्वयं सेवक आवश्यकता पड़ने पर जिले के बाहर भी जाकर धरना-प्रदर्शन आदि में भाग लेते थे।[100]

जिला झाँसी में भी यह आन्दोलन बड़े वेग के साथ चल रहा था। नमक कानून तोड़ने के बाद यहाँ के नागरिक मदिरा निषेध, विदेशी कपड़ों को जलाना तथा अन्य राष्ट्रीय कार्यक्रमों में भाग ले रहे थे। जैन समाज ने अन्य जिलों की भाँति यहाँ भी राष्ट्रीय आन्दोलन में बढ़-चढ़कर भाग लिया। जैन मंदिरों में विदेशी वस्त्र लाने पर पाबंदियाँ लगायी गयी तथा आन्दोलन में जैन युवकों ने जेल यात्रायें की। तत्कालीन समाचार पत्र के अनुसार सदर झाँसी के जैनियों ने निश्चय किया है कि दिनांक 6 जून, 1930 के बाद जो जैनी भाई स्वदेशी व खद्दर के कपड़े पहने हुए नहीं होगा, उसे मंदिर के अंदर नहीं जाने दिया जायेगा व मंदिर के सम्पूर्ण कार्यों में खद्दर का ही उपयोग किया जायेगा।[101]

स्वदेशी के प्रचार के साथ ही अनेक जैन लोग जेल गये। विश्वंभरदास जैन 'गार्गीय' आन्दोलन में अपने साथियों सहित जेल गये। जैन मित्र के अनुसार-झाँसी में विश्वंभरदास जैन तथा लक्ष्मीचंद जैन को 1-1 वर्ष की सजा दी गई। यहाँ की दुकानों में सभी विदेशी वस्त्रों को कांग्रेस की सील बंद करके रख दिया गया है। सदर

बाजार में 144 दफा लागू की गई है।[102] उ.प्र. सरकार के सूचना विभाग के अनुसार विश्वंभरदास गार्गीय सन् 1930 में जाब्ता फौजदारी की धारा 107 के अंतर्गत 9 जुलाई 1930 से 3 सितम्बर, 1930 तक जेल में रहे। लक्ष्मीचंद जैन के बारे में उल्लेख है कि लक्ष्मीचंद झाँसी ने सन् 1931 के आन्दोलन में 8 माह कैद की सजा काटी।[103]

झाँसी में राजधर जैन ने कांग्रेस की कमान थामी तथा जैन समाज को बड़ी संख्या में कांग्रेस का सदस्य बनाया। 'जैन संदेश' ने लिखा–भाई राजधर जैन पक्के कांग्रेसी कार्यकर्ता हैं। सन् 1932 ई. में वे कांग्रेस में आये। खासतौर से झाँसी में कांग्रेस को मजबूत बनाने में श्री जैन का योगदान रहा। 1932 से लगातार आज तक श्री जैन ही यहाँ (झाँसी) की कांग्रेस कमेटी के मंत्री रहे हैं। इनके साथी बाबू शिवप्रसाद जैन ने भी आन्दोलनों में सक्रियता दिखायी। उनके द्वारा किये गये संघर्षों का उल्लेख जैन संदेश के तत्कालीन अंकों में मिलता है। पत्र के अनुसार–शिवप्रसाद जैन नवयुवक कांग्रेस कार्यकर्ता हैं। वे क्रांतिकारी भावना के हैं। सन् 1934 ई. में श्री जैन कांग्रेस में आये। सन् 1937 ई. में यहाँ के जमींदार ने बेगार नहीं देने की वजह से किसानों को हर तरह से तंग किया। यहाँ तक कि जंगल से लकड़ी जलाने के लिए भी लाना बन्द कर दिया, उस वक्त शिवप्रसाद जैन ने 200 किसानों को साथ लेकर आबादी जंगल कटवा दिया। जंगल पर जागीरदार अपने सिपाहियों के साथ मय बन्दूकों के गया बाद में जागीरदार की तरफ से कलक्टर झाँसी को तार दिया गया, 4 दिन तक बराबर तहकीकात हुई। आखिर में उस वक्त कांग्रेस की जीत हुई।[104]

झाँसी में एक राज्य 'बंका पहाड़ी' था। जो झाँसी मानिकपुर रेलवे स्टेशन मऊरानीपुर से गुरसराय रोड़ पर भसनेह से 4 किलोमीटर दूर पश्चिम दिशा में पड़ता था। यह बुन्देलखण्ड की रियासतों में सबसे छोटा एक गाँव का ही राज्य था। इस राज्य की जनता ने स्वतंत्रता आन्दोलन की लहर से प्रभावित होकर अपने अधिकारों की माँग की, परन्तु राजा ने दमन नीति का सहारा लिया, जिससे राजा व प्रजा में संघर्ष बढ़ता रहा। यहाँ के निवासी पंचमलाल जैन ने जनता का नेतृत्व किया तथा राजा के विरुद्ध अनेक आन्दोलन किये। उनका जन्म ग्राम बंका पहाड़ी स्टेट में एक जैन परिवार में सन् 1897 में हुआ था। सन् 1927 में गाँधी विचारधारा से प्रभावित होकर उन्होंने राज्य की कोठादारी पद से त्याग पत्र दे दिया और देश व जनता की सेवा में लग गये। सन् 1928 में उन्होंने राज्य की नीतियों तथा अत्याचारों का विरोध करना प्रारम्भ कर दिया तथा व्यापक आंदोलन किया। सन् 1929 में श्री जैन ने 14 किसानों को साथ लेकर नौगाँव के पॉलिटिकल एजेन्ट पर दबाव बनाया तथा राज्य के अत्याचारों तथा नीतियों से मुक्ति दिलाने के लिए अनेक प्रयत्न किये। उनके

दबाव के कारण पॉलिटिकल एजेन्ट ने किसानों को मौरूसी पट्टे दिलाने तथा बेगार न लेने के लिए राजा को आदेशित किया। इस प्रकार श्री जैन के प्रयास सफल हुए।

पंचमलाल जैन ने इसके बाद 1930 के आन्दोलन में भी सक्रिय भाग लिया। इस दौरान वे अपनी पत्नी सहित झाँसी गये और वहाँ वे सपरिवार कांग्रेस के सदस्य बने। इन्होंने मऊरानीपुर आंदोलन में भाग लिया। सन् 1931 में श्री जैन ललितपुर गये और वहाँ आन्दोलन में पूर्ण रूप से शामिल होकर उन्होंने सत्याग्रह किया। बार डोली सत्याग्रह जुलूस निकालने पर वे गिरफ्तार हुए और उन्होंने 3 माह की सजा पायी।

झाँसी के दुरवई राज्य के स्वतंत्रता आन्दोलन में गिरधारीलाल जैन का प्रमुख योगदान रहा। दुरवई राज्य (झाँसी) में स्वतंत्रता संग्राम के प्रमुख कार्यकर्ता श्री प्रभुदयाल सक्सेना, गिरधारीलाल जैन आदि थे। जिन्होंने सक्रिय रूप से राज्य के अत्याचारों व नीतियों के विरुद्ध जंगल सत्याग्रह व लगान बंदी आदि आन्दोलन में भाग लिया।

खानियाधाना स्टेट में स्वतंत्रता संग्राम का बिगुल रतनचन्द जैन ने बजाया। उन्होंने अनेक कष्ट सहकर भी पीछे की ओर कदम नहीं बढ़ाये। उनके विषय में उल्लेख मिलता है कि रतनचन्द्र जैन खानियाधाना के एक राष्ट्रभक्त कार्यकर्ता थे। उनके विरुद्ध रियासत ने हिन्दू-जैन का संघर्ष रचवाया और उन्हें इसका कारण बनाकर निर्वासित कर दिया। श्री जैन अपने घर गये, तो उन्हें गिरफ्तार कर लिया गया।[105]

झाँसी में चारों ओर जहाँ भी जैन समाज थी, वहीं कोई न कोई जैन स्वतंत्रता सेनानियों का उल्लेख मिलता है। ललितपुर क्षेत्र भी जैन समाज द्वारा आजादी की लड़ाई में दिये गये योगदान का गवाह बना। मथुराप्रसाद जैन, वृन्दावनलाल जैन 'इमलिया', कपूरचन्द जैन, गोविन्ददास जैन सिंघई आदि जैन कार्यकर्ताओं ने व्यापक संघर्ष किया और जेल गये।

*मथुराप्रसाद जैन*

मथुराप्रसाद जैन 'वैद्य' के बारे में नगरपालिका परिषद् ललितपुर की पुस्तक में उल्लेख मिलता है कि ललितपुर क्षेत्र के महत्त्वपूर्ण व्यक्तियों में उनका श्रेष्ठ स्थान था। श्री जैन महात्मा गाँधी के निकट सम्पर्क में रहे और उन्होंने वेंकटेश्वर प्रेस बम्बई में रहकर भी राष्ट्रीय आन्दोलन में सहयोग दिया। श्री जैन को लोकमान्य तिलक, श्रीमती ऐनीबीसेंट, लाला लाजपतराय जैसे राष्ट्रीय नेताओं का सत्संग मिला। सन् 1930 में ही श्री जैन शराब बंदी के लिए धरना करते हुए गिरफ्तार हुए तथा ललितपुर व उरई

जेलों में रखे गये। स्वतंत्रता दिवस पर जेल में राष्ट्रीय झंडा लगाने के फलस्वरूप उन्हें खड़ी हथकड़ी की कठोरतम सजा दी गयी।[106] तत्कालीन समाचार पत्र 'जैन मित्र' ने भी इसका समर्थन करते हुए लिखा—'ललितपुर में मथुराप्रसाद जैन को 9 महीने की सजा दी गई है।'[107]

वृन्दावनलाल जैन 'इमलिया' का उल्लेख उ.प्र. सरकार का सूचना विभाग इस प्रकार करता है-वृन्दावन इमलिया निवासी ललितपुर झाँसी सन् 1932 के इस आन्दोलन में जेल गये।[108] 'जैन संदेश' के अनुसार श्री जैन स्थानीय आजाद हिन्द फार्मेसी नामक फर्म के स्वामी हैं और लगभग सन् 1928 से कांग्रेस कार्यकर रहे हैं। एक बार सन् 1930 में 1 वर्ष और सन् 1932 में दूसरी बार देहली कांग्रेस अधिवेशन के समय जेल में रहे। श्री जैन वर्षों मण्डल कांग्रेस कमेटी के सचिव रहे हैं।[109] जेल यात्रा के दौरान उन्हें देहली, उन्नाव व ललितपुर आदि की जेलों में रहना पड़ा।

ललितपुर के कपूरचंद जैन पुत्र पलटूराम जैन ने 1931 में 6 माह कैद और 25 रुपये जुर्माने की सजा पायी। इसी प्रकार गोविन्ददास जैन सिंघई सन् 1932 में आन्दोलनों से सक्रियता पूर्वक जुड़े तथा एक वर्ष जेल में रहे। परतंत्र-काल में उन्होंने स्वतंत्रता सेनानियों को यथाशक्ति सहयोग दिया।[110]

जिला बाँदा में जैनों की संख्या कम थी। जैन डायरेक्ट्री के अनुसार-बाँदा में जैनियों की गृह संख्या 20 है तथा यहाँ एक शिखरबन्द जैन मंदिर है, जिसमें 10 धर्मशास्त्र है।[111] बाँदा में इस आन्दोलन के दौरान नन्हेंलाल जैन का नाम तत्कालीन पत्रों के द्वारा पता चलता है। 'दिगम्बर जैन' पत्रिका ने लिखा था—'बाँदा में नन्हेंलाल जैन झण्डा सत्याग्रह में 3 माह जेल गये।'[112] उसी प्रकार 'जैन मित्र' द्वारा 'कारावासी दिगम्बर जैन वीर' शीर्षक से प्रकाशित सूची में भी उनके नाम का उल्लेख किया गया था।[113] उपरोक्त उदाहरणों से पता चलता है कि बाँदा में भी जैन समाज ने राष्ट्रीय आन्दोलन में अपना कर्त्तव्य निभाया।

सहारनपुर जिले में 26 जनवरी 1930 को स्वाधीनता दिवस मनाया गया। चौक फव्वारा में प्रातः राष्ट्रीय झण्डा फहराया गया। शाम के समय अत्यंत उत्साह के साथ एक विशाल जुलूस निकाला गया, जिसमें सैंकड़ों महिलाएँ राष्ट्रीय गीत गाती चल रही थीं। जुबली पार्क में पहुँचकर जुलुस ने सभा का रूप धारण कर लिया, जिसकी अध्यक्षता झुम्मनलाल जैन (वकील) ने की। सहारनपुर में जैन समाज को राष्ट्रीय आन्दोलन से जोड़ने में उनकी विशेष भूमिका रही। सन् 1932 के आन्दोलन में श्री जैन जेल में रहे।[114]

सहारनपुर के जैन समाज पर आन्दोलन का व्यापक प्रभाव पड़ा। नगर के नौ जैन मंदिरों पर जून 1930 में महिलाओं ने धरना दिया और घोषणा की कि केवल खद्दर पहनकर आने वाले जैनी को ही मंदिरों में प्रवेश दिया जायेगा।[115] महिलाओं

के इन आन्दोलनों का व्यापक प्रभाव पड़ा तथा जैन समाज ने विदेशी वस्त्रों को त्यागकर स्वदेशी वस्त्रों को पहनना प्रारम्भ कर दिया। देश की उन्नति में देशी चीजों को उपयोग करना विदेशी सत्ता को चुनौती देना था। अतः गाँधी जी ने इसी माध्यम से भारतीय जनता को मार्गदर्शन दिया। जैन समाज उनके निर्देशों पर खरा उतरा तथा अपने मंदिरों, संस्थानों एवं निजी उपयोग में खादी का ही उपयोग किया। इसके अनेक उदाहरण हमें तत्कालीन समाचार पत्रों तथा अन्य साक्ष्यों से मिलते हैं।

सहारनपुर जिले के जैन समाज द्वारा स्वतंत्रता आन्दोलन में सक्रिय भाग लिया गया। झुम्मनलाल जैन के विषय में कन्हैयालाल मिश्र 'प्रभाकर' ने लिखा है कि श्री जैन कभी अपने सिद्धान्तों से नहीं डिगे। 1920 में उन्होंने वकालत को छोड़कर राजनीति के क्षेत्र में प्रवेश किया और जो कुछ कर सकते थे, वह सब उन्होंने किया। तब से अब तक वे कांग्रेस के साथ हैं। उनमें महत्त्वाकांक्षायें और जोड़-तोड़ की भावना होती, तो हमारे प्रान्त के राजनीति क्षेत्र में आज उनका अपना स्थान होता। 1932 में वे जेल की यात्रा कर आये हैं।

झुम्मनलाल जैन के पुत्र हंसकुमार जैन ने 1930 के आन्दोलनों में सक्रिय होकर रुड़की छावनी में सिपाहियों को भड़काने के लिए इश्तहार बाँटे। इससे सम्पूर्ण छावनी में कोहराम मच गया। श्री जैन को गिरफ्तार कर लिया गया तथा उन्हें 4 साल की सख्त कैद की सजा सुनाई गई। उनके विषय में 'प्रभाकर' जी लिखते हैं—जब उन्हें 4 साल की सख्त कैद की सजा सुनाई गई, तो जिले भर में सन्नाटा छा गया, पर वे हँसते हुए अपनी बैरक में लौटे और उस रात में इतना बढ़िया नाचे कि कैदी साथियों को आज भी वह याद है। 1932 में जेल का कठोर वातावरण उनकी वंशी की ध्वनि और घुंघरूओं की झंकार से थिरकता रहा। 'अरे भाई रोते हो, तो जेल आते ही क्यों हो?' यह उनकी खास उक्ति थी।[116] सूचना विभाग उ.प्र. द्वारा प्रकाशित 'स्वतंत्रता संग्राम के सैनिक' में उल्लेख मिलता है कि सन् 1930 में इश्तहार बाँटने पर हंसकुमार जैन को 250 रुपये जुर्माने का आर्थिक दण्ड भी दिया गया।[117]

अजितप्रसाद जैन ने इस आन्दोलन में बढ़-चढ़कर भाग लिया। सहारनपुर में 18 मार्च, 1930 को उनकी अध्यक्षता में चौक में शानदार जलसा हुआ।[118] इस जलसे में तय किया गया कि 26 अप्रैल को नमक कानून तोड़ने का विधिवत् प्रारम्भ किया जायेगा और उसी अनुरूप आन्दोलन किया गया। अजितप्रसाद जैन ने सम्पूर्ण जिले का नेतृत्व किया। वे लम्बे समय तक जेलों में भी रहे। 'जैन मित्र' के तत्कालीन समाचार के अनुसार-सहारनपुर में अजितप्रसाद जैन (सेक्रेट्री स्थानीय कांग्रेस कमेटी) को दफा 124 के अनुसार 1 वर्ष की तथा झुम्मनलाल जैन को 6 मास की सख्त सजा हुई है।[119] दिसम्बर 1932 में अजितप्रसाद जैन ने दफा 144 तोड़ी। उन्हें 4 माह की सजा सुनाई गयी। वहाँ से छूटने के बाद उन्होंने खुरशैदीलाल के साथ फिर

सत्याग्रह कर दिया और जेल से तभी छूटे, जब आन्दोलन शांत हो गया।[120] सूचना विभाग उ.प्र. के आँकड़ों के अनुसार इस आन्दोलन में सम्मिलित होने के परिणाम स्वरूप श्री जैन ने 18 मास कैद तथा 200 रुपये जुर्माने की सजा भोगी। वे सन् 1930 के सत्याग्रह के पश्चात् भी प्रत्येक आन्दोलन में भाग लेते रहे और जेल जाते रहे।[21]

*अजितप्रसाद जैन एवं लक्ष्मीदेवी जैन*

अजितप्रसाद जैन की धर्मपत्नी श्रीमती लक्ष्मीदेवी जैन ने भी आजादी के आन्दोलन में सक्रिय भाग लिया तथा जेल यात्रा भी की। उनके विषय में 'प्रभाकर' जी ने लिखा है–पिछले वर्षों में लक्ष्मीदेवी जैन सदा कांग्रेस के कामों में भाग लेती रहीं और प्रमाणित कांग्रेसी जेल यात्री भी हैं। वैसे उनकी ममता अनगिनत कार्यकर्ताओं को जो बल देती है, स्फुरणा और सांत्वना प्रदान करती है, वह किसी की कई बार की भी जेल यात्रा से अधिक पवित्र है। उनका जीवन असल में भगवान् महावीर की साधना और महात्मा गाँधी की सहनवृत्ति का आलोक दीप है। उनके साथ उनकी कुछ गास की पुत्री टोई भी जेल में रही।[122]

सहारनपुर के सभी इलाकों में आजादी का बिगुल बज रहा था। तहसील देवबन्द में 12.04.1930 को कांग्रेस की बडी सभा हुई, जिसके विषय में देवबन्द के हाकिम इलाका बाबूराम यादव ने घोषणा की थी, 'जो देवबन्द में जलसा करेगा, उसे हण्टर से पिटवाऊँगा।' यह सूचना पाकर अजित प्रसाद जैन, ललता प्रसाद अख्तर आदि देवबन्द गये और जलसे को सफल बनाया, परन्तु सभा के बाद अजित प्रसाद जैन गिरफ्तार कर लिये गये।[123] इसी प्रकार देवबन्द में 2 से 4 सितम्बर 1930 को एक बैठक हुई, जिसमें कन्हैयालाल मिश्र 'प्रभाकर', मामचन्द जैन सक्रिय रहे और उसके बाद गिरफ्तार कर लिये गये।[124] देवबन्द एक छोटा स्थान होने के बाद भी स्वतंत्रता आन्दोलन में सक्रिय रहा। यहाँ के मामचन्द जैन ने इस आन्दोलन में अपना सक्रिय योगदान दिया। उनके विषय में प्रभाकर जी ने लिखा है-भाई मामचन्द जैन 1930 में अपने गम्भीर नारों और मीठे ऐलानों के साथ कांग्रेस में आये। शीघ्र ही उन्हें जिले के नेताओं का स्नेह मिल गया और सरकार का प्यार भी। एक दिन हथकड़ियाँ पहने वे सहारनपुर जेल पहुँच गये।[125]

रामपुर मनिहारन (सहारनपुर) में हुलासचन्द्र जैन ने इस आन्दोलन में सक्रिय

भाग लिया। सूचना विभाग द्वारा प्रकाशित पुस्तक में उल्लेख है कि रामपुर क्षेत्र के आसपास अनेक कर्मठ कार्यकर्ता आगे बढ़े, जिनमें हकीम हकीकुल मुहम्मद, ठाकुर अर्जुन सिंह, लाला हुलासचन्द्र जैन आदि प्रमुख थे।[126] श्री जैन ने अपने साथियों सहित सहारनपुर जनपद में स्वतंत्रता का बिगुल बजाया तथा जेल गये। तत्कालीन पत्र 'जैन मित्र' ने लिखा–'रामपुर के हुलासचन्द्र जैन व सहारनपुर के नाथूमल जैन पकड़े गये हैं।'[127] हुलासचन्द्र जैन ने रामपुर के साथ ही देवबन्द तहसील में भी अपनी सेवायें दी। इस सन्दर्भ में प्रभाकर जी ने लिखा है–हुलासचन्द्र जैन (रामपुर) 1920 से ही कांग्रेस के काम में दिलचस्पी लेने लगे थे। 1930 में देवबन्द तहसील को जगाने में उन्होंने दिन-रात मेहनत की और जेल गये। कांग्रेस का काम उनके लिए हमेशा अपना काम रहा है।[128] इस प्रकार सहारनपुर में जैन समाज ने इस आन्दोलन में अपना सक्रिय योगदान दिया।

बिजनौर जनपद में सविनय अवज्ञा आन्दोलन के दौरान कुल जनसंख्या 10 लाख थी, जिसमें केवल डेढ़ हजार जैन थे। बिजनौर में कारावास जाने वाले लगभग 1 हजार थे, जो अनुपात में 1 हजार में एक आता है, जबकि जैन सत्याग्रहियों की संख्या लगभग 25 थी, जो अनुपात में 1 हजार में 16 आते हैं।[129] इन आँकड़ों से पता चलता है कि बिजनौर में जैन समाज ने इस आन्दोलन के दौरान बढ़-चढ़ कर भाग लिया।

बाबू रतनलाल जैन ने इस आंदोलन में बिजनौर जनपद का नेतृत्व किया। जैन मित्र के एक

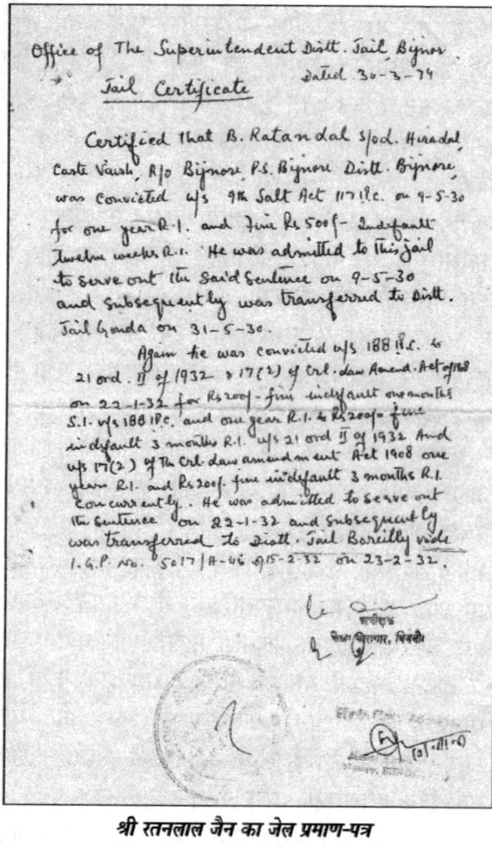
Office of The Superintendent Distt. Jail, Bijnor

Dated 30-3-74

Jail Certificate

Certified that B. Ratan Lal s/o L. Hiralal, Caste Vaish, R/o Bijnore, P.S. Bijnore Distt. Bijnore, was convicted u/s 9th Salt Act 117 I.P.C. on 9-5-30 for one year R.I. and fine Rs 500/- Indefault Twelve weeks R.I. He was admitted to this jail to serve out the said sentence on 9-5-30 and subsequently was transferred to Distt. Jail Gonda on 31-5-30.

Again he was convicted u/s 188 I.P.C. & 21 ord. II of 1932 & 17(2) of Crl. Law Amend. Act of 1908 on 22-1-32 for Rs 200/- fine indefault one months S.I. u/s 188 I.P.C. and one year R.I. & Rs 200/- fine in default 3 months R.I. u/s 21 ord II of 1932 And u/s 17(2) of the Crl. Law amendment Act 1908 one year R.I. and Rs 200/- fine in default 3 months R.I. concurrently. He was admitted to serve out the sentence on 22-1-32 and subsequently was transferred to Distt. Jail Bareilly vide I.G.P. No. 5017/A-46 of 15-2-32 on 23-2-32.

श्री रतनलाल जैन का जेल प्रमाण-पत्र

समाचार के अनुसार 20 अप्रैल को भारतवर्षीय दिगम्बर जैन परिषद् के मंत्री रतनलाल जैन (वकील) ने बिजनौर में नमक बनाया और भाषण भी दिया। उनके जत्थे का खूब स्वागत किया गया। 100 स्त्रियाँ भी दल में शामिल थीं। 125 रुपये की थैली उन्हें भेंट की गयी। नमक बनाने के बाद एक मजिस्ट्रेट ने उसे चखा। पश्चात् उनको उनके जत्थे सहित गिरफ्तार किया गया और उन्हें 1 वर्ष की सजा तथा 500 रुपये जुर्माना हुआ। उनके बाद बाबू नेमीशरण जैन भूतपूर्व सहमंत्री भारतवर्षीय दिगम्बर जैन परिषद् ने भी यही कार्य किया और उनको भी उतना ही उपहार मिला। उनकी माता भी सत्याग्रह आन्दोलन में खूब कार्य कर रही है।'[130]

रतनलाल जैन को जिला कांग्रेस ने अपना प्रथम अधिनायक बनाया था। जिला कारागार बिजनौर के अनुसार उन्हें नौंवे नमक कानून की धारा 117 आई.पी. सी. के अंतर्गत 09.05.1930 को एक साल के लिए कैद की सजा हुई। कुछ दिन वे बिजनौर कारागार में रखे गये, उसके बाद 31.05.1930 को उन्हें गौंडा जिला जेल में स्थानांतरित किया गया।[131] 1932 में बिजनौर के बाजार शम्भा में श्री जैन के नेतृत्व में एक बैठक का आयोजन किया गया। इस बैठक में हजारों लोग उपस्थित थे। पुलिस ने इस दौरान काफी लोगों को गिरफ्तार किया।[132] रतनलाल जैन ने बाजार शम्भा में जोरदार भाषण दिया, परन्तु आधे भाषण करने के बाद उन्हें भी गिरफ्तार कर लिया गया। जिला कारागार के अनुसार उन्हें 22.01.1932 को बिजनौर जेल में लाया गया और बाद में आई.जी.पी. नं. 5017/एच-46 के अनुसार 15.02.1932 को बरेली जेल स्थानांतरित किया गया।[133] वर्धमान पत्रिका में उल्लेख है कि श्री जैन ने इस आन्दोलन के दौरान 1 फरवरी, 1932 को बाजार शम्भा में भाषण दिया, जिसके फलस्वरूप उन्हें 18 मास की कड़ी कैद तथा 700 रुपये जुर्माने की सजा मिली।

रतनलाल जैन की भाँति ही नेमिशरण जैन ने भी आन्दोलन में सक्रिय योगदान दिया। उन्होंने 1921 में कांग्रेस में प्रवेश किया था। उसके बाद से लगातार श्री जैन कांग्रेस के साथ खड़े रहे। नमक सत्याग्रह में सक्रिय भाग लेने के कारण 1930 में 1 वर्ष कड़ी कैद और 500 रुपया जुर्माना तथा 1932 में 6 मास कैद और 400 रुपया जुर्मानें की सजा उन्हें दी गयी। नेमिशरण जैन की माता दुर्गादेवी जैन ने भी आन्दोलनों में सक्रिय भाग लिया तथा सन् 1932 में 1 मास कड़ी कैद तथा 250 रुपया जुर्माना, पुनः सन् 1933 में 3 मास कड़ी कैद तथा 50 रुपया जुर्माना की सजा पायी।[134]

बिजनौर क्षेत्र के आसपास के इलाकों में रहने वाले जैन समाज ने भी इस आन्दोलन में पूर्ण सहयोग दिया। नजीबाबाद (बिजनौर) के जैन समाज ने स्वदेशी प्रचार का बीड़ा उठाया। 'जैन मित्र' के तत्कालीन अंक के अनुसार—'नजीबाबाद के

जैन मंदिरों में जैन लोगों द्वारा विदेशी वस्त्र पहनकर आना बंद कर दिया गया।'[135] नजीबाबाद के साहू जैन परिवार ने भी इस आंदोलन में भागीदारी की। साहू श्रेयांस प्रसाद जैन कांग्रेस से जुड़कर कार्य करते रहे तथा आर्थिक रूप से गाँधी जी को मदद देते रहे।[136] साहू परिवार के नवयुवक मूलेशचन्द्र ने भी इस आन्दोलन में भाग लेकर जेल यात्रा की।[137] रामचन्द्र जैन के पुत्र मन्नोमल जैन भी इस आन्दोलन में जेल गये। उन्होंने 9 जनवरी, 1932 को एक मामले में एक महीने के कारावास और 50 रुपया जुर्माने और उसे न चुकाने पर एक सप्ताह के कारावास का दण्ड पाया। एक अन्य मामले में उन्हें एक वर्ष के कठोर कारावास का दण्ड दिया गया, सजाएँ साथ-साथ चलती थी। श्री जैन को 23 फरवरी, 1932 को जिला कारागार बरेली में स्थानान्तरित किया गया तथा वहाँ से 26 जुलाई, 1932 को उन्हें जिला कारागार फैजाबाद भेजा गया।[138]

धामपुर (बिजनौर) में महावीरप्रसाद जैन ने जैन समाज को साथ लेकर नमक आन्दोलन में भाग लिया। सन् 1930 में उन्हें 1 वर्ष कड़ी कैद की सजा सुनाई गयी, पुनः 1932 में श्री जैन को 1 वर्ष कड़ी कैद और 100 रुपया जुर्माना किया गया।[139] श्री जैन बिजनौर और फैजाबाद जेलों में रहे।[140] नहटौर (बिजनौर) जैन समाज ने जैन मंदिरों में विदेशी वस्त्र लाने पर पाबंदी लगा दी। नहटौर के निवासी पं. कैलाश चन्द्र जैन ने भी इस दौरान, पत्रकारिता के माध्यम से देशसेवा की। इस प्रकार बिजनौर जिले के जैन समाज ने आगे बढ़कर इन आन्दोलनों में भाग लिया।

इलाहाबाद में इस आन्दोलन का प्रारम्भ होते ही पूरे जनपद में देशभक्ति की लहर दौड़ गयी। राष्ट्रीय नेताओं के आगमन से इलाहाबाद सम्पूर्ण उ.प्र. में सुर्खियों में रहता था। गाँधी जी खादी प्रचार के लिए 15-18 नवम्बर, 1929 को जब इलाहाबाद आये थे। तब वहाँ के कार्यकर्ताओं ने आगामी आन्दोलन के सम्बन्ध में उनसे मार्गदर्शन प्राप्त किया। इन कार्यकर्ताओं में जैन समाज के नवयुवक भी थे। गाँधीजी से प्रेरणा पाकर इलाहाबाद के दारागंज कस्बे के जैन समाज ने इस आन्दोलन में महत्त्वपूर्ण योगदान दिया। जैन समाज की ओर से ताराचन्द्र जैन, कपूरचंद जैन आदि ने राष्ट्रीय आन्दोलन का मोर्चा सम्भाला। ताराचन्द्र जैन हरसुखराय जैन के पुत्र थे, जो अपने इलाके के प्रतिष्ठित जमींदार थे। स्वतंत्रता आन्दोलन में भाग लेने से पूर्व ताराचंद जैन अवध प्रान्त की चन्दापुर रियासत के दीवान थे। स्वतंत्रता आन्दोलन से जुड़ने के कारण श्री जैन ने अपने पद को त्याग दिया। उनके विषय में लिखा गया है कि श्री जैन सन् 1928 में पूज्य बापू महात्मा गाँधी की आवाज पर रियासत के दीवान पद से त्यागपत्र देकर स्वतंत्रता आन्दोलन से जुड़ गये और गाँव-गाँव में कांग्रेस की अलख जगाने और स्वतंत्रता का आह्वान करने निकल पड़े। सन् 1930 के आन्दोलन में अपनी सक्रिय गतिविधियों के कारण उन्हें पहली बार

गिरफ्तार किया गया और उन्होंने इसी के तहत घर की तलाशी, कुर्की एवं अन्य पुलिस अत्याचारों को सहन किया।[141] उ.प्र. सरकार का सूचना विभाग लिखता है कि ताराचन्द्र जैन ने सन् 1931 के लगान बन्दी आन्दोलन में भाग लिया और 6 मास कड़ी कैद की सजा पायी।[142]

ताराचंद जैन ने इन आन्दोलनों में अपना पूर्ण योगदान दिया। उनका राष्ट्रीय आन्दोलन में कितना महत्त्व था, इसका उल्लेख इन शब्दों से स्पष्ट है-'ताराचंद जैन का दारानगर स्थित आवास हमेशा आन्दोलन तथा राजनीति का अड्डा हुआ करता था। जहाँ पर स्वतंत्रता आन्दोलन से सम्बन्धित महत्त्वपूर्ण निर्णय देश के वरिष्ठ नेताओं द्वारा लिये जाते थे। देश के शीर्षस्थ नेतागण महात्मा गाँधी, पं. जवाहर लाल नेहरू, गोविन्दवल्लभ पंत, सरदार पटेल आदि भूमिगत की स्थिति में श्री जैन के आवास पर रुकते थे। उन्होंने अपना सारा जीवन स्वतंत्रता संघर्ष में लगा दिया।'[143]

ताराचंद जैन के साथ ही जैन समाज के अन्य बन्धुओं ने भी स्वतंत्रता आन्दोलन में योगदान दिया। इनमें कपूरचंद जैन का नाम विशेष रूप से उल्लेखनीय है। उ.प्र. सूचना विभाग के अनुसार-कपूरचंद जैन पुत्र श्री सुखदेवराय निवासी दारागंज इलाहाबाद ने सन् 1930 के नमक सत्याग्रह आन्दोलन में भाग लिया तथा 9 मास कड़ी कैद की सजा काटी।[144] इलाहाबाद जिले की कांग्रेस कमेटी में भी जैन समाज ने प्रतिनिधित्व किया। ताराचंद जैन कमेटी के वरिष्ठ उपाध्यक्ष रहे।[145]

लखनऊ जैन समाज ने भी इस आन्दोलन में भाग लिया। यहाँ के जैन समाज ने न केवल स्थानीय स्तर पर अपितु सम्पूर्ण उत्तर प्रदेश में इस आन्दोलन का प्रचार-प्रसार करने में महत्त्वपूर्ण भूमिका निभाई। लखनऊ निवासी ब्रह्मचारी सीतलप्रसाद, जैन समाज के गाँधी कहलाते थे।[146] उन्होंने पूरे उ.प्र. में व्यापक भ्रमण करके नमक आन्दोलन से जैन समाज को जोड़ने का प्रयास किया। कई जैन पत्र-पत्रिकाओं का सम्पादन करते हुए ब्रह्मचारी जी ने सदैव देशहित को ही सर्वोपरि स्थान दिया। उन्होंने सदैव सभी को खादी पहनने के लिए प्रोत्साहित किया।[147]

ब्रह्मचारी सीतलप्रसाद के प्रयासों से पूरे प्रदेश के जैन मंदिरों में स्वदेशी वस्त्रों का अभूतपूर्व प्रचार हुआ तथा अनेकों नवयुवकों ने देश सेवा का संकल्प लिया। लखनऊ में महात्मा गाँधी द्वारा उद्घोषित इस आन्दोलन के अतंर्गत विदेशी वस्त्रों का बहिष्कार किया गया तथा विदेशी वस्त्रों की दुकानों पर धरना भी दिया गया।[148] 'जैन मित्र' के तत्कालीन अंक के अनुसार दिगम्बर जैन सभा ने दिनांक 21 जून 1930 को अपने मासिक अधिवेशन में सर्वसम्मति से निश्चय किया है कि लखनऊ में जितने भी जैन मंदिर हैं, उनमें जो वस्त्रादि प्रदान किये जायें, वह स्वदेशी हों। अगर कोई सज्जन सभा की आज्ञा न मानकर किसी मंदिर में विदेशी वस्त्र प्रदान करे, तो उस मंदिर के कार्यकर्ता को उसे स्वीकार नहीं करना चाहिए। सभा के द्वारा जैन

कानपुरमें मुनि–संघका एक दृश्य।

**बैठे हुए**—(१) श्री १०५ ऐल्लक चंद्रसागरजी, (२) श्री १०८ मुनि श्री धर्मसागरजी, (३) श्री १०८ **आचार्य श्री मुनींद्रसागरजी महाराज,** (४) श्री १०८ मुनि श्री श्रुतसागरजी, (५) ब्र० आदिसागरजी। **पीछे खड़े हुए**—(१) ला० दुर्गाप्रसादजी नारनौलवाले, (२) ला० नेमिचन्द्रजी रईस, (३) जातिभूषण कविशिरोमणि पं० स्वरूपचंद्रजी जैन सरोज एम० वी० एच०, (४) ला० कपूरचंद्रजी जैन, (५) बा० नरायनदासजी जैन, (६) जातिशिरोमणि रा० सा० ला० **रूपचंद्रजी** आ० मजिस्ट्रेट कानपुर, (७) ला० चिम्मनलालजी देहली।

*कानपुर में विराजित मुनि संघ एवं स्थानीय स्वतंत्रता सेनानी*

समाज को यह प्रेरणा भी दी गई कि घर खर्च के लिए जितने वस्त्र खरीदे जायें, वह सब स्वदेशी हों और मंदिर में स्वदेशी वस्त्र ही पहनकर आयें।[149] जिनेन्द्रचन्द्र जैन कागजी ने कांग्रेस कार्यकर्ता के रूप में खादी का व्यापक प्रचार किया।

कानपुर जनपद में इस आन्दोलन का नेतृत्व गणेश शंकर विद्यार्थी कर रहे थे। सन् 1931 में कानपुर में हुए भयंकर साम्प्रदायिक संघर्ष में श्री विद्यार्थी शहीद हो गये। इस घटना के परिणामस्वरूप कानपुर में जनता सरकार के विरुद्ध उठ खड़ी हुई। अंग्रेजी सरकार ने विद्रोह को कुचलने के लिए कानपुर के तमाम बड़े नेताओं को गिरफ्तार करना शुरू कर दिया। जैन समाज के प्रमुख कांग्रेसी नेताओं को भी सरकार ने गिरफ्तार कर लिया।

25 मार्च 1931 को अंग्रेज फौज के दो ट्रक अचानक 'बाबू निवास' हालसी रोड कानपुर पर आकर रुके और अंग्रेज सिपाहियों ने निवास को चारों ओर से घेर लिया। सिपाहियों ने कांग्रेसी नेता लाला फूलचन्द जैन, मनोहरलाल जैन, ऋषभकुमार जैन को बुलाने को कहा। गेट पर फर्म लक्ष्मण दास बाबूराम का कर्मचारी चन्द्रिकाप्रसाद शुक्ल (पहलवान) खड़ा था। शोर सुनकर जैन परिवार के सदस्य बाहर आ गये। सभी के बाहर आते ही फौजियों ने अपनी बन्दूकें उल्टी करके बट से मारने के लिए उठा लीं। यह देखते ही चन्द्रिकाप्रसाद ने अपने दोनों हाथों को फैलाकर तीनों मालिकों को समेटकर अपने हाथ दीवार पर सटा लिये और फौजियों की बन्दूकों की बटें उनकी पीठ पर पड़ने लगी। शीघ्र ही अंग्रेज फौज ने वहाँ मौजूद फूलचन्द जैन,

मनोहरलाल जैन (पुत्र फूलचन्द जैन), ऋषभकुमार जैन (पुत्र बाबूराम जैन), पंचमलाल जैन (फर्म के खजांची), चन्द्रिकाप्रसाद (पहलवान व फर्म कर्मचारी) को गिरफ्तार कर लिया। नन्हूमल ज्योतिप्रसाद फर्म के मालिक नारायणदास जैन जो किसी कार्यवश फूलचन्द जैन से मिलने आये थे, उन्हें भी फौज ने गिरफ्तार कर लिया। सभी को फतेहगढ़ जेल भेज दिया गया।

फूलचन्द जैन के परिवार ने इस आन्दोलन में पूर्ण समर्पण के साथ कार्य किया। सन् 1932 में कानपुर-देहरादून षड्यंत्र केस के सम्बन्ध में भी सरकार ने उनके परिवार पर अत्याचार किये। सरकार ने उनके नये निवास 'लक्ष्मण भवन' पर अधिकार कर लिया तथा सभी सदस्यों को सामान सहित बाहर निकाल दिया। उनके मकान में अंग्रेजी सरकार ने कोतवाली कायम कर दी और फूलचंद जैन व ऋषभकुमार जैन को पुनः गिरफ्तार कर लिया।[150]

कानपुर निवासी वैद्य कन्हैयालाल जैन ने भी परिवार सहित इस आन्दोलन में भाग लेकर जेल की यात्रायें की। उ.प्र. सूचना विभाग के अनुसार श्री जैन ने सन् 1930 के आन्दोलन से सम्बद्ध रहने के कारण 6 मास की कड़ी कैद की सजा पायी थी।[151]

कन्हैयालाल जैन की भाँति ही उनकी धर्मपत्नी गहनादेवी जैन ने भी आन्दोलन में सक्रिय भाग लिया। 'जैन संदेश' के अनुसार -सन् 1931 के आन्दोलन में जब कांग्रेस जनपद में कमजोर थी और कानपुर में उ.प्र. कांग्रेस का जलसा बाबू पुरुषोत्तमदास टंडन के सभापतित्व में हुआ, तो उसकी स्वागताध्यक्षा बनने के कारण श्रीमती जैन को 6 माह की जेल हुई।[152] उ.प्र. सरकार के सूचना विभाग के अनुसार-गहनादेवी जैन धर्मपत्नी कन्हैयालाल जैन ने सन् 1932 के आन्दोलन में सक्रिय भाग लेने के कारण 6 मास कड़ी कैद और 250 रुपये जुर्माना की सजा पायी।[153] कानपुर के जैन मंदिरों में स्वदेशी प्रचार करने में भी जैन समाज ने सक्रिय भाग लिया।

देहरादून जिले में जैन समाज की संख्या कम होने के बाद भी यहाँ के कुछ जैन स्वयंसेवकों ने इस आन्दोलन में भाग लिया। सूचना विभाग उ.प्र. के अनुसार महाराजप्रसाद जैन निवासी चकरौता देहरादून ने नमक सत्याग्रह में 1930 में तीन महीने की सजा पायी और उन पर 25 रुपये जुर्माना किया गया। इसी प्रकार मित्र सेन जैन 'वैद्य' ने भी आजादी के इस आन्दोलन में सक्रियतापूर्वक भाग लिया। सूचना विभाग के अनुसार श्री जैन ने नमक सत्याग्रह आन्दोलन में भाग लेने के कारण 1930 में छः मास कैद और 50 रुपया जुर्माने की सजा पायी।[154]

देहरादून के पौड़ी-गढ़वाल क्षेत्र में भी इस आन्दोलन के दौरान एक जैन बन्धु के जेल जाने का प्रमाण मिलता है। सूचना विभाग उत्तर प्रदेश के अनुसार सुन्दरलाल जैन पुत्र उमरीलाल निवासी श्रीनगर कटलस्यूं, पौड़ी-गढ़वाल को नमक सत्याग्रह व

नशाबन्दी आन्दोलनों में भाग लेने के कारण सन् 1930 में 6 मास के कारावास का दंड मिला।[155]

सविनय अवज्ञा आन्दोलन के दौरान काशी के 'स्याद्वाद जैन महाविद्यालय' ने अपनी अहम भूमिका निभाई। सन् 1930 के सत्याग्रह के समय इस विद्यालय के कई छात्रों ने आन्दोलन में भाग लिया। विद्यालय के काफी जैन छात्रों ने गर्मी की छुट्टियों में घर जाना छोड़कर सरकार की नीतियों के खिलाफ धरना दिया। सन् 1932 की विलिंग्डनशाही में जब काशी में गोलियों की बौछारें हुई, उस समय भी जैन छात्रों ने जान की परवाह न करते हुए पूरा मोर्चा लिया। उस समय कई छात्रों को खोजने विद्यालय के आचार्य और गृहपति रातभर घूमते रहते थे। घायल छात्रों को विद्यालय में लाकर उपचार किया जाता था। उन गुरूजनों के स्नेह का ही यह फल था कि जुलूस में आगे होने के कारण वे जैन छात्र गिरफ्तार कर लिये गये और वे मातृभूमि के लिए बलिदान होने अथवा आहत होने के सौभाग्य से वंचित रह गये।[156]

स्याद्वाद जैन महाविद्यालय के छात्रों ने मंदिरों में विदेशी वस्त्र लाने पर पूर्ण पाबंदी लगाने हेतु अथक परिश्रम किया। 'दिगम्बर जैन' पत्रिका के तत्कालीन अंक के अनुसार काशी में जैन छात्र संघ ने मंदिरों में विदेशी वस्त्र न लाने हेतु धरना दिया, उन्हें 4 दिन बाद सफलता मिल पायी।[157]

अमोलकचंद जैन तथा खुशालचन्द्र जैन (गोरावाला) ने इस दौरान जेल यात्रायें की और ब्रिटिश सरकार को कड़ा जवाब दिया। अमोलकचंद जैन सन् 1926 में कांग्रेस के सदस्य बन गये थे।[158] उन्होंने सन् 1929 में प्रथम श्रेणी में वकालत पास करने के बाद काशी की अदालतों में अपनी युक्ति और प्रतिभा की छाप छोड़ी। सन् 1930 का द्वितीय स्वतंत्रता संग्राम प्रारम्भ होते ही उन्होंने सभी राजनैतिक मुकदमे निःशुल्क लड़ने प्रारम्भ कर दिये। इसके कारण अंग्रेजी सरकार की नजरों में वे खटक गये। श्री जैन ने सरकार द्वारा भारतीय कैदियों पर जेलों में हो रहे भीषण अत्याचारों का भंडाफोड़ कर दिया। इस बात पर क्रोधित होकर सरकार ने उन पर दफा 500 में मुकदमा चलाया तथा 500 रुपये जुर्माने की सजा सुनाई।[159]

अमोलकचन्द जैन ने कांग्रेस के आन्दोलनों में बढ़-चढ़कर भाग लिया तथा सन् 1932 में इस आन्दोलन के अंतर्गत जेल यात्रा की।[160] श्री जैन सन् 1937 में बनारस राजनैतिक सभा के सचिव बने।[161] इस सभा की अध्यक्षता गोविन्द वल्लभ पन्त ने की थी। इस सम्मेलन ने काशी में स्वतंत्रता आन्दोलन की लहर चलाने में महत्त्वपूर्ण योगदान दिया।[162] इसी प्रकार 1938-39 में श्री जैन संयुक्त प्रान्त के शिक्षा मंत्री बाबू सम्पूर्णानन्द के प्राइवेट सेक्रेट्री रहे।[163] उस समय उन्होंने पूरे संयुक्त प्रान्त में भ्रमण करके स्वतंत्रता सेनानियों को प्रोत्साहित किया तथा जैन समाज में नये युवाओं को राष्ट्रीय आन्दोलन से जोड़ा।

खुशालचन्द जैन ने इस आन्दोलन के तहत बढ़-चढ़कर भाग लिया। श्री जैन स्वतंत्रता संग्राम में जेल गये। सन् 1930 में उम्र बढ़ाकर वे सत्याग्रही बने। आयुर्वेद कॉलेज (का.वि.वि.) छोड़कर कॉलेज और स्कूलों की पिकेटिंग में लग गये और उसी वर्ष गवर्नमेंट संस्कृत कॉलेज की परीक्षा का उन्होंने बहिष्कार कराया। श्री जैन ने श्री शिवप्रसाद गुप्त की आज्ञा पर वैतनिक नौकरी छोड़कर विद्यापीठ की अवैतनिक सेवा को अंगीकार किया।[16481]

इस प्रकार स्पष्ट है कि सविनय अवज्ञा आन्दोलन में उत्तर प्रदेश के जैन समाज ने तन-मन-धन से अपना महत्त्वपूर्ण योगदान दिया।

***सन्दर्भ***


1. भारतीय स्वतंत्रता संग्राम में मुजफ्फरनगर का योगदान, पृष्ठ 91
2. उत्तर प्रदेश डिस्ट्रिक्ट गजेटियर मुजफ्फरनगर, पृष्ठ 43
3. स्वतंत्रता संग्राम के सैनिक, जिला मुजफ्फरनगर, पृष्ठ 103, 10
4. साक्षात्कार-श्री अरुणगुप्त, अध्यक्ष-स्वतंत्रता संग्राम सेनानी संगठन, मु.न., 10.05.2008
5. 'जैन मित्र' (साप्ताहिक पत्र), 16 अक्टूबर 1930, पृष्ठ 446
6. WHO's WHO of Delhi Freedom Fighters, Page 139
7. स्वतंत्रता संग्राम के सैनिक, जिला मुजफ्फरनगर, पृष्ठ 42
8. 'जैन मित्र', दिनांक 16.10.1930, पृष्ठ 446, सूरत
9. स्वतंत्रता संग्राम के सैनिक, जिला मुजफ्फरनगर, पृष्ठ 40-41, 102, 103
10. साक्षात्कार-श्रीगती रुकमणी जैन (पुत्री स्व. सुमतप्रसाद जैन स्वतंत्रता सेनानी), 78 नई मंडी, मुजफ्फरनगर, दिनांक 21.09.2008, विडियो रिकोर्डिंग
11. भारतीय स्वतंत्रता संग्राम में मुजफ्फरनगर का योगदान, पृष्ठ 96
12. स्वतंत्रता संग्राम के सैनिक : जिला मुजफ्फरनगर, पृष्ठ 50
13. स्वतंत्रता संग्राम में मुजफ्फरनगर का योगदान, पृष्ठ 218
14. जैन स्टूडेन्ट्स कॉन्फ्रेंस में श्रीमती लेखवती जैन का भाषण (पुस्तिका), पृष्ठ 3,
15. यू.पी. पुलिस सीक्रेट एब्सट्रेक्ट 1930, पैरा 429 (आर), 441 (जी)
16. दी हिन्दुस्तान टाइम्स, 16 अप्रैल, 1930, पृष्ठ 5, दिल्ली
17. यू.पी. पुलिस सीक्रेट एब्सट्रेक्ट 1930, पैरा 211 (डब्लू)
18. स्वतंत्रता संग्राम के सैनिक, जिला मेरठ, पृष्ठ 15
19. दी हिन्दुस्तान टाइम्स, 27 अप्रैल, 1930, पृष्ठ 8, दिल्ली
20. 'जैन मित्र' (साप्ताहिक), 16 अक्टूबर, 1930, पृष्ठ 446, सूरत
21. स्वतंत्रता संग्राम के सैनिक, जिला मेरठ, पृष्ठ 71
22. 'जैन मित्र', 14 अगस्त, 1930, पृष्ठ 618, गुरूवार, सूरत
23. स्वतंत्रता संग्राम के सैनिक, जिला मेरठ, पृष्ठ 57
24. WHO's WHO of Delhi Freedom Fighters, Page 139

25. स्वतंत्रता संग्राम के सैनिक, जिला मेरठ, पृष्ठ 117
26. 'दिगम्बर जैन' (सचित्र विशेषांक), पृष्ठ 31, अंक 1, 2 वर्ष 22
27. स्वतंत्रता संग्राम के सैनिक, जिला मेरठ, पृष्ठ 75
28. जैन फूलचन्द : क्रान्तिकारी आन्दोलन, सुप्रसिद्ध प्रसंग, पृष्ठ 22
29. विमलप्रसाद जैन, क्रांतिकारी जीवन की कुछ झलकियाँ, पृष्ठ 17, 18
30. साक्षात्कार-श्री शिशिरकान्त जैन, 32, सुखदेव विहार, नई दिल्ली, दिनांक 02.04.2008
31. क्रांतिकारी आंदोलन, सुप्रसिद्ध प्रसंग, पृष्ठ 22
32. WHO's WHO of Delhi Freedom Fighters, Page 137
33. क्रांतिकारी आन्दोलन, सुप्रसिद्ध प्रसंग, पृष्ठ 248-263
34. जैन फूलचन्द, बंदीनामा (भाग 1), पृष्ठ 225
35. विमल प्रसाद जैन, क्रांतिकारी जीवन की कुछ झलकियाँ, पृष्ठ 118
36. WHO's WHO of Delhi Freedom Fighters, Page 138
37. स्वतंत्रता संग्राम के सैनिक, भाग 16, जिला मेरठ, पृष्ठ 4, 5
38. स्वतंत्रता संग्राम के सैनिक जिला मेरठ, पृष्ठ 92
39. 'जैन मित्र', 16 अक्टूबर 1930, पृष्ठ 446, सूरत
40. स्वतंत्रता संग्राम के सैनिक, जिला मेरठ, पृष्ठ 121-122
41. मेरठ के पाँच हजार वर्ष, पृष्ठ 163
42. WHO's WHO of Delhi Freedom Fighters, Pag 139
43. स्वतंत्रता संग्राम के सैनिक, भाग-6 : जिला बुलन्दशहर, पृष्ठ 'च'
44. 'जैन जगत' (पाक्षिक पत्र), पृष्ठ 13, 14, 16 सितम्बर, 1930
45. जैनेन्द्र : जीवन, व्यक्तित्व और कृतित्व पर सर्वांगीण दृष्टिपात, पृष्ठ 10
46. स्वतंत्रता सेनानियों का बंदीनामा, भाग 1, पृष्ठ 75, 168
47. जैनेन्द्र कुमार पेपर्स, लिस्ट नं. 438, नेहरू मैमोरियल म्यूजियम एण्ड लाइब्रेरी, न.दि.
48. निष्काम साधक, सम्पादक बनारसीदास चतुर्वेदी, पृष्ठ 536
49. 'वीर', फरवरी द्वितीय, 1995, पृष्ठ 35
50. 'जैन मित्र', 18 सितम्बर 1930, पृष्ठ 382, सूरत
51. श्रीमती इंदिरा गाँधी अभिनंदन ग्रंथ (भारतवाणी), पृष्ठ 51
52. 'जैन मित्र' (साप्ताहिक पत्र), 24 अगस्त, 1930, कवर पेज
53. स्वतंत्रता संग्राम के सैनिक, भाग 25, जिला मथुरा, पृष्ठ 20
54. साक्षात्कार-केशवदेव जैन, ऋषभ ब्रह्मचर्य आश्रम, मथुरा दिनांक 05.09.2008, स्थान-आश्रम ऑफिस, चौरासी, मथुरा (उ.प्र.)
55. 'अनेकान्त', अगस्त सन् 1948, पृष्ठ 309
56. स्वतंत्रता सेनानियों का बंदीनामा (भाग 1), पृष्ठ 65
57. 'अनेकान्त', सितम्बर 1948, पृष्ठ 356, 357
58. स्वतंत्रता संग्राम के सैनिक, जिला मथुरा, पृष्ठ 54, 60,61,50
59. भारतीय स्वतंत्रता संग्राम में आगरा का योगदान, पृष्ठ 58
60. जैन अचल सिंह, जेल में मेरा जैनाभ्यास, पृष्ठ 1

61. स्वतंत्रता संग्राम के सैनिक, भाग 33, जिला आगरा, पृष्ठ 1
62. जेल में मेरा जैनाभ्यास, पृष्ठ 2
63. 'आज' (दैनिक पत्र), 29 फरवरी, 1932, दिन सोमवार, पृष्ठ 4, कॉलम नं. 4, सम्पादक-बाबूराव विष्णु पराड़कर, काशी
64. 'आज', 10 मार्च 1932, दिन गुरूवार, पृष्ठ 7, कॉलम नं. 1
65 अ) स्वतंत्रता संग्राम के सैनिक, जिला आगरा, पृष्ठ 24, 100
ब) भारतीय स्वतंत्रता संग्राम में आगरा का योगदान, पृष्ठ 76
66. 'जैन मित्र' (साप्ताहिक पत्र), 17 जुलाई, 1930, कवर पेज
67. 'जैन संदेश' (राष्ट्रीय अंक), 23 जनवरी 1947, पृष्ठ 25
68. 'आज', 10 मार्च, 1932, दिन गुरूवार, पृष्ठ 7, काशी
69. स्वतंत्रता संग्राम के सैनिक, जिला आगरा, पृष्ठ 8
70. 'जैन मित्र', 14 अगस्त, 1930, पृष्ठ 618, सूरत
71. भारतीय स्वतंत्रता संग्राम में आगरा का योगदान, पृष्ठ 239, 286
72. साक्षात्कार-श्री चिम्मनलाल जैन (स्वतंत्रता सेनानी) 06.09.2008 आगरा
73. स्वतंत्रता आन्दोलन में आगरा का योगदान, पृष्ठ 226
74 साक्षात्कार-श्री मदनलाल बैनाडा, दिनांक 06.09.2008, आगरा
75. 'जैन संदेश' (राष्ट्रीय अंक), पृष्ठ 24-29, सम्पादक-बलभद्र जैन
76. जैन सूरजभान : अचल चरित, पृष्ठ 47, आगरा
77. 'सैनिक' (प्रमुख साप्ताहिक पत्र), 20 अक्टूबर 1936, पृष्ठ 19
78. 'सैनिक', 1 दिसम्बर, 1936, पृष्ठ 14 शीर्षक- 'आगरे में चुनाव की धूमधाम'
79. वही, 9 फरवरी, 1937, पृष्ठ 14, शीर्षक-'आगरा के शहर वालों से अनुरोध सफेद और हरे रंग को याद रखिये।'
80. Uttar Pradesh District Gazetteer, 'Etah', Page 35
81. स्वतंत्रता संग्राम के सैनिक, भाग 29, जिला एटा, पृष्ठ 17,43,28
82. स्वतंत्रता संग्राम के सैनिक, भाग 30, जिला मैनपुरी, पृष्ठ घ, ङ
83. 'जैन मित्र' (साप्ताहिक पत्र), 31 जुलाई 1930, पृष्ठ 582
84. वही, 14 अगस्त, 1930 पृष्ठ 618
85. वही, 16 अक्टूबर, 1930, पृष्ठ 446
86. वही, 7 अगस्त, 1930, पृष्ठ 598
87. 'जैन संदेश', 23 जनवरी, 1947, पृष्ठ 36, आगरा
88. स्वतंत्रता संग्राम के सैनिक, भाग 12, जिला मुरादाबाद, पृष्ठ 15
89. 'दिगम्बर जैन', कार्तिक मार्गशीर्ष, वीर संवत् 2457, पृष्ठ 16 'च'
90. 'जैन संदेश' (राष्ट्रीय अंक), 23 जनवरी, 1947, पृष्ठ 37
90. 'दिगम्बर जैन' (मासिक पत्रिका), पृष्ठ 16, सचित्र विशेषांक, सूरत
92. 'जैन संदेश', राष्ट्रीय अंक, पृष्ठ 35, आगरा
93. 'दिगम्बर जैन', सचित्र विशेषांक, पृष्ठ 16 'घ' सूरत
94. 'जैन मित्र' 16 अक्टूबर 1930, पृष्ठ 446, गुरूवार, सूरत

95. 'जैन मित्र', 18 सितम्बर, 1930, पृष्ठ 382, गुरुवार, सूरत
96. 'दिगम्बर जैन' (मासिक पत्रिका), सचित्र विशेषांक, पृष्ठ 16(घ)
97. U.P. District Gazetteers 'Farrukhabad', Page 59
98. स्वतंत्रता संग्राम के सैनिक, जिला फर्रूखाबाद, पृष्ठ 636
99.'जैन मित्र', 26 जून 1930, पृष्ठ 507, सूरत
100. स्वतंत्रता संग्राम के सैनिक, इलाहाबाद डिवीजन, जिला इटावा, पृष्ठ ख
101. 'दिगम्बर जैन', जुलाई 1930, पृष्ठ 276, सूरत
102. 'जैन मित्र', 17 जुलाई, 1930, मुख पृष्ठ, सूरत
103 स्वतंत्रता संग्राम के सैनिक, भाग 1, झाँसी डिवीजन, पृष्ठ 86, 85
104. 'जैन संदेश' (राष्ट्रीय अंक), पृष्ठ 43, 47, आगरा
105. विन्ध्य प्रदेश के राज्यों का स्वतंत्रता संग्राम का इतिहास, पृष्ठ 233, 234, 235, 270
106. रजत नीराजना, पृष्ठ 15, ललितपुर
107. 'जैन मित्र', 17 जुलाई 1930, मुख पृष्ठ, सूरत
108 Fighters For Freedom, WHO's WHO : 1 : Jhansi Division, Page 51,
109. 'जैन सन्देश' (राष्ट्रीय अंक), पृष्ठ 37-38, आगरा
110. रजत-नीराजना, पृष्ठ 16, 49, 26
111. श्री भारतवर्षीय दिगम्बर जैन डायरेक्टरी (संयुक्त प्रान्त), पृष्ठ 79
112. 'दिगम्बर जैन', भाद्रपद, वीर संवत् 2456, पृष्ठ 402, सूरत
113. 'जैन मित्र', 2 अक्टूबर, 1930, पृष्ठ 720, सूरत
114 साक्षात्कार-डॉ. के.पी. जैन् नई दिल्ली, 26.12.2008
115. Uttar Pradesh District Gazetteer 'Saharanpur', Page 73
116. 'जैन संदेश', 23 जनवरी, 1947, पृष्ठ 30
117. स्वतंत्रता संग्राम के सैनिक, जिला सहारनपुर, पृष्ठ 77
118. सहारनपुर सन्दर्भ, भाग 1, पृष्ठ 155-156
119. 'जैन मित्र', 17 जुलाई, 1930, गुरूवार, पृष्ठ 1 (कवर पेज)
120. सहारनपुर सन्दर्भ, भाग-1, पृष्ठ 164
121. स्वतंत्रता संग्राम के सैनिक जिला सहारनपुर, पृष्ठ 3
122. 'जैन संदेश' (राष्ट्रीय अंक), पृष्ठ 30
123. ग्रामीण जनता, अजितप्रसाद जैन स्मृति अंक, पृष्ठ 5, डॉ. जयगोपाल, 01.01.1984
124. सहारनपुर सन्दर्भ, भाग 1, पृष्ठ 179
125 'जैन संदेश' (राष्ट्रीय अंक), पृष्ठ 31
126. स्वतंत्रता संग्राम के सैनिक, जिला सहारनपुर, पृष्ठ 5
127. 'जैन मित्र' (साप्ताहिक पत्र), 18 सितम्बर, 1930, पृष्ठ 682
128. 'जैन संदेश' (राष्ट्रीय अंक), पृष्ठ 31
129. भगवान महावीर स्मृति ग्रंथ, खण्ड 6, पृष्ठ 128, लखनऊ
130. 'जैन मित्र', 5 जून 1930, कवर पृष्ठ, गुरूवार, सूरत
131. Jail Certificate, Office of the Superintendent District Jail Bijnor, 30.03.1974,

132. Uttar Pradesh District Gazetteer 'Bijnor', Page 53
133. बिजनौर ज़िला जेल द्वारा 30.03.1974, को जारी प्रमाण पत्र
134. 'वर्धमान' वार्षिक पत्रिका (बिजनौर अंक), पृष्ठ 93, 90,91,135
135. 'जैन मित्र', 21 अगस्त 1930, गुरूवार, पृष्ठ 634, सूरत
136. साक्षात्कार-नेमिचन्द्र जैन, प्रशासनीक अधिकारी 'भारतीय ज्ञानपीठ', दिनांक 14.05.08
137. 'जैन संदेश', राष्ट्रीय अंक, 23 जनवरी 1947, पृष्ठ 33, आगरा
138. दिल्ली के स्वतंत्रता सेनानी, भाग 1, पृष्ठ 114 (संक्षिप्त परिचय),
139. 'वर्धमान', पृष्ठ 92, बिजनौर, 1998-99 अंक
140. WHO's WHO of Delhi Freedom Fighters, Page 139
141. विधि वंशिका (लुहाड्या परिवार), भाग 1, पृष्ठ 36
142. स्वतंत्रता संग्राम के सैनिक, भाग 3, पृष्ठ 186, इलाहाबाद डिवीजन
143. विधि-वंशिका (लुहाड्या परिवार), पृष्ठ 37
144. स्वतंत्रता संग्राम के सैनिक, इलाहाबाद डिविजन, पृष्ठ 143, 144
145. विधि वंशिका, पृष्ठ 37
146. समाजोन्नायक क्रांतिकारी युग पुरुष ब्रह्मचारी सीतलप्रसाद, पृष्ठ 4
147. 'जैन मित्र', 17 अप्रैल 1930, गुरूवार, पृष्ठ 355, सूरत
148. Uttar Pradesh District Gazetteer 'Lucknow', Page 65
149. 'जैन मित्र', 3 जुलाई, 1930, पृष्ठ 522, अंक 34, सूरत
150. श्री अजित कुमार जैन 'बाबू निवास', लक्ष्मण स्टील कम्पनी, स्टेशन रोड, कानपुर द्वारा लिखित 'वंश परम्परा' लेख से उद्धृत, पृष्ठ 4, 5
151. स्वतंत्रता संग्राम के सैनिक, जिला कानपुर, पृष्ठ 348
152. 'जैन संदेश' (राष्ट्रीय अंक), पृष्ठ 33, आगरा
153. स्वतंत्रता संग्राम के सैनिक, जिला कानपुर, पृष्ठ 360
154. स्वतंत्रता संग्राम के सैनिक, भाग 11, पृष्ठ 34, जिला देहरादून
155. स्वतंत्रता संग्राम के सैनिक, भाग 14, पृष्ठ 83, गढ़वाल डिवीजन,
156. 'संस्मरण' (स्मारिका), पृष्ठ 39, सम्पादक-प्रो. खुशालचन्द्र गोरावाला
157. 'दिगम्बर जैन', भाद्रपद, वीर संवत्, 2456, पृष्ठ 402, सूरत
158. Parliament of India, Rajya Sabha, WHO's WHO 1955, Page 14, Pub. Rajya Sabha Secretariat, New Delhi
159. 'जैन संदेश' (राष्ट्रीय अंक), पृष्ठ 40, आगरा
160. Fighters For Freedom, WHO's WHO : 2 : Varanasi Division, Page 450
161. Parliament of India, Council of States, WHO's WHO 1952, Page 11
162. 'जैन संदेश', राष्ट्रीय अंक, पृष्ठ 40, आगरा
163. Parliament of India, Council of States, Page 11
164. स्वतंत्रता आन्दोलन और बनारस, पृष्ठ 109, 110

# भारत छोड़ो आन्दोलन में जैन समाज का योगदान

भारतीय स्वतंत्रता आन्दोलन का अन्तिम एवं महत्त्वपूर्ण संग्राम 'अगस्त क्रांति' या भारत छोड़ो आन्दोलन के नाम से जाना जाता है। सितम्बर 1939 में यूरोप पर जर्मनी का आक्रमण प्रारम्भ हो गया, जिसके कारण द्वितीय विश्वयुद्ध छिड़ गया। ब्रिटिश सरकार ने भी युद्ध की घोषणा कर दी। ब्रिटिश सरकार की घोषणा के कुछ ही घंटे बाद भारत के वायसराय ने भारतीय नेताओं और विधानसभाओं के जनप्रतिनिधियों से बिना कोई परामर्श लिये, मित्र राष्ट्रों के पक्ष में, भारत के युद्ध में सम्मिलित होने की घोषणा कर दी।

भारतीय नेताओं ने महात्मा गाँधी के नेतृत्व में इस घोषणा का विरोध किया। एक वर्ष तक नेताओं ने विभिन्न प्रयास किये कि सरकार अपनी घोषणा को वापस ले ले, परन्तु उन्हें निराशा ही हाथ लगी। अंततः गाँधी जी ने ब्रिटिश नीतियों के खिलाफ 17 अक्टूबर, 1940 को 'व्यक्तिगत सत्याग्रह' का प्रारम्भ कर दिया। इस आन्दोलन में सरकार के उपेक्षापूर्ण दृष्टिकोण के बावजूद यह ध्यान रखा गया कि जन आन्दोलन के कारण युद्ध की तैयारी में भयंकर अव्यवस्था पैदा न हो। सत्याग्रह का वास्तविक उद्देश्य ब्रिटिश सरकार के इस दावे को गलत साबित करना था कि भारत युद्ध की तैयारी में पूरी तरह मदद दे रहा है। गाँधी जी ने कार्यकर्ताओं को निर्देश दिये कि वह सत्याग्रह करने से पहले अपने जिले के जिला मजिस्ट्रेट को यह सूचना दे दे कि वह कब, कहाँ और किस रूप में सत्याग्रह करेंगे।

महात्मा गाँधी ने सबसे पहला सत्याग्रही विनोबाभावे को चुना। विनोबा जी चार दिन तक युद्ध विरोधी प्रचार करते रहे, पांचवे दिन सरकार ने उन्हें गिरफ्तार कर लिया। गिरफ्तार करके उन्हें तीन महीने की सजा दी गयी। उनकी गिरफ्तारी के बाद एक-एक करके विभिन्न कांग्रेस कमेटियों, विधानमण्डल के कांग्रेसी सदस्यों तथा अन्य नागरिकों ने सत्याग्रह करना प्रारम्भ कर दिया। नवम्बर 1940 के अंत तक बड़ी संख्या में कार्यकर्ता जेल पहुँच गये। सारे देश में तनातनी का वातावरण

उत्पन्न हो गया। ब्रिटिश सरकार ने इस परिस्थिति से निपटने के लिए यह महसूस किया कि भारत को फिलहाल भविष्य में स्वशासी सरकार बनाने के पूरे अधिकार देने का निश्चित वायदा करना पड़ेगा।

ब्रिटिश सरकार ने अपने युद्धकालीन मंत्रिमण्डल के एक सदस्य तथा तेज-तर्रार वकील सर स्टैफोर्ड क्रिप्स को अपने प्रस्तावों के साथ मार्च 1942 में भारत भेजा। क्रिप्स मिशन ने ब्रिटिश कूटनीति से ओत-प्रोत अपने प्रस्ताव भारतीयों के सामने रखे। इन प्रस्तावों में अनेक खामियों के साथ ही मुख्य कमी यह थी कि प्रांतों को भारतीय संघ में सम्मिलित होने या न होने की छूट दे दी गयी थी, जो भारत की एकता पर कुठाराघात था। अतः क्रिप्स मिशन विफल हो गया। इस विफलता के कारण भारत में सर्वत्र निराशा का वातावरण उत्पन्न हो गया। अब यह स्पष्ट हो गया कि ब्रिटिश सरकार से कोई भी आशा रखना व्यर्थ है।

देश में उत्पन्न निराशा के माहौल के बीच 8 अगस्त, 1942 को बम्बई में अखिल भारतीय कांग्रेस कमेटी का अधिवेशन बुलाया गया, जिसमें सर्वसम्मति से 'भारत छोड़ो' आन्दोलन का अनुमोदन किया गया। इस प्रस्ताव के पास होते ही महात्मा गाँधी ने अपने भाषण में कहा–'मैं तुरन्त आजादी चाहता हूँ। आप सब लोगों को इसी क्षण से अपने को एक आजाद नागरिक समझना चाहिए और इस तरह कार्य करना चाहिए, जैसे आप आजाद हों।'[1] गाँधी जी ने भारतवासियों को मंत्र दिया 'करो

*भारत छोड़ो आन्दोलन के दौरान उमड़ा हुआ जनसैलाब*

या मरो।' उन्होंने कहा कि अब हमें संकल्प करना है कि अब हम गुलामी में जिन्दा नहीं रहेंगे। हम या तो अब भारत को आजाद करेंगे या उसका प्रयत्न करते हुए अपने प्राण त्याग देंगे। यह आन्दोलन खुली बगावत है। सभी देशवासियों को प्रकट रूप से अंग्रेजी शासन का विरोध करना है।

अंग्रेजी सरकार ने कांग्रेस के इस निर्णय को भांपते ही आनन-फानन में 9 अगस्त 1942 को महात्मा गाँधी सहित सभी शीर्षस्थ नेताओं को गिरफ्तार कर लिया और उन सभी को अज्ञात स्थलों में नजरबंद कर दिया गया।[2] पिछले आन्दोलनों में भाग लेने वाले अधिकांश कार्यकर्ताओं को गिरफ्तार कर लिया गया तथा सभी कांग्रेस संगठनों को गैर कानूनी घोषित कर दिया गया। देश में यह खबर फैलते ही जनता में रोष उमड़ पड़ा। जगह-जगह नागरिकों ने सरकारी सम्पत्ति को नष्ट करना प्रारम्भ कर दिया। छात्र कॉलेजों और विश्वविद्यालयों से निकल आये और विद्रोहात्मक गतिविधियों में शामिल हो गये। पुराने कार्यकर्ताओं के साथ ही बड़ी संख्या में नए कार्यकर्ताओं ने 'भारत छोड़ो आन्दोलन' में भाग लेना प्रारम्भ कर दिया।

उत्तर प्रदेश (तत्कालीन संयुक्त प्रान्त) के जैन समाज ने भी इस आन्दोलन में महत्त्वपूर्ण भाग लिया। मुजफ्फरनगर जिले में 9 अगस्त, 1942 की प्रातःकाल से ही गोरों का विरोध प्रारम्भ हो गया। देशप्रेमी नागरिकों ने सरकारी सम्पत्ति को नष्ट करने की योजना बनाई, इसी बीच भगत सिंह रोड स्थित कांग्रेस कार्यालय पर पुलिस ने छापा मारकर सारा सामान जब्त कर लिया तथा मौके पर उपस्थित कांग्रेस कार्यकर्ताओं को गिरफ्तार कर लिया।[3] जिले के प्रमुख कांग्रेसी नेता सुमतप्रसाद जैन को 9 अगस्त की सुबह ही पुलिस ने गिरफ्तार कर लिया। उ.प्र. सरकार के सूचना विभाग के अनुसार श्री जैन को 15 मास के लिए नजरबंद किया गया। श्री जैन 1940 के व्यक्तिगत सत्याग्रह आन्दोलन में भाग लेने के कारण भी 9 माह जेल में रहे थे।[4]

जैन समाज मुजफ्फरनगर के प्रमुख कार्यकर्ता उग्रसैन जैन सर्राफ, उलफतराय जैन, चुन्नालाल जैन (चरथावल), दीपचंद जैन (वकील, कैराना) भी 9 तारीख को ही गिरफ्तार कर लिये गये।[5] सूचना विभाग उ.प्र. के अनुसार उग्रसैन जैन 1942 के आन्दोलन में सक्रिय भाग लेने के कारण लगभग 15 माह नजरबंद रहे। श्री जैन ने 1940 के व्यक्तिगत सत्याग्रह आन्दोलन में भी भाग लिया, जिसके कारण वे 1 वर्ष तक जेल में रहे। उलफतराय जैन के विषय में उल्लेख मिलता है कि श्री जैन 1942 के आन्दोलन में 15 माह नजरबंद रहे। उन्होंने 1940 के आंदोलन में भी 6 माह की कड़ी कैद की सजा पायी।

चरथावल निवासी चुन्नालाल जैन ने अपने क्षेत्र में अंग्रेजी सरकार के विरुद्ध जमकर काम किया। 1941 के व्यक्तिगत सत्याग्रह में श्री जैन ने 6 माह कैद और

50 रुपये जुर्माने की सजा पायी थी। भारत छोड़ो आंदोलन के प्रारम्भ होते ही उन्हें गिरफ्तार कर लिया गया तथा 18 मास कड़ी कैद एवं 200 रुपये जुर्माने की सजा दी गयी।[6] कैराना के दीपचंद जैन भी इस आंदोलन में पकड़े गये।

*श्री अरुण गुप्त से साक्षात्कार लेते हुए लेखक*

9 अगस्त की दोपहर में जिले के प्रमुख नेताओं की गिरफ्तारी की खबर जैसे ही विभिन्न शिक्षण संस्थाओं में पहुँची, तो वहाँ के छात्रों में सरकार के प्रति गुस्से और रोष की लहर दौड़ गयी। डी.ए.वी. एवं एस.डी. इंटर कॉलेज के छात्रों ने एकत्रित होकर सरकार विरोधी जुलूस निकाला, जो राजकीय इण्टर कॉलेज तक गया। यहाँ पुलिस ने छात्रों को बेतों से पीटकर तितर-बितर कर दिया। इस जुलूस का नेतृत्व करने में जैन छात्रों का भी सहयोग रहा, जिनमें मामचन्द जैन एवं त्रिलोकचन्द जैन प्रमुख थे।[7] मामचंद जैन ने आन्दोलन की अन्य गतिविधियों में भी सक्रिय भाग लिया। 3 नवम्बर, 1942 को उन्हें पुलिस ने गिरफ्तार कर लिया तथा भारत रक्षा कानून की धारा 38 के अंतर्गत 18 माह की कड़ी कैद और 50 रुपये का जुर्माना उन पर लगाया गया।[8]

12 अगस्त 1942 को छात्रों ने एक और जुलूस निकाला, जिसका नेतृत्व एस. डी. इण्टर कॉलेज के छात्र नेता लक्ष्मीचंद गुप्ता ने किया। इस जुलूस पर डिप्टी कलक्टर बलजीत सिंह ने स्वयं मौके पर पहुँचकर भयंकर लाठीचार्ज कराया। इस लाठीचार्ज में कई छात्र बुरी तरह घायल हो गये। सुखबीर सिंह जैन (घी वाले, पुरानी मंडी) पर पुलिस ने बर्बरता पूर्वक लाठी बरसाई। लाठीचार्ज में उनके हाथ की हड्डी टूट गयी और वे तत्काल बेहोश हो गये। पुलिस ने बेहोशी की हालत में ही उन्हें उठाकर जेल में बंद कर दिया।[9] उ.प्र. सूचना विभाग के अनुसार उन्होंने 3 मास कड़ी कैद और 50 रुपये जुर्माने की सजा पायी।[10]

जैन समाज के विद्यार्थियों ने इस आन्दोलन में बढ़-चढ़कर भाग लिया। 16 अगस्त 1942 को प्रातःकाल एस.डी. इण्टर कॉलेज के विद्यार्थी प्रेमचन्द जैन ने अपने साथियों के साथ सरकार विरोधी जुलूस निकाला। उन्होंने शाम के समय मेहता क्लब नई मण्डी (मुजफ्फरनगर) में आमसभा करने का ऐलान किया। जुलूस 'महात्मा गाँधी की जय', 'अंग्रेजों भारत छोड़ो' के नारे लगाता हुआ नई मण्ड़ी का चक्कर लगाकर

डिप्टी कलक्टर आवास के आगे से निकलकर जैसे ही मेहता क्लब की ओर मुड़ रहा था, तभी शहर कोतवाल सहित भारी पुलिस बल वहाँ पहुँचा। पुलिस ने प्रेमचन्द जैन के हाथों में से तिरंगा झण्डा छीनने के लिए उनके हाथ पर डंडे से वार किया। जैसे ही सिपाही झंडे को लेने के लिए आगे आया, वैसे ही भारतचंद जैन ने झंडे को लपक लिया। छात्रों ने निडरतापूर्वक पुलिस से संघर्ष किया, परन्तु शहर कोतवाल के द्वारा शीघ्र ही उन्हें गिरफ्तार कर लिया गया। प्रेमचन्द जैन, भारतचन्द जैन के अतिरिक्त अकलंकप्रसाद जैन, धनप्रकाश जैन ने भी पुलिस से संघर्ष किया।[11]

प्रेमचन्द जैन ने 24 अक्टूबर 1942 को 3 माह कड़ी कैद और 100 रुपये जुर्माने की सजा पायी।[12] आन्दोलन में भाग लेने के कारण उनकी पढ़ाई भी छूट गयी। आजादी के बाद उन्होंने फिर अध्ययन प्रारम्भ किया और एल.एल.बी. की डिग्री प्राप्त की। लेखक ने उनके निवास पर जाकर उनके प्रमाण पत्र एवं ताम्र पत्र को देखा। 15 अगस्त 1972 को उत्तर प्रदेश के मुख्यमंत्री द्वारा दिये गये इस ताम्रपत्र पर उल्लेख किया गया है—'प्रेमचंद जैन पुत्र सम्मनलाल जैन मुजफ्फरनगर को पच्चीसवीं स्वतंत्रता जयंती पर स्वतंत्रता संग्राम में गौरवपूर्ण योगदान के लिए उत्तर प्रदेश शासन कृतज्ञतापूर्वक यह ताम्रपत्र भेंट करता है।'[13]

प्रेमचन्द जैन की भाँति भारतचंद जैन ने भी इस आन्दोलन में जेल यात्रा की। सूचना विभाग के अनुसार उन्हें 3 माह की कड़ी कैद की सजा दी गयी।[14] अकलंक प्रसाद जैन को 23 अक्टूबर 1942 को 3 माह कड़ी कैद की सजा सुनाकर जेल भेजा गया। धनप्रकाश जैन ने भी 3 माह कैद और 100 रुपये जुर्माने की सजा पायी। खतौली निवासी गंगासहाय जैन ने भारत छोड़ो आंदोलन में भाग लेने के कारण 9 अगस्त 1942 को 11 महीने जेल की सजा पायी। इससे पूर्व व्यक्तिगत सत्याग्रह में भाग लेने के कारण श्री जैन 28 अप्रैल, 1941 को धारा 38 डी.आई.आर. के अंतर्गत 1 वर्ष कड़ी कैद और 35 रुपये जुर्माने की सजा पा चुके थे। उन्हें शाहजहांपुर जेल में रखा गया था।[15]

शाहपुर (जिला-मुजफ्फरनगर) निवासी आनन्दप्रकाश जैन ने इस आन्दोलन में सक्रिय भाग लेने के कारण सन् 1943 में

*श्री त्रिलोकचंद जैन से साक्षात्कार लेते हुए लेखक*

भारत रक्षा कानून की धारा 39(6) के अंतर्गत 18 मास कड़ी कैद की सजा पायी।[16]

आन्दोलन के दौरान त्रिलोकचंद जैन ने अपने साथी अरूण गुप्त, जयप्रकाश और श्यामलाल के साथ रात में जाकर डी.ए.वी. कॉलेज पर तिरंगा लहरा दिया। प्रातःकाल इस घटना का पता चलते ही अंग्रेज कलक्टर जे.वी. लिंच के होश उड़ गये। उसने कॉलेज के प्रबंधक हीरालाल व हैडमास्टर किशोरी लाल को बुलाकर तुरन्त झंडा उतारने का निर्देश दिया। प्रबंधक ने जाकर तिरंगा हटवाना चाहा, परन्तु छात्र नहीं माने, अंत में सहमति बनी कि तिरंगा स्कूल में नवनिर्मित जिमनेजियम हाल पर फहराया जायेगा।[17] श्री त्रिलोकचंद जैन के अनुसार छात्रों की यह जीत तत्कालीन परिस्थितियों में ऐतिहासिक रही।[18]

मेरठ जिले के जैन समाज द्वारा इस आन्दोलन में सक्रिय भाग लिया गया। 10 अगस्त, 1942 को अंग्रेजी पुलिस ने मेरठ के सभी प्रमुख कार्यकर्ताओं एवं नेताओं को गिरफ्तार कर लिया। जैन समाज के कई देशभक्त स्वयंसेवकों को भी पुलिस ने बन्दी बना लिया तथा उन्हें जेलों में मनमानी यातनायें दी गयी। सदर बाजार मेरठ निवासी जैनदत्तप्रसाद जैन इस आन्दोलन में भाग लेने के कारण चार महीने जेल में रहे, उन पर 50 रुपये का जुर्माना भी किया गया।[19] विक्टोरिया पार्क निवासी अमीचन्द जैन, सदर निवासी सुमतप्रसाद जैन, नेहरूनगर निवासी गिरिलाल जैन, रूपचंद जैन, फतेहपुर पूठी निवासी नैनचन्द्र जैन ने भी इस आन्दोलन में सक्रिय भाग लिया और जेल यात्रायें की।[20]

13 नवम्बर, 1942 को मेरठ के क्रांतिकारियों द्वारा सी.एम.ए. (कंट्रोलर ऑफ मिलिट्री एकाउन्ट्स) कार्यालय मेरठ के रिकॉर्ड को बमों से उड़ाने की योजना बनायी गयी। इस योजना के तहत सी.एम.ए. कार्यालय में कार्यरत् उपेन्द्रनारायण वाजपेयी ने अपने साथी फणींद्रकुमार जैन, धीरेन्द्र कुमार जैन, जगदीशप्रसाद जैन, मास्टर पृथ्वी सिंह आदि के साथ मिलकर कार्यालय में 10 सेविंग स्टिक बम फेंके। इन बमों पर औद्योगिक रसायन विभाग बनारस विश्वविद्यालय लिखा हुआ था। क्रांतिकारियों को बम फेंकते हुए सी.एम.ए. कार्यालय के एक कर्मचारी ने देख लिया। उसने उपेन्द्रनारायण वाजपेयी को पहचान लिया और तुरन्त अपने उच्चाधिकारियों को इसकी सूचना दी। 16.11.1942 को उपेन्द्रनारायण को पुलिस ने गिरफ्तार कर लिया और शीघ्र ही बम काण्ड में भाग लेने वाले अन्य क्रांतिकारी भी पकड़े गये।

क्रांतिकारियों में शामिल उपेन्द्रनारायण वाजपेयी, इंद्रनारायण वाजपेयी और फणींदकुमार जैन को सरकार ने आजीवन कारावास का दण्ड सुनाया।शेष क्रांतिकारियों को भारत रक्षा कानून के अंतर्गत जेल भेज दिया गया। धीरेन्द्रकुमार जैन पर U/r 35/39 DIR के अंतर्गत केस चलाया गया और उन्हें जेल भेज दिया गया। जगदीशप्रसाद जैन को भी गिरफ्तार कर लिया गया। श्री जैन 22 नवम्बर 1942

से 13 जुलाई 1943 तक मेरठ जेल में रहे।[21] इस केस को 'मेरठ बम केस' के नाम से जाना जाता है।

मेरठ जिले के अंतर्गत आने वाले अमीनगर सराय, छपरौली, सरधना, राड़धना, करनावल तथा मवाना में भी जैन समाज ने आगे आकर भारत छोड़ो आन्दोलन में भागीदारी की। शीतलप्रसाद जैन ने अमीनगर सराय में इस आन्दोलन का नेतृत्व किया। वहाँ के कार्यकर्ताओं पर उनका अच्छा प्रभाव था। सरकार ने उन पर जुर्माना लगा दिया। जुर्माना वसूल करने के लिए पुलिस उनके आवास पर पहुँची। उन्होंने जुर्माना देने से साफ इंकार कर दिया। पुलिस उन्हें गिरफ्तार कर रही थी कि वहाँ के सैकड़ों लोगों ने मौके पर पहुँचकर पुलिस का विरोध किया और बड़ा जर्बदस्त प्रदर्शन किया। पुलिस ने क्रोधित होकर लोगों की पिटाई करनी शुरू कर दी और तुरन्त ही गोली चला दी। भीड़ में शामिल शंकर उर्फ नन्हें नाम का व्यक्ति घटनास्थल पर ही शहीद हो गया। अन्य कार्यकर्ता बुरी तरह घायल हो गये। इस घटना के दूसरे दिन अंग्रेजी पुलिस ने फिर अपना दमनचक्र चलाया। शीतलप्रसाद जैन सहित 87 कांग्रेसी कार्यकर्ताओं को पुलिस ने पकड़ लिया और गिरफ्तार करके मेरठ जेल भेज दिया।[22]

छपरौली में भगवानदास जैन ने इस आन्दोलन में भाग लिया और 3 मास कैद की सजा पायी। श्री जैन इससे पूर्व 1940 के व्यक्तिगत सत्याग्रह में शामिल होने के कारण 6 महीने जेल में रह चुके थे। छपरौली के सुमतप्रसाद जैन ने भी इस आन्दोलन में भाग लेने के कारण जेल यात्रा की।[23]

सरधना में मेहरचन्द जैन ने अपने साथियों के साथ भारत छोड़ो आन्दोलन में दिन-रात काम किया। उन्होंने सरकारी सम्पत्ति को नष्ट करने में अहम् भूमिका निभाई। उ.प्र. सूचना विभाग के अनुसार श्री जैन ने तोड़-फोड़ के कार्यों में अत्यधिक भाग लिया। जिसके कारण सरकार ने उन्हें क्रांति का मुख्य अभियुक्त मानते हुए भारत रक्षा कानून की धारा 38/35 के अंतर्गत 3 वर्ष कड़ी कैद की सजा दी। उनके साथी चेतनलाल जैन को भी जेल भेज दिया गया।[24]

सरधना की भाँति ही राड़धना के जनेश्वरदास जैन ने इस आंदोलन में पूर्ण समर्पण के साथ कार्य किया। उन्होंने घर-घर तिरंगा झण्डा फहरा दिया और सरकारी डाकखाने में आग लगा दी। शीघ्र ही अंग्रेज अधिकारियों ने उन्हें गिरफ्तार करने के लिए पुलिस दल को राड़धना भेजा। प्रत्यक्षदर्शी श्री सुभाष जैन के अनुसार उन्हें पकड़ने के लिए 150 पुलिस के जवान आये थे और सभी शस्त्रों से लैस थे। पुलिस ने 1 घंटे तक उन्हें पकड़ने के लिए संघर्ष किया। वे निरंतर 'भारत माता की जय' और 'अंग्रेजों भारत छोड़ो' के नारे लगा रहे थे, अंत में श्री जैन को गिरफ्तार कर लिया गया।[25]

करनावल (मेरठ) के जुगलकिशोर जैन ने वीर भारत सभा से स्वतंत्रता आन्दोलन में भाग लेने की प्रेरणा पाकर 1930-38 के बीच में 5 बार जेल यात्रा की थी। 1942 के भारत छोड़ो आन्दोलन में उन्होंने फिर सक्रिय भागीदारी की और जेल यात्रा की। श्री जैन को मेरठ, लखनऊ और दिल्ली की जेलों में रखा गया।[26] मवाना के भगवानदास जैन ने भी इस आन्दोलन में सक्रिय भाग लिया। उ.प्र. सूचना विभाग के अनुसार उन्हें 18 मास कड़ी कैद की सजा दी गयी।[27] पं. शीलचन्द्र जैन शास्त्री (मवाना) जेल तो नहीं जा सके, परन्तु उन्होंने इस आन्दोलन में पूरा हिस्सा लिया। उन्होंने जेल यात्रियों के परिवारों की सेवा करने का बीड़ा उठाया।[28] खेकड़ा के गोपीराम जैन, बड़ौत के शीतलप्रसाद जैन भी इस आन्दोलन में जेल यात्री रहे।[29] मेरठ के अन्य जैन नागरिकों ने भी देश के प्रति अपने कर्तव्यों का पालन किया।

बुलन्दशहर, अलीगढ़, मथुरा जिलों में भारत छोड़ो आन्दोलन के दौरान जैन समाज ने अपना सक्रिय योगदान दिया। बुलन्दशहर के रघुबीरशरण जैन ने अपने साथियों के साथ इस आन्दोलन में भाग लिया। उनकी सक्रिय गतिविधियों के कारण सरकार ने उन्हें गिरफ्तार कर लिया तथा उन्हें 6 महीने की कड़ी कैद की सजा दी गयी।[30]

अलीगढ़ में अक्षयकुमार जैन ने इस आन्दोलन में सक्रिय भाग लिया। 9 अगस्त 1942 को उनके नाम गिरफ्तारी का वारंट जारी कर दिया गया, जिसके कारण अक्षयकुमार जैन जेल गये।[31] जेल जाने से पूर्व उन्होंने आगरा से प्रकाशित 'सैनिक' पत्र से सम्बद्ध रहकर अंग्रेजी सरकार के खिलाफ जमकर लिखा। उन्होंने पूरे प्रदेश में भ्रमण करके अंग्रेजी नीतियों का विरोध किया।[32] अलीगढ़ निवासी जैनेन्द्रकुमार इस आन्दोलन के दौरान सपरिवार मलेरिया से ग्रसित हो गये, जिस कारण श्री जैन पहले दोनों आन्दोलनों की भाँति इस आन्दोलन में जेल यात्रा नहीं कर पाये। थोड़ा स्वस्थ होने पर उन्होंने पुनः देश के लिए कार्य करना प्रारम्भ कर दिया।[33] यशपाल जैन (अलीगढ़ निवासी) ने 1938 में महात्मा गाँधी के साथ जुड़कर सस्ता साहित्य मण्डल और जीवन सुधा मासिक के सम्पादक के रूप में देशवासियों को आजादी की लड़ाई में भाग लेने को प्रेरित किया। इस आन्दोलन के दौरान उन्होंने लेखन के माध्यम से देश की सेवा की।[34]

मथुरा में भारत छोड़ो आन्दोलन के दौरान कार्यकर्ताओं ने अंग्रेजों का कड़ा विरोध किया। सरकारी सम्पत्ति को नुकसान पहुँचाने के साथ ही स्वयंसेवकों ने जगह-जगह विरोध स्वरूप प्रदर्शन किये। पुलिस ने निर्ममता पूर्वक कार्यकर्ताओं को पीटना एवं गिरफ्तार करना प्रारम्भ कर दिया। जैन समाज के देशभक्तों को भी पुलिस ने गिरफ्तार कर लिया। सुनहरीलाल जैन 'आजाद' को भारत रक्षा कानून की धारा 26 के अंतर्गत सरकार ने 10 महीने तक नजरबंद रखा। श्री जैन ने अपने क्षेत्र

सहपऊ में सरकार विरोधी अनेक कार्य किये थे। उनके पिता रिक्खीलाल जैन ने भी इस आंदोलन में भाग लिया। रिक्खीलाल जी 1941 के व्यक्तिगत सत्याग्रह में भाग लेने के कारण 1 वर्ष जेल में रह चुके थे। सरकार ने उन पर 30 रुपये का जुर्माना भी लगाया था।[35]

*आगरा में सेठ अचलसिंह एवं भगवतीदेवी जैन के स्टेच्यु के साथ लेखक*

रिक्खीलाल जैन के दूसरे पुत्र जयन्तीप्रसाद जैन ने भी इस आन्दोलन में सक्रिय भाग लिया। आन्दोलन के दौरान उन्होंने अपनी मंडली के साथ मथुरा में जगह-जगह जाकर सरकार विरोधी नारे लगाये तथा सरकारी सम्पत्ति को नष्ट किया। परिणाम स्वरूप सरकार ने उन्हें गिरफ्तार कर लिया।[36] श्री जैन 1941 के व्यक्तिगत सत्याग्रह में भी भाग लेने के कारण 6 मास कैद और 20 रुपये जुर्माने की सजा पा चुके थे। जुगलकिशोर जैन ने भी इस आन्दोलन में भाग लेने के कारण जेल के कष्ट भोगे। श्री जैन 1941 के व्यक्तिगत सत्याग्रह में भागीदारी करने के कारण भी, 1 वर्ष कैद और 24 रुपये जुर्माने की सजा पा चुके थे। रामसिंह जैन को इस आन्दोलन में भाग लेने के कारण 15 दिन नजरबंद रखा गया। 1941 के व्यक्तिगत आंदोलन में भाग लेने के कारण भी श्री जैन 1 वर्ष कारागार में रहे थे और उन पर 50 रुपये जुर्माना किया गया था।[37]

आगरा के जैन समाज ने पहले आन्दोलनों की भाँति व्यक्तिगत सत्याग्रह तथा भारत छोड़ो आन्दोलन में भी सक्रिय भाग लिया। सेठ अचलसिंह जैन ने जिला कांग्रेस कमेटी के प्रधान के तौर पर पूरे जिले में अनवरत कार्य किया। महात्मा गाँधी द्वारा व्यक्तिगत सत्याग्रह का कार्यक्रम जारी करते ही सेठ जी ने 15 दिसम्बर, 1940 को आगरा के 'पृथ्वीनाथ' नामक स्थान पर सत्याग्रह करने की सूचना कांग्रेस के निर्णयानुसार जिला मजिस्ट्रेट को दे दी। जिला प्रशासन ने 15 तारीख की प्रतीक्षा करने से पूर्व ही 14 दिसम्बर को सेठ जी को उनके निवास स्थान से गिरफ्तार कर लिया।[38] उ.प्र. सूचना विभाग के अनुसार उन्हें 1 वर्ष कैद की सजा हुई थी।[39]

वैद्य चिरंजीलाल जैन ने तहसील बाह जिला आगरा में सत्याग्रह किया, जबकि

उनके साथी पंचमलाल जैन 19 फरवरी, 1941 को चावली (आगरा) में सत्याग्रह करते हुए गिरफ्तार कर लिये गये।[40] लोहा मंडी आगरा निवासी मक्खनलाल जैन के पुत्र पद्मकुमार जैन ने व्यक्तिगत सत्याग्रह आन्दोलन के दौरान 3 अगस्त 1941 से 4 जनवरी 1942 तक जेल यात्रा की।

पन्नालाल जैन पुत्र चुन्नीलाल जैन इरादत नगर आगरा भी इस आन्दोलन के दौरान 7 जुलाई, 1941 को पकड़े गये और उन्हें 3 माह जेल में रखा गया। उन पर 10 रुपये का जुर्माना भी किया गया। महेन्द्र जैन भी इस आंदोलन के दौरान गिरफ्तार कर लिये गये। उ.प्र. सूचना विभाग के अनुसार उन्हें 15 अप्रैल 1941 को कैद किया गया और वे 18 दिसम्बर 1941 को रिहा कर दिये गये।[41]

व्यक्तिगत सत्याग्रह के बाद शुरू हुए 'भारत छोड़ो आन्दोलन' में आगरा के जैन समाज ने अपनी पूरी शक्ति झोंक दी। बम विस्फोट, प्रदर्शन, गिरफ्तारियाँ, समाचार पत्रों का गुप्त प्रकाशन आदि कार्यों में जैन नागरिकों ने बढ़-चढ़कर भाग लिया। गोर्धनदास जैन ने कई बम विस्फोट कराकर अंग्रेजों की नींद उड़ा दी। श्री जैन आगरा में 'मास्टर साहब' के नाम से प्रसिद्ध थे। उन्होंने योजनाबद्ध तरीके से सेठ गली आगरा के सिटी पोस्ट ऑफिस को उड़ाने के लिए एम.एस.सी. के विद्यार्थी हुकुमचंद जैन को एक लिफाफे में बम रखकर पोस्ट ऑफिस में पार्सल कराने हेतु भेजा। हुकुमचंद जैन के पार्सल कराने के कुछ ही समय बाद वह बम फट गया और पोस्ट ऑफिस का आधा फर्नीचर उड़ गया। इसी प्रकार गोर्धनदास जैन ने आगरा कॉलेज के प्रिंसीपल की मेज की दराज में बम रख दिया। कुछ ही देर बाद विस्फोट हुआ और वह मेज छत तक उड़कर टूट गई।[42]

चिम्मनलाल जैन ने भी इसी प्रकार के अनेक कार्यों में भाग लिया। लेखक को दिये एक साक्षात्कार में उन्होंने स्वीकार किया था कि आगरा में बम विस्फोट की योजना बनाने में उनकी अहम् भागीदारी रहती थी। श्री जैन अपने आवास पर छिपाकर बम रखते थे और जहाँ आवश्यकता पड़ती, वहाँ उन्हें पहुंचाने के लिए सदैव सजग रहते थे।[43] पूरे शहर में उनके द्वारा बमों की पूर्ति कराने की बात शीघ्र ही पुलिस को पता चल गयी फलस्वरूप सरकार ने ध्वंसात्मक कार्य करने के अपराध में उन्हें गिरफ्तार कर लिया। उ.प्र. सूचना विभाग के अनुसार श्री जैन को 12 फरवरी, 1943 को धारा 129 के तहत गिरफ्तार किया गया और लम्बे समय तक नजरबंद रखा गया।[44]

आगरा के समीप ही स्थित कागारौल नामक गाँव में एक सरकारी डाक बंगला स्थित था। क्रांतिकारियों ने रात के समय धावा बोलकर डाक बंगले में आग लगा दी। अग्नि की पकड़ इतनी तेज हुई कि डाकबंगले का सारा सामान जल गया और अंत में पूरी बिल्डिंग बुरी तरह फट गयी। इस अग्निकाण्ड की खबर चारों ओर फैल

गयी। पुलिस ने तुरंत वहाँ पहुंचकर कागारौल और उससे लगे हुए गाँव सौनिगा को घेर लिया। ग्रामीण लोगों को बुरी तरह पीटा गया और उन पर सामूहिक जुर्माना किया गया। कागारौल पर तीन हजार तथा सौनिगा पर एक हजार रुपये का जुर्माना थोपा गया।[45]

डाक बंगले को जलाने में जैन युवकों ने भी भाग लिया था, अतः शीघ्र ही पुलिस ने इन कार्यकर्ताओं को गिरफ्तार कर लिया। फिरोजाबाद आगरा निवासी 2 सगे भाई सन्तलाल जैन व बसंतलाल जैन तथा रामबाबू जैन, राजकुमार जैन, धनपति सिंह जैन एवं गांव जोतराज बसैया आगरा निवासी नेमीचन्द जैन को पुलिस ने गिरफ्तार कर लिया।

'जैन संदेश' (राष्ट्रीय अंक) के अनुसार सन्तलाल जैन को सरकार द्वारा डाक बंगला जलाने के अपराध में पकड़कर सर्वप्रथम छोटी जेल भेजा गया, परन्तु उन पर केस साबित न होने के कारण उन्हें नजरबंद कर दिया गया। मई 1943 को सरकार ने इस शर्त पर उन्हें रिहा किया कि वे नियमित रूप से थाने में हाजिरी दिया करें, परन्तु सन्तलाल जैन ने इस सरकारी आज्ञा को नहीं माना, जिसके कारण कुछ ही दिन बाद सरकार ने उन्हें पुनः नजरबन्द कर लिया तथा उसके बाद अक्टूबर 1946 में ही छोड़ा। बसंतलाल जैन, रामबाबू जैन तथा राजकुमार जैन के साथ भी पुलिस ने सन्तलाल जैन जैसा व्यवहार किया।

धनपतिसिंह जैन को सरकार ने डाकबंगला अग्निकाण्ड का लीडर मान कर गिरफ्तार किया। उन्हें काफी यातनायें दी गयी और 1 वर्ष तक जेल में रखा गया। नेमीचंद जैन के विषय में 'जैन संदेश' लिखता है कि श्री जैन को डाकबंगला जलाने के आरोप में 2 साल तक नजरबंद रखा गया। इस प्रकार सरकारी सम्पत्ति को नष्ट करने के कारण इन युवकों ने सजाएं पायी।

आगरा के रोक्सी सिनेमा में बम रखने के अपराध में निर्मलकुमार जैन को गिरफ्तार कर लिया गया तथा उन्हें जेल में गहरी यातनायें दी गयी। जगह-जगह टेलीफोन के तार काटे गये। इन गतिविधियों में भी जैन समाज ने हाथ बंटाया। पीतमचन्द जैन, श्यामलाल जैन रायभा, बंगालीमल जैन, रामस्वरूप जैन 'भारतीय', पन्नालाल जैन 'सरल', गुलजारीलाल जैन आदि कार्यकर्ताओं की इस कार्य में भागीदारी रही।

पीतमचन्द जैन आगरा के रायभा इलाके में टेलीफोन तार काटते हुए पकड़े गये। पुलिस ने उन्हें गिरफ्तार कर लिया तथा कई माह तक नजरबन्द रखा।[46] श्यामलाल जैन ने भी इस कार्य में भाग लेने के कारण जेल यात्रा की। उ.प्र. सूचना विभाग के अनुसार श्री जैन 25 सितम्बर, 1942 को धारा 29 के अंतर्गत पकड़े गये थे। जेल में उन्हें लकवा मार जाने के कारण बहुत कष्ट उठाना पड़ा।[47] बंगालीमल

जैन को 25 मार्च 1943 को धारा 129 के अंतर्गत गिरफ्तार कर लिया गया। श्री जैन ने अपने साथियों के साथ भारत छोड़ो आन्दोलन में काफी कार्य किया। रामस्वरूप जैन अपने नाम के आगे 'भारतीय' लगाते थे। धारा 129 के अंतर्गत 6 जनवरी, 1943 से 5 मार्च 1943 तक श्री जैन जेल में रहे। आगरा में इस आन्दोलन के दौरान 'भारतीय' जी कार्यकर्ताओं को अनेक प्रकार से मदद करते थे।

पन्नालाल जैन पुत्र बाबूलाल जैन 11 सितम्बर, 1942 से 17 अक्टूबर 1942 तक नजरबंद रहे। 'जैन संदेश' के अनुसार श्री जैन आगरा के 'नारखी' क्षेत्र के एकमात्र कार्यकर्ता थे, जो जेल गये। पत्र के अनुसार उन्होंने सन् 1942 के प्रारम्भ में 'निर्धन-सेवा-सदन' स्थापित करके गाँवों में फैली हुई गल्ले की कमी को अपने खर्चे से मँगाकर पूरा किया और ग्रामीणवासियों को यह संदेश दिया कि अंग्रेजी राज का ही यह परिणाम है, जो आज हम अन्न जैसी सर्व सुलभ वस्तु के लिए भी तरस रहे हैं। उन्होंने कहा कि ग्रामीणवासियों को चाहिए कि वे भारत के स्वतंत्रता आन्दोलन में अपना पूर्ण योगदान दे। पन्नालाल जैन ने बीस गाँवों में जाकर 'ग्राम्य गीत सम्मेलन' कराये तथा उसके माध्यम से ग्रामीणों को आन्दोलन में भाग लेने हेतु प्रेरित किया।[48]

गुलजारीलाल जैन भी बहुत समय तक पुलिस द्वारा नजरबंद किये गये। श्री जैन फिरोजाबाद म्यूनिसिपल बोर्ड के चेयरमैन भी रहे। आगरा कांग्रेस कमेटी के प्रधान सेठ अचलसिंह जो, 9 अगस्त 1942 को ही गिरफ्तार कर लिये गये थे, 1 नवम्बर 1943 को रिहा कर दिये गये।[49] सेठ जी ने जेल से आते ही फिर आगरा में प्रदर्शन और सरकार विरोधी कार्यक्रम प्रारम्भ कर दिये। फलस्वरूप सरकार ने उन्हें फिर गिरफ्तार कर लिया। सेठ अचलसिंह 'भारत छोड़ो आन्दोलन' में 2 साल 6 माह जेल में रहे।

उत्तमचन्द जैन ने भी इस आंदोलन में पूर्ण सहयोग दिया। श्री जैन 1939 से ही राष्ट्रीय आंदोलन में सक्रिय हो गये थे। इसी वर्ष श्री जैन को मौजा बरारा आगरा में एक बड़ी सभा में भाषण देने के कारण गिरफ्तार कर लिया गया। 1941 के व्यक्तिगत सत्याग्रह में भाग लेने के कारण श्री जैन 13 महीने जेल में रहे। 1942 की 'अगस्त क्रांति' के पहले ही दिन 9 अगस्त को उन्हें गिरफ्तार कर लिया गया और 2 वर्ष तक जेल में नजरबंद रखा गया। 1944 में श्री जैन जब जेल से रिहा होकर आये, तो उन्होंने अंग्रेज अधिकारियों द्वारा जबरदस्ती माँगे जा रहे चंदे का विरोध किया। पुलिस ने उन्हें पुनः गिरफ्तार कर लिया और 2 महीने नजरबंद रखा।[50] उत्तर प्रदेश सरकार का सूचना विभाग भी इन सजाओं की पुष्टि करता है।[51]

लोहा मण्डी आगरा निवासी रतनलाल जैन ने इस दौरान कांग्रेस कार्यक्रमों में आगे बढ़कर भाग लिया तथा धन देने में कभी पीछे नहीं हटे। भारत छोड़ो आन्दोलन

में भी उन्होंने सक्रिय भागीदारी की। उ.प्र. सूचना विभाग के अनुसार श्री जैन धारा 26 के अंतर्गत 16 अगस्त 1942 से 23 मार्च 1943 तक नजरबंद रहे।[52] उन्हें आगरा के केन्द्रीय कारागार में रखा गया था, जो उस समय राजनीतिक बंदियों से ठसाठस भरा हुआ था। श्री जैन ने बंदी जीवन के दौरान कारागार में भी कैदियों को सदैव राष्ट्रभक्ति से ओत-प्रोत किया।

मानिकचंद जैन ने पिछले आन्दोलनों की भाँति 1942 के आन्दोलन में भी सक्रिय भाग लिया। सरकारी सम्पत्ति को नष्ट करने में उन्होंने अहम् भूमिका निभाई। तोड़-फोड़ के अपराध में पुलिस ने श्री जैन को गिरफ्तार करके कोतवाली में रखा और काफी यातनाएँ दी। पुलिस उनसे विस्फोटक पदार्थों के वितरण से सम्बन्धित जानकारी उगलवाना चाह रही थी, परन्तु श्री जैन ने कुछ न बताया। सभी प्रयत्नों के बाद पुलिस ने दफा 26 डी.आई.आर. में उन्हें 1 वर्ष के लिए नजरबंद कर दिया।[53] उ.प्र. सूचना विभाग के अनुसार मानिकचन्द जैन मार्च 1943 से 9 नवम्बर 1943 तक नजरबंद रहे।[54]

किशनलाल जैन ने भी इस आन्दोलन में अपना योगदान दिया। 1940 के व्यक्तिगत सत्याग्रह में उन्हें सरकार ने नजरबंद कर लिया था। 1942 में 9 अगस्त से पूर्व ही पुलिस ने क्रांतिकारी होने के कारण श्री जैन को हिरासत में ले लिया। उसके बाद उन्हें लगभग 2 साल तक आगरा और फतेहगढ़ जेलों में रखा गया। फिरोजाबाद आगरा निवासी रतनलाल जैन पुत्र राधाकिशन जैन ने इस आन्दोलन में भाग लेने के कारण जेल की सजा काटी। जेल में बीमार होने के कारण उन्हें अधिक समय कैद में नहीं रखा गया।[55] श्री जैन ने 13 अगस्त 1942 से 1 जनवरी 1943 तक जेल की सजा भोगी।[56] नंदकिशोर जैन आगरा के पुत्र विमलकुमार जैन ने भी इस आंदोलन में भागीदारी की।[57] आगरा की तहसील किरावली के गाँव साधनखेड़ा निवासी उम्मेदीलाल जैन ने अपने साथियों के साथ इस आन्दोलन में भाग लेकर जेल यात्रा की।[58]

आगरा के जैन समाज ने इस आन्दोलन के दौरान विभिन्न पत्र-पत्रिकाओं के माध्यम से अंग्रेजी सरकार को कड़ा जवाब दिया। पूरे संयुक्त प्रान्त में यहाँ के जैन नागरिकों के माध्यम से अखबारों में ब्रिटिश नीतियों की आलोचना की जाती थी। अगस्त क्रांति के दौरान सरकार ने भारतीय समाचार पत्रों पर पाबंदी लगानी प्रारम्भ कर दी, तब देशभक्तों ने साइक्लोस्टाइल मशीन से विभिन्न पत्रों का मुद्रण प्रारम्भ कर दिया। आगरा जिले में इस प्रकार के पत्रों में 'सिंहनाद', 'आगरा-समाचार', 'स्पेशल बुलेटिन', 'आगरा पंच', 'आजाद हिन्दुस्तान' आदि प्रमुख थे। कांग्रेस की ओर से प्रकाशन विभाग की जिम्मेदारी महेन्द्र जैन को दी गयी। श्री जैन ने आगरा में ऐसा प्रबंध किया कि रातों-रात सरकार के खिलाफ समाचार पत्र तैयार किये जाते

और सुबह ब्रह्ममुहूर्त होने से पहले ही उन्हें घर-घर वितरित करा दिया जाता। सरकार ने इन समाचार पत्रों को रोकने के लिए अपनी तमाम शक्ति लगा दी, परन्तु वह अपने इरादे में कामयाब नहीं हो सकी। पुलिस जब निराश हो गयी, तो उसने अपना गुस्सा हॉकरों पर उतारना शुरू कर दिया। जो हॉकर मिलता, उसको पकड़कर पुलिस बहुत मारती और उसके बाद उसे हवालात में बंद कर दिया जाता।[59]

*बाबू कपूरचन्द जैन*

महेन्द्र जी के साथ बाबू कपूरचंद जैन, नेमीचन्द जैन मित्तल, मानिकचंद जैन, गोर्धनदास जैन, प्रतापचंद जैन, गोविन्दराम जैन आदि भी गुप्त रूप से इन समाचार पत्रों में दिन-रात परिश्रम करते थे। महावीर प्रेस तथा साहित्य रत्न भण्डार उनका प्रमुख अड्डा था।

महेन्द्र जैन ने अपने प्रेस में 'लाल पर्चे' के नाम से एक बड़ा सूचना पत्र छापा, जिसमें कांग्रेस के 8 अगस्त 1942 को हुए बम्बई अधिवेशन के समाचार तथा गाँधी जी के विचार प्रकाशित किये गये थे। इस पर्चे में अंग्रेजों के खिलाफ भी खुलकर लिखा गया। इस लाल पर्चे को आगरा में घर-घर तक पहुँचाया गया। इस पर्चे को पढ़कर जनता में जोश की लहर फैल गयी। यह पर्चा आगरा के अतिरिक्त उत्तर प्रदेश के अन्य जिलों में भी वितरित किया गया।[60] सरकार ने पर्चे छापने के अपराध में महेन्द्र जैन को गिरफ्तार कर लिया और 2 साल तक बंद रखा।[61] उ.प्र. सूचना विभाग के अनुसार श्री जैन को 9 सितम्बर, 1942 को नजरबंद कर दिया गया।[62]

महेन्द्र जी के साथी बाबू कपूरचंद जैन जो महावीर प्रेस के मालिक थे, अपने प्रेस से 'आजाद हिन्दुस्तान' पत्र का प्रकाशन करते थे। सरकार द्वारा पिछले आन्दोलन के दौरान उनकी प्रेस को बंद कर दिया गया था, परन्तु श्री जैन भारत छोड़ो आन्दोलन में फिर सक्रिय हो गये। इस बार उन्होंने क्रांतिकारियों को अपनी प्रेस के एक हिस्से में बैठाने की भी व्यवस्था कर दी। परिणामस्वरूप उनका प्रेस क्रांतिकारी गतिविधियों के संचालन के लिए जाना जाने लगा। शीघ्र ही पुलिस ने इनकी तलाश शुरू कर दी, परन्तु श्री जैन पुलिस के हाथ नहीं आये और 1 साल तक भूमिगत रहे।[63] भूमिगत रहकर भी वे बराबर आगरा के आन्दोलन पर नजर रखते रहे।

नेमीचंद जैन (मित्तल) ने सिंहनाद के प्रकाशन का कार्य अपने हाथ में लेकर जन जागरण का कार्य किया। सिंहनाद में अंग्रेजी सरकार की निंदा खुले शब्दों में की जाती थी। यह पत्र साइक्लोस्टाइल था और इसके वितरित करने की योजना भी

अत्यंत सर्तकता के साथ सम्पन्न की जाती थी। 'सिंहनाद' छापने के स्थान परिवर्तित होते रहते थे। पुलिस आकाश-पाताल एक करके भी इसे पकड़ने में असमर्थ रही।

नेमीचंद जैन, आगरा के क्रांतिकारी दल के मुख्य स्तम्भों में गिने जाते थे। नये नौजवानों को परखकर कार्य कराने की अद्वितीय क्षमता श्री जैन में समाहित थी। उस समय क्रांतिकारियों ने आगरा स्थित 'नारायण भवन' को अपना केन्द्रस्थल बना रखा था। श्री जैन वहाँ की समस्त व्यवस्थाओं को सम्भालते थे।[64] नेमीचंद जैन प्रसिद्ध 'आगरा षड्यंत्र केस' के मुख्य अभियुक्तों में से एक थे। उ.प्र. सूचना विभाग के अनुसार श्री जैन पर यह मुकदमा लगभग 2 वर्ष तक चला, परन्तु सरकार पर प्रमाणिक सबूत न होने के कारण वे बरी कर दिये गये। बरी होने के बाद श्री जैन को भारत छोड़ो आन्दोलन के दौरान 7 दिसम्बर 1942 को धारा 26/129 के अंतर्गत फिर गिरफ्तार कर लिया गया और 25 सितम्बर 1944 तक वे जेल में रहे।[65] श्री जैन आगरा के केन्द्रीय कारागृह के अलावा फतेहगढ़ जेल में भी रखे गये।[66] उनके सहयोगी मानिकचंद जैन पर सरकार ने आरोप लगाया कि वे 'आजाद हिन्दुस्तान' के प्रकाशन में सहयोग देते हैं। उन्हें 8 मार्च, 1943 से 9 नवम्बर 1943 तक नजरबंद रखा गया।[67]

गोर्धनदास जैन ने 'आजाद हिन्दुस्तान' का प्रकाशन और सम्पादन का कार्य सम्भाल रखा था। अतः पुलिस ने उन्हें गिरफ्तार करके 1 साल तक नजरबंद कर दिया। उन पर सरकार ने यह भी आरोप लगाया कि वे गुप्तरीति से आन्दोलन का संचालन करते हैं।[68]

प्रतापचंद जैन ने बाबू कपूरचंद जैन व नेमीचंद जैन का हर आन्दोलन में साथ दिया। संदेह के आधार पर पुलिस ने कई बार उन्हें परेशान किया। गोविन्दराम जैन को भी नेमीचन्द जैन का सहयोगी होने के कारण सरकार की नाराजगी सहन करनी पड़ी। 'जैन संदेश' के अनुसार पुलिस उनके घर से छापा मशीन का एक पुर्जा ले आयी और इसी आधार पर उन्हें 2 महीने नजरबंद कर दिया गया। मोतीलाल जैन को 'आजाद हिन्दुस्तान' के पर्चे बांटने के कारण 6 महीने की सजा हुई।[69]

आगरा के जैन देशभक्तों ने भारत छोड़ो आन्दोलन के दौरान कांग्रेस संगठन को मजबूत करने एवं जेल जाने वाले कार्यकर्ताओं के परिवारों की सहायता करने में भी अहम् भूमिका निभाई।

नत्थीलाल जैन ने अपनी मित्र मंडली के साथ देशसेवा में भाग लिया। उनकी मंडली में हुकुमचन्द जैन, दरबारीलाल जैन, फूलचंद जैन बजाज, किरोड़ीमल जैन, शीतलप्रसाद जैन, श्यामलाल जैन 'बारौलिया', आदि कार्यकर्ता थे।

आगरा निवासी फूलचन्द जैन (बरवासिया) ने इस आन्दोलन में 'आजाद हिन्दुस्तान' समाचार पत्र बाँटने का कार्य कर आन्दोलन की सूचनाओं को एक स्थान

से दूसरे स्थान पर पहुँचाकर आन्दोलनकारियों का मनोबल बढ़ाया तथा उन्हें आन्दोलन की गतिविधियों से अवगत कराया।[70] आगरा की तहसील किरावली के ग्राम पुरमाना के साहसी और कर्मठ युवा बाबूलाल जैन पुत्र चन्दनलाल जैन ने इस आन्दोलन में अपनी सक्रिय भागीदारी की। श्री जैन इस आन्दोलन के दौरान लम्बे समय तक जेल में रहे।[71] धूलिया गंज आगरा निवासी मास्टर राम सिंह जैन ने भी इस आन्दोलन में सहयोग दिया। श्री जैन को जेल नहीं भेजा गया। उन्होंने बाहर रहकर एक कार्यकर्ता के रूप में समर्पित होकर कार्य किया।[72]

ग्राम लड़ावना (आगरा) निवासी श्यामलाल जैन (सत्यार्थी) ने 'अगस्त क्रांति' में सक्रिय भाग लिया। पुलिस ने उन्हें गिरफ्तार कर लिया और काफी समय जेल में रखा। फिरोजाबाद (आगरा) के बाबू मानिकचंद जैन भी इस आन्दोलन में भाग लेने के कारण जेल गये।[72] इस प्रकार आगरा जैन समाज ने इस आन्दोलन में बड़ी संख्या में सम्मिलित होकर अपना महत्त्वपूर्ण योगदान दिया।

एटा, मैनपुरी, मुरादाबाद, फर्रूखाबाद और इटावा जिलों में भारत छोड़ो आन्दोलन के दौरान जैन समाज ने सक्रिय होकर कार्य किया।

एटा में 14 अगस्त 1942 को कांग्रेसी कार्यकर्ताओं ने सरकार विरोधी एक बड़ा जुलूस निकाला। पुलिस ने बाबूराम साबुन वाले की दुकान के सामने जुलूस को रोकने का प्रयास किया, परन्तु कार्यकर्ताओं ने पुलिस की परवाह न करते हुए जुलूस चालू रखा। क्रोधित होकर पुलिस ने लाठीचार्ज करना प्रारम्भ कर दिया। उस समय स्वयंसेवकों की संख्या अधिक थी और सरकारी तंत्र कम था, अतः जनता पुलिस पर टूट पड़ी और उसने पुलिस को खदेड़ दिया। पुलिस को मैदान छोड़कर भागना पड़ा। इस घटना के बाद जुलूस पुनः नारे लगाते हुए आगे बढ़ गया। रास्ते में जनता ने सरकारी लैटरबॉक्स, टेलीफोन के तार एवं खम्भे उखाड़ दिये। इसके पश्चात् जुलूस काली नदी पर बने रेलवे पुल के पास पहुँचा और उसने रेल की लाइनों पर पत्थरों के ढेर जमा करने शुरू कर दिये। उसी समय आगरा से आने वाली एक ट्रेन पर जनता ने धावा बोल दिया। ट्रेन के कई डिब्बों को बुरी तरह क्षतिग्रस्त कर दिया गगा। इसी घटना के दौरान अंग्रेजी पुलिस चार-पाँच ट्रकों में सवार होकर वहाँ पहुँची और उसने भीड़ को पीछे खदेड़ा। पुलिस ने लाठीचार्ज प्रारम्भ कर दिया और उसके बाद कार्यकर्ताओं को गिरफ्तार करना शुरू कर दिया गया।[73]

एटा में जैन समाज के युवकों ने भी इस आन्दोलन में अपना सहयोग दिया। जिला कारागार एटा के अधीक्षक द्वारा जारी प्रमाण-पत्र के अनुसार सन्तकुमार जैन पुत्र गुरूदयाल जैन (निवासी-आवागढ़ जलेसर, एटा) ने व्यक्तिगत सत्याग्रह आन्दोलन के दौरान दिनांक 09.04.1941 में 8 माह कैद और 100 रुपये जुर्माने की सजा पायी थी।[74] भारत छोड़ो आन्दोलन में जुलूस के दौरान उन्हें गिरफ्तार कर लिया गया और

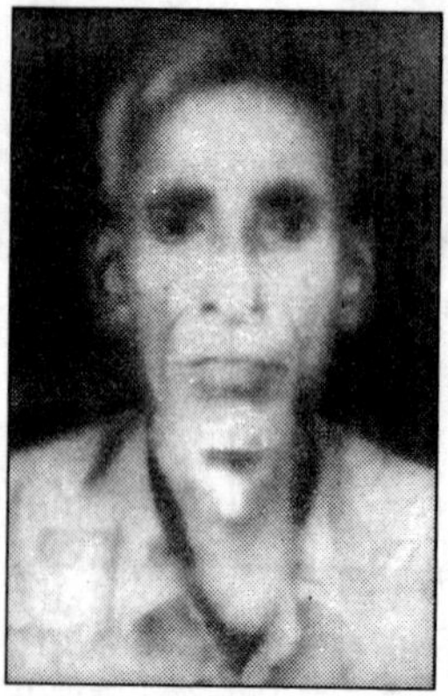

*सन्तकुमार जैन*

9 महीने तक जेल में रखा गया। जेल से वापस आने के बाद उन्होंने कांग्रेस कमेटी के प्रधान के तौर पर फिर आन्दोलन में भागीदारी प्रारम्भ कर दी।[75]

जिला मैनपुरी में अगस्त क्रान्ति के दौरान जनता ने अनेक प्रकार से अपना विरोध प्रदर्शन किया। छात्रों की एक गुप्त कमेटी ने कस्बे के कोने-कोने में हड़ताल कराने के लिए हस्तलिखित पर्चे चिपका दिये। पर्चों पर लिखे संदेश को पढ़कर दुकानदारों ने अपनी दुकानें खाली करके सामान घरों में भर लिया। जिले में सम्पूर्ण कामकाज ठप्प पड़ गया। जनता ने थाने पर हल्ला बोलकर पुलिस को झुकने पर मजबूर कर दिया। थाने के थानेदार आलेअली ने अपनी पिस्तौल क्रांतिकारियों के सामने झुका दी। इस घटना से सरकार सचेत हो गयी और उसने उसी रात दो बस विशेष पुलिस भेजकर मैनपुरी में गिरफ्तारियाँ शुरू कर दी। चारपाइयों पर विश्राम कर रहे नागरिकों को बंदूक दिखाकर गिरफ्तार कर लिया गया। जिले में धारा 144 लागू हो गयी।

मैनपुरी में इस आन्दोलन के दौरान जैन समाज ने भी अपनी भागीदारी की। रामस्वरूप जैन पुत्र छोटेलाल जैन (निवासी खैरगढ़, मैनपुरी) ने सरकार की नाक में दम कर दिया। उन्होंने सरकारी सम्पत्ति को नुकसान पहुँचाने में अहम् भूमिका

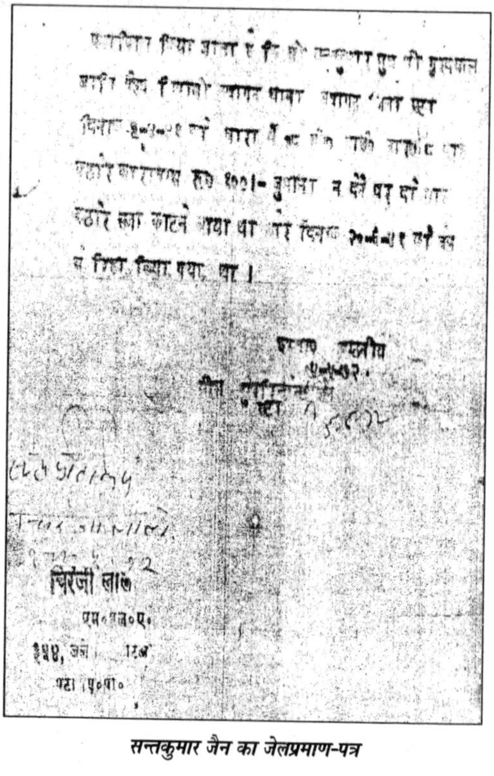

चिरंजी लाल

*सन्तकुमार जैन का जेलप्रमाण-पत्र*

निभाई। अंत में सरकार ने घेराबंदी करके उन्हें फिरोजाबाद में गिरफ्तार कर लिया। रामस्वरूप जैन क्रांतिकारी मण्डल के मंत्री थे। उ.प्र. सूचना विभाग के अनुसार श्री जैन सन् 1942 से 1944 तक नजरबंद रखे गये। थाना कुरावली मैनपुरी निवासी देशदीपक जैन ने भी इस आन्दोलन में सक्रिय भाग लिया। सन् 1942 में उन्होंने पुलिस से छिपकर सरकारी कार्यों में बाधा पहुँचाने का कार्य किया। सन् 1943 में पुलिस ने श्री जैन को गिरफ्तार कर लिया तथा 14 महीने कड़ी कैद और 100 रुपये जुर्माने की सजा दी।[76] देश दीपक जैन के साथी दरबारीलाल जैन भी पकड़े गये और उन्हें एक वर्ष का कठिन कारावास और 500 रुपये का आर्थिक दण्ड दिया गया।[77] बाबूराम जैन मैनपुरी ने इस आन्दोलन के दौरान दो बार जेल यात्रा की। उनके सहयोग से जिले में इस आन्दोलन को गति मिली।[78]

मुरादाबाद में 9 अगस्त 1942 को जिले के प्रमुख नेताओं को पुलिस ने गिरफ्तार कर लिया। गिरफ्तारी के विरोध में जनता ने जुलूस निकाले और तोड़फोड़ की कई घटनायें भी अंजाम दी गयी। 10 अगस्त को जिले के जिला मजिस्ट्रेट और पुलिस कप्तान ने हथियार बंद जत्थे के साथ गश्त निकाली। यह सरकारी काफिला जैसे ही मौहल्ला दरीबापान पहुँचा तो उसने वहाँ से लेकर मंडी चौक तक लोगों का जमाव देखा। भीड़ ने सारा बाजार बंद किया हुआ था। अधिकारियों ने भीड़ को तुरन्त हट जाने की चेतावनी दी, परन्तु जनता ने सरकार विरोधी नारे लगाने प्रारम्भ कर दिये। इससे अंग्रेजी सेना तिलमिला गयी और उसने गोली चलानी शुरू कर दी। भागते हुए लोगों पर भी गोली चलाई गयी। इस गोली कांड में 200 व्यक्ति घायल हो गये और 3 नागरिक शहीद हो गये।[79] इसके बाद पुलिस ने गिरफ्तारियों का दौर पुनः प्रारम्भ कर दिया।

मुरादाबाद के जैन समाज ने इस वातावरण में भी साहस का परिचय देते हुए देश के लिए कार्य किया। केशवशरण जैन ने अपने साथियों के साथ स्थानीय कोर्ट में जाकर राष्ट्रीय ध्वज फहरा दिया। ध्वजारोहण के बाद उन्होंने एकत्रित जन समूह को सम्बोधित करते हुए 'करो या मरो' का अनुसरण करने को प्रेरित किया।[80] श्री जैन को कोर्ट परिसर में ही पुलिस ने गिरफ्तार कर लिया। उ.प्र. सूचना विभाग के अनुसार उन्हें 1 वर्ष कड़ी कैद और 50 रुपये जुर्माने की सजा दी गयी।[81]

चन्दौसी (मुरादाबाद) निवासी रतनलाल जैन पुत्र भोलानाथ जैन ने भी इस आन्दोलन में अपना सहयोग दिया। उ.प्र. सूचना विभाग के अनुसार उन्होंने व्यक्तिगत सत्याग्रह में भाग लेने के कारण भी 250 रुपये जुर्माने की सजा पायी थी। सिपाहीलाल जैन ने पुलिस से छिपकर आन्दोलन के लिए कार्य किया। उन्होंने लगभग 50 गाँवों के मंडल प्रधान के तौर पर ग्रामीणों के बीच जाकर भारत छोड़ो आन्दोलन में भाग लेने को उन्हें प्रेरित किया।[82] व्यक्तिगत सत्याग्रह में भी उन्होंने

भाग लिया था, जिसके कारण सरकार ने उन्हें एक वर्ष कड़ी कैद और 25 रुपये जुर्माने की सजा दी थी।[83] अमरोहा (मुरादाबाद) निवासी रघुबीरशरण जैन की धर्मपत्नी श्रीमती प्रेमकुमारी जैन इस दौरान वर्धा गयी हुई थी। उन्होंने वर्धा में ही इस आन्दोलन में भाग लिया। पुलिस ने उन्हें गिरफ्तार कर लिया और उन्हें नागपुर की जेल में बंद रखा गया।[84]

जिला फर्रूखाबाद में इस आन्दोलन के दौरान देशप्रेमी कार्यकर्ताओं ने इंदरगढ़ (तिरवा) के थाने पर हमला बोलकर वहाँ के थानाध्यक्ष से पिस्तौल छीन ली। आन्दोलनकारियों ने सरकारी सम्पत्ति को भी नष्ट करने का प्रयास किया। पुलिस ने प्रमुख कार्यकर्ताओं को गिरफ्तार कर लिया तथा सामान्य कार्यकर्ताओं पर बुरी तरह लाठी चार्ज किया। फर्रूखाबाद जिले के मेरापुरा गाँव में पुलिस ने भयंकर गोलीबारी की, जिसमें कई कार्यकर्ता शहीद हो गये।[85] जैन समाज के विशम्भरदयाल जैन, गुरधर जैन, रामरतन जैन, मनसुखराय जैन, दिलसुखराय जैन आदि कार्यकर्ताओं ने इस आन्दोलन में अपना सहयोग दिया। विशम्भरदयाल जैन ने अपनी इस मंडली के साथ अंग्रेजी सरकार के विरोध में निकाले गये जुलूस में भाग लिया।[86] उ.प्र. सरकार के अनुसार विशम्भर दयाल जैन पुत्र अनोखे दयाल जैन ने व्यक्तिगत सत्याग्रह में भी सक्रिय भाग लिया था। ब्रिटिश सरकार ने उन्हें 6 महीने की कड़ी कैद और 100 रुपये जुर्माने की सजा दी थी। उनके अलावा अन्य जैन कार्यकर्ताओं ने भी इस आन्दोलन में भाग लेने के कारण अंग्रेजी सरकार के क्रोध का सामना किया।[87]

जिला इटावा में कृष्णलाल जैन पुत्र झुन्नीलाल जैन के नेतृत्व में जैन समाज ने भारत छोड़ो आन्दोलन में सक्रिय भाग लिया। कृष्णलाल जैन 1940 में फार्वर्ड ब्लॉक के आन्दोलन में भाग लेने के कारण 6 माह जेल काट चुके थे। उन्होंने 'कर्मवीर' के सम्पादक के रूप में गोरी सरकार के विरोध में अनेक लेख प्रकाशित किये। अंग्रेजी सरकार ने उन्हें कई बार आन्दोलन में काम न करने के लिए नोटिस दिया, परन्तु उन्होंने इसकी परवाह न करके देश के लिए कार्य करना जारी रखा। इस कारण सरकार ने व्यक्तिगत सत्याग्रह के दौरान श्री जैन को पहले 2 माह नजरबंद रखा और उसके बाद 18 महीने कड़ी कैद की सजा दी। कृष्णलाल जैन यह सजा भोगकर जब बाहर आये, तो उन्होंने अपने साथी शिवसहाय जैन, किशन लाल जैन आदि के साथ फिर आन्दोलन में सहयोग करना प्रारम्भ कर दिया। सरकार ने उन्हें फिर बंदी बना लिया और इस बार उन्हें 1 साल 6 माह नजरबंद रखा गया। उनके साथी शिवसहाय जैन ने भी व्यक्तिगत सत्याग्रह और भारत छोड़ो आन्दोलन में भाग लेने के कारण दो बार जेल यात्रा की तथा 18 माह कड़ी कैद की सजा पायी।

गाँव बन्दा कोतवाली इटावा निवासी झुमुलाल जैन के पुत्र किशनलाल जैन

ने भी इस आन्दोलन में भाग लेने के कारण जेल की यात्रा की।[88]

झाँसी जिले में 'अगस्त क्रांति' के प्रारम्भ होते ही कार्यकर्ताओं और आम नागरिकों ने अंग्रेजों के विरुद्ध जमकर कार्य करना प्रारम्भ कर दिया। गली-गली मे 'इंकलाब जिन्दाबाद', 'भारत माता की जय', 'अंग्रेजों भारत छोड़ो' के नारे गूंज उठे। वर्तमान का ललितपुर जिला उस समय झांसी जिले में ही स्थित था।

झाँसी के जैन समाज ने इस आन्दोलन में बढ़-चढ़कर भाग लिया। हुकुमचंद जैन (बुखारिया, 'तन्मय') व्यक्तिगत सत्याग्रह के समय से ही सक्रिय हो गये थे। 1941 में उन्होंने 6 माह की सख्त सजा भोगी थी। 1942 में भारत छोड़ो आन्दोलन के दौरान श्री जैन ने क्रांतिकारी गतिविधियों में भाग लिया। सरकार ने उन्हें गिरफ्तार करके एक वर्ष की कठोर कैद तथा 100 रुपये जुर्माने की सजा दी। जेल में रहकर उन्होंने देश भक्ति से ओतप्रोत काव्य रचनाओं का सृजन प्रारम्भ कर दिया। इन काव्य रचनाओं को जिनके शीर्षक 'आग' 'आहुति' और 'पाकिस्तान' रखे गये थे, बाद में प्रकाशित भी किया गया। उत्तमचंद जैन कठरया पुत्र मुरलीधर जैन ने इस आन्दोलन के दौरान निकाले जा रहे जुलूस में मुख्य भूमिका निभाई। श्री जैन जुलूस के प्रारम्भ में तिरंगा झंडा हाथ में लिये चल रहे थे। सरकार ने उन्हें 29 अगस्त 1942 को धारा 38 डी.आई.आर. के अंतर्गत गिरफ्तार कर लिया। उन्हें 1 साल का कारावास और 100 रुपये का जुर्माना भुगतना पड़ा।[89]

सुखलाल जैन ने इस आन्दोलन में सक्रिय भाग लिया। परिणाम स्वरूप श्री जैन को 1 साल कैद तथा 100 रुपये का आर्थिक दण्ड दिया गया।[90] धन्नालाल जैन 'गुढ़ा' पुत्र मूलचन्द जैन निवासी ललितपुर ने इस आन्दोलन के दौरान विद्रोहात्मक गतिविधियों में भाग लेकर शासन के रिर में दर्द कर दिया। हड़ताल करवाने में भी उन्होंने अग्रणीय भूमिका निभाई। सरकार ने उन्हें गिरफ्तार कर लिया और एक वर्ष कैद एवं 100 रुपये जुर्माने की सजा दी।[91]

प्रभुदास जैन के पुत्र रामचन्द्र जैन ने यह विचार करके कि देश का अस्तित्व परिवार के अस्तित्व से बहुत अधिक है। इस आन्दोलन में क्रांतिकारियों के साथ कार्य करना शुरू कर दिया। सरकार ने उन्हें पकड़ने के लिए काफी प्रयत्न किये, परन्तु श्री जैन सरकारी सम्पत्ति को नुकसान पहुँचाने में लगे रहे, अंत में पुलिस ने उन्हें गिरफ्तार कर लिया। उन्हें 1 वर्ष कठोर कारावास तथा 100 रुपये जुर्माने की सजा दी गयी।[92] शिखरचंद जैन 'सिंघई' को धारा 144 तोड़ने पर 6 माह की सजा और 50 रुपये का जुर्माना भुगतना पड़ा। सूचना विभाग के अनुसार उन्हें भारत प्रतिरक्षा कानून की 38वीं धारा के अंतर्गत 29 अगस्त, 1942 को यह सजा हुई थी। बाबूलाल जैन ने इस आन्दोलन में सक्रिय योगदान दिया। उन्हें 1 वर्ष कैद और 100 रुपये जुर्माने की सजा दी गई।[93]

पिपरई निवासी खूबचंद जैन 'पुष्प' ने अपनी ओजस्वी वाणी में जनता को राष्ट्रीय भावनाओं से ओत-प्रोत कवितायें सुनाकर देश प्रेम की ओर आकृष्ठ किया। श्री जैन ने दफा 144 का भी उल्लंघन किया। इस कारण सरकार ने उन्हें 1 वर्ष तक कठिन कैद में रखा और 500 रुपये जुर्माना भी लगा दिया। केशरबाई जैन ने व्यक्तिगत सत्याग्रह में भाग लेने के कारण 1 माह कैद की सजा पायी थी।[94] भारत छोड़ो आन्दोलन में वे जेल यात्रा तो नहीं कर पायी, परन्तु उन्होंने अप्रत्यक्ष रूप से देश सेवा में हाथ बंटाया।

पं. परमेष्ठीदास जैन

ललितपुर निवासी पंडित परमेष्ठीदास जैन एवं उनकी धर्मपत्नी श्रीमती कमलादेवी जैन जो 1929 में सूरत चले गये थे। इस आन्दोलन में सक्रिय रहे। परमेष्ठीदास जैन ने 'जैन मित्र' के सम्पादक के रूप में अनेकों लेख लिखकर जनता को इस आन्दोलन में भाग लेने को प्रेरित किया। सूरत में श्री जैन को हिन्द संरक्षण धारा 26 के अंतर्गत फरवरी 1943 में गिरफ्तार कर लिया गया। उन्हें पहले सूरत जेल में रखा गया और उसके बाद साबरमती जेल में स्थानान्तरित कर दिया गया। श्री जैन जेल में 4 माह तक रहे।[95] उनकी धर्मपत्नी कमलादेवी ने सभाबन्दी कानून को भंग करके गाँधी चौक सूरत में अंग्रेजी सरकार के खिलाफ जोशीला भाषण दिया। जिसके कारण उन्हें भी गिरफ्तार करके 5 महीने जेल में रखा गया। उनका 3 वर्ष का बच्चा जैनेन्द्र भी जेल में उनके साथ रहा।[96] संयोगवश परमेष्ठीदास जैन व उनकी पत्नी अहमदाबाद के साबरमती जेल में एक साथ रखे गये। जेल में उन्होंने राष्ट्रभाषा हिन्दी के प्रचार का कार्य प्रारम्भ कर दिया। जैन दम्पत्ति ने करीब 500 साथियों को जो प्रायः गुजराती थे, हिन्दी भाषा का ज्ञान कराया। उन्होंने 'राष्ट्रभाषा प्रचार समिति वर्धा' के अंतर्गत उनकी परीक्षाएँ भी करायी।[97] उनके विद्यार्थियों में गणेशवासुदेव मावलंकर का नाम प्रमुख है। श्री मावलंकर आजादी के बाद भारतीय लोकसभा के प्रथम अध्यक्ष बने।[98] परमेष्ठीदास जैन ने जेल से लौटने के बाद पुनः देश सेवा का कार्य प्रारम्भ कर दिया। आजादी के बाद श्री जैन ललितपुर लौट आये।

स्थानीय कांग्रेस कमेटी के अध्यक्ष वैद्य मथुराप्रसाद जैन ने 'अगस्त क्रांति' में सक्रिय भाग लिया, जिसके कारण उन्हें 10 महीने तक झांसी जेल में नजरबंद रखा गया।[99] श्री जैन की प्रेरणा से अनेकों नागरिकों ने देश सेवा में भाग लिया। हुकुमचंद

जैन (बड़धरिया) ने 1942 में धारा 144 तोड़कर जेल यात्रा की। उ.प्र. सूचना विभाग के अनुसार हुकुमचंद पुत्र परमानन्द जैन ने इस आन्दोलन के सिलसिले में 6 माह कैद की सजा पायी।[100] श्री जैन ने उन क्रांतिकारियों की मदद की, जो छिप-छिपकर अंग्रेजी सरकार को परेशान कर रहे थे। उन्होंने अनेकों बार अपनी जान खतरे में डालकर सेनानियों को सक्रिय सहयोग प्रदान किया। गोपालदास जैन ने सन् 1941 में व्यक्तिगत सत्याग्रह में भाग लेकर 9 महीने की सजा पायी थी। 1942 के आन्दोलन में श्री जैन 1 वर्ष जेल में रखे गये। अभिनंदन कुमार जैन 'टडैया' ने भारत प्रति रक्षा कानून की 38वीं धारा के अंतर्गत 1942 में एक वर्ष की कैद और 100 रुपये जुर्माने की सजा पायी।[101]

ताराचंद जैन (कंजिया) ने 1941 के सत्याग्रह में भाग लेने के कारण 1 साल की कैद तथा 100 रुपये जुर्माने की सजा पायी।[102] पाली निवासी गोविन्ददास जैन ने 1941 के व्यक्तिगत सत्याग्रह में भाग लेने के कारण 6 महीने जेल की सजा पायी। उन्होंने जिला प्रशासन के चाटुकारों के आतंक से जनता को सदैव बचाया। कुन्दनलाल जैन 'मलैया' ने 1941 के व्यक्तिगत सत्याग्रह में 6 माह कैद व 100 रुपये जुर्माना तथा भारत छोड़ो आन्दोलन में 1 वर्ष जेल की यात्रा की।[103]

झाँसी निवासी शिवप्रसाद जैन भी 1942 के आंदोलन के सिलसिले में 1 वर्ष तक नजरबंद रहे। मोतीलाल जैन 'टड़ैया' ने इस आन्दोलन में सक्रिय भागीदारी की तथा 1वर्ष कैद तथा 100 रुपये जुर्माने की सजा पायी।[104] डालचंद जैन को भी 1 वर्ष की कठोर सजा दी गयी।[105] महरौनी जिला झांसी निवासी गोपीचंद जैन पुत्र सरहूमल जैन ने राष्ट्रीय आन्दोलन में पूर्ण सहयोग दिया। उन्होंने 1941 के व्यक्तिगत सत्याग्रह आन्दोलन में 1 वर्ष कठिन कैद की सजा पायी और उसके बाद 1942 में 1 वर्ष के लिए पुनः जेल गये।[106]

जाखलौन जिला झांसी निवासी राजधर जैन ने अपने साथी शिवप्रसाद जैन के साथ जेल की यात्रा की। उ.प्र. सरकार के अनुसार उन्हें कांग्रेस के आन्दोलन में सक्रिय भाग लेने के कारण 1 वर्ष जेल में रखा गया।[107] शिवप्रसाद जैन और राजधर जैन जब झाँसी की जेल में बंद थे, उसी दौरान जेल में अधीक्षक के साथ उनका झगड़ा हो गया। अधीक्षक ने उन्हें बहुत परेशान किया और बाद में उन्हें सेन्ट्रल जेल आगरा भेज दिया गया।[108]

ललितपुर निवासी ठाकुरचन्द जैन ने भी राष्ट्रीय आन्दोलन में अपनी आहुति दी। उन्हें 17 अगस्त 1942 को भारत प्रतिरक्षा कानून की 38वीं धारा के अंतर्गत गिरफ्तार करके 1 साल कठिन कैद और 100 रुपये जुर्माने की सजा दी गयी।[109] पं. फूलचंद जैन शास्त्री 1941 के व्यक्तिगत सत्याग्रह के दौरान लड़बारी (बार) ललितपुर में सरकार विरोधी भाषण देने के कारण गिरफ्तार कर लिये गये और उन्हें

3 माह का कारावास एवं 100 रुपये का अर्थदंड दिया गया। इस आन्दोलन के दौरान उन्होंने नये कार्यकर्ताओं को देश का कार्य करने के लिए प्रेरित किया।

दुलीचंद जैन, निवासी तालबेहट ने 1941 के सत्याग्रह में 6 महीने की सजा पायी।[110] उनके साथी भैयालाल जैन, गोकुलचंद जैन, हरिश्चन्द जैन ने भी इस आन्दोलन में 1 माह की सजा तथा 100 रुपये का अर्थदण्ड पाया।[111] ताल बेहट निवासी शिखरचंद जैन कम्युनिस्ट दल से जुड़े थे। इस दल में कार्य करने के कारण सरकार ने उन्हें 4 महीने जेल में रखा।[112] चमनलाल जैन झाँसी ने भी इस आन्दोलन में सक्रिय भाग लिया। श्री जैन आन्दोलन के प्रारम्भ में ही गिरफ्तार कर लिये गये थे।[113] इस प्रकार झांसी जिले के जैन समाज ने बड़ी संख्या में आगे आकर 1942 के भारत छोड़ो आन्दोलन में अपनी आहुति दी।

जिला बाँदा में जैन समाज के प्रमुख कार्यकर्ता सुरेशचन्द्र जैन को भारत छोड़ो आन्दोलन में सक्रिय भागीदारी के कारण अंग्रेजी सरकार का कोपभाजन बनना पड़ा। उन्हें सरकार ने बहुत लम्बे समय जेल में रखा तथा भारी अर्थ दण्ड उन पर लगाया गया। उ.प्र. सूचना विभाग के अनुसार सुरेश चन्द्र जैन पुत्र फूलचन्द निवासी कलवानगंज बाँदा को 1942 के भारत छोड़ो आन्दोलन में भाग लेने के कारण भारतीय दण्ड संहिता की धारा 420/120-बी के अंतर्गत 5 साल तक कैद में रखा गया और उन पर 5000 रुपये का जुर्माना भी लगाया गया।[114]

अजितप्रसाद जैन

सहारनपुर जिले में 9 अगस्त 1942 को भारत छोड़ो आन्दोलन का प्रारम्भ होते ही जनपदवासियों में ब्रिटिश सरकार के प्रति गुस्सा फूट पड़ा। पूरे जिले में हड़ताल रखी गयी और जगह-जगह सरकारी सम्पत्ति को नष्ट करने का काम प्रारम्भ हो गया। बाबू अजितप्रसाद जैन के नेतृत्व में जैन समाज के नागरिकों ने भी इस आन्दोलन में भाग लिया। अजितप्रसाद जैन ने पूरे संयुक्त प्रान्त में राष्ट्रीय आन्दोलन के कार्यक्रमों में बढ़-चढ़कर हिस्सा लिया। श्री जैन ने 3, 4 मार्च, 1940 को बहराइच जिले के राजनीतिक सम्मेलन में मुख्य रूप से भाग लिया था। इस सम्मेलन में पुरुषोत्तमदास टंडन, सम्पूर्णानन्द जी, कैलाशनाथ काटजू और रफीअहमद किदवई के साथ उन्होंने

भी सरकार विरोधी भाषण दिया।[115] सम्मेलन के बाद पुलिस ने उन्हें गिरफ्तार कर लिया। श्री जैन को 1 वर्ष कैद और 200 रुपये जुर्माने की सजा हुई। भारत छोड़ो आन्दोलन में उन्होंने अपने जनपद सहारनपुर में अंग्रेजों का सख्त विरोध किया। फलस्वरूप उन्हें पुनः गिरफ्तार कर लिया गया। उ.प्र. सूचना विभाग के अनुसार श्री जैन ने इस आन्दोलन के दौरान 2 साल 6 महीने जेल तथा 250 रुपये जुर्माने की सजा पायी।[116]

अजितप्रसाद जैन जब सहारनपुर जेल में बंद थे, उसी दौरान 30 अगस्त, 1942 को जिला कलक्टर एल.जी. लायड ने कारागार का भ्रमण किया। कलक्टर को देखकर देशभक्तों ने अंग्रेजी सरकार विरोधी नारे लगाने प्रारम्भ कर दिये। लायड इस बात पर बहुत नाराज हो गया और उसने बंदियों पर लाठी चार्ज करवा दिया। इस लाठीचार्ज में अन्य कैदियों के साथ अजितप्रसाद जैन भी घायल हो गये।

रूपचंद जैन सहारनपुर ने भी इस आन्दोलन में कांग्रेस के एक सक्रिय सिपाही के रूप में कार्य किया। सहारनपुर संदर्भ ग्रंथ के सम्पादक को दिये गये एक साक्षात्कार में उन्होंने कहा था-'मैंने और हमारे साथियों ने तार काटने, इमारतें तथा डाकखाना आदि जलाने का काम किया। मनानी स्टेशन को आग लगा दी। उस समय काशीराम, बनारसीदास और इन्द्रसेन (अम्बेहटा शेख) भी हमारे साथ थे। वहाँ से हम भाग गये। मैंने कांग्रेस की डाक का काम सम्भाल लिया। मैं डाक लेकर दिल्ली से आगरा गया। आगरे में मैंने डाक विलायतीराम को दे दी। उन्होंने मुझे 1200 रुपये और कुछ सामान अम्बाला पहुँचाने के लिए दिया। मैंने वह सामान अम्बाला पहुँचा दिया। वहाँ से मुझे एक पिस्तौल और दो कैंचियाँ दिल्ली कांग्रेस कमेटी में देने को दी गयी। अम्बाला से मैं सहारनपुर आया और सिनेमा देख रहा था, तभी सी.आई.डी. इंस्पेक्टर तनखा साहब ने इंटरवल में मेरे कन्धे पर हाथ रखकर कहा, 'मैं नौजवानों को गिरफ्तार करना नहीं चाहता। तुम मेरा स्टेशन तुरन्त खाली कर दो।' वहाँ से मैं पैदल नागल आया और वहाँ से दिल्ली पहुँचकर सामान ऑफिस में जमनादास कायस्थ को सौंप दिया। उनका सामान और रुपये लेकर आगरा गया। आगरा से फिर 1200 रुपये और डाक गंगापुर सिटी के लिए लेकर चला, परन्तु बाहर निकलते ही पुलिस ने गिरफ्तार कर लिया। मुझ पर 1200 रुपये जुर्माना किया गया और मैं साढ़े चार महीने जेल में रहा। मेरे थैले में रखे 1230 रुपये भी पुलिस ने ले लिये।'[117]

12 अगस्त सन् 1942 को शांतिस्वरूप जैन 'कुसुम' ने सहारनपुर से सरसावा जानेवाली सड़क पर स्थित रेलवे स्टेशन के निकट टेलीफोन खम्भे पर चढ़कर टेलीफोन के तार काट दिये। पुलिस उनकी इस गतिविधि पर नजर रख रही थी, जैसे ही श्री कुसुम तार काटकर खम्भे से नीचे उतरे, तभी पुलिस ने उन्हें गिरफ्तार कर

लिया। उन्हें पास के एक गाँव में एक चौधरी के यहाँ सख्त पहरे के बीच एक दिन रखा गया। 13 अगस्त की शाम को कुछ गवाहों को इकट्ठा करके डी.आई.आर. धारा 35 के अंतर्गत पुलिस ने उन्हें कारागृह में डाल दिया। श्री जैन 13 अगस्त से 21 नवम्बर 1942 तक जेल में रहे। 21 नवम्बर को 18 बेंतों की सजा देकर उन्हें रिहा कर दिया गया। उन्होंने रिहा होते ही पुनः आन्दोलन में भाग लेना शुरू कर दिया। इस बार वे पुलिस के हाथ नहीं आये। 22 नवम्बर 1942 से 22 मार्च 1943 तक उन्होंने भूमिगत रहकर सरकार को परेशान रखा।[118]

सरकारी सम्पत्ति को नुकसान पहुँचाने के कारण सहारनपुर निवासी शिखरचंद जैन, प्रकाशचंद जैन, बाबूराम जैन, कैलाशचंद जैन आदि को भी पुलिस ने गिरफ्तार कर लिया। उनके विषय में कन्हैयालालमिश्र 'प्रभाकर' ने लिखा है—9 अगस्त 1942 को सब नेता गिरफ्तार हो गये और सहारनपुर में हड़ताल हो गयी। जिले में लायड साहब का तूफानी राज्य और उसमें यह हिम्मत! हड़ताल की प्रेरक शक्तियाँ गिरफ्तार कर कोतवाली में लाई गयी और वहाँ जूतों, लात, घूँसों और गालियों से उनका खूब स्वागत हुआ। इन लोगों में से शिखरचंद जैन मुनीम को 6 माह की सख्त सजा, प्रकाशचंद जैन को 3 माह सख्त कैद और 300 रुपये जुर्माना तथा बाबूलाल जैन एवं कैलाशचन्द जैन को छः-छः महीने की सख्त कैद की सजा दी गयी। श्री प्रभाकर ने प्रकाशचंद जैन के विषय में उल्लेख करते हुए लिखा है-पतला-दुबला तरुण प्रकाशचन्द जैन 1942 के झकोरे में कांग्रेस में आया। पहले पहल जेल में ही मैंने उसे देखा। वह बोलता, तो बोलता ही रहता और चुप होकर पेड़ के नीचे जा बैठता, तो वहीं बैठा रहता। उसके इरादे बुलन्द थे।[119]

झुम्मनलाल जैन के पुत्र हंसकुमार जैन ने पिछले आन्दोलन की भाँति इस आन्दोलन में भी सक्रिय भाग लिया। श्री जैन जनपद सहारनपुर के ऐसे पहले व्यक्ति थे, जो अपनी पारिवारिक परिस्थितियों का ध्यान न रखते हुए 11.08.1942 को जुलूस का नेतृत्व करते हुए गिरफ्तार हुए। उस समय उनकी कन्या कठिन रोग से पीड़ित थी, जो कुछ दिन पश्चात् ही स्वर्ग सिधार गयी।[120]

हंसकुमार जैन ने भारत छोड़ो आन्दोलन में सक्रिय भाग लेने के कारण जेल की यात्रायें की। उन्होंने इस आन्दोलन के दौरान 1942 में दो बार 1-1 वर्ष कड़ी कैद की सजा पायी।[121] हंसकुमार जैन के भाई शिवचन्द्रकुमार जैन भी आन्दोलन में सक्रिय रहे। त्रिलोकचन्द जैन ने अपनी लेखनी के माध्यम से आन्दोलन में सहयोग दिया। उनके विषय में श्री 'प्रभाकर' ने लिखा है—त्रिलोकचन्द जैन ने बी.ए. का सर्टिफिकेट ठुकरा कर बागी होने का सर्टिफिकेट लिया और तब से वे लगातार राष्ट्रीय आन्दोलन में काम कर रहे हैं। इस आन्दोलन में उन्होंने गाँधी जी के प्रति अखण्ड श्रद्धा रखकर कार्य किया।[122]

ओमप्रकाश जैन ने 'अखिल भारतीय नौजवान सभा' के श्रमिक विभाग के मंत्री पद पर रहकर सहारनपुर में नवचेतना का संचार किया।[123] रामपुर मनिहारन निवासी हुलासचन्द जैन भी इस आन्दोलन में सक्रिय रहे, उन्हें काफी दिन जेल में विश्राम करना पड़ा। देवबन्द निवासी नरेन्द्रकुमार जैन भी इस आन्दोलन में भाग लेने के कारण जेल गये।[124]

बिजनौर जनपद में 9 अगस्त 1942 को आन्दोलन का प्रारम्भ होते ही अंग्रेजी सरकार का विरोध तेज हो गया। पुलिस ने कार्यकर्ताओं की गिरफ्तारी प्रारम्भ कर दी तथा 9 अगस्त को ही पुलिस ने जिला कांग्रेस कार्यालय पर छापा मारकर सारी सामग्री बरामद कर ली। 12 अगस्त 1942 को स्थानीय छात्रों ने विशाल जुलूस निकालकर सरकार का विरोध किया। जुलूस ने पुलिस थानों, तहसील बिल्डिंग और सरकारी ऑफिसों में घुसकर तोड़-फोड़ की।[125]

बिजनौर जिले के नूरपुर थाने पर कई हजार की भीड़ ने जबरदस्त हमला किया।[126] जिले का माहौल पूर्ण रूप से स्वतंत्रता आन्दोलन के रंग में रंग चुका था। बिजनौर के जैन समाज ने भी इस आन्दोलन में अपनी भागीदारी की। रतनलाल जैन 1941 में व्यक्तिगत सत्याग्रह आन्दोलन में भाग लेकर 8 महीने नजरबंद रहे थे। उन्हें आगरा के जेल में रखा गया। भारत छोड़ो आन्दोलन प्रारम्भ होते ही उन्हें सरकार ने फिर गिरफ्तार कर लिया और 18 महीने तक जेल में रखा। श्री जैन बिजनौर की जेल में रखे गये। जेल में रहते हुए वे बराबर गुप्त रूप से स्थानीय कार्यकर्ताओं को आवश्यक निर्देश देते रहते थे। 1943 के अंत में जब वे छूटकर जेल लौटे तो स्थानीय कार्यकर्ता उन्हें एक जुलूस के रूप में कारागार से लाये। जुलूस 'भारत माता की जय' तथा 'महात्मा गाँधी की जयकार' से गूँज रहा था। रतनलाल जैन जेल से आने के बाद पुनः आन्दोलन के कार्य में लग गये।

नेमीशरण जैन ने अपनी मंडली के साथ इस आन्दोलन में सक्रिय भाग लिया। फलस्वरूप पुलिस ने उन्हें गिरफ्तार कर लिया। श्री जैन को 18 महीने कैद हुई। उनकी माता दुर्गादेवी जैन तथा धर्मपत्नी श्रीमती शीलवती देवी ने इस आन्दोलन के दौरान अप्रत्यक्ष रूप से देश की सेवा की।

धामपुर में प्यारेलाल जैन के पुत्र महावीरप्रसाद जैन ने राष्ट्रीय आन्दोलन में महत्त्वपूर्ण भागीदारी की। श्री जैन को व्यक्तिगत सत्याग्रह आन्दोलन में भाग लेने के कारण 1 साल जेल में रखा गया। भारत छोड़ो आन्दोलन में वे 4 महीने जेल में रहे और उन पर 200 रुपये का जुर्माना किया गया।[127] नजीबाबाद के साहू श्रेयांसप्रसाद जैन ने अपने परिवार एवं उद्योगों की परवाह न करके भारत छोड़ो आन्दोलन में सक्रिय भाग लिया। सरकार ने उन्हें गिरफ्तार कर लिया तथा 2 माह लाहौर जेल में रखा। जेल में उन्होंने अनशन किया तथा जेल से छुटने के बाद प्रत्यक्ष

रूप से सरकार विरोधी कार्यकलापों में भाग लिया।[128] साहू परिवार के नवयुवक मूलेशचन्द्र जैन ने भी इस दौरान जेल यात्रा की।[129]

इलाहाबाद, लखनऊ और कानपुर जिलों में भी जैन समाज द्वारा अगस्त क्रांति में भाग लेने के उल्लेख मिलते हैं। इलाहाबाद के दारानगर कस्बे के ताराचंद्र जैन ने पिछले आन्दोलन की भाँति इस आन्दोलन में भी सक्रिय भाग लिया। श्री जैन को इस दौरान इलाहाबाद जिला कांग्रेस कमेटी का वरिष्ठ उपाध्यक्ष नियुक्त किया गया था। उन्होंने इस आन्दोलन में भाग लेनेवाले नवागंतुक कार्यकर्ताओं को प्रशिक्षण दिया तथा उन्हें आवश्यक सुविधायें उपलब्ध करायी। उन्होंने लम्बे समय तक लालबहादुर शास्त्री, डॉ. कैलाशनाथ काटजू आदि नेताओं के साथ कार्य किया।[130] भारत छोड़ो आन्दोलन के प्रारम्भ होते ही उन्हें गिरफ्तार कर लिया गया तथा 9 महीने कड़ी कैद की सजा दी गई।[131] जेल में श्री जैन ने बंदी साथियों के लिए आवश्यक चीजों की माँग को लेकर 17 दिनों तक अनशन किया। 1943 में वे सजा पूरी करके जेल से बाहर आये। बाहर आते ही उन्होंने पुनः सक्रियता प्रारम्भ कर दी। सरकार ने 06.08.1943 को उन्हें पुनः गिरफ्तार कर लिया। उन्हें इलाहाबाद के नैनी सेन्ट्रल जेल में 14 दिनों तक नजरबंद रखकर काफी यातनायें दी गयी।[132] इलाहाबाद निवासी भगवानदास जैन पुत्र देवीप्रसाद जैन ने भी भारत छोड़ो आन्दोलन में अपना सक्रिय सहयोग दिया। आन्दोलन में भाग लेने के कारण उन्हें 1942 में 10 महीने की सजा दी गयी। श्री जैन को भी नैनी सेन्ट्रल जेल में रखा गया था।[133]

लखनऊ निवासी ब्रह्मचारी सीतलप्रसाद ने 'जैन मित्र' में 'देशसेवा' शीर्षक से 1940 में अपने विचार व्यक्त किये। उन्होंने लिखा–'भारत की दशा दयाजनक है, देशसेवा धर्म है, कठिन व्रत है। यह एक ऐसा यज्ञ है, जिसमें अपने को होम देना होता है।' ब्रह्मचारी जी ने अंतिम समय तक जैन समाज को देश के लिए कार्य करने को प्रेरित किया। 1941 के अन्त में वे बहुत अस्वस्थ हो गये और 10 फरवरी 1942 को ब्रह्मचारी जी ने इस संसार को छोड़ दिया। उनकी अंतिम यात्रा में उनकी भावना के अनुरूप उन्हें स्वदेशी वस्त्र पहनाये गये। लखनऊ की गलियों में अपार जनसमूह उनकी शवयात्रा के साथ खद्दर के तिरंगे झंडे लहराता हुआ चल रहा था।[134] इस प्रकार उन्होंने प्रारम्भ से लेकर अंत तक राष्ट्र के लिए कार्य किया।

कानपुर में इस आन्दोलन के दौरान जनता ने हिंसक रूप धारण करके सरकारी तंत्र को नष्ट करने के लिए कार्य करना प्रारम्भ कर दिया। मोहम्मदपुर इलाके में स्थित इंस्पेक्शन हाऊस में आग लगा दी गयी। बिधनू सर्कल में जिलेदार के ऑफिस पर आक्रमण करके उसे नष्ट करने का प्रयास किया गया। 23 अगस्त 1942 को कानपुर के निकट एक गाँव भोगनीपुर में क्रांतिकारियों ने पंचायत के कागजों में आग लगा दी और गाँव के मुखिया तथा चौकीदार को इस्तीफा देने के लिए बाध्य किया।

कानपुर में प्रदर्शनकारियों ने टेलीफोन के बक्सों को जला दिया तथा रेलवे लाइन पर तोड़फोड़ की। अंग्रेजी सरकार ने प्रदर्शनकारियों का दमन करना प्रारम्भ कर दिया। 10 अगस्त, 1942 की रिपोर्ट के अनुसार पुलिस ने जुलूस निकाल रहे विद्यार्थियों पर गोलियां चलाई। इस घटना में पाँच विद्यार्थी जख्मी हो गये। कानपुर में पुलिस की सहायता के लिए फौजी सैनिकों को भी तैनात किया गया था।[135]

कांग्रेस के प्रमुख कार्यकर्ताओं को खोज-खोज कर गिरफ्तार किया जा रहा था। इन कार्यकर्ताओं में जैन समाज के स्वयंसेवक भी शामिल थे। कानपुर निवासी सुन्दरलाल जैन को ब्रिटिश सरकार ने ऑनरेरी मजिस्ट्रेट बना रखा था। राष्ट्रीय आन्दोलन के दौरान उन्होंने अपने पद को त्याग दिया।[136] श्री जैन व्यक्तिगत सत्याग्रह के समय से ही कांग्रेस के कार्यों में सहयोग करने लगे थे। इस दौरान वे जेल भी गये। उ.प्र. सूचना विभाग के अनुसार सुन्दरलाल जैन पुत्र कन्हैयालाल जैन 16/17 एच, आयकर अधिकारी सिविल लाईन्स कानपुर सन् 1941 के व्यक्तिगत सत्याग्रह आन्दोलन में भारत प्रतिरक्षा कानून की धारा 38 के अंतर्गत 1 वर्ष कड़ी कैद में रहे और उन पर 150 रुपया जुर्माना भी किया गया।

सुन्दरलाल जैन के छोटे भाई महेशचंद्र जैन भी व्यक्तिगत सत्याग्रह आन्दोलन के सिलसिले में 2 मास तक नजरबंद रखे गये थे।[137] इन दोनों भाइयों के विषय में 'जैन संदेश' का राष्ट्रीय अंक लिखता है-वैद्य कन्हैयालाल जैन के बड़े पुत्र सुन्दरलाल जैन और छोटे पुत्र महेशचन्द जैन ने भारत छोड़ो आन्दोलन में भाग लेकर सरकार को परेशान रखा। उन्होंने इस दौरान कानपुर के जैन-अजैन नवयुवकों को प्रेरणा देकर आन्दोलन में सक्रिय किया।[138]

कानपुर निवासी बाबूराम जैन ने राष्ट्रीय आन्दोलन में पूर्ण समर्पण के साथ कार्य किया। इस आन्दोलन में वे लम्बे समय तक जेल में रहे। उत्तर प्रदेश सूचना विभाग के अनुसार बाबूराम जैन पुत्र टुंडामल जैन निवासी छपर मौहल्ला कानपुर एक निष्ठावान कार्यकर्ता हैं, जिन्होंने सन् 1942 के भारत छोड़ो आन्दोलन में सक्रिय भाग लेने के कारण 7 वर्ष की कड़ी कैद की सजा भोगी।[139] सूचना विभाग ने 7 वर्ष सजा का जो उल्लेख किया है, वह केवल भारत छोड़ो आन्दोलन के संदर्भ में किया है, जबकि लेखक को प्रमाणिक स्रोतों से यह पता चला है कि बाबूराम जैन कानपुर को सभी राष्ट्रीय आन्दोलनों के दौरान दी गयी जेल की सजा की अवधि 7 साल बैठती है। जो सूचना विभाग उ.प्र. द्वारा केवल 1942 में ही दिखाई गयी है।[140] इस प्रकार स्पष्ट है कि बाबूराम जैन भारत छोड़ो आन्दोलन के साथ ही पिछले दोनों आन्दोलनों में भी लम्बे समय तक जेल में रहे। उनकी भाँति कानपुर के जैन समाज के अन्य देशभक्तों ने भी देश के लिए पूर्ण समर्पण के साथ कार्य किया। फूलचंद जैन अपने पुत्र मनोहरलाल जैन एवं भतीजे ऋषभकुमार जैन के साथ जेल गये। कनहीलाल के

पुत्र नवलकिशोर जैन, रूपचन्द जैन, बाबू देवकुमार जैन, पद्मराज जैन, खेमराज जैन, धूपचन्द जैन ने भी बढ़-चढ़कर इस आन्दोलन में भागीदारी की।[141]

काशी (बनारस) में स्याद्वाद जैन महाविद्यालय ने पहले दोनों राष्ट्रीय आन्दोलनों में अपना सक्रिय योगदान दिया था। महाविद्यालय की देशभक्ति की भावना के अनुरूप महात्मा गाँधी, मदन मोहन मालवीय, बाबू भगवानदास, बाबू श्री प्रकाश जी, आचार्य नरेन्द्र देव, बाबू सम्पूर्णानन्द आदि राष्ट्रीय नेता समय-समय पर जैन विद्यालय में पधारते रहे। सभी नेताओं के भाषणों और सानिध्य का प्रभाव जैन छात्रों पर बहुत गहराई तक पड़ा।

*पं. कैलाशचन्द्र*

भारत छोड़ो आन्दोलन का प्रारम्भ होते ही राष्ट्रीय भावना से ओत-प्रोत इन विद्यार्थियों ने मातृ भूमि के लिए स्वयं को फिर समर्पित कर दिया। काशी की स्थिति उस समय बहुत विकट थी। चारों ओर ब्रिटिश सरकार का दमन चक्र चल रहा था। 9 अगस्त, 1942 को आन्दोलन का प्रारम्भ होते ही जैन छात्रों ने प्रदर्शनकारियों के साथ मिलकर काशी में जगह-जगह हड़ताल करायी। संस्कृत की छोटी से छोटी पाठशाला से लेकर क्वींस कॉलेज तक हड़ताल के लिए उन्होंने धावा बोला। जैन छात्रों ने सरकार विरोधी पर्चे छपवाये और उन्हें काशी की गली-गली में वितरित किया। इन पर्चों के वितरण से सरकार परेशान हो गयी।[142] शीघ्र ही पुलिस ने आपत्तिजनक पर्चे वितरित करनेवाले दल के मुखिया शीतलप्रसाद जैन को गिरफ्तार कर लिया। 24 अगस्त 1942 को सरकार ने दफा 34/39 डी.आई.आर. के अंतर्गत श्री जैन को 2 वर्ष कठोर कारावास और 50 रुपये जुर्माने की सजा दी।[143] शीतल प्रसाद जैन, जैन विद्यालय में एम.ए. और दर्शनाचार्य के छात्र थे। जेल में सरकार ने उन्हें मनमानी यातनायें दी। पहले उन्हें जिला जेल में रखा गया और फिर वहाँ से सेन्ट्रल जेल में भेज दिया गया। सेन्ट्रल जेल इलाहाबाद में उन्हें कई बार 'तनहाई' में रखा गया। श्री जैन दो वर्ष बाद जब जेल से आये, तो उनका स्वास्थ्य टूटा हुआ था। इस कारण वे आगे की पढ़ाई नहीं कर पाये।[144]

जैन महाविद्यालय काशी के छात्रों ने अपना संगठन बनाकर गुप्त रूप से सरकार विरोधी कार्य करने का निश्चय किया। इस छात्र संघ में बालचंद्र जैन, गुलाब चन्द्र जैन, नरेन्द्र गोयलीय जैन, हरीशभूषण जैन, सगुनचन्द्र जैन, ताराचन्द जैन, हुकुमचन्द जैन आदि छात्र सक्रिय रूप से कार्य करने लगे।[145] इस देशभक्त छात्र संगठन ने अपनी बैठक में बालचन्द जैन को अपना नेता चुना। उसके बाद छात्रों

ने जैन समाज से चंदा एकत्रित किया तथा सरकार विरोधी कार्य करने के लिए छात्रों की अलग-अलग समितियां भी बनाई गयी।

जैन छात्र संघ ने सर्वप्रथम अपना कार्यक्षेत्र ग्रामीण इलाकों को चुना। छात्र गाँव-गाँव जाकर सरकारी सम्पत्ति को तोड़ने-फोड़ने का कार्य करने लगे। इस कार्य में छोटी उम्र के विद्यार्थियों ने भी भाग लिया। जैन महाविद्यालय के ऐसे छात्रों को इस दौरान कठिनाई का सामना करना पड़ा, जो दूसरे प्रान्तों के रहनेवाले थे, वे छात्र बनारस के आसपास की स्थिति का सही ज्ञान न होने के कारण कभी-कभी भटक भी जाते थे। 'जैन संदेश' के तत्कालीन अंक के अनुसार बाहरी प्रान्तों के कई जैन छात्र काशी के एक गाँव में सरकार विरोधी गतिविधि को अंजाम देने के लिए रवाना हुए। ये छात्र सही मार्ग का पता न होने के कारण रात भर भटकते रहे और जब लक्ष्य पर पहुँचे, तो पता चला कि वहाँ कार्य समाप्त हो चुका है। कभी ये क्रांतिकारी वीर चढ़ी हुई गंगा की लहरों पर नौका खेते होते और कभी खेतों की अनजान पगडंडियों में अंधेरी और बदली भरी रातों नंगे पैर चलते रहते।[146] इस प्रकार बाहरी जैन छात्रों ने कठिनाई के बीच भी इस आन्दोलन में अपना सक्रिय योगदान दिया।

अंग्रेजी सरकार दिन-प्रतिदिन नये-नये कानूनों द्वारा आन्दोलनकारियों पर शिकंजा कस रही थी। 19 अगस्त, 1942 को सरकार ने संयुक्त प्रान्त में 'सेना विशेषाधिकार कानून' लागू कर दिया। इस संदर्भ में 'आज' ने लिखा कि पूरे संयुक्त प्रान्त में सशस्त्र सैनिक विशेष अधिकार कानून लागू कर दिया गया है। इस कानून के अनुसार यदि सन्तरी की आज्ञा की भी अवज्ञा की गयी या सैनिकों की रक्षा में रखी गयी किसी भी प्रकार की सम्पत्ति की सुरक्षा के लिए खतरा पैदा हुआ, तो अपराधी को गिरफ्तार करके फौज बन्दूक आदि का उपयोग कर सकती है, जिसके कारण मौत भी हो सकती है। संयुक्त प्रान्त के गवर्नर ने भारत रक्षा नियम 9 के अनुसार यह भी आज्ञा जारी की है कि किसी मजिस्ट्रेट या पुलिस अफसर की आज्ञा के बिना किसी असली मुसाफिर या सरकारी कर्मचारी के अतिरिक्त कोई भी रेलवे की बिल्डिंग अथवा उसकी जमीन पर नहीं जा सकेगा। जो इस आज्ञा का उल्लंघन करेगा, उसे 3 साल की सजा और जुर्माना भुगतना पड़ेगा।[147]

अंग्रेजी सरकार की खूफिया नजर स्याद्वाद जैन महाविद्यालय पर भी पड़ चुकी थी। अतः उसने एक साथ छापा मारकर विद्यालय के कुछ देशभक्त छात्रों को गिरफ्तार कर लिया। इन छात्रों में घनश्यामदास जैन, रतनचंद जैन  धन्यकुमार जैन, हरीन्द्र भूषण जैन, नाभिनन्दन जैन, दयाचंद जैन, सुगमचंद जैन आदि प्रमुख थे। इन सभी छात्रों को जिला कारागार बनारस में रखा गया। उस समय जिला कारागार में रतनचंद जैन और सुगमचंद जैन सबसे कम उम्र के कैदी थे। इन कैदियों में से दयाचंद जैन टीकमगढ़ म.प्र. के रहनेवाले थे। श्री जैन जेल से वापिस आकर

आन्दोलन में काम करते-करते शहीद हो गये।

ब्रिटिश सरकार के दमन के बावजूद भी महाविद्यालय के छात्रों का उत्साह कम नहीं हुआ और वे लगातार क्रांतिकारी कार्य करते रहे। 7 फरवरी 1943 को बनारस हिन्दू विश्वविद्यालय में बम विस्फोट हुआ। जिससे सारे अंग्रेजी शासन में हड़कम्प मच गया। पुलिस ने जैन छात्र संघ स्याद्वाद महाविद्यालय के नेता बालचंद जैन को इस सम्बन्ध में गिरफ्तार कर लिया। 'जैन संदेश' के राष्ट्रीय अंक के अनुसार हिन्दू विश्वविद्यालय में हुए बम धमाके के सिलसिले में बालचंद जैन कैद कर लिये गये। इस केस के सिलसिले में उन्हें काफी यातनायें सहनी पड़ी। अमानुषिक तरीकों से उन्हें इस षड्यंत्र में भाग लेनेवालों के नाम बताने के लिए मजबूर किया गया। इस प्रसंग में पुलिस को हरीन्द्रभूषण जैन का नाम पता चला। हरीन्द्र जी अभी कुछ दिन पहले ही जेल से छूटे थे। निदान उन्हें अपनी पढ़ाई छोड़कर रातों रात फरार होना पड़ा। बालचंद जैन ने अनेक कष्टों के बावजूद वीरता दिखाई। पूरे दो वर्ष उन्हें जेल में रखा गया। पुलिस सदैव यह संदेह करती रही कि उनके पास दर्जनों पिस्तोलें हैं। उनका सम्बंध देश के बड़े-बड़े क्रांतिकारियों से था।

विश्वविद्यालय बम षड्यंत्र में जैन महाविद्यालय का नाम आने के कारण सरकार का सी.आई.डी. विभाग समय-समय पर महाविद्यालय में आकर जाँच-पड़ताल करने लगा। एक दिन उसने 'खतरनाक हथियार' छिपाने के संदेह में विद्यालय की तलाशी ली, परन्तु उसे कुछ आपत्तिजनक वस्तु बरामद नहीं हुई। इसी दौरान एक पुलिस इंस्पेक्टर ने बताया कि हथियार गंगा में फेंक दिये गये हैं। फलतः मल्लाह बुलाये गये और चढ़ी हुई गंगा में भी खोज की गई, परन्तु सी.आई.डी. का यह प्रयास भी निष्फल सिद्ध हुआ। अंत में इस टीम ने मंदिर की तलाशी ली। मंदिर की तलाशी होने पर एक भरी हुई पिस्तौल और कुछ तोड़-फोड़ का सामान मिल गया। पुलिस ने सामान जब्त करके मौके पर गुलाबचन्द जैन, अमृतलाल जैन और घनश्यामदास जैन को गिरफ्तार कर लिया।[148]

उपर्युक्त घटना से पूरे बनारस में यह खबर फैल गयी कि जैन महाविद्यालय के छात्र हथियारों का संग्रह भी रखते हैं। जैन महाविद्यालय का अधिकारी वर्ग भी छात्रों की सहायता करता था। विद्यालय के प्रधानाचार्य पंडित कैलाशचन्द्र जैन तथा मैनेजर पन्नालाल जैन आयुध और विस्फोटक पदार्थ नियम भंग तथा अन्य आपत्तिजनक मामलों में जेल गये, अपने विद्यार्थियों को जेल में पढ़ने के लिए पुस्तकें भेजते थे तथा मौका मिलने पर उन्हें महाविद्यालय का बना हुआ खाना भी भेजा जाता था।[149] इस प्रकार स्याद्वाद जैन महाविद्यालय ने 'अगस्त क्रांति' में अपनी महत्त्वपूर्ण भागीदारी की।

बनारस के अमोलकचंद जैन और खुशालचन्द्र जैन 'गोरावाला' इस क्रांति में

भी देश के साथ खड़े रहे। श्री जैन ने 1941 के व्यक्तिगत सत्याग्रह आन्दोलन में भी भाग लिया था, जिसके कारण उन्हें 6 महीने का कारावास और 100 रुपये जुर्माने की सजा हुई थी।[150] भारत छोड़ो आन्दोलन में उन्होंने बनारस कांग्रेस कमेटी में सक्रिय भाग लेना प्रारम्भ कर दिया। फलस्वरूप श्री जैन को 1942 के अंतिम महीने में गिरफ्तार कर लिया गया और उन्हें 25 दिसम्बर 1944 तक नजरबंद रखा गया।

खुशालचंद्र जैन ने बनारस के साथ-साथ पूरे प्रदेश में राष्ट्रीय आन्दोलन को मजबूती से चलाने में अपना सहयोग दिया। 1941 के व्यक्तिगत सत्याग्रह आन्दोलन के दौरान श्री जैन उत्तर प्रदेश कांग्रेस कमेटी के मंत्री थे।[151] इस पद पर रहते हुए उन्होंने कांग्रेस के कार्यकर्ताओं को अंग्रेजी सरकार के विरुद्ध कार्य करने को प्रशिक्षित किया। 25 जुलाई 1941 को उन्होंने व्यक्तिगत सत्याग्रह में भाग लिया। सरकार ने उन्हें दफा 129 और दफा 39 के अंतर्गत गिरफ्तार कर लिया और फरवरी 1942 तक जेल में रखा।[152] जेल से आने के बाद उन्होंने भारत छोड़ो आन्दोलन की तैयारी प्रारम्भ कर दी। इस आन्दोलन में उन्होंने हिन्दू विश्वविद्यालय, स्याद्वाद जैन महाविद्यालय एवं अन्य शिक्षण संस्थाओं के विद्यार्थियों को साथ लेकर पूरे बनारस में ब्रिटिश सरकार के खिलाफ प्रदर्शन किये। फलस्वरूप सरकार ने 3 सितम्बर, 1942 को उन्हें गिरफ्तार करके जेल भेज दिया। श्री जैन को 31 दिसम्बर, 1944 तक जेल में रखा गया।[153]

इस प्रकार बनारस जिले में तो जैन समाज  के नागरिकों ने अपना सक्रिय योगदान दिया ही साथ ही पूरे उत्तर प्रदेश में कांग्रेस को मजबूत बनाने में भी यहाँ के जैन समाज का सहयोग रहा।

उपर्युक्त अध्ययन के आधार पर यह स्पष्ट है कि भारत छोड़ो आन्दोलन में जैन समाज का महत्त्वपूर्ण योगदान रहा। इस आन्दोलन के माध्यम से भारतीय जनता ने अंग्रेजों के विरुद्ध अपना आक्रोश खुलकर व्यक्त किया। जनता ने अंग्रेजी सरकार को यह बता दिया कि देश में क्रांति की भावना उस सीमा के पार पहुँच चुकी है, जहाँ पर जनता अपनी स्वतंत्रता के अधिकार के लिए बड़ी से बड़ी तकलीफें उठाने और बलिदान देने को तैयार है। इस आन्दोलन में उठे व्यापक जन आक्रोश से अंग्रेजी सरकार के दिमाग में यह बात अच्छी तरह आ गयी कि भारत में उनके साम्राज्यवादी शासन के सिर्फ गिने-चुने दिन शेष रह गये हैं। सन् 1942 का आंदोलन एक अर्थ में भारत के स्वतंत्रता आन्दोलन की समाप्ति का परिचायक था। इस विद्रोह के बाद प्रश्न सिर्फ यह तय करने का रह गया था कि सत्ता का हस्तांतरण किस तरीके से हो और स्वतंत्रता के बाद सरकार का स्वरूप क्या हो?

3 जून 1947 को लार्ड माउंटबेटेन को भारत का वायसराय बनाया गया। कांग्रेस और मुस्लिम लीग के बीच सत्ता को लेकर भयंकर मतभेद पैदा हो गये थे।

अंत में मुस्लिम लीग पाकिस्तान के निर्माण से ही संतुष्ट हुई। पश्चिमी क्षेत्र के पंजाब, पश्चिमोत्तर सीमा प्रान्त, सिंध और ब्लूचिस्तान और बंगाल का पूर्वार्द्ध और आसाम का सिलहट जिला मिलाकर पाकिस्तान नाम से एक स्वतंत्र देश बनाया गया। माउंटबेटेन ने इस योजना को स्वीकृति दे दी। अंत में 15 अगस्त 1947 की आधी रात को, एक नये युग का सूत्रपात करते हुए भारत की संविधान सभा ने एक प्रस्ताव पास करके भारत को स्वाधीन घोषित कर दिया। इस अवसर पर अपना भावपूर्ण भाषण देते हुए प्रधानमंत्री जवाहरलाल नेहरू ने कहा–'आज का दिन हमारे लिए बड़े सौभाग्य का दिन है, जिसकी हम युगों से प्रतीक्षा कर रहे थे। आज हम अपनी प्रतिज्ञा पूरी करेंगे पूर्ण रूप में तो नहीं, फिर भी सारभूत रूप में। आधीरात का घंटा बजते ही, जब सारा संसार सो रहा होगा, भारत जाग उठेगा और एक नये जीवन में, स्वाधीनता के एक नये युग में प्रवेश करेगा।'[154]

इस प्रकार देशवासियों के महान त्याग और बलिदान के कारण भारत स्वतंत्र हो गया। 26 जनवरी 1950 को देश में संविधान लागू कर दिया गया और भारत एक गणतंत्रीय देश बन गया।

### *सन्दर्भ*


1. Tribune, 9 August, 1987, Page 5, Topic-The Quit India Movement by R.R. Diwakar, Chandigarh
2. स्वतंत्रता संग्राम ('आज' स्वर्णजयंती स्मारिका) पृष्ठ, 186
3. भारतीय स्वतंत्रता संग्राम में मुजफ्फरनगर का योगदान, पृष्ठ 143
4. स्वतंत्रता संग्राम के सैनिक, जिला मुजफ्फरनगर, पृष्ठ 103
5. भारतीय स्वतंत्रता संग्राम में मुजफ्फरनगर का योगदान, पृष्ठ 143
6. स्वतंत्रता संग्राम के सैनिक, जिला मुजफ्फरनगर, पृष्ठ 10,11,28
7. भारतीय स्वतंत्रता संग्राम में मुजफ्फरनगर का योगदान, पृष्ठ 143,144
8. स्वतंत्रता संग्राम के सैनिक, जिला मुजफ्फरनगर, पृष्ठ 72
9. भारतीय स्वतंत्रता संग्राम में मुजफ्फरनगर का योगदान, पृष्ठ 145
10. स्वतंत्रता संग्राम के सैनिक, जिला मुजफ्फरनगर, पृष्ठ 101
11. भारतीय स्वतंत्रता संग्राम में मु.नगर का योगदान, पृष्ठ 146, 147
12. स्वतंत्रता संग्राम के सैनिक, जिला मुजफ्फरनगर, पृष्ठ 52
13. साक्षात्कार-अशोक कुमार जैन पुत्र स्व. श्री प्रेमचन्द जैन, 474, कम्बलवालाबाग नई मण्डी, मुजफ्फरनगर 21.09.2008 तथा स्वतंत्रता सेनानी ताम्रपत्र पर अंकित उल्लेख।
14. स्वतंत्रता संग्राम के सैनिक, जिला मुजफ्फरनगर, पृष्ठ 65
15. भारतीय स्वतंत्रता संग्राम में मुनगर का योगदान, पृष्ठ 175, 202, 188
16. स्वतंत्रता संग्राम के सैनिक, जिला मुजफ्फरनगर, पृष्ठ 7
17. अ. दैनिक जागरण, 11 अगस्त, 2008, पृष्ठ 4, मेरठ संस्करण

ब. भारतीय स्वतंत्रता संग्राम में मुजफ्फरनगर का योगदान, पृष्ठ 147
18. साक्षात्कार-श्री त्रिलोकचन्द जैन, अम्बा विहार मेरठ रोड, मुजफ्फरनगर, 23.09.2008
19. स्वतंत्रता संग्राम के सैनिक, जिला मेरठ, पृष्ठ 40
20. दीपंकर आचार्य, स्वाधीनता आन्दोलन और मेरठ, पृष्ठ 302, 303, 305, 313, 320
21. अ. जैन फूलचंद, दिल्ली के स्वतंत्रता सेनानी, पृष्ठ 64, भाग 10
ब. जिला गजेटियर, मेरठ, पृष्ठ 58, 64
22. स्वतंत्रता संग्राम के सैनिक, जिला मेरठ, पृष्ठ ङ, 75
23. दीपंकर आचार्य, स्वाधीनता आन्दोलन और मेरठ, पृष्ठ 323
24. स्वतंत्रता संग्राम के सैनिक, जिला मेरठ, पृष्ठ 88
25. साक्षात्कार-श्री सुभाष जैन, शकुन प्रकाशन, दरियागंज नई दिल्ली, दिनांक 23.02.2008
26. दिल्ली के स्वतंत्रता सेनानी, पृष्ठ 69
27. स्वतंत्रता संग्राम के सैनिक, जिला मेरठ, पृष्ठ 75
28. जैन संदेश, 23 जनवरी, 1947, पृष्ठ 34, आगरा
29. दीपंकर आचार्य, स्वाधीनता आन्दोलन और मेरठ, पृष्ठ 321, 322
30. स्वतंत्रता संग्राम के सैनिक, जिला बुलन्दशहर, पष्ठ 67
31. अ. हिन्दी-पत्रकारिता को अक्षय कुमार जैन की देन (अप्रकाशित शोधप्रबंध), पृष्ठ-17
ब. साक्षात्कार-श्री हृदयविक्रम जैन, गुलमोहर पार्क, नई दिल्ली, दिनांक 17.12.08
32. अक्षय कुमार जैन पेपर्स, लिस्ट नं. 439, 1915-1993, नेहरू स्मृति संग्रहालय एवं पुस्तकालय, नई दिल्ली
33. डॉ. ज्योतिष जोशी, जैनेन्द्र कुमार संचयिता, पृष्ठ 515
34. यशपाल जैन, व्यक्तित्व एवं कृतित्व (अप्रकाशित शोध प्रबंध), पृष्ठ 9,
35. स्वतंत्रता संग्राम के सैनिक, जिला मथुरा, पृष्ठ 72, 61
36. साक्षात्कार-श्री केशवदेव जैन (सहपऊ) ऋषभ ब्रह्मचर्याश्रम मथुरा, दिनांक 05.09.2008
37. स्वतंत्रता संग्राम के सैनिक, जिला मथुरा, पृष्ठ 20, 21, 60
38. जैन संदेश, 19 दिसम्बर, 1940, मुख पृष्ठ पर सचित्र
39. स्वतंत्रता संग्राम के सैनिक, जिला आगरा, पृष्ठ 1
40. जैन संदेश, 27 फरवरी, 1941, पृष्ठ 4, आगरा
41. स्वतंत्रता संग्राम के सैनिक, जिला आगरा, पृष्ठ 66, 100
42. श्री गोर्धनदास जैन अभिनन्दन ग्रंथ, पृष्ठ 123
43. साक्षात्कार-स्वतंत्रता सेनानी श्री चिम्मनलाल जैन, पथवारी आगरा, दिनांक 06.09.2008
44. स्वतंत्रता संग्राम के सैनिक, जिला आगरा, पृष्ठ 32
45. शर्मा मनोहरलाल : भारतीय स्वतंत्रता संग्राम में आगरा का योगदान, पृष्ठ 59, 60
46. जैन संदेश, राष्ट्रीय अंक, पृष्ठ 25, 26, 27, 28, 29
47 स्वतंत्रता संग्राम के सैनिक, आगरा, पृष्ठ 150,87, 130, 29, 67
48. जैन संदेश, राष्ट्रीय अंक, पृष्ठ 29
49. स्वतंत्रता संग्राम के सैनिक, जिला आगरा, पृष्ठ 1
50 भारतीय स्वतंत्रता संग्राम में आगरा का योगदान, पृष्ठ 212

51. स्वतंत्रता संग्राम के सैनिक, जिला आगरा, पृष्ठ 5, 112
52. भारतीय स्वतंत्रता संग्राम में आगरा का योगदान, पृष्ठ 219, 239
53. स्वतंत्रता संग्राम के सैनिक, जिला आगरा, पृष्ठ 101
54. वही, पृष्ठ 101
55. जैन संदेश (राष्ट्रीय अंक), पृष्ठ 27, 26
56. स्वतंत्रता संग्राम के सैनिक, पृष्ठ 112
57. WHO's WHO of Delhi Freedom Fighters Volume-II, Page 140, Gazetteer Unit, Delhi Government
58. गोर्धनदास जैन अभिनन्दन ग्रंथ, पृष्ठ 219, आगरा
59. स्वतंत्रता संग्राम के सैनिक, जिला आगरा, पृष्ठ 24, 27, 25
60. भारतीय स्वतंत्रता संग्राम में आगरा का योगदान, पृष्ठ 257
61. जैन संदेश (राष्ट्रीय अंक), पृष्ठ 25, आगरा
62. स्वतंत्रता संग्राम के सैनिक, जिला आगरा, पृष्ठ 100
63. भारतीय स्वतंत्रता संग्राम में आगरा का योगदान, पृष्ठ 258
64. वही, पृष्ठ 260, 261
65. स्वतंत्रता संग्राम के सैनिक, जिला आगरा, पृष्ठ 65, 66
66. जैन संदेश (राष्ट्रीय अंक), 23 जनवरी, 1947, पृष्ठ 25
67. स्वतंत्रता संग्राम के सैनिक, जिला आगरा, पृष्ठ 101
68. भारतीय स्वतंत्रता संग्राम में आगरा का योगदान, पृष्ठ 223
69. जैन संदेश (राष्ट्रीय अंक), पृष्ठ 26,27,28,29
70. जैन संदेश (राष्ट्रीय अंक), भारतीय स्वतंत्रता संग्राम में आगरा का योगदान व अन्य पत्र-पत्रिकाओं पर आधारित, पृष्ठ 28
71. भारतीय स्वतंत्रता संग्राम में आगरा का योगदान, पृष्ठ 285
72. गोर्धनदास जैन अभिनन्दन ग्रंथ, पृष्ठ 226, 227
73. जैन संदेश (राष्ट्रीय अंक), पृष्ठ 26, 27
74. स्वतंत्रता संग्राम के सैनिक, जिला एटा, पृष्ठ 'ज'
75. जिला कारागार एटा के अधीक्षक द्वारा दिनांक 5.5.1972 को जारी किये गये प्रमाण-पत्र की सत्य प्रतिलिपि पर आधारित।
76. भगवान महावीर स्मृति ग्रंथ, खण्ड 6, पृष्ठ 92
77. स्वतंत्रता संग्राम के सैनिक, जिला मैनपुरी, पृष्ठ छ, 57, 22
78. जैन संदेश (राष्ट्रीय अंक), पृष्ठ 36, 37
79. जैन समाज का वृह्द इतिहास (प्रथम खण्ड), पृष्ठ 622, जयपुर
80. स्वतंत्रता संग्राम के सैनिक, जिला मुरादाबाद, पृष्ठ - च
81. स्वतंत्रता संग्राम के सैनिक, जिला मुरादाबाद, पृष्ठ 12, 55
82. स्वतंत्रता संग्राम के सैनिक, जिला मुरादाबाद, पृष्ठ 71
83. जैन संदेश (राष्ट्रीय अंक), पृष्ठ 65
84. स्वतंत्रता संग्राम के सैनिक, जिला फर्रूखाबाद, पृष्ठ ख, 712

85. वीर संदेश (मासिक पत्र), मार्च, 1943, पृष्ठ 12, आगरा
86. स्वतंत्रता संग्राम के सैनिक, जिला फर्रूखाबाद, पृष्ठ 712
87. स्वतंत्रता संग्राम के सैनिक, इटावा, पृष्ठ 15, 102, 116
88. रजत नीरांजना (स्मारिका), पृष्ठ 5, 20, 22
89. Fighters for Freedom, WHO's WHO no.1, Jhansi Division, Distt. Jhansi, Pg. 86
90. रजत नीरांजना, पृष्ठ 34, 35
91. Fighters for Freedom, WHO's WHO, Jhansi, Page 54
92. रजत नीराजना, पृष्ठ 28,
93. स्वतंत्रता संग्राम के सैनिक, झांसी डिवीजन, जिला झांसी, पृष्ठ 87,71
94. स्वतंत्रता संग्राम के सैनिक, जिला झांसी, पृष्ठ 57, 56
95. रजत नीराजना, पृष्ठ 39, 30, 31, 32
96. 'सुमन' क्षेमचंद्र : दिवंगत हिन्दी सेवी (द्वितीय खण्ड), पृष्ठ 521
97. वही, पृष्ठ 521
98. वही, पृष्ठ 521
99. वही, पृष्ठ 521
100. Fighters for Freedom, WHO's WHO, Jhansi, Page 59
101. रजत नीराजना, पृष्ठ 27, 46, 69
102. Fighters for Freedom, WHO's WHO, Jhansi, Page 85
103. रजत नीराजना, पृष्ठ 85, 26, 27
104 स्वतंत्रता संग्राम के सैनिक, झांसी डिविजन, जिला झांसी, पृष्ठ 87, 78
105. रजत नीराजना, पृष्ठ 94
106. Fighters for Freedom, WHO's WHO, Jhansi, Page 56
107. स्वतंत्रता संग्राम के सैनिक, झांसी डिवीजन, जिला झांसी, पृष्ठ 79
108. जैन संदेश (राष्ट्रीय अंक), पृष्ठ 43
109. स्वतंत्रता संग्राम के सैनिक, झांसी डिवीजन, जिला झांसी, पृष्ठ 62
110. भगवान महावीर स्मृति ग्रंथ, खण्ड 6, पृष्ठ 95
111. रजत नीराजना, पृष्ठ 99, 100
112. जैन संदेश (राष्ट्रीय अंक), पृष्ठ 39
113. 'आज' (दैनिक पत्र), 14 अगस्त, 1942, पृष्ठ 2, काशी
114. स्वतंत्रता संग्राम के सैनिक, झांसी डिवीजन, जिला बांदा, पृष्ठ 127
115. Uttar Pradesh District Gazetteers 'Bharaich', Page 43
116. स्वतंत्रता संग्राम के सैनिक, जिला सहारनपुर, पृष्ठ 3
117. सहारनपुर सन्दर्भ, पृष्ठ 196, 197, 192
118. कवि शांतिस्वरूप 'कुसुम' व्यक्तित्व एवं कृतित्व
119. जैन संदेश (राष्ट्रीय अंक), पृष्ठ 31, 32, आगरा
120. शर्मा, डॉ. के.के., सहारनपुर सन्दर्भ, पृष्ठ 193
121. स्वतंत्रता संग्राम के सैनिक, जिला सहारनपुर, पृष्ठ 77, 78

122. जैन संदेश (राष्ट्रीय अंक), पृष्ठ 31
123. शर्मा डॉ. के.के., सहारनपुर सन्दर्भ, पृष्ठ 150
124. जैन संदेश (राष्ट्रीय अंक), पृष्ठ 31, 36
125. Uttar pradesh District Gazetteers 'Bijnor', Page 54
126. आज (दैनिक पत्र), 23 अगस्त, 1942, पृष्ठ 1, काशी
127. पुण्य-स्मरण पृष्ठ 16, 23, वर्धमान पृष्ठ 93, 91, 90, 92
128. गोमटेश्वर सहस्त्राब्दी महोत्सव दर्शन, 1981, पृष्ठ 13
129. भगवान महावीर स्मृति ग्रंथ, खण्ड 6, पृष्ठ 87
130. विधी वंशिका, लुहाड्या परिवार, भाग-1, पृष्ठ 37
131. स्वतंत्रता संग्राम के सैनिक, भाग 3, इलाहाबाद, पृष्ठ 186
132. विधी वंशिका, लुहाड्या परिवार, पृष्ठ 36, 37
133. WHO's WHO of Delhi Freedom Fighters, Volume II, Page 137
134. गोयलीय अयोध्याप्रसाद, जैन जागरण के अग्रदूत, पृष्ठ 34, 32
135. जैन फूलचंद, भारत छोड़ो आन्दोलन, पृष्ठ 204, 197
136. जैन संदेश (राष्ट्रीय अंक), पृष्ठ 34
137. स्वतंत्रता संग्राम के सैनिक, भाग 3, जिला कानपुर, पृष्ठ 510, 436
138. जैन संदेश (राष्ट्रीय अंक), पृष्ठ 33
139. स्वतंत्रता संग्राम के सैनिक, जिला कानपुर, पृष्ठ 411
140. साक्षात्कार-डॉ. शशिकान्त जैन, लखनऊ, दिनांक 27.12.2007
141. कानपुर कल, आज और कल (खण्ड 1), पृष्ठ 88, 93
142. जैन संदेश (साप्ताहिक पत्र), 4 जनवरी, 1940, पृष्ठ 8, 40,41
143. भारतीय स्वतंत्रता संग्राम में मुजफ्फरनगर का योगदान, पृष्ठ 238
144. जैन संदेश (राष्ट्रीय अंक), पृष्ठ 41
145. स्वतंत्रता आन्दोलन और बनारस, ठाकुरप्रसाद सिंह, पृष्ठ 238,
146. जैन संदेश (राष्ट्रीय अंक), पृष्ठ 41
147. आज (दैनिक पत्र), शनिवार, 22 अगस्त, 1942, मुख पृष्ठ
148. जैन संदेश (राष्ट्रीय अंक), पृष्ठ 41, 42, 43
149. 'संस्मरण' (स्मारिका), पृष्ठ 56, सम्पादक-प्रो. खुशाल चन्द्र गोरावाला
150. Fighters for Freedom, WHO's WHO, : 2 : District Varanasi, Page 450, 451
151. स्वतंत्रता आन्दोलन और बनारस, पृष्ठ 106, 110
152. रजत नीराजना, पृष्ठ 77
153. स्वतंत्रता आन्दोलन और बनारस, पृष्ठ 110
154. रामगोपाल : भारतीय स्वतंत्रता संग्राम का इतिहास, पृष्ठ 450

# भारतीय स्वतन्त्रता आन्दोलन में जैन पत्र-पत्रिकाओं की भूमिका

भारतीय स्वतंत्रता आन्दोलन में विभिन्न पत्र-पत्रिकाओं ने अपनी विशेष भूमिका का निर्वाह किया। इनके माध्यम से जनता ने न केवल देशभक्ति का पाठ सीखा, बल्कि अंग्रेजी शासन को उखाड़ फेंकने का भी संकल्प लिया। जैन समाज ने विभिन्न भारतीय भाषाओं में अनेक पत्र-पत्रिकाओं का प्रकाशन किया, सन् 1937 में 'जैन मित्र' में प्रकाशित सूची के अनुसार जैन समाज के पत्रों की संख्या 74 थी।[1]

अगरचन्द नाहटा ने अपनी सूची में तत्कालीन 59 पत्रों का संक्षिप्त परिचय दिया था।[2] जैन सिद्धान्त भास्कर की सूची के अनुसार जैन समाज के भूतकालीन पत्रों की संख्या 105 तथा चालू पत्रों की संख्या 66 थी।[3] डॉ. ज्योतिप्रसाद जैन द्वारा 1949-50 ई. में तैयार की गई जैन पत्र- पत्रिकाओं की सूची में जो कई स्थानों से प्रकाशित हुई है, के अनुसार 166 पूर्व प्रकाशित पत्र-पत्रिकाओं (90 दिगम्बर जैन तथा 66 श्वेताम्बर जैन व 10 अन्य जैन संप्रदाय) तथा 84 तत्कालीन पत्र-पत्रिकाओं का विवरण मिलता है।[4] चौरासी तत्कालीन पत्र-पत्रिकाओं में हिन्दी की 50, गुजराती 16, मराठी 3, कन्नड़ 2, अंग्रेजी 2, उर्दू 1, हिन्दी-गुजराती 7, हिन्दी मराठी 1, हिन्दी उर्दू 1 और हिन्दी अंग्रेजी की 1 पत्र-पत्रिकाएं शामिल हैं। इनकी प्रकाशन अवधि साप्ताहिक 16, पाक्षिक 16, मासिक 45, त्रैमासिक 5 तथा अर्द्धवार्षिक 2 हैं। इस प्रकार जैन समाज द्वारा बड़ी संख्या में पत्र-पत्रिकाओं का प्रकाशन किया जाता था।

तत्कालीन संयुक्त प्रान्त के जैन समाज ने भी अग्रणी होकर पत्र-पत्रिकाओं का प्रकाशन, संचालन और संपादन किया। जैन संत ब्रह्मचारी सीतलप्रसाद के अथक परिश्रम एवं प्रेरणा से संयुक्त प्रान्त में अनेक जैन पत्र-पत्रिकाओं का प्रकाशन हुआ। अन्य जैन संस्थाओं ने भी अपने पत्रों का प्रकाशन किया। इन पत्र-पत्रिकाओं में सबसे पुराना पत्र 'जैन गजट' को माना जाता है। इसका प्रकाशन दिसम्बर 1895 से लेकर आज तक निरंतर चालू है।[5]

'जैन गजट' के प्रथम अंक के मुख पृष्ठ पर उल्लेख मिलता है कि 'जैन गजट बाबू सूरजभान वकील के प्रबंध से देवबन्द जिला सहारनपुर से प्रकाशित होता है।

यह पत्र हर अंग्रेजी महीने की 01-08-16 और 24 तारीख को भाइयों की सेवा में हाजिर हुआ करेगा।'[6] कालान्तर में 'जैन गजट' लखनऊ से प्रकाशित होने लगा।

***जैन सम्पादक समूह***

1. पं. जियालाल (जीयालाल प्रकाश, फरुखनगर), 2. शेठ हीराचन्द नेमचन्द (जैन शोधक, सोलापुर), 3. शेठ छोगालाल (जैन प्रभाकर, अजमेर), 4. पं. पन्नालाल बाकलीवाल (जैन हितैषी), 5. पं. सूरजभान (जैन गजट, देवबन्द), 6. गोपालदास बरैय्या (जैन मित्र, सूरत), 7. बा. देवकुमार (जैन गजट, आरा), 8. बा. जुगलकिशोर मुख्तार (जैन गजट, देवबन्द), 9. जय कुमार डी. चवेर, (जैन भाग्योदय, अकोला), 10. बा. जुगमन्दरलाल जैन (जैन गजट अंग्रेजी), 11. पं. कल्लापा (जैन बोधक, कोल्हापुर), 12. बी.पी. पाटील (जैन विजय, होसुर), 13. तात्या नेमिनाथ पांगल (वन्दे जिनवरम्), 14. ए.पी. चौगुले (जिन विजय, कानडी)

ब्रह्मचारी सीतल प्रसाद, अजितप्रसाद जैन, आ. जुगल किशोर मुख्तार आदि सुयोग्य सम्पादकों ने इस पत्र को अपनी लेखनी से जैन समाज का प्रमुख साप्ताहिक पत्र बनाया। 1903 में जैन गजट अंग्रेजी भाषा में निकलने लगा, जिसका सफल संचालन अजितप्रसाद जैन, लखनऊ ने किया।[7]

***जैन सम्पादक समूह (वीर संवत् 2440)***

1. श्री नाथूराम प्रेमी (जैन हितैषी, मुम्बई), 2. शेठ पदमराज (जैन सिद्धान्त भास्कर, कलकत्ता), 3. दिग्विजय सिंह (जैन तत्त्वप्रकाशक, इटावा), 4. ब्र. शीतलप्रसाद (जैन मित्र, लखनऊ), 5. बा. अजितप्रसाद (जैन गजट, लखनऊ), 6. मूलचन्द किसनदास कापडीआ (दिगम्बर जैन, सूरत), 7. ए.बी. लट्ठे (प्रगति जिनविजय, कोल्हापुर), 8. बा. ज्योतिप्रसाद (जैन प्रदीप, देवबन्द), 9. पं. उदयलाल, 10. आर.आर. बोबडे (वन्दे जिनवरम्), 11. वैद्य जिनेश्वरदास (भारत नारी हितकारी, मैनपुरी), 12. वैद्य शंकरलाल (वैद्य, मुरादाबाद), 13. मी. रणदिवे (सुमति, वर्धा)

'जैन गजट' के अतिरिक्त संयुक्त प्रान्त से अनेक पत्र-पत्रिकाओं का प्रकाशन हुआ। इन पत्रों ने तत्कालीन परिस्थितियों में देश सेवा का व्रत लेकर जैन समाज को आन्दोलन में भाग लेने को प्रेरित किया। देवबन्द (सहारनपुर) से जैन समाज के कई पत्र प्रकाशित होते थे। इन पत्रों में 1898 में प्रकाशित 'ज्ञानप्रकाशक', 1909 में जैन प्रकाशक, 1910 में 'नारी हितकारी', 1912 में पाक्षिक जैन प्रदीप, जैन प्रचारक, आदि प्रमुख थे।

आजादी के समस्त आन्दोलनों में ये पत्र सक्रिय रहे। आगरा के जैन पत्रों ने भी आजादी की लड़ाई में अपना अमूल्य सहयोग दिया। इन पत्र-पत्रिकाओं में 1918 में प्रकाशित जैन पथ प्रदर्शक, जैसवाल जैन, श्वेताम्बर जैन, जाति प्रबोधक, वीर संदेश, जैन संदेश, वीर भारत आदि प्रमुख हैं।

1898 में सहारनपुर से जैन हितोपदेशक, 1913 में इटावा से 'जैन तत्व प्रकाशक' तथा 1918 में 'सत्योदय' का प्रकाशन हुआ। वाराणसी से 1921 में

'अहिंसा' पत्र निकाला गया, तो सरसावा से 'अनेकान्त' नामक मासिक पत्रिका का प्रारम्भ सन् 1929 में किया गया। मेरठ से 'वीर' नामक मासिक पत्र 8 नवम्बर 1923 से प्रारम्भ हुआ, जो आज भी निरन्तर प्रकाशित हो रहा है। मेरठ की जैनकुमार सभा का पत्र भी आजादी के आन्दोलन में सहायक बना। बिजनौर से 1928 में 'आदर्श जैन चरित्र' तथा 1933 में 'जैन दर्शन' नामक पत्रों का प्रारम्भ हुआ। मुरादाबाद से 1920 में 'वैद्य', हाथरस से 1916 में 'जैन मार्तण्ड', बुलन्दशहर से 1927 में सनातन जैन, ललितपुर से 1932 में सिद्धि, मथुरा से मई 1937 से जैन संदेश, इलाहाबाद से जैन पत्रिका, जैन होस्टल मैगजीन तथा फिरोजाबाद से 1926 में उत्कर्ष नामक पत्र निकाला गया।[8] इसके अतिरिक्त भी अनेक पत्र-पत्रिकाओं के प्रकाशित होने की सम्भावना हो सकती है।

आजादी की लड़ाई में 'जैन मित्र', का योगदान भी सदैव स्मरणीय रहेगा। 'जैन मित्र' की स्थापना आगरा निवासी पंडित गोपालदास जैन 'बरैया' ने की थी। 1909 से 1929 तक ब्रह्मचारी सीतलप्रसाद इसके सम्पादक रहे।[9] ब्रह्मचारी जी की प्रेरणा से जैन मित्र ने लगातार जैन समाज को स्वतंत्रता आन्दोलन में भाग लेने को प्रेरित किया। इसी प्रकार 'दिगम्बर जैन', जैनमहिलादर्श आदि पत्रिकाओं ने भी आजादी का बिगुल बजाया।

जैन पत्र-पत्रिकाओं के अतिरिक्त जैन समाज ने सार्वजनिक पत्रकारिता के क्षेत्र में भी सक्रिय रहकर स्वतंत्रता आन्दोलन में अपना योगदान दिया। महेन्द्र जी (आगरा) ने सैनिक, साहित्य संदेश, आगरा पंच, आगरा सत्याग्रह समाचार, हिन्दुस्तान समाचार, सैनिक का सिंहनाद आदि पत्रों के माध्यम से न केवल आगरा में अपितु पूरे संयुक्त प्रान्त में आजादी का बिगुल बजाया। अक्षयकुमार जैन ने सैनिक, सनातन जैन और वीर के माध्यम से देश सेवा में हाथ बँटाया। अयोध्याप्रसाद गोयलीय, यशपाल जैन, जैनेन्द्रकुमार ने क्रमशः अनेकान्त (मासिक), जीवन सुधा (मासिक), लोकजीवन (मासिक) आदि पत्र-पत्रिकाओं के माध्यम से देश सेवा की।

असहयोग आन्दोलन, सविनय अवज्ञा आन्दोलन, भारत छोड़ो आन्दोलन में तो जैन पत्र-पत्रिकाओं का योगदान रहा ही, इन आन्दोलनों के प्रारम्भ होने से पूर्व ही जैन पत्रों ने देशवासियों के हृदय में देश के प्रति समर्पण की भावना जगानी प्रारम्भ कर दी थी।

साप्ताहिक जैन पत्र 'जैन गजट' ने अपने प्रकाशन वर्ष 1895 से लगातार 1947 तक देश के स्वतंत्रता संग्राम में भाग लिया। पत्र के सम्पादकीय देशभक्ति की भावना से ओत-प्रोत रहते थे।

16 दिसम्बर, 1907 को जैन गजट में 'बंदेमातरम् और जैन जाति' शीर्षक से लिखा गया सम्पादकीय लेख काफी लोकप्रिय हुआ। सम्पादक ने लिखा—आजकल

भारतवर्ष में भारत भूमि की भक्ति की अजब धूम मच रही है। घर-घर में बन्देमातरम् शब्द की गूंज हो रही है। जगह-जगह देश हितैषिता की चर्चा हो रही है। बहुत लोग परोपकार के ऊपर न्यौछावर हो रहे हैं। नगर-नगर और ग्राम-ग्राम में सभायें और जलसे होते हैं। देश हितैषिता पर बड़े-बड़े व्याख्यान दिये जा रहे हैं और परोपकार का जोश फैलाया जा रहा है। देश के लिए कार्य करने वाले कार्यकर्ताओं के प्रति भारतीय जनता के सम्मान एवं प्रेम का उल्लेख करते हुए जैन गजट ने लिखा–'जब देश भक्तों को राजदण्ड दिया जाता है, तो सारे भारत में इसका शोक होता है, इस शोक में समाचार पत्रों के अनेक पत्र काले होते रहते हैं और उनके छूट जाने पर घर-घर बधाई होती है। मंगल गीत गाये जाते हैं और गाजे-बाजे के साथ फूलों की वर्षा करते हुए वह जेल खाने से घर तक बड़े उत्साह के साथ लाये जाते हैं।' पत्र ने देशवासियों में स्वदेशी वस्तुओं का प्रचार करते हुए लिखा–'भारतवासी विदेशी वस्तुओं को ग्रहण करना त्याग देवें और भारत की ही बनी हुई वस्तु को बर्ते और स्वयं सर्व प्रकार की वस्तु बनाना प्रारम्भ करें।'[10]

बंग-भंग के समय बंगाल निवासियों द्वारा अंग्रेजी सरकार के तीव्र विरोध का उल्लेख करते हुए जैन गजट ने लिखा-धन्य है बंगाल के शूरबीरों को कि उन्होंने लार्ड कर्जन की इस नीति का साहस के साथ विरोध किया। बंगालियों ने सरकार का इस साहस के साथ विरोध किया कि सारे जगत में खलबली मच गई, उन्होंने पहले से भी अधिक ऐक्यता करके यह दिखा दिया कि बंगालियों के विरुद्ध कार्य करने का क्या फल होता है और वह रुष्ट होकर क्या कर सकते हैं। बंगाली लोगों ने दृढ़ साहस के साथ विदेशी वस्तुओं का त्याग किया। घर में जो कुछ विदेशी वस्तु कपड़े-लत्ते आदि थे, सब जला दिये और देशी ही वस्त्र पहनने लगे। जो धनाढ्य महाशय पाँच-पाँच रुपये गज का कपड़ा पहनते थे, वह दो आने गज का देशी मोटा कपड़ा पहनने लगे, उच्च घराने की स्त्रियाँ जो दो-दो रुपये गज की मलमल और दस-दस रुपये गज का रेशम पहनती थीं, उन्होंने भी मोटा कपड़ा स्वीकार किया। इस प्रकार विदेशी वस्त्रों का बहिष्कार करके उन्होंने अंग्रेजी सरकार को कड़ा जवाब दिया।

'जैन गजट' ने जैन समाज से भी विदेशी वस्तुओं को त्यागने का आह्वान करते हुए लिखा-यदि 14 लाख जैनियों (तत्कालीन भारत की अनुमानित जैन जनसंख्या) में पहले पहल दो-चार भी विदेशी वस्तु त्याग करें, तो बहुत है। उनके देखा-देखी और समझाने से अन्य दस-बीस त्याग करेंगे और फिर उनकी कोशिश से 100 वा 200 भाई त्याग करेंगे और फिर इस प्रकार प्रथा चल पड़ेगी और सम्पूर्ण जैन जाति विदेशी वस्तुओं को त्याग कर स्वदेशी वस्तुओं का प्रयोग करने लगेगी। जो जैन भाई विदेशी वस्तु का त्याग करते जाये, उनको उचित है कि वह इसकी सूचना तुरंत जैन गजट में दें। जैन गजट उनका नाम धन्यवाद के साथ प्रकाशित

करेगा।[11] इस समाचार से 'जैन गजट' द्वारा बड़ी तत्परता से विदेशी वस्तुओं के बहिष्कार का अभियान चलाने का पता लगता है।

'जैन गजट' की पुरानी फाइलों के अध्ययन से पता लगता है कि इस पत्र ने अपने प्रत्येक अंक में स्वदेशी प्रचार एवं विदेशी बहिष्कार का अभियान चलाया। एक अंक में जैन गजट ने अपील की—'हे मेरे निर्धन देश भाइयों! तथा धनाढ्य महाशयों! सावधान हो जाओ, रक्षकों का भरोसा छोड़ सम्भलकर खड़े होओ। स्वदेशी व्रत ग्रहण करके देश के कल्याण में उद्यमी होओ, देश की दशा हर तरह से सुधारने का प्रयत्न करो और

जैन गजट

यह पत्र सप्ताहिक है अर्थात् एक महीने में चार बार प्रकाशित होता है ॥

बाबू सूरजभान वकील के प्रबंध से देव बन्द जिला सहारनपुर से प्रकाशित होता है ॥

यह पत्र हर अंगरेजी महीने की १-८-१६ और २४ ता० को भाइयों की सेवा में हाजिर हुवा करेगा ॥

प्रथमवर्ष | दिसम्बर सन् १८९५ ता० ८ | अङ्क २

REGISTERED No. A. 313.

--THE--

Jaina Gazette.

BEING THE MONTHLY ORGAN OF THE BHARAT JAINA MAHAMANDAL.

ALL-INDIA JAINA ASSOCIATION.

Jagmander Lal Jaini, M.A.,
Ajit Prasada, M.A., LL.B. } Editors.

VOL. X { LUCKNOW, OCTOBER 1914. } No. 10.

***जैन गजट का हिन्दी, अंग्रेजी संस्करण***

बन्देमातरम् मंत्र का उच्चारण करो। जब व्यापारी वर्ग के स्वदेशी आन्दोलन से विलायत वासियों के हृदयों में खलबली पड़ेगी, तब ही इन रक्षकों के हृदयों में सद्बुद्धि आयेगी। भाइयों अब माता की सेवा में तुम्हारा शूरपना दिखाने का समय आया है। इसलिए दृढ़ चित्त से स्वदेशी वस्तु का प्रचार और आविष्कार करो।[12]

जैन समाज ने अपने प्रयत्नों से अनेक स्वदेशी कारखानों की स्थापना भी की, जिसका प्रचार-प्रसार जैन गजट द्वारा होता था। पत्र ने लिखा-हमारे पास लाला छज्जूसिंह मुख्यारसिंह जैन मालिक स्वदेशी कारखाना, पोस्ट टीकरी, जिला मेरठ ने अपने कारखाने में बने हुए वस्त्र भेजे हैं। वस्त्र मजबूत, खूबसूरत और सस्ते मालूम

होते हैं। स्वदेशी वस्तु के प्रेमियों को अवश्य नमूना मंगाकर देखना चाहिए। कारखाने में कंबल कशमीरा व दरी वगैरह भी बनते हैं, यह और भी हर्ष की बात है।[13] 'जैन गजट' द्वारा निरन्तर स्वदेशी का प्रचार किया जाता रहा। पत्र में प्रकाशित एक कविता, जिसका शीर्षक था—'शक्कर संग्राम देशी-विदेशी का झगड़ा' भी बहुत लोकप्रिय हुई।[14] इस कविता में देशी और विदेशी शक्कर के बीच बहस दिखाकर अन्त में देशी शक्कर को विजयी दिखाया गया। जैन गजट ने बाद के तीनों आन्दोलनों में भी पूर्व की भाँति ही भाग लिया तथा जैन समाज को आन्दोलनों में भाग लेने को प्रेरित किया।[15]

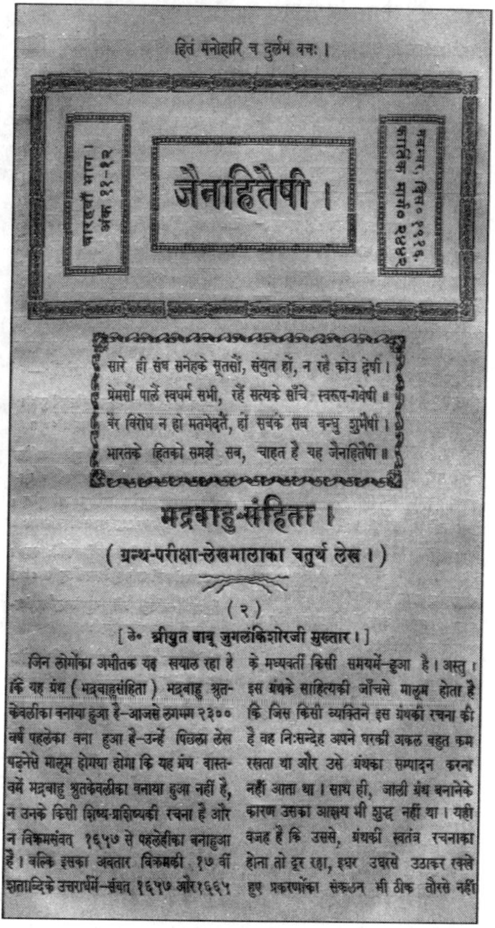

हितं मनोहारि च दुर्लभं वचः।

बारहवाँ भाग। अंक ११-१२

# जैनहितैषी।

नवम्बर, दिस० १९१६. कार्तिक मार्ग० २४४२

सारे ही संघ सनेहके सूतसौं, संयुत हों, न रहे कोउ द्वेषी।
प्रेमसौं पालैं स्वधर्म सभी, रहैं सत्यके साँचे स्वरूप-गवेषी॥
वैर विरोध न हो मतभेदतैं, हों सबके सब बन्धु शुभैषी।
भारतके हितको समझें सब, चाहत है यह जैनहितैषी॥

## भद्रबाहु-संहिता।

(ग्रन्थ-परीक्षा-लेखमालाका चतुर्थ लेख।)

(२)

[ले॰ श्रीयुत बाबू जुगलकिशोरजी मुख्तार।]

जिन लोगोंका अभीतक यह खयाल रहा है कि यह ग्रंथ (भद्रबाहुसंहिता) भद्रबाहु श्रुत-केवलीका बनाया हुआ है—आजसे लगभग २३०० वर्ष पहलेका बना हुआ है—उन्हें पिछला लेख पढ़नेसे मालूम होगया होगा कि यह ग्रंथ वास्तवमें भद्रबाहु श्रुतकेवलीका बनाया हुआ नहीं है, न उनके किसी शिष्य-प्रशिष्यकी रचना है और न विक्रमसंवत् १६५७ से पहलेहीका बनाहुआ है। बल्कि इसका अवतार विक्रमकी १७ वीं शताब्दिके उत्तरार्धमें—संवत् १६५७ और १६६५ के मध्यवर्ती किसी समयमें—हुआ है। अस्तु। इस ग्रंथके साहित्यकी जाँचसे मालूम होता है कि जिस किसी व्यक्तिने इस ग्रंथकी रचना की है वह निःसन्देह अपने घरकी अकल बहुत कम रखता था और उसे ग्रंथका सम्पादन करना नहीं आता था। साथ ही, जाली ग्रंथ बनानेके कारण उसका आशय भी शुद्ध नहीं था। यही वजह है कि उससे, ग्रंथकी स्वतंत्र रचनाका होना तो दूर रहा, इधर उधरसे उठाकर रक्खे हुए प्रकरणोंका संकलन भी ठीक तौरसे नहीं

***जैन हितैषी का पुराना अंक***

'जैन गजट' की भाँति ही 'जैन हितैषी' पत्रिका ने भी स्वतंत्रता आन्दोलन में भाग लेने को देशवासियों को प्रेरित किया। जैन हितैषी का प्रकाशन पन्नालाल जैन (मुरादाबाद) ने प्रारम्भ किया था।[16] उसके विषय में तीर्थंकर पत्रिका में उल्लेख मिलता है-जैन हितैषी बीसवीं सदी के आरंभिक दो दशकों में प्रकाशित एक प्रतिनिधि मासिक था, जो 'सरस्वती' और 'विशाल भारत' का समकालीन था। 'जैन हितैषी' के माध्यम से जैन पत्र-पत्रिकाओं के पाठक को एक भिन्न युग में प्रवेश का अवसर मिला। जैन हितैषी को ही इस बात का श्रेय है कि उसने एक संकट की घड़ी में देश के पराधीन होते हुए भी अपने देशवासियों को आधुनिक संदर्भों से जोड़ा और उनमें एक अटूट

मनोबल की सृष्टि की।[17] संयुक्त प्रान्त निवासी पंडित जुगल किशोर मुख्तार (सरसावा) ने जैन हितैषी को चमकाने में अपना पूर्ण योगदान दिया।

'जैन हितैषी' असहयोग आन्दोलन से पूर्व ही जैन समाज को देश सेवा हेतु प्रेरित करने लगी थी। एक अंक में पत्रिका ने लिखा- आजकल स्वराज्य का आन्दोलन बड़े जोर-शोर से हो रहा है। देश की तमाम जातियाँ इस बात को समझने लगी हैं कि बिना स्वराज्य मिले भारतवर्ष का वास्तविक कल्याण नहीं हो सकता है। प्यारे जैनी भाइयों! इस आन्दोलन में तुम्हारे शामिल हुए बिना यह आन्दोलन अधूरा सा लगता है। अब तुम्हारे चुप रहने का समय नहीं है। राजनीति के मैदान में आओ। लोग तुम्हारी बाँट जोह रहे हैं। तुम्हारा यह परम्परागत काम है। तुम्हारे ही हाथ लगाने से यह छप्पर उठेगा और प्राणिमात्र का दुःख दूर होगा।[18] समय- समय पर इसी प्रकार की टिप्पणियों से पत्रिका जैन समाज को सचेत करती रही। पत्रिका में महात्मा गाँधी के लेख तथा भाषण भी निरंतर छपते रहते थे। गाँधी का सत्याग्रह आश्रम शीर्षक से गाँधी जी के भाषणों का सारांश भी जैन हितैषी ने प्रकाशित किया। जिसमें सत्यव्रत, अहिंसा व्रत, ब्रह्मचर्य व्रत, स्वादों

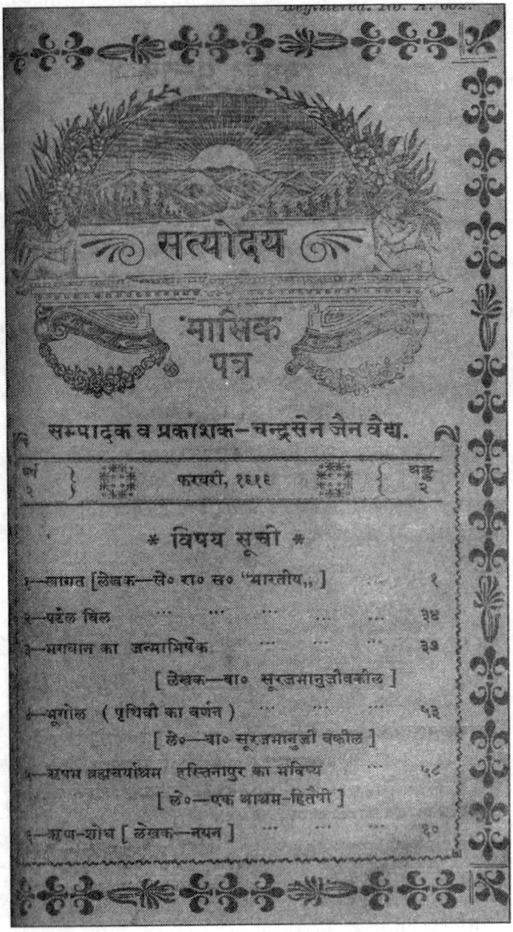
सत्योदय

मासिक पत्र

सम्पादक व प्रकाशक—चन्द्रसेन जैन वैद्य.

फरवरी, १६१६

* विषय सूची *

१—स्वागत [लेखक—से० रा० स० "भारतीय,,] ... १
२—पर्दल बिल ... ३४
३—भगवान का जन्माभिषेक ... ३७
[ लेखक—बा० सूरजभानुजीवकील ]
४—भूगोल ( पृथिवी का वर्णन ) ... ५३
[ ले०—बा० सूरजभानुजी वकील ]
५—ऋषभ ब्रह्मचर्याश्रम हस्तिनापुर का भविष्य ... ५८
[ ले०—एक आश्रम-हितैषी ]
६—[illegible]-शोध [ लेखक—नयन ] ... ६०

*सत्योदय का पुराना अंक*

का संयम, स्वदेशी व्रत, निर्भयता का व्रत, अछूतोद्धार, राजनीति आदि महत्त्वपूर्ण बिन्दुओं पर गाँधी जी ने प्रकाश डाला।[19] जैन हितैषी पत्रिका निरन्तर राष्ट्रीय आन्दोलनों में भागीदारी करती रही।

हाथरस से प्रकाशित जैन मार्तण्ड का प्रारम्भ 1916 से हुआ।[20] इस पत्रिका ने भी निरंतर देश के आन्दोलन में काम किया। इसकी टिप्पणियों से नाराज होकर ब्रिटिश सरकार ने कई बार इसे चेतावनी दी तथा कई बार पत्रिका से जमानत माँगी गयी।[21] इटावा से 1918 से प्रकाशित 'सत्योदय' मासिक पत्रिका ने भी भारत के नागरिकों को देशभक्ति की ओर प्रेरित किया।

इस पत्रिका ने आजादी के सभी आन्दोलनों में भागीदारी की 'पटेल बिल' जैसे मुद्दों पर तो 'सत्योदय' ने पूरा मोर्चा ही खोल दिया। उसने लिखा-पटेल बिल पर इस समय देशभर में बड़ी ले-दे हो रही हैं इस बिल का विरोध वहीं कर रहे हैं, जिसने इसे भली-भाँति नहीं समझा। माननीय पटेल जी ने इम्पीरियल कौंसिल में यह बिल इसलिए पेश किया है कि एक जाति या वर्ण का हिन्दू यदि दूसरी जाति या वर्ण के हिन्दू के यहाँ विवाह कर ले, तो इस विवाह से, जो सन्तति हो, वह कानून की दृष्टि में जायज समझी जाये। अतः इसमें तो किसी को विरोध नहीं करना चाहिए, इसका विरोध करना मूर्खता है।[22] इसी प्रकार अन्य मुद्दों पर भी पत्रिका निरंतर लिखती रही।

सन् 1921-22 में महात्मा गाँधी द्वारा चलाये जा रहे असहयोग आन्दोलन की रणभेरी बज रही थी। इस समय संयुक्त प्रान्त के जैन समाज ने कई पत्र-पत्रिकाओं का प्रकाशन आरम्भ किया। अखिल भारतीय जैन महिला परिषद् का 11वां अधिवेशन मई, 1921 में लखनऊ में सम्पन्न हुआ। इसी अवसर पर 'जैन महिलादर्श' मासिक पत्रिका निकालने का निर्णय लिया गया। इसके सम्पादन का उत्तरदायित्व माँ श्री चंदाबाई को सौंपा गया। माँ श्री ने लगातार 52 वर्षों तक इसका सम्पादन किया।[23]

'जैन महिलादर्श' ने आजादी की लड़ाई में कंधे से कंधा मिलाकर देश का साथ दिया। उन दिनों भारतीय नारी की स्थिति बहुत दयनीय थी। जैन महिलादर्श ने नारी जागरण का आन्दोलन चलाकर महिलाओं को अपने अधिकारों से परिचित कराया तथा देश के लिए कार्य करने को प्रेरित किया। पत्रिका की सम्पादिका चन्दाबाई जी की प्रशंसा सभी राष्ट्रीय नेता करते थे। उनकी सम्पादकीय टिप्पणियाँ सदैव देश के लिए कार्य करने को प्रेरित करती थी।

8 नवम्बर 1923 में अखिल भारतीय दिगम्बर जैन परिषद् मेरठ ने 'वीर' पाक्षिक पत्र शुरू किया। यह पत्र तब से आज तक निरन्तर प्रकाशित हो रहा है। 'वीर' पत्र की स्थापना में ब्रह्मचारी सीतलप्रसाद का योगदान उल्लेखनीय रहा।

ब्रह्मचारी जी ने बहुत समय तक इसका स्वयं सम्पादन किया। उनके द्वारा लिखे गये सम्पादकीय वक्तव्य और लेख मार्मिक और उच्च कोटि के होते थे। ब्रह्मचारी जी सफर में हों, तूफानी दौरे में हों, रोग शैया पर हों अथवा सभा में हों, सदैव नियमित रूप से 'वीर' में लिखते रहे। उनका आदेश रहता था कि 'वीर' के प्रकाशन में देरी न हो।[24]

*वीर का पुराना अंक*

स्वतंत्रता आन्दोलन में 'वीर' ने बढ़-चढ़कर भाग लिया। प्रत्येक आन्दोलन से जैन समाज को जोड़ने में 'वीर' का प्रमुख योगदान रहा। इस पत्र के प्रत्येक अंक में देश से जुड़े आन्दोलनों की चर्चा होती थी। 'वीर' का एक लेख देखियेः शीर्षक—'असहयोग और जैन धर्म दो नहीं हैं।' इसके अंतर्गत पत्र ने लिखा-असहयोग देखने में तो राजनैतिक आन्दोलन है, किन्तु वास्तव में यह विशुद्ध धार्मिक अथवा आध्यात्मिक आन्दोलन है। भारत में राजनीति धर्म का अंग हुआ करती है। अतएव असहयोग धर्म होते हुए भी आध्यात्मिक स्वतंत्रता के साथ ही साथ राजनैतिक स्वतंत्रता दिलाने का भी अमोघ अस्त्र है। वर्तमान सरकार की भारत पर राज्य करने की जो नीति है, वह किसी से छिपी नहीं है, अर्थात यह सरकार बनिया सरकार है। भारत के धन से इंग्लैण्ड वासियों का पेट भरना ही इस सरकार का मुख्य ध्येय है। इसको जहाँ ज्ञान ध्येय में बाधा की तनिक भी शंका हुई कि इसने जलियाँवाला बाग जैसे निन्दनीय कार्य किये। अतः ऐसी प्रणाली को दूर करने के लिए राष्ट्र हमारे लिये जो कार्य निश्चित करे, उसे पूर्ण करना हमारा कर्तव्य हैं। हमें अपना धर्म समझकर

सरकारी उपाधियों, सरकारी न्यायालयों, कौंसिलों, सरकारी विद्यालयों और विदेशी वस्त्रों का पूर्णतः बहिष्कार करना चाहिए। विदेशी वस्त्रों में चर्बी लगायी जाती है, जिसको छूना भी हमारे लिए बड़ा भारी पातक है।[25]

'वीर' ने कांग्रेस के स्वदेशी कार्यक्रम के प्रचार में भी हाथ बँटाया। उसने लिखा–कांग्रेस कमेटी ने स्वदेशी प्रचार के लिए महात्मा गाँधी का प्रोग्राम स्वीकार किया है और उनके अनुसार आगामी मार्च से विदेशी कपड़े का बहिष्कार, खद्दर का प्रचार और शराब की पिकेटिंग शुरू होगी। 10 मार्च (इतवार) को देशभर में स्वराज्य सभाएं होंगी, जिनमें सर्वदल सम्मेलन के निर्णय को स्वीकार करने की घोषणा होगी। इसके बाद दूसरे इतवार (तारीख 17 मार्च) को और फिर हर महीने के पहले इतवार को विदेशी कपड़े के बहिष्कार और खद्दर के प्रचार का उद्योग होगा। उपरान्त तीसरे इतवार (तारीख 24 मार्च) को और लगातार हर महीने के दूसरे इतवार को मद्यपान निषेध के लिए प्रचार कार्य होगा और फिर मार्च के अंतिम इतवार को अखाड़ों में कुश्तियाँ व अन्य कार्यक्रम होंगे। इस प्रकार एक व्यवस्थित ढंग से देश में कांग्रेस के उक्त प्रोग्राम को सफल बनाने का उद्योग किया जायेगा। यदि देश के नौजवानों ने सच्चे दिल से नेताओं का साथ दिया, तो एक दफे देश में पवित्र खद्दर ही खद्दर दिखाई देने लगेगा और मद्यपान के निषेध से देश में संयम की मात्रा भी बढ़ेगी। जैन परिषद् ने पहले ही विदेशी कपड़े के बहिष्कार का प्रस्ताव स्वीकार कर लिया था। हमें विश्वास है कि हमारे जैनी भाई इस अपवित्र कपड़े को कतई नहीं छुयेंगे और जिस मद्य से वे घृणा करते हैं, उसे अवश्य दूसरों से छुड़ाने में अग्रसर होंगे।[26]

आगरा में पंडित मोतीलाल नेहरू ने जैन समाज को अपना जो संदेश दिया था, उसे वीर ने प्रकाशित किया। पत्र ने लिखा–आगरे में जयंती उत्सव के समय मोतीलाल नेहरू ने जो शब्द संदेश रूप में कहे थे, उन पर प्रत्येक जैनी को लक्ष्य देना आवश्यक है। नेहरू जी ने दो बातें खास तौर पर कहीं थी। एक-जैनी भाई अपने समाज के अन्दर और बाहर वालों के साथ भ्रातृ-भाव पैदा करें और दूसरी अहिंसा सिद्धान्त के महत्व को सर्वोच्च स्थान देनेवाले जैनी भाई अपवित्र विदेशी वस्त्रों का पूर्णतः त्याग करें।[27] वीर ने जैन समाज में इन बातों का प्रचार किया।

पत्र में 'देश में विविध हलचल' शीर्षक से समाचार प्रकाशित किये जाते थे। इनके द्वारा भारतीय नागरिकों को देश के आन्दोलन में भाग लेने को उत्साहित किया जाता था। पत्र ने भारतीय व अंग्रेज कैदियों में सरकार द्वारा किये जा रहे भेदभाव की सदैव आलोचना की। इस संदर्भ में पत्र में श्रीयुत् जितेन्द्र दास व बौद्ध साधु श्री विजया के बलिदान को प्रमुखता से प्रकाशित किया गया। पत्र ने लिखा-जितेन्द्रदास ने 63 दिन भूखे रहकर 13 सितम्बर को प्राण त्याग किये। इस बलिदान ने समस्त

भारत में सनसनी पैदा कर दी। कलकत्ता में उनकी अंतिम यात्रा में 5 लाख जनता सम्मिलित हुई। देश के कोने-कोने में जलसे हुए। इसी प्रकार बौद्ध भिक्षु का समाचार, पत्र में इस प्रकार प्रकाशित हुआ-बर्मा जेल में बौद्ध साधु श्री विजया ने इस बात पर भूख हड़ताल की कि बौद्ध साधुओं को उनके धर्मानुसार पीले वस्त्र एक पक्ष में दो बार पहनने को दिये जाये। उन्होंने 161 दिन उपवास करके इस शरीर को त्याग दिया। इनके बलिदानों पर बड़ी व्यवस्थापक सभा में सरकार के विरुद्ध प्रस्ताव रखे गये, जिनमें सरकार की कठोर नीति पर कड़ी समालोचना की गई और सरकार के विरुद्ध प्रस्ताव पास किये गये।

महात्मा गाँधी के संयुक्त प्रान्त के दौरों की खबरें भी 'वीर' प्रकाशित करता था। पत्र में एक समाचार था—'आजकल महात्मा गाँधी प्रान्त में दौरा लगा रहे हैं, जहाँ-जहाँ जाते हैं, वहाँ-वहाँ जनता की ओर से उन्हें थैली भेंट की जा रही हैं। आशा की जाती है कि उन्हें प्रान्त से दो-तीन लाख रुपया भेंट में मिल जायेगा, यह रुपया खादी प्रचार में लगेगा। संसार में आज महात्मा गाँधी सबसे महान् व्यक्ति है। देशभर को उन पर पूरी श्रद्धा है और जनता हृदय खोलकर उनका स्वागत करती है। ग्रामीण जनता तो उनके दर्शनों के लिए लालायित है, बीसों मील से जनता उनके दर्शनों को आती है।[28]

इसी प्रकार 'वीर' ने संयुक्त प्रान्त में चल रही गतिविधियों पर नजर रखी तथा अपने पाठकों को इन समाचारों से लाभान्वित किया। 'वीर' की लोकप्रियता जैन समाज में काफी व्यापक थी। पत्र में सूचनाएँ और समाचारों के अलावा बहस, बातचीत और वाद-विवाद आदि शीर्षकों के माध्यम से पाठकों को लाभान्वित किया जाता था। प्रत्येक अंक में पिछले अंक की सामग्री पर पाठकों की प्रतिक्रियाएँ प्रकाशित की जाती थी।

पत्र के बारे में 'तीर्थंकर' विशेषांक लिखता है, 'वीर' पाठशालावादी और परीक्षाफल छापू अखबार नहीं था। वह जैन होते हुए भी एक व्यापक उदार राष्ट्रीय अखबार था। उसके संपादक खुद स्वतंत्रता आन्दोलन में सपत्नीक जेल जा चुके थे। पत्र में आजादी, देशभक्ति, गाँधी, नेहरू और सुभाष पर तथा ढिल्लन, सहगल, शाहनवाज की गिरफ्तारी के विरोध जैसे विषयों पर रचनाएँ छपती थीं। राष्ट्रीय समाचारों, निर्णयों और घटनाओं को प्रमुखता से प्रकाशित किया जाता था। इनके साथ ताजा चित्र भी होते थे। वीर में छपे समाचारों को पढ़ने के लिए लोग टूट पड़ते थे। हर कस्बे में वीर के बहुत ग्राहक थे। ग्राहक के साथ ही इसमें लिखने वाले भी बहुत थे।[29] 'वीर' के सम्पादकों में ब्रह्मचारी सीतलप्रसाद, पंडित परमेष्ठीदास जैन, राजेन्द्रकुमार जैन, अक्षयकुमार जैन, बाबू कामताप्रसाद जैन का नाम विशेष रूप से उल्लेखनीय है, जिन्होंने पत्र के माध्यम से तो देश के आन्दोलन में भाग लिया ही,

साथ ही प्रत्यक्ष रूप से भी स्वतंत्रता के इस यज्ञ में अपनी आहुति दी।[30] वर्तमान में भी वीर का प्रकाशन व्यवस्थित ढंग से चल रहा है।

सन् 1921 में वाराणसी से 'अहिंसा' नाम की साप्ताहिक पत्रिका का प्रकाशन प्रारम्भ हुआ। इस पत्रिका का प्रकाशन अखिल भारतीय अहिंसा प्रचारिणी परिषद् के प्रथम अधिवेशन से प्रारम्भ हुआ। यह अधिवेशन काशी नागरी प्रचारिणी समिति के भवन में डॉ. भगवानदास जी के सभापतित्व में हुआ था। परिषद् तथा पत्रिका की स्थापना में पंडित उमरावसिंह जैन (न्यायतीर्थ) ने अथक परिश्रम किया। परिषद् एवं पत्रिका के प्रचार के लिए उपदेशक घुमाये गये, जैनेतर जनता ने भी इस कार्य में अच्छा हाथ बंटाया। अनेक रजवाड़ों ने भी सहानुभूति प्रदर्शित की। बहुत से रईस एक मुश्त सौ-सौ रुपये देकर परिषद् के आजीवन सदस्य बने। प्रारम्भ में 'अहिंसा' का प्रकाशन एक-दूसरे प्रेस से होता था। कुछ ही समय बाद एक स्वतंत्र प्रेस खरीद लिया गया, जो अहिंसा प्रेस के नाम से विख्यात् हुआ।[31]

'अहिंसा' पत्रिका ने असहयोग आन्दोलन के दौरान भारतीयों में पारस्परिक सहयोगी भावना का संचार करने में तथा विदेशी शासन प्रणाली को ध्वस्त करने में अपनी अहम् भूमिका निभाई। राष्ट्र का तत्कालीन अस्त्र 'अहिंसा' का नाम धारण कर 'अहिंसा' पत्र ने राष्ट्र की आवाज में आवाज मिलाकर महत्वपूर्ण कार्य किया। पत्रिका ने अंग्रेजी सरकार की खुले शब्दों में निन्दा की तथा गाँधी जी द्वारा चलाये जा रहे आन्दोलनों का समर्थन किया। सरकार ने कई बार रूष्ट होकर 'अहिंसा' पर मुकदमे चलाये, परन्तु उसका स्वर मंद नहीं पड़ा।

'आज' समाचार पत्र का एक समाचार था-शीर्षक 'मानहानि का अभियोग', 'पायनियर का संवाददाता शिलौंग (आसाम) से तार देता है कि आसाम सरकार ने 'सर्वेंट', 'यंग इण्डिया' और 'अहिंसा' पत्रों में प्रकाशित पुलिस अधीक्षक और सहायक पुलिस अधीक्षक के ऊपर लगाये गये दुर्व्यवहार के अभियोग को पढ़ा है। उक्त अफसर इस सम्बन्ध में कहते हैं कि यह अभियोग झूठा है। अतः सरकार ने इन तीनों पत्रों के विरुद्ध मानहानि का मुकदमा चलाने की अनुमति दे दी हैं।'[32] 'अहिंसा' पत्र उस समय राष्ट्रीय गतिविधियों में विशेष सजग रहता था। जैन समाज के इस पत्र ने सभी आन्दोलनों में अपना योगदान दिया।

'अहिंसा' की ही भाँति 'जैन मित्र' ने आजादी की लड़ाई में बढ़-चढ़कर भाग लिया। जैन मित्र का पहला अंक सन् 1900 में निकला था। पहले वर्ष से लेकर नवें वर्ष तक इसके सम्पादक आगरा निवासी पंडित गोपालदास बरैया रहे। श्री बरैया महान् जैन विद्वान थे, उन्होंने ही इस पत्र का प्रारम्भ कराया था।[33] कालांतर में प्रकाशन की सुविधा के कारण 'जैन मित्र' सूरत से निकलने लगा। भारतीय राष्ट्रीय आन्दोलनों का समर्थन इसने पूरे जोश के साथ किया। जैन मित्र का समर्थन गाँधी

जी के अहिंसा, सत्याग्रह और स्वदेशी आन्दोलन से रहा। उसने अंग्रेजों की हर उस नीति का विरोध किया, जिसमें भारतीयों के प्रति अन्याय या भेदभाव था। एनीबेसेन्ट, तिलक, गाँधी जी के विचारों को वह प्रकट करता था। 'जैन मित्र' ने राष्ट्रीय आन्दोलन के समर्थन हेतु जनजागरण चलाया। पत्र में प्रकाशित सम्पादकीय लेख, समाचार, कविताएं आदि देशभक्ति की भावना से ओत-प्रोत होते थे। पंडित परमेष्ठीदास जैसे कार्यकर्ता तो जेलों में भी गये और कपाड़िया जी आजीवन खद्दरधारी तथा स्वतंत्रता के समर्थक रहे।

स्वतंत्रता आन्दोलन के दौरान 'जैन मित्र' ने राष्ट्रीय चेतना की आगवानी की। कांग्रेस की प्रशंसा करते हुए पत्र ने लिखा-कांग्रेस के द्वारा सबसे उत्तम कार्य यह हुआ है कि भारत वर्ष के विविध प्रान्तों के निवासियों में एकता का संचार हुआ। 20 वर्ष के पहिले एक प्रान्त के निवासी दूसरे प्रान्त के निवासियों से स्नेह सम्बन्ध नहीं कर पाते थे, परन्तु अब प्रतिवर्ष पृथक-पृथक प्रान्तों में कांग्रेस अधिवेशन होने के कारण यह त्रुटि दूर हो गयी है। विविध प्रान्तों के देश हितैषी भाई एक-दूसरे से मिलकर देश चिन्ता में कुछ समय व्यस्त रहते हैं। अनेक स्थानों में कांग्रेस के अधिवेशन होने से लोग समझने लगे हैं कि कांग्रेस के कार्यकर्ता देश का कल्याण करने के लिए सरकार से उचित स्वत्व मांगते हैं। सरकार के कानों तक अपनी पुकार पहुँचाने के लिए इस समय कांग्रेस सरीखा कोई भी साधन नहीं है।[34]

'जैन मित्र' ने लाला लाजपतराय के बलिदान पर सम्पादकीय लिखा, जिसका शीर्षक था—'हां! जैन वैश्यकुली लाला लाजपतराय' इसके अंतर्गत पत्र ने लिखा-पंजाब केसरी लाला लाजपतराय 63 वर्ष की आयु में इस शरीर को त्यागकर परलोक सिधार गए। लालाजी का जन्म अग्रवाल कुल में हुआ था। उनका कुल धर्म जैन था। लाला जी ने देश की कितनी सेवा की, इसका उल्लेख भला कौन कर सकता है? अंग्रेज पुलिस ऑफिसर उनकी इस देशभक्ति से चिढ़ गये, इसलिए उन्होंने लाला जी के ऊपर ऐसी लाठियों की मार दी, जिसका असर उनके जीवन के वियोग में कारण बन गया। वास्तव में देखा जाये, तो उन्होंने अपना जीवन ही देश के ऊपर न्यौछावर कर दिया। बालपन से लेकर मरण तक उनका जीवन चरित्र परोपकारिता के रस से भरपूर है। उनके जीवन की सेवा अनुकरणीय है। हम अपने सच्चे हृदय से प्रार्थना करते हैं कि लाला जी की आत्मा को सुख-शांति की प्राप्ति हो तथा उनके सुपुत्रों के साथ संवेदना प्रकट करते हुए यह प्रार्थना करते हैं कि वे भी परोपकार वृत्ति को धारण करें तथा इस जैन धर्म को भी समझें और इससे लाभ उठायें।[35]

'जैन मित्र' ने अपने आगामी अंक में लिखा-लाला लाजपतराय जैन वंश के सूर्य थे। जिन्होंने देश की सेवा में वीर भगवान सदृश अपना सुयश स्थिर किया है। जैन कौम के नवयुवकों को लाला जी की देशसेवा का अनुकरण करना चाहिए और

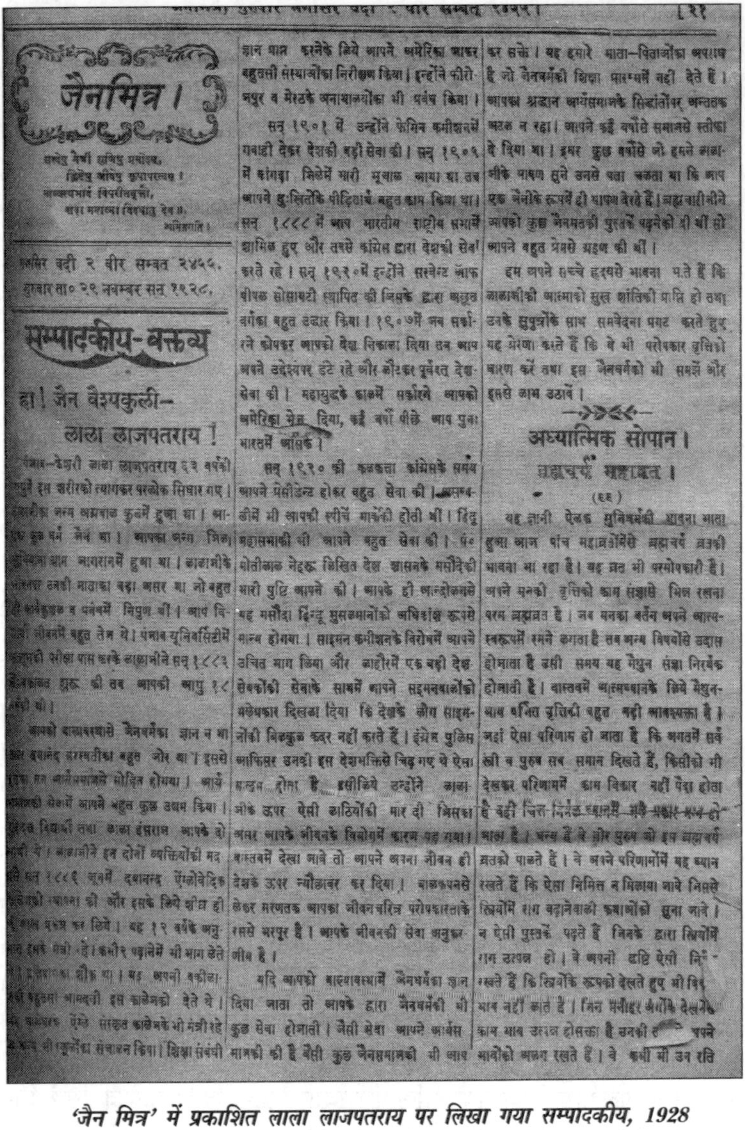

जैनमित्र।

मगसिर वदी २ वीर सम्वत २४५५.
गुरुवार ता० २९ नवम्बर सन् १९२८.

सम्पादकीय-वक्तव्य

हा! जैन वैश्यकुली–
लाला लाजपतराय!

ज्ञान प्राप्त करनेके लिये आपने अमेरिका जाकर बहुतसी संस्थाओंका निरीक्षण किया। इन्होंने फीरोजपुर व मेरठके अनाथालयोंका भी प्रबंध किया।

सन् १९०१ में उन्होंने फेमिन कमीशनमें गवाही देकर देशकी बड़ी सेवा की। सन् १९०५ में कांगड़ा जिलेमें भारी भूचाल आया था तब आपने दुःखितोंके पीड़ितार्थ बहुत काम किया था। सन् १८८८ में आप भारतीय राष्ट्रीय सभामें शामिल हुए और तबसे कांग्रेस द्वारा देशकी सेवा करते रहे। सन् १९२०में इन्होंने सरवेन्ट ऑफ पीपल सोसायटी स्थापित की जिसके द्वारा अछूत वर्गोंका बहुत उद्धार किया। १९०७में जब सर्कारने कोपकर आपको देश निकाला दिया तब आप अपने उद्देश्यपर डटे रहे और लौटकर पूर्ववत् देश-सेवा की। महायुद्धके कालमें सर्कारने आपको अमेरिका भेज दिया, कई वर्षों पीछे आप पुनः भारतमें आसके।

सन् १९२० की कलकत्ता कांग्रेसके समय आपने प्रेसीडेन्ट होकर बहुत सेवा की। असेम्बलीमें भी आपकी स्पीचें मार्केकी होती थीं। हिंदु महासभाकी भी आपने बहुत सेवा की। पं० मोतीलाल नेहरू लिखित देश शासनके मसौदेकी भारी पुष्टि आपने की। आपके ही आन्दोलनसे यह मसौदा हिन्दू मुसलमानोंको अधिकांश रूपसे मान्य होगया। साइमन कमीशनके विरोधमें आपने उचित भाग लिया और लाहौरमें एक बड़ी देशसेवकोंकी सेनाके साथमें आपने सहमनवालोंको...

कर सके। यह हमारे माता–पिताओंका अपराध है जो जैनधर्मकी शिक्षा प्रारम्भमें नहीं देते हैं। आपका श्रद्धान आर्यसमाजके सिद्धांतोंपर अन्ततक ...

हम अपने सच्चे हृदयसे भावना भाते हैं कि लालाजीकी आत्माको सुख शांतिकी प्राप्ति हो तथा उनके सुपुत्रोंके साथ समवेदना प्रगट करते हुए यह प्रेरणा करते हैं कि वे भी परोपकार वृत्तिको धारण करें तथा इस जैनधर्मको भी समझें और इससे लाभ उठावें।

अध्यात्मिक सोपान।

ब्रह्मचर्य महाव्रत।

(६६)

'जैन मित्र' में प्रकाशित लाला लाजपतराय पर लिखा गया सम्पादकीय, 1928

राष्ट्रीय जीवन में भी खुलकर भाग लेना चाहिए। जैन मित्र ने लाला जी के स्मारक हेतु धन देने की भी अपील की। उसने लिखा- डाक्टर अनसारी, घनश्यामदास बिडला व पंडित मदनमोहन मालवीय ने लाला जी के स्मारक के लिए पांच लाख रुपये की अपील की है। हम जैनों का भी कर्तव्य है कि लाला जी के कार्य की सेवा में हाथ

बंटायें। जैन धनवानों को उचित है कि कुछ रकम सच्चे परोपकार भाव से शीघ्र ही भेजें। इस फण्ड के मंत्री व खजांची घनश्यामदास बिड़ला नियत हुए हैं। उनका पता-रायल एक्सचेंज पैलेस नं. 9, कलकत्ता है। इसी पते पर रुपया भेजना उचित है। कलकत्ता, बम्बई, देहली आदि के नगरों में जो अग्रवाल जैन हैं, उनका सबसे पहले कर्तव्य है कि वे द्रव्य भेजकर सेवा करें। लाला जी अग्रवाल जैन ही थे। हम अपने जैन छात्रों को कहेंगे कि वे जहाँ भी पढ़ते हों, 1 रुपये प्रति छात्र के हिसाब से धन एकत्र कर शीघ्र ही ऊपर के पते पर भेज दें तथा अपने दान का समाचार 'जैन मित्र' को भेजें, जिससे हमें संतोष हो कि इतने जैनों ने अपना पवित्र कर्तव्य पाला है।[36]

जैन मित्र के माध्यम से ब्रह्मचारी सीतलप्रसाद ने जैन समुदाय के लोगों से कांग्रेस का सदस्य बनने का आह्वान किया। राष्ट्रीय महासभा के सभासद शीघ्र बनिये शीर्षक से उन्होंने लिखा-बम्बई में तारीख 24-25 मई को जो कांग्रेस कमेटी के अधिवेशन हुए, उसमें महात्मा गाँधी जी के पेश करने से यह प्रस्ताव पास हुआ है कि शीघ्र ही तारीख 31 अगस्त, 1929 से पहले-पहले कांग्रेस के सभासद, 7 लाख स्त्री-पुरुष हो जाने चाहिए। केवल चार आना वार्षिक देने से हर एक स्त्री पुरुष सभासद हो सकता है। सभासद का यह कर्तव्य है कि वह खादी पहने, मादक वस्तु न लेवे तथा अस्पृश्य जातियों से घृणा न करे। सभासदों की जरूरत इसलिए है कि यदि ब्रिटिश सरकार ने नेहरू रिपोर्ट के अनुसार स्वराज्य की योजना स्वीकार नहीं की, तो 31 दिसम्बर के बाद पूर्ण स्वतंत्रता के लिए घोषणा करनी पड़ेगी। उस समय इन सभासदों का कर्तव्य होगा कि कांग्रेस के प्रस्ताव के अनुसार असहयोग व सत्याग्रह के लिए तैयार हो जायें और देश की स्वतंत्रता के लिए अपना योगदान दें। जैन भाई व बहनों को भी उचित है कि प्रेमपूर्वक देशसेवा के भाव से कांग्रेस के सभासद बनें व परदेशी वस्त्रों का स्वयं त्याग करें व त्याग कराने का उद्यम करें।[37]

लाहौर में पूर्ण स्वराज्य का प्रस्ताव पास होते ही 'जैन मित्र' ने अपने सम्पादकीय में जैन समाज को आन्दोलन में भाग लेने को प्रेरित किया। उसने लिखा-भारतीय प्रजा के हाथों में अपने ही दिये हुए कर को किस प्रकार खर्च करना है, यह भी स्वतंत्रता प्राप्त नहीं है। इसके अलावा अनेकों ऐसे कारण हैं, जिससे भारतीय जनता बहुत दुःखी है। इसलिए राष्ट्रीय महासभा में (लाहौर कांग्रेस में) इस वर्ष यह प्रस्ताव पास किया गया है कि पूर्ण स्वराज्य प्राप्त किया जाये व इसके लिए कौंसिल को छोड़कर बाहर आकर पूरा-पूरा उद्योग किया जाये। मादक वस्तुओं का प्रचार बंद किया जाये, स्वदेशी वस्तुओं का व खासकर स्वदेशी वस्त्रों का व्यवहार भारत व्यापी किया जाये तथा अहिंसक असहयोग व सत्याग्रह के द्वारा पूर्ण स्वराज्य प्राप्त किया जाये। जैनियों को उचित है कि इन कामों में कांग्रेस का हाथ बंटावें।

मादक वस्तुओं का प्रचार-खासकर शराब का प्रचार बंद कराना बहुत ही जरूरी है। जैनियों को चाहिए कि जिस गाँव में वे रहते हैं, वहाँ शराब की दुकान को उठवाने का उद्योग करें। ग्रामवासियों को मदिरा के दोष बताकर उनसे मद्यत्याग की प्रतिज्ञा करायें। इससे ग्रामवासियों का बहुत बड़ा उपकार होगा। जैनियों को आवश्यक है कि वे देशी औषधियों से ही काम चलायें, परदेशी औषधियों को बिल्कुल भी काम में न लें। इससे हमारा संयम भी पलेगा व देश का हित भी होगा। प्यारे भाई व बहिनों! आपको खादी व अन्य हाथ के बने वस्त्रों के पहनने के लिए नियमबद्ध हो जाना चाहिए। अब शौकीनी को छोड़ देना चाहिए। इसने हमारा भारी नाश किया है। जब भारत माता परतंत्र है, तब भारतीयों की वह शौकीनी, जिससे यह परतंत्रता के बंधन में जकड़ी रहे घोर हिंसात्मक व स्वघात करानेवाली है। जैन नेताओं को आवश्यक है, कि जो जो लोग मंदिर व उपाश्रय में दर्शन करने आते हैं। उनमें से एक-एक को समझाकर देशसेवा की प्रतिज्ञा कराने का काम अपने हाथ में लें। देश सेवा के साथ-साथ दया व परोपकार का भाव होने से यह सेवा पुण्य कर्म को बाँधने वाली है। इसके सिवाय देश की पूर्ण स्वतंत्रता के लिए जो जो आज्ञा कांग्रेस निकाले, उसको शिरोधार्य करना चाहिए। जहाँ व जब कभी सत्याग्रह करने का काम पड़े, उस समय उसकी सफलता को जैनियों को पूरी-पूरी मदद करनी चाहिए।[38]

'जैन मित्र' निरन्तर अपने सम्पादकीय वक्तव्यों में इसी प्रकार की प्रेरणा जैन समुदाय को देता रहा। पं. जवाहरलाल नेहरू का संदेश जैन मित्र ने प्रकाशित किया, जिसमें नेहरू जी ने कहा-अब हमने प्रगट यंत्र खोल दिया है, जिससे हम इस देश को विदेशी शासन से स्वतंत्र करें। सब साथियों को और सभी देश के नर-नारियों को निमंत्रण दिया जाता है कि वे इसमें शामिल हों, परन्तु उनके लिए जो भंडार में इनाम मिलेंगे, वे कष्ट हैं, कैद हैं और शायद मरण भी हों।

सरदार वल्लभभाई पटेल की गिरफ्तारी पर जैन मित्र ने अपने सम्पादकीय में लिखा-महात्मा गाँधी स्वतंत्रता का युद्ध अहिंसात्मक प्रयोग के द्वारा तारीख 12 मार्च, 1930 को प्रारम्भ करने वाले थे। उसके पहले ही उनके दाहिने हाथ, देश व प्रजा के सच्चे हितैषी, बारडोली के कृषकों का कष्ट निवारण करने वाले बम्बई सरकार पर विजय की पताका फहराने वाले श्रीयुत् सरदार वल्लभ भाई पटेल को तारीख 8 मार्च के दिन जेल भेज दिया गया। दुःख, महादुःख है कि देश के सच्चे हितैषी के साथ सरकार ने ऐसा कठोर व्यवहार किया। इस दमननीति के कारण भारत में चारों ओर स्वतंत्रता के लिए मरने हेतु आग भड़क उठी है। चारों तरफ देश में सभाएं हो रही हैं। सरदार की कुर्बानी को देखकर स्वयंसेवक हजारों की संख्या में तैयार हो रहे हैं। ऐसे समय में आप भारतीयों का यह परम धर्म है कि वे महात्मा गाँधी जी का

साथ दें। यदि उनको जेल में डाला जाये, तो हजारों व लाखों स्वयंसेवक खुशी से जेल जायें। बिना बलिदान के कभी भी कार्य की सिद्धि नहीं हो सकती है। अब जब स्वतंत्रता की प्राप्ति का युद्ध छिड़ गया है, तब इसको अंत तक चलाना चाहिए और सफलता की आशा सच्चे भाव से करनी चाहिए।

'जैन मित्र' ने लिखा-हमारे जैन भाइयों को भी इस अहिंसामय युद्ध में पूर्ण साथ देना चाहिए। वास्तव में देखा जाये तो यह कड़ा अहिंसामय तप जैन साधु के तप का नमूना है। जैसे जैन साधु आत्मस्वातंत्र्य के लिए आत्मध्यान की अग्नि जलाते हैं और नाना प्रकार क्षुधा, तृषा, शीत, उष्ण, आक्रोश, वध, अपमान आदि उपसर्गों को सहते हैं, परन्तु मन में किंचित् भी द्वेषभाव व क्रोधभाव नहीं लाते हैं और अपने कार्य में लगे रहते हैं, वैसे ही इस अहिंसामय युद्ध में महात्मा गाँधी जी स्वयं तप कर रहे हैं व दूसरों को भी प्रेरणा कर रहे हैं। यह तो एक जैनत्व का ही प्रयोग है। इसमें जैनों को तन-मन-धन से पूर्ण सहयोग करना चाहिए। क्या ही अच्छा हो कोई जैन धन कुबेर भामाशाह के समान खड़ा हो जाये और गाँधीजी के चरणों में अपना सर्व धन अर्पण कर दे। इससे बढ़के दूसरा अवसर देश की सेवा का नहीं हो सकता।[39]

परमेष्ठीदास जैन (ललितपुर) ने जैन मित्र में एक लेख लिखकर अंग्रेजी सरकार को खुली चेतावनी दे दी। उन्होंने लिखा-यह आन्दोलन सत्यतापूर्ण आन्दोलन है, अब यह सिलग चुका है। वह तब तक नहीं बुझ सकता, जब तक कि अन्याय, अत्याचार एवं पराधीनता के किले को भस्म न कर देगा। भारतीयों को पुर्नजन्म पर विश्वास है, इसलिए उन्हें मरने का डर नहीं है। सरकार को अपनी जितनी शक्ति अजमानी हो अजमा सकती है। मेरा जैन युवकों से निवेदन है कि आप विश्वास रखें कि महात्मा गाँधी जो कुछ भी कहते हैं, वह भारत के कल्याण हेतु तथा हमारी और मनुष्यता की रक्षा के लिए कहते हैं। इसलिए जैन युवानों! आज ही सत्याग्रह संग्राम के सैनिक बनकर अपने वीर-धर्म-अहिंसा की रक्षा करो। भारत को स्वतंत्र बनाकर मनुष्यता प्राप्त कर अपना जीवन सफल बनाओ।

महात्मा गाँधी द्वारा नमक सत्याग्रह प्रारम्भ किया गया। इस अवसर पर भी जैन मित्र ने प्रभावपूर्ण सम्पादकीय लिखकर जैन समुदाय के साथ-साथ भारतवासियों को आन्दोलन से जोड़ने का प्रयास किया। पत्र ने गाँधी जी और उनकी शिष्यमण्डली की तुलना जैन साधुओं के संघ विहार से की।

जैन मित्र ने लिखा-अहिंसात्मक सत्याग्रह के लिए महात्मा गाँधी का 91 अनुयायियों को साथ लेकर पैदल रोज 10 व 12 मील चलते हुए अहमदाबाद से सूरत करीब 200 मील आना, पैदल चलने वाले शिष्य वर्ग सहित जैन साधुओं के दृष्टांत को चरितार्थ कर रहा है। यह अहिंसा व त्यागमय संघ भारतीय स्वतंत्रता के

लिए है, तब जैन साधुओं का अहिंसा व त्यागमय संघ आत्मस्वतंत्रता के लिए होता है। इतना ही अंतर है। जैसे-जैन संघ में संयम होता है, वैसा संयम इस संघ में था। जैसे जैन साधु संघ जिस ग्राम में ठहरता है, उस ग्राम को भारभूत न होते हुए जो भोजन पान मिलता है, उसे संतोष पूर्वक ले लेता है। वैसे ही इस गाँधी संघ ने स्वयं भोजन पान का प्रबंध न किया। जहाँ यह संघ पहुँचा, वहाँ के ग्रामवालों ने जो भोजनपान दिया, उसी को संतोषपूर्वक ग्रहण किया। जैसे जैन साधु संघ जिस ग्राम के बाहर ठहरता है, वहाँ के ग्रामवासियों को सम्यक धर्म का उपदेश देकर सच्चा धर्म श्रद्धान कराता व मदिरा माँसादि त्याग कराता है, वैसे ही इस गाँधी संघ ने जहां यह ठहरा, वहाँ देश स्वातंत्रय का उपदेश दिया, लोगों से मादक वस्तुएं छुड़ाई व खादी का प्रचार किया। वास्तव में इस गाँधी संघ की पैदल यात्रा दुनिया की दृष्टि में आश्चर्यजनक सी हो रही है। हमें तो यह सच्चे जैन साधु संघ की यात्रा की स्मृति करा रही है।

'जैन मित्र' ने आगे लिखा-तारीख 12 मार्च, 1930 को यह संघ चला था, तारीख 6 अप्रैल को यह डांडी में आया। इतने कड़े प्रवास के बाद अहिंसात्मक सत्याग्रह का प्रारम्भ महात्मा गाँधी ने सबसे पहले किया, अर्थात नमक को बनाना शुरू कर दिया व इनके साथियों ने भी ऐसा ही किया। 6 अप्रैल का दिन भारत के इतिहास में एक बड़ा भारी स्मृति दिवस माना जायेगा, जब महात्माजी ने अहिंसात्मक युद्ध की नींव भारतीय स्वतंत्रता के लिए डाली। महात्मा गाँधी जी के हाथ लगाते ही चारों तरफ देश में देशहितैषी स्वयंसेवक नमक बनाने लगे। उधर भारतीय सरकार भी दमन नीति का शस्त्र लेकर मैदान में आ डटी और नेताओं को पकड़-पकड़कर जेल भेजने लगी। जैन समाज के नवयुवक भी इस आन्दोलन में जेल जा रहे हैं, यह हर्ष की बात है। अंत में आवश्यकता यही है कि लाखों देश सेवक महात्मा गाँधी के अनुयायी होकर इस युद्ध को सफल बनायें। हम महात्मा गाँधी के आत्मबल व त्याग अहिंसाभाव की सराहना करते हुए यह मंगल कामना करते हैं कि वीर गाँधी की भावना सफल हो, यह भारत स्वतंत्र हो।[40]

'जैन मित्र' ने सविनय अवज्ञा आन्दोलन के दौरान संयुक्त प्रान्त के जैन अनुयायियों के सत्याग्रह के समाचार प्रमुखता से प्रकाशित किये। इन समाचारों का विस्तारपूर्ण वर्णन अध्याय तीन, चार एवं पाँच में किया जा चुका है। जैन मित्र निरंतर लिखता रहा तथा जैन अनुयायियों पर उसका व्यापक प्रभाव भी पड़ा।

पंडित परमेष्ठीदास जैन ने जैन महिलाओं से आह्वान किया कि वे संगठन बनाकर मद्यपान निषेध और विदेशी वस्त्र बहिष्कार का कार्य करें। जैन मित्र में उन्होंने लिखा कि जैन महिलाओं को दुकानदारों को समझाना होगा कि भाई! ऐसे बुरे व्यापार को छोड़ दो। वह दुकान वाले अवश्य ही इस बात को स्वीकार करेंगे।

जैनमित्र

मुंबई दिगम्बर जैन प्रान्तिकसभाका साप्ताहिकपत्र।

जैनमित्रके २० वें वर्षके उपहार ग्रन्थ—

तत्त्वभावनाकी वी०पी० होरही है, मिलते ही छुड़ा लेवें

महात्माजी कारावासमें!

महात्मा गांधीजी।

*'जैन मित्र' के प्रथम पृष्ठ पर प्रकाशित देशभक्ति से ओतप्रोत कविता*

महिलाओं को शराब पीने वालों की दुकानों पर जाकर भी सत्याग्रह करना चाहिए। पुनः जैन महिलाओं का आह्वान करते हुए उन्होंने लिखा-जैन महिलाओं! आप इस सत्याग्रह संग्राम में बढ़-चढ़कर भाग लें। ऐसे पवित्रता के कार्यों में आपको संकोच की आवश्यकता नहीं है। हमारे श्राविकाश्रम बम्बई की छात्राएं नित्यप्रति समुद्र से पानी लाकर नमक बनाती हैं तथा और भी तमाम राष्ट्रीय कार्यों में भाग लेती हैं। अब जैन महिलाओं को पीछे नहीं रहना चाहिए। उन्हें विदेशी वस्त्रों का परित्याग कर खादी पहननी चाहिए तथा देश को स्वतंत्र बनाने में पूर्ण सहायक बनना चाहिए।[41]

महात्मा गाँधी की गिरफ्तारी पर जैन मित्र ने अपने मुख पृष्ठ पर गाँधी जी का चित्र प्रकाशित किया। इसी पृष्ठ पर पंडित परमेष्ठीदास जैन ने 'महात्मा जी कारावास में', शीर्षक से एक कविता लिखी—

"है हिन्द के हित का विधाता आज कारावास में।
सरकार की दीवाल हैं बस चार जिसके पास में।।
जैसे रूई में दबाकर कोई रखे अंगार को।
वैसे रखा है जेल में उस शांति के अवतार को।।

मोहन हमारे हिन्द का अब भी हमारे पास है।
है देह केवल कैद में, उसका यहाँ पर वास है।।
यह युद्ध मिट जायेगा, सरकार ऐसा मानती।
होंगी अनेकों शक्तियाँ प्रगटित नहीं यह जानती।।"[42]

इसी प्रकार की अनेक मार्मिक कवितायें 'जैनमित्र' के मुख पृष्ठ पर परमेष्ठीदास जैन द्वारा लिखी जाती थी। एक अन्य कविता है-

भारत माँ के लाल पेट पर पत्थर रखकर सोते हैं।
नन्हें नन्हें बालक निशदिन भूखे प्यासे रोते हैं।।
कितने ही तो तड़प तड़पकर प्राण अन्न बिन खोते हैं।
इतने पर भी नाथ! आज अन्याय अनेकों होते हैं।।।
चिथड़े नहीं लाज ढ़कने को ऐसी कंगाली आई।
चौतरफा से भगवन्! इस पर विपत्ति घटा कैसी छाई।।
नष्ट भृष्ट कर दिया गुलामी ने सोने का हिंदुस्तान।
ठुकरा रहे स्वारथी इसको जिसका था जगभर में मान।।[43]

'जैन मित्र' स्वतंत्रता आन्दोलन के समय देश की आवाज बन गया। जैन समाज के नागरिक पत्र से प्रेरणा लेकर आजादी के आन्दोलन में कूद पड़े। एक जैन बन्धु ने जैन मित्र को एक पत्र लिखा, जिसमें उसने लिखा कि मेरा नाम भी सत्याग्रहियों की सूची में लिख लें, मैं एक जैनी की हैसीयत से ऐसे अहिंसात्मक आन्दोलन में भाग लेना परम् सौभाग्य समझता हूँ, जिसके सफल हो जाने पर करोड़ों मनुष्यों के दुःख दूर हो सकते हैं। आगे उसने लिखा-मेरी पत्नी ने जो कुछ वर्षों पहले गहनों और विलायती कपड़ों से लदी हुई थी, अब सब छोड़ दिया है और जहाँ हमारे यहाँ ओसवाल मारवाड़ी जैन समाज में परदे का घोर साम्राज्य है, वहाँ तारीख 26 जनवरी, 1930 के स्वाधीनता के जुलूस में उसने परदा प्रथा को तोड़कर स्वयंसेविका की हैसियत से भाग लिया। मैं आपको यह भी विश्वास दिलाना चाहता हूँ कि इस आन्दोलन में जब कभी अंग्रेज भाइयों की गोली का शिकार होने का मुझे अवसर प्राप्त होगा, तो आप मुझे पीछे हटते न पायेंगे।[44]

इस व्यक्ति की भावना देखकर लगता है कि इसके हृदय पर राष्ट्रीय आन्दोलन का कितना अधिक प्रभाव पड़ा। इसी प्रकार अनेक जैन अनुयायी अपना नाम जैन मित्र में लिखवाते थे और आवश्यकता पड़ने पर अपने प्राणों को न्यौछावर करने को तत्पर रहते थे। इस दौरान जैन सेठ भी अपना कर्तव्य निभाने में पीछे नहीं हटे। 'जैन मित्र' का एक समाचार था-सत्याग्रह प्रेमी सेठ हीरालाल जैन (राधौगढ़) सूचित करते हैं कि जो स्थानीय भाई सत्याग्रह संग्राम में सम्मिलित हुए हैं या होना चाहते हैं, वे अपने नाबालिग बच्चों को हमारे पास भेज दें। उनके वस्त्र, भोजन, पढ़ने आदि की

पूरी व्यवस्था की जायेगी और चर्खा आदि उपयोगी कार्य सिखाया जायेगा।

'जैन मित्र' भी समय-समय पर धनवानों को प्रेरित करता रहता था। 'जैन सेठों को देश सेवा का सुअवसर' शीर्षक से प्रकाशित एक समाचार के अंतर्गत उसने लिखा-महात्मा गाँधी का सत्याग्रह संग्राम जोरों पर चल रहा है और खूबी यह है कि इस संग्राम का एकमात्र अमोध अस्त्र जैन धर्म का प्रमुख सिद्धांत 'अहिंसा धर्म' है। बस, यह संग्राम क्या है? अहिंसा धर्म का अपूर्व प्रचार है। इसलिए आज जैनी बड़ी संख्या में इस अहिंसा संग्राम में भाग ले रहे हैं। जो जैन सेठ जिस्मानी दिक्कतें उठाने को तैयार नहीं हैं, उन्हें चाहिए कि वे स्वदेशी वस्त्रों का प्रचार करायें और गिरफ्तार हुए जैन स्वयंसेवकों के कुटुम्बी जनों की सेवा करें। जैन जेल यात्रियों की सहायतार्थ जैन सेठों को एक सहायक फण्ड स्थापित करना चाहिए, जिससे गुप्त या प्रगट रूप से स्वयं सेवकों की मदद की जा सके। जैन जमींदारों को ईमानदारी और नेक नीयती से अपनी आसामियों के साथ व्यवहार करना चाहिए। सारांशतः इस स्वर्ण अवसर को अपने हाथ से नहीं निकालना चाहिए।[45]

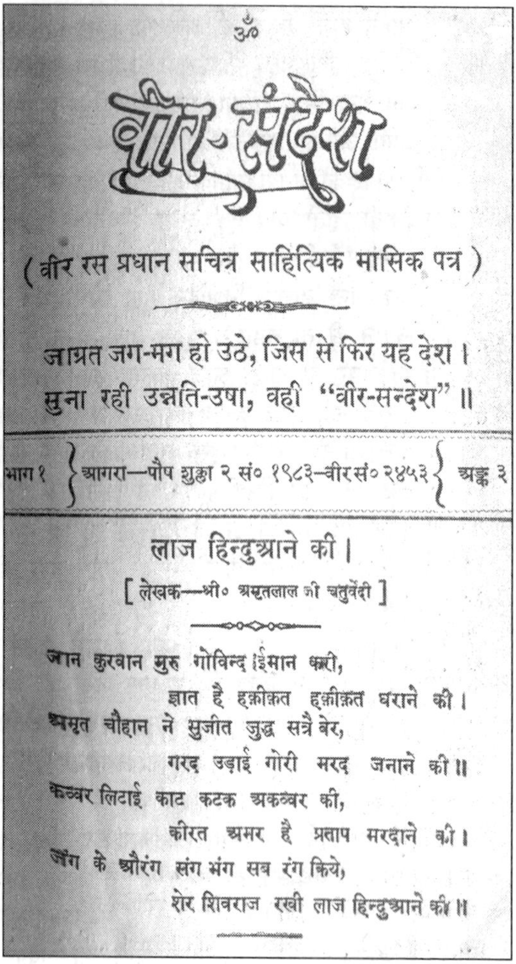
ॐ

वीर-संदेश

( वीर रस प्रधान सचित्र साहित्यिक मासिक पत्र )

जाग्रत जग-मग हो उठे, जिस से फिर यह देश।
सुना रही उन्नति-उषा, वही "वीर-सन्देश" ॥

भाग १ { आगरा—पौष शुक्ला २ सं० १९८३—वीरसं० २४५३ } अङ्क ३

लाज हिन्दुआने की।

[ लेखक—श्री० अमृतलाल जी चतुर्वेदी ]

जान कुरवान गुरु गोविन्द ईमान करी,
ज्ञात है हक़ीक़त हक़ीक़त घराने की।
अमृत चौहान ने सुजीत जुद्ध सत्रै बेर,
गरद उड़ाई गोरी मरद जनाने की॥
कव्वर लिटाई काट कटक अकव्वर की,
कीरत अमर है प्रताप मरदाने की।
जंग के औरंग संग भंग सब रंग किये,
शेर शिवराज रखी लाज हिन्दुआने की॥

*'वीर संदेश' ने भी देशभक्ति का संदेश दिया*

ब्रह्मचारी सीतलप्रसाद ने भी समय-समय पर जैन मित्र के सम्पादक के रूप में जनता से अपीलें की। एक अपील थी-शीर्षक 'वर्तमान में दावतें बंद होनी चाहिये' इसके अंतर्गत ब्रह्मचारी जी ने लिखा-जब देश में हाहाकार फैला है और महान अहिंसात्मक युद्ध छिड़ रहा है और बड़े-बड़े नेता जेल में घोर कष्ट भोग रहे हैं, तब यह शोभता नहीं है कि हम दावतें करें या दावतें उड़ावें। हम अपने भाइयों से कहेंगे कि वे हाल में कोई भी जीमन कहीं न करें। दशलाक्षणी व रत्नत्रय व्रत के उपलक्ष्य में जो जीमन करना हो, उसको भी बंद रखें और जो पैसा एकत्रित हो, उसे देश सेवा में दें। इस समय हम सभी का यही कर्तव्य है। यह समय शोक का है। जब 18000 देश के रत्न देश के पीछे जेल में दिन काट रहे हैं, मोटी जुआर की रोटी चाब रहे हैं, तब हम लोग परस्पर मिठाई उड़ावें, यह बिल्कुल ही अनुचित है।[46]

ब्रह्मचारी सीतलप्रसाद ने 'जैन मित्र' के माध्यम से देश सेवा में बढ़-चढ़कर भाग लिया। उनकी प्रेरणा का ही यह फल हुआ कि संयुक्त प्रान्त के जैन पत्र-पत्रिकाओं ने स्वतंत्रता आन्दोलन में राष्ट्रीय चेतना की आगवानी की। 'दिगम्बर जैन' पत्रिका जो सूरत से निकाली जाती थी, ब्रह्मचारी जी की प्रेरणा से ही देशभक्ति के मार्ग पर अग्रसर हुई। इस पत्रिका ने भी अपने प्रत्येक अंक में स्वतंत्रता आन्दोलन से सम्बन्धित महत्त्वपूर्ण सामग्री प्रकाशित की।[47]

आगरा से निकलनेवाले जैन पत्र-पत्रिकाओं ने भी स्वतंत्रता आन्दोलन में अपनी विशेष भूमिका अदा की। इन पत्रों में जनता को प्रेरित करने के लिए महत्त्वपूर्ण सामग्री प्रकाशित की जाती थी। 'मैं जिन्दा हूँ' शीर्षक से लिखे एक नाटक में आगरा से प्रकाशित 'वीर संदेश' ने बड़ा मार्मिक चित्रण प्रकाशित किया और जनता से देश को स्वतंत्र कराने की अपील की।[48]

महेन्द्र जैन द्वारा सम्पादित 'वीर संदेश' भारतवासियों में देश प्रेम की भावना जगाने में साधन बना। इस पत्र के प्रत्येक अंक में देश के राष्ट्रीय नेताओं के चित्र एवं समाचार प्रमुखता से प्रकाशित होते थे। वीर संदेश की भावना देश के लिए सदैव समर्पित रही। उसके मुख पृष्ठ पर प्रकाशित 'वरदान' कविता में मातृभूमि की महिमा का सविस्तार वर्णन किया गया।[49]

वीर संदेश ने समय-समय पर देश के आन्दोलन से सम्बन्धित निर्भीक टिप्पणियाँ की। सायमन कमीशन के सम्बन्ध में उसने लिखा-12 अक्टूबर, 1928 की आधी रात को श्री सायमन ने भारत की भूमि पर अपने चरण रखे, अतिथि प्रेमी भारतीय जनता ने 'तृणानि भूमिरूदकं' के अनुसार काली झंडियों और 'सायमन लौट जाओ' के बुलंद नारों से उनका स्वागत किया। उसी रात को उन्होंने अविलम्ब पूना की यात्रा की, जिसके दौरान स्टेशन-स्टेशन पर उनके स्वागत में वही पूर्व कथित मधुर राग गाये गये। बम्बई युवक संघ ने पूना स्टेशन पर उनके स्वागत के लिए काली

झण्डियों के बन्दरबार लटकाये तथा बिजली की रोशनी से 'सायमन लौट जाओ' का प्रदर्शन किया।[50]

स्वदेशी प्रचार में भी 'वीर संदेश' ने महत्त्वपूर्ण भूमिका निभाई। उसने लिखा-महात्मा गाँधी का आदेश है कि प्रत्येक देशाभिमानी अपने घर, बाहर पड़ोसियों और नगरवासियों सबको खद्दर धारण करायें। कौंसिल में काम करने वाले लोग सरकारी कारोबार में खद्दर का उपयोग करायें। देशी सौदागरों से विदेशी वस्त्र खरीदवाना बिल्कुल बन्द करा दें और इसके लिए द्वारावरोध (पिकेटिंग) किया जाये। पत्र ने लिखा कि यदि देश के प्रेमीजन अपने सर्वमान्य नेताओं के इन उपदेशों का यथावत आचरण करें और नीचे से ऊपर तक स्वदेशी मय हो जायें, तो दुःखी भारत की यह लौह शृंखलाएं अधिक काल तक टिकी नहीं रह सकती।[51] इसी प्रकार अन्य विषयों पर भी 'वीर संदेश' ने अनेक लेख प्रकाशित किये।

आगरा से ही प्रकाशित होनेवाले 'श्वेताम्बर जैन, हिन्दुस्तान समाचार' आदि पत्रों ने भी स्वतंत्रता आन्दोलन का बिगुल बजाया। श्वेताम्बर जैन का प्रकाशन सन् 1925 में प्रारम्भ हो गया था।[52] इस पत्र ने देश के स्वतंत्रता आन्दोलन में बढ़-चढ़कर भाग लिया। पत्र में प्रकाशित टिप्पणियों से अंग्रेजी सरकार विचलित हो गयी, फलस्वरूप यू.पी. सरकार ने नये ऑर्डिनेंस के अनुसार इस साप्ताहिक पत्र और प्रेस से एक-एक हजार की जमानतें मांगी।[53] ऐसी परिस्थिति पत्र के सामने आती रहती थी, परन्तु कुछ समय विश्राम लेने के बाद 'श्वेताम्बर जैन' फिर काम करना शुरू कर देता था। आज भी यह पत्र आगरा से निरंतर प्रकाशित हो रहा है।

आगरा के बाबू कपूरचंद जैन ने अपने कई पत्रों के माध्यम से देश सेवा में भाग लिया। कपूरचंद जैन के पूरे परिवार ने देश सेवा में हाथ बँटाया। श्री जैन की पत्नी श्रीमती कस्तूरीदेवी जैन तथा पुत्री कु. कंचनबाई पत्र-पत्रिकाओं के प्रकाशन में तो मदद करती ही थीं, साथ ही स्वदेशी प्रचार में भी वे सदैव अग्रणीय रही। 'दिगम्बर जैन' पत्रिका ने अपने तत्कालीन अंक में लिखा कि कस्तूरी देवी जैन पर्दे की प्रथा को तोड़कर देश सेवा में खूब कार्य कर रही

श्रीमती कस्तूरीदेवी जैन

कु. कंचन बाई

हैं। आगरा में उन्होंने अच्छी हलचल उत्पन्न कर दी हैं। कंचनबाई के सन्दर्भ में पत्रिका लिखती है-कंचनबाई जैन कपूरचंद जैन की वीर पुत्री है। देश सेवा में इस सुकुमारी ने कमाल किया है। इस युवती ने अपनी मण्डली के साथ जैन मंदिर पर पिकेटिंग करके दर्शनार्थ आने वाले भाई बहिनों को देशी वस्त्र उपयोग करने की प्रतिज्ञा दिलाई है।[54]

'महावीर प्रेस' के माध्यम से 'हिन्दुस्तान समाचार' दैनिक पत्र भी कपूरचंद जैन ने निकालना प्रारम्भ किया। इस समाचार पत्र ने आगरा के साथ ही साथ आस-पास के इलाकों में अपनी पकड़ बनायी। पत्र में अंग्रेजी सरकार की नीतियों की खुले शब्दों में निन्दा की जाती थी। शीघ्र ही सरकार ने इस पत्र तथा महावीर प्रेस से 2000 रुपये की जमानत माँग ली। कपूरचंद जैन ने कांग्रेस के नेताओं के फरमान के मुताबिक कुछ समय के लिए प्रेस को बंद कर दिया।[55]

'जैन संदेश' (साप्ताहिक पत्र) के माध्यम से भी देश की सेवा की गई। कपूरचंद जैन ने 1937 में जैन संदेश का प्रारम्भ कर दिया था। इस पत्र ने देश की पीड़ा को समझकर उसके अनुसार सामग्री प्रकाशित करनी प्रारम्भ कर दी।

'जैन संदेश' ने राष्ट्रीय आन्दोलनों के दौरान सक्रिय होकर देश के आन्दोलनों में हाथ बँटाया। उसमें लिखे गये सम्पादकीय देशभक्ति की भावना से ओतप्रोत होते थे। 'बेकारी की समस्या कैसे सुलझे?' शीर्षक से लिखे गये सम्पादकीय में जैन संदेश ने लिखा-हमारे देश के सामने जनता की बेकारी दूर करने की एक जटिल समस्या उपस्थित है। देश की आर्थिक दशा का अनुमान इसी बात से किया जा सकता है कि भारत के 35 करोड़ निवासियों में से कुछ लाख मनुष्य ही ऐसे हैं, जिनकी वार्षिक आमदनी दो हजार या उससे अधिक है। यदि देश की कुल आमदनी को उसके 35 करोड़ निवासियों में बाँटा जाये, तो प्रति व्यक्ति आय 24 रुपये प्रतिवर्ष का ही औसत आता है। इस औसतन आमदनी में शहरी लोगों की भी आमदनी सम्मिलित है। इस हिसाब से देखा जाये तो ग्रामीण अंचलों में रहने वाले भारतीयों की स्थिति तो और भी दयनीय होगी। गृह उद्योग समिति के अध्यक्ष कुमारय्या की रिपोर्ट के अनुसार-ग्रामीण भारतीयों की सालाना आय का औसत तो मात्र 12 रुपये प्रति व्यक्ति ही है। इसका मतलब यह हुआ कि एक ग्रामवासी एक दिन में दो पैसे पैदा करता है। इस औसत से भारत के ग्रामवासियों की गरीबी और बेकारी का भयानक चित्र आँखों के सामने खिंच जाता है। जीवन के लिए दो चीजों की अत्यन्त आवश्यकता होती है, एक क्षुधा निवारण के लिए अन्न की और दूसरे तन ढांकने के लिए वस्त्र की। भारतीयों के लिए इस अंग्रेजी राज में इनका प्रबंध करना भी मुश्किल पड़ रहा है।

पत्र ने आगे लिखा-पिछले समय में जब भारत का भाग्य सूर्य चमक रहा था, भारत के निवासी न केवल अपने लिये ही वस्त्र तैयार करते थे, अपितु यहाँ के तैयार

हुए वस्त्र विदेशों को भी जाते थे। उस समय भारत को इस कारोबार से अच्छा लाभ था, किन्तु आज उल्टी ही गंगा बह रही है, हमें तन ढकने के लिए विदेशों का मुहताज होना पड़ रहा है। अपने देश का वस्त्र व्यवसाय नष्ट भ्रष्ट हो गया है। पिछले महायुद्ध में धोती जोड़े का दाम चौगुना हो गया था, परन्तु लाचार होकर हमें वही खरीदना पड़ा।[56] भारतीयों को अब चर्खे की पुनः शरण लेनी पड़ेगी। पुरातन भारत में भी स्त्रियां-पुरुष घर-घर सूत काता करते थे और उन्हीं के काते हुए सूत का कपड़ा उनके तन ढांकने के काम आता था। आज भी यदि भारत के बेकार स्त्री-पुरुष भारत के भूले हुए इस उद्योग को अपना लें और बेकार इधर-उधर की धूल फांकने के बजाय यदि मन को मार कर सूत कातना प्रारम्भ कर दें, तो उनके कष्टों में उससे कुछ कमी अवश्य होगी।[57]

अगले अंक में 'जैन संदेश' ने लिखा-प्रत्येक जिले में ऐसी केन्द्रीय संस्था हो, जो तैयार खादी की खपत वगैरह का प्रबन्ध करे और धनिकों से चन्दा माँगने के बजाये खादी खरीदने का अनुरोध करे। इस तरह की संस्था से बेकार भाइयों और बहिनों को राहत मिलेगी। अपने भाइयों की बेकारी दूर करने के लिए हमें चर्खे को अपनाना चाहिए।[58]

जैन संदेश ने 'गाँधी जी और अहिंसा' शीर्षक से लिखे सम्पादकीय में लिखा-गाँधी जी की अहिंसा से कोई सहमत हो या न हो, किन्तु इस बात से सम्भवतः सभी सहमत हैं कि भगवान महावीर और महात्मा बुद्ध के बाद संसार में अहिंसा की पुनः प्रतिष्ठा बढ़ाने का श्रेय गाँधी जी को ही प्राप्त है। अहिंसा और जैनत्व एक तरह से पर्यायवाची ही है, क्योंकि अहिंसा भाव के बिना जैनत्व ठहर ही नहीं सकता, जो सच्चा अहिंसक है, वही तो जैन है। जैन धर्म के प्रवर्तकों की यही तो संसार को अनुपम देन है। इस हिसाब से गाँधी जी सच्चे जैन की श्रेणी में आते हैं। गाँधी जी तो स्वराज्य से भी अधिक अहिंसा पर ही जोर देते हैं। एक बार उन्होंने कहा भी था कि हिंसा से प्राप्त स्वराज्य भी मुझे स्वीकार न होगा। यदि देश के नेता और जनता अहिंसा की शक्ति का अनुभव न कर लेते, तो क्या वे कभी गाँधी जी को अपना पथ प्रदर्शक मान सकते थे?[59] गाँधी जी के अहिंसा और उसके परिकर विषयक विचारों तथा कार्यों से यह स्पष्ट है कि उनकी अहिंसा न बनावटी है और न मतलब से भरी हुई, उसे तो वे आध्यात्मिक और लौकिक सुख और शांति का अमोध उपाय समझते हैं।[60]

जैन संदेश ने अपने सम्पादकीय के माध्यम से देशवासियों के विचारों को प्रभावित किया। पत्र के कुछ सम्पादकीय लेख विशेष रूप से सराहे गये, जिनमें 2 मई, 1940 को प्रकाशित गाँधी और अहिंसा, 23 मई 1940 को प्रकाशित 'हम और अहिंसा', 17 अक्टूबर 1940 का 'भारत का रोग : नेतागिरि', 13 मार्च 1941 का

'भारतीय राष्ट्र का इतिहास', 23 मई 1941 का 'भारत और उसके शासक', 2 अक्टूबर 1941 का 'अभागा भारत', 6 नवम्बर 1941 का 'हमारी दासता का कारण', 15 जनवरी 1942 का 'देश की राजनीतिक स्थिति', 9 अप्रैल 1942 का 'ब्रिटिश योजनायें और हम', 31 मई 1942 का 'अहिंसा से ही देश की रक्षा', 20 अगस्त 1942 का 'अन्न की महँगाई', 11 फरवरी 1943 का 'पाकिस्तान या गुलामी' आदि सम्पादकीय वक्तव्य प्रसिद्ध हुए।[61]

जैन संदेश ने जैन समाज में गाँधी जी द्वारा चलाये जा रहे आन्दोलनों का प्रचार-प्रसार करने में भी सहयोग दिया। पत्र में एक समाचार छपा था-महात्मा गाँधी ने व्यक्तिगत सत्याग्रह की इजाजत दे दी है और लगभग 1500 सत्याग्रहियों की सूची उन्होंने बना ली है। इसके फलस्वरूप गाँधी जी की आज्ञा से सरदार वल्लभ भाई पटेल और विदर्भ के प्रांत पति श्री बृजलाल वियाणी ने 18 तारीख को भाषण दिया और गिरफ्तार कर लिये गये। जैन समाज को भी व्यक्तिगत सत्याग्रह में बढ़-चढ़कर भाग लेना चाहिए।[62]

संयुक्त प्रान्त के जैन समाज ने राष्ट्रीय आन्दोलन में तन-मन-धन से योगदान दिया तथा बड़ी संख्या में जेलों की यात्रायें की। जैन पत्र-पत्रिकाओं में अंग्रेजी सरकार की खिलाफत की जाने लगी। सरकार द्वारा इन पत्रों पर पाबंदी लगा दी जाती, परन्तु कुछ समय बाद जैन बन्धु पुनः पत्रों का प्रकाशन प्रारम्भ कर देते और फिर वही सरकार विरोधी अभियान चलाया जाता था। जैन संदेश में इससे सम्बन्धित समाचार छपते रहते थे। एक समाचार था-भारत रक्षा कानून में शांति प्रेरा के मैनेजर नेमीचन्द जैन की गिरफ्तारी के कारण 'वीर भारत' का प्रकाशन बन्द हो गया था, अब उसका पुनः प्रकाशन 5 जून, 1940 को शिकोहाबाद में होनेवाली कार्य समिति की मीटिंग के बाद होने जा रहा है, तब तक पाठक प्रतीक्षा करें।[63]

जैन समाज के पत्रों के साथ ही सरकार ने कुछ जैन पुस्तकों पर भी पाबंदी लगायी। इससे सम्बन्धित समाचार 'जैन संदेश' के मुख पृष्ठ पर प्रकाशित किया गया। शीर्षक-'जैनि दण्डनम् यू.पी. में जब्त'-पंडित भगवताचारी द्वारा लिखित 'जैनिदण्डनम्' पुस्तक यू.पी. सरकार ने जब्त कर ली है। न जाने सरकार की क्या मंशा है?'[64]

जैन संदेश ने सत्याग्रह से सम्बंधित समाचारों को भी प्रमुखता से प्रकाशित किया। पत्र ने लिखा-भारत में गाँधी जी के नेतृत्व में पुनः प्रारम्भ हुआ सत्याग्रह संग्राम गत 17 नवम्बर, 1940 से जोर पकड़ता जा रहा है। देश के नेताओं की जेल यात्राएं शुरू हो गई हैं। पंडित जवाहर लाल नेहरू और सरदार पटेल जेल जा चुके हैं। इन पंक्तियों के पाठकों तक पहुँचते-पहुँचते प्रायः सभी प्रमुख नेता जेल पहुँच चुकेंगे। गाँधी जी ने सत्याग्रह न छेड़ने की बहुत कोशिश की, किन्तु ब्रिटिश गवर्नमेंट

युद्ध के बाद स्वतंत्रता देने का वचन देने के लिए भी तैयार नहीं हुई। केन्द्रीय असेम्बली में देश के प्रतिनिधियों के जो जोरदार भाषण हुए उनसे सरकार को हवा का रुख परखना चाहिए था, परन्तु ऐसा लगता है कि बिना शक्ति आजमाये सरकार का दिल नहीं पसीजेगा। अभी तो जेल खाने भरे जायेंगे। उसके बाद सुलह की बातचीत शुरू होगी। परिणाम क्या होता है? यह तो समय ही बतलायेगा, किन्तु ऐसे विकट समय में भी सरकार अपनी हठ नहीं छोड़ना चाहती, यह देखकर अचरज भी होता है और खेद भी।[65]

जैन संदेश की ये निर्भीक टिप्पणियाँ उसे देशभक्त अखबार सिद्ध करती है। पत्र ने संयुक्त प्रान्त के समाचारों के अतिरिक्त अन्य प्रान्तों के सत्याग्रह समाचारों को भी स्थान दिया। कुछ समाचारों पर नजर डालिये। पहला समाचार देखिये-रावलपिण्डी में कांग्रेस सोशलिस्ट पार्टी के मंत्री श्री जोगेन्द्रलाल जैन ने सत्याग्रह किया और गिरफ्तार कर लिये गये। सत्याग्रह के समय लगभग तीस हजार मनुष्यों की भीड़ थी। भीड़ में से कुछ मनुष्यों ने पुलिस वालों पर ईंट, पत्थर फेंके, जिससे लगभग 16 कांस्टेबल घायल हो गये।[66]

'जैन संदेश' का दूसरा समाचार था-सिवनी जैन समाज के सुप्रसिद्ध वयोवृद्ध नेता गुलाबचन्द जैन आज करीब 24 दिन से ग्रामों में सत्याग्रह करते हुए जबलपुर की ओर पहुँच रहे हैं। उनकी उम्र करीब 50 वर्ष है, परन्तु वे अपने शरीर की तनिक भी परवाह न करके सच्ची लगन के साथ देशसेवा में चले जा रहे हैं।[67] एक अन्य समाचार था, शीर्षक 'सत्याग्रह आन्दोलन में जैन', तारीख 13 जनवरी, 1941 के शाम 4 बजे कटनी तहसील (मध्य प्रदेश) के प्रमुख कांग्रेसी नेता म्यूनिसिपल कमिश्नर सिंघई कालूराम जैन महात्मा गाँधी के आदेशानुसार सत्याग्रह करेंगे तथा 15 जनवरी को वीरचन्द जैन पहरूवा मौजे (स्थान का नाम) में सत्याग्रह करेंगे। इस अहिंसात्मक आन्दोलन में हर एक जैन को अपनी देश भक्ति का परिचय देना चाहिए।[68]

'जैन संदेश' इसी प्रकार निरंतर जैन समाज को राष्ट्रीय आन्दोलन में भाग लेने को प्रेरित करता रहा तथा जो जैन बन्धु आन्दोलन में सक्रिय भाग ले रहे थे। उन्हें यह पत्र प्रोत्साहन देता रहा। भारत छोड़ो आन्दोलन में भी इस पत्र की भूमिका प्रशंसनीय रही।[69]

आजादी मिलने से 7 माह पूर्व जैन संदेश के 100 पृष्ठीय राष्ट्रीय अंक का प्रकाशन किया गया। इस राष्ट्रीय अंक के मुख पृष्ठ पर 'स्वाधीनता की प्रतिज्ञा' शीर्षक से लिखा गया लेख देशभक्ति के भावों से भरा हुआ था। पत्र ने लिखा-हमारा विश्वास है कि अन्य देशों के निवासियों की तरह भारतीयों का भी यह अपरिहार्य अधिकार है कि वह स्वतंत्रता प्राप्त करें, अपने परिश्रम का फल स्वतः उपभोग करें, ताकि उन्हें अपनी उन्नति का पूर्ण अवसर मिल सके। हमारा यह भी विश्वास है कि

यदि कोई सरकार जनता को इन अधिकारों से वंचित करती है तथा उसका दमन करती है, तो जनता को अधिकार है कि वह उस सरकार को बदल दे या जड़मूल से उखाड़ फेंके। ब्रिटिश सरकार ने भारतीय जनता को केवल अपनी स्वतंत्रता से ही वंचित नहीं कर रखा, वरन् उसकी नीति सार्वजनिक शोषण पर अवलम्बित है और उसने भारत को आर्थिक, राजनैतिक, सांस्कृतिक और आध्यात्मिक दृष्टि से भी नष्ट-भ्रष्ट कर रखा है। अतः हमारा विश्वास है कि भारत से ब्रिटिश सरकार को अपना नाता तोड़ लेना चाहिये और देश को पूर्ण स्वराज्य प्रदान करना चाहिए। हम अपने उन सहस्त्रों साथियों के प्रति सम्मान प्रकट करते हैं, जिन्होंने स्वतंत्रता संग्राम में अपमान सहा तथा अपनी सम्पत्ति और जीवन तक न्यौछावर कर दिये हैं। उनका आत्म त्याग और बलिदान हम लोगों को अपने कर्तव्य का निरन्तर ज्ञान कराता रहेगा और जब तक हम चरम लक्ष्य पर न पहुँच जाये, तब तक हमें विश्राम न करने का उपदेश करता रहेगा। आज के दिन फिर हम प्रतिज्ञा करते हैं कि हम कांग्रेस के सिद्धान्तों का अनुशासन पूर्ण ढंग से पालन करेंगे और जब कभी कांग्रेस भारत की स्वतंत्रता के संग्राम के लिए आह्वान करेगी, तभी हम उसके इशारे पर मैदान में उतर आने के लिए सदा तैयार रहेंगे।

*अनेकांत, मासिक पत्र का अंक*

'जैन संदेश' के इस विशेषांक में देश के प्रमुख नेताओं के सन्देश भी प्रकाशित हुए। पंडित गोविन्द वल्लभ पन्त ने अपने संदेश में कहा-'यह कहने में तनिक भी सन्देह नहीं कि जैन समाज ने स्वतंत्रता के आन्दोलन में बहुत बड़ा भाग लिया है और कितने ही कार्यकर्ताओं का राजनैतिक क्षेत्र में प्रमुख स्थान है। आशा है कि जैन समाज सदैव इसी तरह अग्रणी रहेगा।'

सरदार वल्लभभाई पटेल ने अपने संदेश में कहा-'जैन शब्द का अर्थ है,

जितेन्द्रियता, संयम और अहिंसा। जहाँ अहिंसा है, वहाँ द्वेषभाव नहीं रह सकता है। दुनिया को यह पाठ पढ़ाने की जवाबदारी आज नहीं, तो कल अहिंसात्मक संस्कृति का पालन करने वाले जैनियों को ही लेनी होगी।'

आचार्य नरेन्द्र देव ने अपने संदेश में लिखा-'यह जानकर प्रसन्नता हुई कि आपका पत्र (जैन संदेश) सामाजिक होते हुए भी राष्ट्रीय दृष्टिकोण रखता है और राष्ट्र की सब ही स्वस्थ प्रवृत्तियों में अपना सहयोग प्रदान करता है। विविध सम्प्रदायों को अपनी संकुचित मनोवृत्ति का परित्याग कर उदार राष्ट्रीय भावना से काम लेना चाहिए। आशा है कि आपका पत्र सतत इस बात की चेष्टा करेगा कि हमारे जैन भाई राष्ट्रहित के सभी कार्यों में सहयोग दें।'

बम्बई लेजिस्लेटिव एसेम्बली के स्पीकर कुन्दनमल फिरोदिया ने अपने संदेश में कहा-'मैं जैनों के वास्ते दूसरा क्या संदेश दे सकता हूँ? अलावा इसके कि जैन इस शब्द में ही समता, सेवा और संयम इनका संग्रह हो जाता है। इन तीनों अंगों की अब दुनिया को बहुत जरूरत है। सब जैन इस समय खड़े होकर 'जैन क्या कर सकता है' यह दुनियां को बतला देंगे और महात्मा गाँधी जिस अहिंसा का तत्व लेकर खड़े हैं, उसको सहायता देंगे, यही मुझे जैन समाज से आशा है।'

बाबू सम्पूर्णानन्द, बाबू श्री प्रकाश, बम्बई के मंत्री वी.जी. खेर, मध्य प्रान्त के मंत्री पंडित द्वारकाप्रसाद मिश्र तथा अनेक एसेम्बली और विधान परिषद् सदस्यों ने 'जैन संदेश' को राष्ट्रीय अंक निकालने पर शुभकामना और सफलता के संदेश भेजे।

'जैन संदेश' ने अपने सम्पादकीय में लिखा-जैन समाज ने भारत के स्वतंत्रता युद्ध में भरसक सहायता और सहयोग दिया है। हमारा विश्वास है कि जैन समाज अनुपात की दृष्टि से इस युद्ध में पहली पंक्ति में रही है। उसने जन, धन को इसके लिए पर्याप्त मात्रा में अर्पण किया है।[70]

'जैन संदेश' ने अपने इस महत्वपूर्ण अंक में संयुक्त प्रान्त के साथ ही सम्पूर्ण भारत वर्ष के जैन स्वतंत्रता सेनानियों का विवरण प्रकाशित किया। यह अंक 23 अध्यायों में बंटा था। इन अध्यायों में 'वर्णी जी की चादर, आजाद हिन्द फौज में जैन, वे फाँसी के तख्ते पर भी मुस्कुराये थे, संयुक्त प्रान्त का राष्ट्रीय क्षेत्र में महत्वपूर्ण भाग, मध्य प्रान्त के राष्ट्रीय जैन, मालवा और राजपूताना के राष्ट्रीय जैन, बिहार बंगाल के राष्ट्रीय जैन, बम्बई प्रान्त के राष्ट्रीय जैन, देहली और पंजाब के राष्ट्रीय जैन, स्फूट राष्ट्रीय जैन, विभिन्न धारा सभाओं के जैन सदस्य' आदि लेख तथा कई राष्ट्रीय कविताएँ बहुत लोकप्रिय हुई।[71]

इस प्रकार 'जैन संदेश' ने स्वतंत्रता संग्राम के अन्त तक देशभक्ति की भावना का प्रचार किया तथा जैन समुदाय को देशसेवा में आगे आने को प्रेरित किया। 15

अगस्त 1947 को हमारे देश को स्वतंत्र होने का गौरव प्राप्त हुआ। इस विजय के अवसर पर जैन पत्र-पत्रिकाओं ने अनेक लेख एवं समाचार प्रकाशित करके खुशी मनायी। कुछ पत्रिकाओं ने राष्ट्र पिता महात्मा गाँधी के सम्बन्ध में भी लेख प्रकाशित किये।

'अनेकान्त' ने लिखा-15 अगस्त को जब समस्त भारत स्वतंत्रता समारोह में लीन था, तब हमारा राष्ट्रपिता कलकत्ते में बैठा सम्प्रदायिक विष पी रहा था। समग्र भारत की इच्छा उसे अभिशिक्त करने की थी, परन्तु वह कलकत्ते से हिला नहीं और उसने सांकेतिक भाषा में सावधान कर दिया कि जिस समुद्रमंथन से स्वतंत्रता सुधा निकली है, उसी से सम्प्रदायवाद-हलाहल भी निकल पड़ा है। यह मुझे चुपचाप पीने दो। इसकी अगर बूँद भी बाहर रही, तो सुधा को गरल बना देगी।

महात्मा गाँधी की मृत्यु पर उन्हें श्रद्धांजलि देते हुए अनेकान्त ने लिखा-राष्ट्रपिता के निधन पर हम क्या श्रद्धांजलि अर्पित करें? हम तो उनकी भेड़ थे। जिधर को संकेत किया बढ़े, जब रोका रुके, पर्वतों पर चढ़ने को कहा, चढ़े और गिरने को कहा, तो गिरे। श्रद्धांजलि तो हमारी पीढ़ी दर पीढ़ी अर्पित करेगी, जिसे स्वतंत्र भारत में जन्म लेने का अधिकार बापू ने प्रदान किया।[72]

इस प्रकार उत्तर प्रदेशीय जैन पत्र-पत्रिकाओं ने प्रारम्भ से लेकर अन्त तक भारतीय स्वतंत्रता आन्दोलन में अपना योगदान दिया। इन पत्रों की एक प्रमुख विशेषता यह भी रही कि ये व्यावसायिकता से पूर्णतः अछूती रही और निःस्वार्थ भाव से देश सेवा में संलग्न रही। जैन समाज ने अनेक कठिनाइयों के बावजूद इन पत्रों का निरन्तर प्रकाशन किया तथा इनके माध्यम से लाभ अर्जन या अपने संकीर्ण हितों की पूर्ति नहीं की। जैन पत्रों ने अहिंसावादी मूल्यों की स्थापना में तो बल प्रदान किया ही, साथ ही न केवल गाँधी जी के स्वदेशी आन्दोलन में रचनात्मक सहयोग दिया, बल्कि सम्पूर्ण भारतीय स्वतंत्रता आन्दोलन में भी उनका महत्वपूर्ण योगदान रहा।

***सन्दर्भ***


1. जैन मित्र, कार्तिक सु. 8, वीर नि.सं. 2464, पृष्ठ 6-8
2. ओसवाल नवयुवक, 1 मई 1937, पृष्ठ 20-23
3. जैन सिद्धान्त भास्कर, वर्ष 5, किरण 1, 1938, पृष्ठ 42-45
4. प्रकाशित जैन साहित्य (भूमिका), दिल्ली 1958, पृष्ठ 63, 65-67
5. जैन गजट, 21 जनवरी 1999, पृष्ठ 7, लखनऊ
6. वही, 1 दिसम्बर, 1985, वर्ष 1, अंक-एक
7. Progressive Jains of India, Satish Kumar Jain, Page 24
8. भारत में हिन्दी पत्रकारिता, सम्पादक-डॉ. रमेश जैन, पृष्ठ 386-397
9. गोयलीय अयोध्याप्रसाद, जैन जागरण के अग्रदूत, पृष्ठ 36

10. जैन गजट, 16 दिसम्बर, 1907, वर्ष 12, पृष्ठ 3, 4
11. वही, 1 फरवरी 1908, वर्ष 13, अंक 5, पृष्ठ 3,4,5
12. वही, 8 मार्च 1908, पृष्ठ 14
13, वही, 8 फरवरी 1909, पृष्ठ 7, शीर्षक-स्वदेशी वस्त्र
14. वही, 8 सितम्बर, 1909, पृष्ठ 5
15. जैन गजट के तत्कालीन अंकों के अध्ययन पर आधारित।
16. भारत में हिन्दी पत्रकारिता, पृष्ठ 387, शीर्षक-जैन पत्रकारिता
17. तीर्थंकर (पत्र-पत्रिका विशेषांक), पृष्ठ 53
18. जैन हितैषी, लेख-'राजनीति के मैदान में आओ', पृष्ठ 448
19. जैन हितैषी, जनवरी 1916, पृष्ठ 223-225
20. भारत में हिन्दी पत्रकारिता, लेख-जैन पत्रकारिता, पृष्ठ 391
21. आज (समाचार पत्र), 6 मई 1921 ई., पृष्ठ 2
22. सत्योदय, जनवरी सन् 1919, पृष्ठ 28
23 ब्रह्मचारिणी पंडिता चन्दाबाई अभिनन्दन ग्रंथ, पृष्ठ 56
24. जैन जागरण के अग्रदूत, लेख-ब्रह्मचारी सीतलप्रसाद, पृष्ठ 36, 37
25. वीर (पाक्षिक पत्र), 15 दिसम्बर, 1924, पृष्ठ 90-93
26. वीर, 19 फरवरी, 1929, पृष्ठ 20
27. वीर, 1 जून, 1929, पृष्ठ 12
28. वीर, 16 अक्टूबर, 1929, पृष्ठ 34, 35
29. तीर्थंकर (पत्र-पत्रिका विशेषांक), पृष्ठ 168-170 पर आधारित
30. i) Progressive Jains of India, Page 58, 92, 93, 53, 66, 40
    ii) साक्षात्कार-श्री रमाकान्त जैन, ज्योति निकुंज, दिनांक 26.12.2007
31. जैन जागरण के अग्रदूत, पृष्ठ 181, 182, भारतीय ज्ञानपीठ
32. आज (समाचार पत्र), 2 मार्च 1922, दिन गुरुवार, पृष्ठ 5
33 मूलचंद किशनदास कापड़िया अभिनंदन ग्रंथ, पृष्ठ 7-12,5,8
34. जैन मित्र (मासिक), पौष, श्री वीर संवत 2431, अंक 3, पृष्ठ 10
35. जैन मित्र (साप्ताहिक पत्र), 29 नवम्बर 1928 पृष्ठ 21
36. वही, 13 दिसम्बर, 1928, सम्पादकीय वक्तव्य, पृष्ठ 53
37. वही, 6 जून, 1929, वर्ष 30, अंक 29, पृष्ठ 455, सूरत
38. वही, 30 जनवरी, 1930, पृष्ठ 177, 178
39. वही, 20 मार्च, 1930, सम्पादकीय-वक्तव्य, पृष्ठ 289
40. वही, 17 अप्रैल, 1930, सत्याग्रह संग्राम में जैनियों का कर्तव्य, पृष्ठ 359
41. वही, 24 अप्रैल, 1930, पृष्ठ 374
42. वही, 8 मई, 1930, गुरूवार, वर्ष 31, अंक 26, कवर पृष्ठ
43. वही, 29 मई, 1930, पराधीन भारत, कवर पृष्ठ
44. वही, 5 जून, 1930, एक जैनी के पत्र का सार, पृष्ठ 465
45. वही, 15 मई, 1930, सत्याग्रह प्रेमी सेठ, पृष्ठ 424, 426

46. वही, 7 अगस्त, 1930, गुरुवार, पृष्ठ 604
47. दिगम्बर जैन (मासिक पत्रिका), अक्टूबर, 1929-जनवरी 1932
48. वीर संदेश, 5 जनवरी 1927, पृष्ठ 94, 95
49. वही, 4 फरवरी, 1927, अंक 4, भाग 1, पृष्ठ-कवर पेज
50. वही, अक्टूबर 1928, सायमन सप्तक लीला, पृष्ठ 422
51. वही, दिसम्बर, 1928, स्वदेशी आन्दोलन, पृष्ठ 498
52. भारत में हिन्दी पत्रकारिता, शीर्षक-जैन पत्रकारिता, पृष्ठ 393
53. जैन मित्र, 17 जुलाई, 1930, पृष्ठ 554
54. दिगम्बर जैन, सचित्र विशेषांक, कार्तिक मार्ग शीर्ष, पृष्ठ 16
55. जैन मित्र, 21 अगस्त, 1930, शीर्षक-महावीर प्रेस बंद, पृष्ठ 634
56. जैन संदेश, 18 जनवरी, 1940, पृष्ठ 5, 6
57. वही, 25 जनवरी, 1940, पृष्ठ 6
58. वही, 1 फरवरी, 1940, पृष्ठ 5, 6
59. वही, 2 मई, 1940, पृष्ठ 5, 6
60. वही, 9 मई, 1940, पृष्ठ 6
61. लेखक ने दिनांक 05.09.2008 को जैन संदेश के वर्तमान में मुख्य कार्यालय चौरासी मथुरा जाकर इन सभी लेखों की छाया प्रति प्राप्त की। इस कार्य में पत्र के प्रबंधक श्री ताराचंद जैन, 'प्रेमी', फिरोजपुर झिरका तथा सहायक श्री सुरेन्द्र जैन मथुरा का पूर्ण सहयोग लेखक को मिला। उपर्युक्त उपयोगी लेखों की संख्या अधिक होने के कारण इस ग्रन्थ में न देने का निर्णय लेना पड़ा।
62. जैन संदेश (साप्ताहिक पत्र), 21 नवम्बर, 1940, पृष्ठ 14
63. वही, 30 मई, 1940, मुख पृष्ठ, आगरा
64. वही, 26 अगस्त, 1943, मुखपृष्ठ
65. वही, 28 नवम्बर, 1940, पृष्ठ 6
66. वही, 20 फरवरी, 1941, पृष्ठ 14
67. वही, 6 मार्च, 1941, पृष्ठ 3
68. वही, 9 जनवरी, 1941, पृष्ठ 3
69. जैन संदेश के तत्कालीन अंकों के अध्ययन पर आधारित
70. जैन संदेश (राष्ट्रीय विशेषांक), 23 जनवरी, 1947, पृष्ठ 4,5,2
71. वही, सम्पादकीय लेख, पृष्ठ 2
72. अनेकान्त (मासिक पत्र), फरवरी, 1948, पृष्ठ 83

# भारतीय स्वतन्त्रता आन्दोलन के अन्य उपक्रमों में जैन समाज का योगदान

## स्वतन्त्रता आन्दोलन में जैन लेखकों की भूमिका

भारतीय स्वतन्त्रता आन्दोलन के दौरान जैन समाज के प्रतिभावान लेखकों ने अपनी कलम के माध्यम से भारतीय जनता को जागृत करने में अहम् भूमिका निभाई। इन लेखकों की रचनायें अंग्रेजी सरकार को ललकारती थी और उनमें साम्राज्यवादी सरकार का चुनौतीपूर्ण विरोध किया जाता था। जैन लेखकों ने निबन्ध, कविता, कहानी, गद्य, काव्य, उपन्यास आदि साहित्य के सभी अंगों में देशभक्ति से ओतप्रोत लेखन कार्य किया।[1]

उत्तर प्रदेश निवासी इन लेखकों में ऋषभचरण जैन, जैनेन्द्रकुमार, यशपाल जैन, अक्षयकुमार जैन, शांति स्वरूप जैन 'कुसुम', भगवत्स्वरूप जैन तथा आनन्दप्रकाश जैन प्रमुख हैं। इन लेखकों में से अधिकांश ने स्वतंत्रता आन्दोलन में भाग लेने के कारण जेल यात्राएँ भी की, जिनका वर्णन पूर्व के अध्यायों में किया जा चुका है। इन जैन लेखकों की रचनाओं ने तत्कालीन समय में अपनी विशेष छाप छोड़ी। इन लेखकों ने सामाजिक कुरीतियों पर भी प्रहार किये।

### *ऋषभचरण जैन*

ग्राम सराय सदर, जिला बुलंदशहर (वर्तमान नोएडा) में 1 जनवरी, 1911 को जन्में श्री जैन ने सन् 1925 में 'महारथी' में प्रकाशित 'मिट्टी के रुपये' नामक कहानी से साहित्य जगत में प्रवेश किया। उस समय भारत परतंत्र था तथा यहाँ के निवासी बड़ी संख्या में सामाजिक

कुरीतियों में जकड़े हुए थे। ऋषभचरण जैन ने इन परिस्थितियों में अपनी कहानियों और उपन्यासों के माध्यम से देश को जगाने का क्रांतिकारी कार्य किया।

ऋषभचरण जैन द्वारा लिखित 'दिल्ली का कलंक, दुराचार के अड्डे, चम्पाकली, तीन इक्के, वेश्या पुत्र, बुर्केवाली, मयखाना, मन्दिर दीप, जनानी सवारियाँ आदि कृतियाँ बहुचर्चित हुई। उन्होंने गदर, हड़ताल आदि कृतियों के माध्यम से अंग्रेजी शासन को ललकारा। सरकार ने उनकी इन कृतियों को जब्त कर लिया। हड़ताल नामक कहानी संग्रह को 1931 में प्रकाशित होते ही प्रतिबंधित कर दिया गया।[2] ब्रिटिश सरकार ने उन्हें 2 महीने की सजा दी, परन्तु श्री जैन लेखन कार्य करने हेतु जुर्माना भरकर जेल से वापस आ गये।[3]

ऋषभचरण जैन ने अपनी कृति 'हड़ताल' की पहली कहानी में महान क्रांतिकारी भगत सिंह का वर्णन करते हुए असेम्बली बम काण्ड का चित्रण किया। उन्होंने अंग्रेजी सरकार द्वारा बनाये गये विभिन्न कानूनों पर भी कड़ा कटाक्ष करते हुए लिखा-वह पार्लियामेंट का छिलका है न असेंबली, उसमें फेंका भगत सिंह ने बम। जवान बहादुर था, तर्रार था, शेर दिल था, बस, पकड़ मंगाया। शिनाख्त में देर क्या थी और अदालत अपनी, अपने बाप की। जब अदालत का पहिया भी कर्ण के रथ की तरह फँसा अदालत में, तो झट वायसराय साहब ने ट्रिब्यूनल की मोटर भेज दी। या मुलाहिजे में बेचारों से मंगवा ली गई या कहें, अच्छा खासा कोर्टमार्शल हुआ।

लेखक ने आगे लिखा कि सरकार ने सांडर्स हत्याकाण्ड में 23 मार्च 1931 को शाम के सात बजे भगत सिंह, सुखदेव और शिवराम को फाँसी पर लटका दिया। तीनों वीरों के विषय में उन्होंने लिखा-कम से कम ये तीनों दूसरा जन्म लेने को व्याकुल थे? कालेपानी में, या जेल में सड़कर तो उनका जीवन व्यर्थ हो जाता और इतने, दूसरा जन्म लेकर वे दोबारा देशहित करते, इतने उन्हें यही सब तरह के कष्ट उठाने पड़ते।

महात्मा गाँधी द्वारा अंग्रेज सरकार से किये गये समझौते से लेखक प्रसन्न नहीं हैं, वे लिखते हैं कि गाँधी जी के प्रयासों के बाद भी सरकार ने इन तीनों नौजवानों को फाँसी दे दी, इसका मतलब यह है कि सरकार गाँधी जी को कुछ नहीं समझती और उनके माध्यम से अपना कार्य सिद्ध कर रही है। उन्होंने सरकार के भावों को इस प्रकार व्यक्त किया-'गाँधी, अजी बका करें गाँधी। पहले अफसर लोग हैं, सरकार हैं, हम हैं या पहले गाँधी। पहले हम हैं, हमारा हित है, हमारे अफसरों का हित है, हमारे देशवासियों का हित है, हमारे नौकरों का हित है, हमारे कुत्ते का हित है, उसके बाद कहीं गाँधी का और उसके साथियों के हित का विचार करने की गुंजाइश निकल सकती है। गाँधी कोई हमारा रिश्तेदार थोड़े ही है, जो उसकी बात सिर आँखों पर रखें, वह तो जनाब, हमारा दुश्मन है, सोलह आने दुश्मन पक्का राजद्रोही। क्या करें!

बस नहीं चलता, वरना इसी को सबसे पहले फाँसी पर लटका दें।'

भगत सिंह और उनके साथियों के बलिदान के बाद कानपुर में हुई प्रतिक्रिया का वर्णन करते हुए लेखक ने लिखा कि कानपुर कांग्रेस कमेटी ने भगत सिंह को श्रद्धांजलि देने के लिए हड़ताल का मार्ग चुना। हड़ताल कराने के लिए चली मंड़ली में शामिल कुछ असामाजिक तत्वों के कारण नगर में हिन्दू-मुस्लिम के दंगे भड़क उठे। चारो तरफ लूट-पाट होने लगी, गोलियाँ चलने लगी, रक्त बहने लगा, ऐसे समय में वह भगत सिंह के बदले की हुंकार भरने वाली रंगीन फौज गायब हो गई। उनका पता अब ढूँढे न मिलेगा। वे तो राम जाने किस तहखाने में जा छिपे हैं।

लेखक हिन्दू-मुसलमानों के बीच सेवा कार्य कर रहे गणेशशंकर विद्यार्थी की प्रशंसा करते हैं तथा उन लोगों पर कटाक्ष करते हैं, जो ऐसे अवसर पर गायब हो गये हैं। कहानी में उन्होंने बुँदू चप्पल विक्रेता तथा मुरलीधर और चंदो पति-पत्नी का मार्मिक वर्णन किया है, जो इन दंगों का शिकार बने। उन्होंने लिखा-'बाजार के एक वीरान कोने में कुछ फौजी खड़े हैं, किसी की बंदूक कंधे पर है, किसी की जमीन पर, किसी की बगल में। एक अंग्रेज फोटूग्राफर उनका फोटू ले रहा है। दूसरे बाजार में दुकानें जल रही हैं, मार-काट हो रही है, शोर मच रहा है और इधर ये मिलिट्री के जवान उधर से बेखबर मुस्कुराते हुए फोटों खिंचवा रहे हैं। यह हुआ भगत सिंह का बदला और नाम की हड़ताल तथा झूठे प्रदर्शन का परिणाम।'

लेखक भारतवासियों को प्रेरणा देते हुए यह कहते हैं कि हमें इन झूठे कार्यों से बचकर सच्चे मन से देश को आजाद कराने के लिए परिश्रम करना चाहिए। उन्होंने लिखा-हिन्दू-मुसलमान प्रत्येक भारतवासी को समझ लेना चाहिए कि इंग्लैण्ड वाले हमारे हितैषी नहीं हैं, उनसे रक्षा की आशा हमें नहीं रखनी चाहिए, हमें तो अपने व्यक्तित्व इतने उज्ज्वल और विकार रहित बना लेने चाहिए कि एक-दूसरे के गले मिलकर रह सकें और समय आने पर एक-दूसरे की रक्षा और सहायता कर सकें।

'छोटी बेटी' शीर्षक से लिखी कहानी जो 'हड़ताल' कहानी संग्रह में संकलित है, में लेखक ने 5 मई, 1930 की प्रातःकाल का वर्णन किया है। इस दिन महात्मा की गिरफ्तारी का समाचार मिलते ही स्वयंसेवकों ने बाजार बंद करा दिया और वे एक गर्ल्स स्कूल को बंद कराने के लिए पहुँचे। उस गर्ल्स स्कूल की प्रिंसिपल रायबहादुर एन.एन. सरकार की पत्नी है। मिसेज सरकार ने किसी भी कीमत पर अपना स्कूल बंद न करने का ऐलान कर दिया। हड़ताल कराने वालों की नेता भी एक स्त्री थी, उसने प्रिंसिपल महोदया से कई बार स्कूल बंद करने का आग्रह किया, इस पर मिसेज सरकार क्रोधित हो गयी और उन्होंने पुलिस को बुला लिया। पच्चीस-तीस हट्टे-कट्टे सिपाहियों ने आकर हड़तालियों की गिरफ्तारियाँ शुरू कर दी।

सिपाही एक स्वयंसेवक से झंडा छीनना चाहता था, इस छीना-झपटी में जैसे

ही वह तिरंगा नीचे गिरने को था, तभी स्कूल की सैकेण्ड् हैड रामदुलारी ने आगे बढ़कर गिरते हुए झंडे को थाम लिया और अध्यापिकाओं और छात्राओं की ओर मुँह फेरकर उसने कहा, 'लानत ऐसी नौकरी पर और धिक्कार ऐसी शिक्षा पर। देश की लाज, इस झंडे को मैंने थाम लिया है, अब जो मेरा साथ देना चाहें, वे मेरे साथ आयें।' सबसे पहले एक लड़की, लाल खद्दर की धोती पहने, न जाने कहाँ से कूदकर रामदुलारी के पास आकर खड़ी हुई और झंडा अपने हाथ में लेकर बोली, आओ, और कौन आती है।'

मिसेज सरकार ने जो देखा उसकी आँखें खोलने को काफी था। वह लड़की और कोई नहीं उन्हीं की छोटी बेटी थी। मिसेज सरकार की आँखें फटी रह गयी, सिर चकराने लगा और वे धम से कुर्सी पर बैठ गयीं। उन्होंने चारों ओर देखा, सारा आँगन छात्राओं, अध्यापिकाओं, पुलिसवालों और हथकड़ी बेड़ी से मजबूर हड़तालियों से भरा है और सबके आगे तिरंगा झंडा लिये उनकी छोटी बेटी खड़ी मुस्कुरा रही है। तभी अचानक मिसेज सरकार उछलकर मेज पर चढ़ गयी और चिल्लाकर बोली-मैं स्कूल बंद करने की आज्ञा देती हूँ, पुलिस से मैं कोई शिकायत नहीं करती, छोड़ दो सबको, बोलो महात्मा गाँधी की जय। मिसेज सरकार में आये इस परिवर्तन से हड़तालियों और छात्राओं, अध्यापिकाओं में उल्लास भर गया और वह जुलूस आगे बढ़ गया। इस जुलूस के आगे-आगे मिसेज सरकार की छोटी बेटी चल रही है और पीछे-पीछे खुद मिसेज सरकार भी चीखती आ रही हैं। 'हड़ताल करो! हड़ताल करो!!' इस कहानी में ऋषभचरण जैन ने तत्कालीन स्वयंसेवकों को यह संदेश दिया था कि उन्हें पूर्ण समर्पण से प्रयत्न पूर्वक आन्दोलन का कार्य करना चाहिए, एक दिन सफलता उन्हें अवश्य ही प्राप्त होगी।

'उसके बाद' शीर्षक से लिखित एक अन्य कहानी में जैन लेखक ने रामसिंह नामक एक नवयुवक का वर्णन किया। रामसिंह गरीब विधवा का इकलौता बेटा है। विधवा माँ चाहती है कि उसका बेटा शीघ्र ही पढ़ाई करके कमाने लगे और उसका विवाह भी हो जाये, परन्तु रामसिंह तत्कालीन आन्दोलन से प्रभावित होकर देश के लिए कार्य करने को तत्पर हो जाता है, वह माँ की बातों को टालता रहता है। एक दिन जब रामसिंह अपने कमरे में अपने मित्रों से बात कर रहा था, तो माँ ने उसकी बातें सुन ली और उसे यह सुनकर बहुत धक्का लगा कि उसका बेटा क्रांतिकारी कार्यों में भाग ले रहा है। उसने अपने बेटे को काफी समझाया, परन्तु रामसिंह नहीं माना।

रामसिंह ने एक दिन पुलिस के अफसर 'मिस्टर' की गोली मारकर हत्या कर दी। सरकार ने रामसिंह को गिरफ्तार कर लिया और उसे फाँसी की सजा दी गयी। बूढ़ी माँ अपने एकमात्र सहारे रामसिंह को फाँसी दिये जाने का समाचार सुनकर बेहोश हो गयी, जब उसे होश आया, तो उसे अपने बेटे का अंतिम पत्र मिला। बेटे

ने लिखा था-'माँ, कल जेलर मेरे पास आया था। उसने मुझसे कहा, 'तुम्हें ता...को फाँसी दे दी जाएगी।' अच्छा है, एक दिन मरना सभी को है, जिनके जवान बेटे हैजे, प्लेग और अन्य बीमारियों के शिकार होकर मर जाते हैं, वे भी संतोष कर लेती हैं, जिन ग्रामीण माताओं के अबोध बालक औषध और अन्न के बिना भूखे-प्यासे तड़प-तड़पकर मर जाते हैं, वे भी अंत में कलेजे पर पत्थर रख ही लेती हैं। ...और माँ, तुम जानती हो, ऐसे मृतकों के साथ सहानुभूति प्रकट करनेवाले अंगुलियों पर गिने जा सकते हैं और मेरे साथ तो सारे देश की सहानुभूति है, क्योंकि मैं अपने व्यक्तिगत स्वार्थ के लिए नहीं मर रहा हूँ। और माँ, सम्भव है कि मेरे मरने से देश उस कंटकाकीर्ण पथ पर एक कदम आगे बढ़े, जो शुरू से आखिर तक खून और तकलीफों से भरा है। बस माँ, मेरा अंतिम प्रणाम स्वीकार करो और फाँसी पाने के बाद मेरे शव का माथा चूमकर तुम सच्चे हृदय से मुझे आशीर्वाद देना, यही मेरी अंतिम कामना है।'[4]

रामसिंह को फाँसी पर चढ़ा दिया जाता है और वह मातृभूमि के लिए बलिदान हो जाता है। इस कहानी में लेखक ने घर की परिस्थितियों के अनुकूल न होने के बाद भी रामसिंह के देश के लिए बलिदान होने का सजीव चित्रण किया है।

ऋषभचरण जैन की इसी तरह की कहानियों ने देशवासियों के मन में राष्ट्रीय आन्दोलन से जुड़ने की भावना पैदा की। ऋषभचरण जैन ने पैंतीस वर्ष की आयु तक (1946) पैंतीस पुस्तकों की रचना की। उन्होंने ड्यूमा और तल्स्टाय के कई कथा ग्रंथों का सफल अनुवाद किया। इन कथा ग्रंथों में 'कैदी, कंठहार, बादशाह की बेटी, षड्यंत्रकारी, महापाप और देवदूत' उल्लेखनीय हैं। श्री जैन ने 'चित्रपट' और 'सचित्र दरबार' पत्रिकाओं के सम्पादन द्वारा पत्रकारिता के क्षेत्र में नये मानदंड स्थापित किये।[5]

इस प्रकार ऋषभचरण जैन ने राष्ट्रीय आन्दोलनों के समय अपनी लेखनी से भारतवासियों को जागृत किया। उन्होंने कई नये लेखकों को भी प्रोत्साहन देकर देश के लिए लिखने हेतु प्रेरित किया।

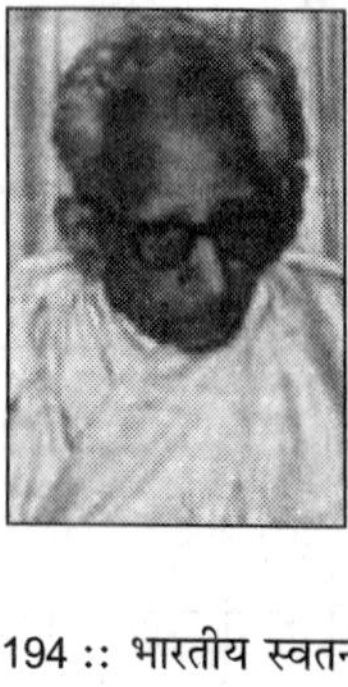

### *जैनेन्द्र कुमार*

2 जनवरी 1905 को कौड़ियागंज जिला अलीगढ़ में जन्में जैनेन्द्र कुमार जैन ने 1923 में नागपुर में हुए ऐतिहासिक झंडा सत्याग्रह के दौरान जेल यात्रा की। कारावास के दौरान ही उन्होंने अपना पहला लेख-'देश जाग उठा' लिखा। इस लेख के बाद जैनेन्द्र कुमार निरन्तर लिखते रहे। उनका 'देवी अहिंसे' नामक लेख भी बहुत चर्चित हुआ।

1929 में उन्होंने 'फाँसी' नामक कथा संग्रह लिखा, जो उसी वर्ष सरस्वती प्रेस बनारस से प्रकाशित हुआ। उसके बाद उनके उपन्यास परख (1929), तपोभूमि (1932), सुनीता (1935), त्यागपत्र (1937), कल्याणी (1938) तथा कथा संग्रह वातायन (1931), दो चिड़ियाँ (1934), नई कहानियाँ (1936), ध्रुवयात्रा (1944) और ललित निबंध जड़ की बात (1945) आदि प्रकाशित हुए।[5]

जैनेन्द्र कुमार ने 1930 में कथाकार प्रेमचन्द और शांतिनिकेतन के संस्थापक रवीन्द्रनाथ ठाकुर से मुलाकात करके उनका मार्गदर्शन प्राप्त किया। इसी वर्ष उन्होंने खान अब्दुल गफ्फार खान, डॉ. अंसारी और डॉ. सैफुद्दीन किचलू के साथ स्वतंत्रता आन्दोलन में काम किया। सविनय अवज्ञा आन्दोलन के दौरान जैनेन्द्र जी 22 महीने कारावास में रहे।[6]

1936 में महात्मा गाँधी की अध्यक्षता में गठित 'भारतीय साहित्य परिषद्' में जैनेन्द्र जी को संस्थापक सदस्य मनोनीत किया गया। इस परिषद् के अन्य सदस्यों में के.एम. मुंशी तथा प्रेमचन्द प्रमुख थे। 1937 में कांग्रेस द्वारा प्रांतीय सरकारों का गठन किया गया। जैनेन्द्र जी ने इस गठन से अपनी असहमति व्यक्त की और उसी वर्ष 'त्यागपत्र' नामक अपना उपन्यास प्रकाशित किया। इसके प्रकाशन से उन्हें व्यापक प्रशंसा प्राप्त हुई। इसी प्रकार जैनेन्द्र कुमार स्वतंत्रता आन्दोलन को अपने विचारों से प्रभावित करते रहे। उन्हें आधुनिक हिन्दी कहानी साहित्य का तृतीय अध्याय स्वीकार किया गया है। प्रो. केसरी कुमार सिंह ने लिखा है-'आधुनिक हिन्दी कहानी साहित्य का प्रथम अध्याय प्रेमचन्दजी से आरम्भ होता है, द्वितीय अध्याय प्रसादजी से और तृतीय अध्याय जैनेन्द्रजी से।'[7]

जैनेन्द्र कुमार द्वारा 1929 में लिखित 'फाँसी' कथा संग्रह बहुत लोकप्रिय हुआ। इस कथा संग्रह को लाहौर कांग्रेस के अधिवेशन पर बेचा गया। उसी समय इस पुस्तक का पूरा संस्करण समाप्त हो गया। इस पुस्तक के माध्यम से देश के क्रांतिकारियों का ध्यान जैनेन्द्र कुमार की ओर आकर्षित हुआ तथा सच्चिदानन्द हीरानन्द वात्स्यायन 'अज्ञेय' से उनके घनिष्ठ सम्बन्ध बन गये।

'फाँसी' संग्रह में संकलित एक कहानी 'गदर के बाद' में लेखक ने 1857 की क्रांति के समय का वर्णन किया। इस कहानी में एक कर्नल और उसकी पत्नी का चित्रण किया गया है, जो गदर के समय एक-दूसरे से बिछुड़ जाते हैं। कर्नल पत्नी को 'पुरे का चौधरी' अपने घर में शरण देता है। चौधरी स्वयं क्रांतिकारी है और उसकी मंडली ने बहुत से अंग्रजों को गदर के दौरान स्वाहा किया है, परन्तु चौधरी स्त्रियों की कदर करता है और उस अंग्रेज महिला को अपने घर में कोई कष्ट नहीं होने देता।

दुर्भाग्यवश यह क्रांति सफल नहीं हो पायी और अंग्रेज फिर से दिल्ली की

बागडोर सम्भालने को तैयार हो गये। लेखक ने अपने शब्दों में लिखा-'कैसे बहादुरशाह पकड़ा गया, कैसे उसके दो बच्चों का खून पिया गया। अलंकार में नहीं, चुल्लुओं में पिया गया, किस तरह अंग्रेजों की अमलदारी फिर हो गयी, फिर किस तरह शांति फैली और किस तरह फाँसियाँ दी गई और किस तरह और बहुत से ढके और उघड़े काम किये गये, यह सभी को पता है।' जब क्रांति शांत हो गयी, तो चौधरी ने उस अंग्रेज महिला को उसके घर के पास सुरक्षित छोड़ दिया। वह अंग्रेज महिला चौधरी का अहसान मानती हुई अपने कर्नल पति के पास चली गयी। उसका पति अब एक मार्शल कोर्ट का न्यायधीश है। अपनी पत्नी को पाकर वह बहुत प्रसन्न हुआ।

इधर दूसरी ओर पुलिस ने पुरे के चौधरी को गदर में शामिल होने के कारण गिरफ्तार कर लिया और उसे मार्शल कोर्ट के उसी न्यायधीश के सामने पेश किया गया, जिसकी पत्नी की चौधरी ने रक्षा की थी, परन्तु मजिस्ट्रेट और चौधरी इस परिचय से अनभिज्ञ थे। कोर्ट में चौधरी से तमाम सवाल-जवाब किये गये। अंत में चौधरी ने गरजकर कहा-'मैं तुम लोगों को यहाँ नहीं चाहता। तुम लोगों का राज मैं नहीं मानता। यह तुम्हारी मजिस्ट्रेटी भी मुझे स्वीकार नहीं है। तुम अंग्रेज हो, अपने देश में रहो। हम हिन्दुस्तानी हैं, हम यहाँ रह रहे हैं। तुम्हारे यहाँ जगह नहीं है, कम है-अच्छी बात है, तो फिर यहाँ रहो, पर आदमियों की तरह से रहो। यह तुम्हारी सिर पर चढ़ने की आदत कैसी है? सो ही हम नहीं चाहते, ऐसे जब तक रहोगे, तब तक हम तुम्हारे खिलाफ रहेंगे। भाई बनकर रहोगे। बराबर-बराबर के। गोरेपन की ऐंठ में न रहोगे, तो हम भी तुमसे ठीक व्यवहार करेंगे और फिर देखें कौन तुम्हारा बाल भी छू सकता है, परन्तु यदि ऐसे नहीं बनोगे, तो हमारे दम में जब तक दम है, तब तक हम तुम्हारे दुश्मन रहेंगे। बस और क्या कहलवाते हो?'

न्यायधीश ने चौधरी को फाँसी की सजा सुना दी। कोर्ट से घर जाकर न्यायधीश संयोगवश अपनी पत्नी से इस केस का जिक्र करता है। जैसे ही उसकी पत्नी यह सुनती है कि चौधरी को उसके पति ने ही फाँसी दे दी है, तो वह चीख मारकर मूर्छित हो पड़ती हैं। उसके बाद जब उसकी मूर्छा टूटती है, तो वह दौड़ी-दौड़ी फाँसी स्थल पर पहुँचती है और लाशों के ढेरों में से चौधरी का शव खोजकर, गाड़ी में रखकर उसे अपने बंगले पर ले आती है।

लेखक ने लिखा-बंगले पर लाश को खास कमरे में ले जाया गया। ईरान का बना हुआ कालीन खून के धब्बे से लाल होता जा रहा है। इसकी उसे परवाह न हुई। कहा-जॉन! सुनो! इधर आओ। इसकी क्रिया ठीक तौर पर करनी होगी और सब खर्च तुम्हें करना होगा। सुना? करोगे? जॉन ने सम्मतिसूचक सिर हिला दिया। अच्छा, अब इनके पैरों में सिर नवाओ! यह देवता आदमी था। विश्वास रखो, विश्वास रखो,

उसके पैरों में सिर नवा रहे हो, जो तुमसे ऊँचा था, पक्का था और परमात्मा को प्यारा था। कर्नल ने सिर पैरों में नवा दिया।

उसके बाद वह अंग्रेज महिला अपने पति के पापों का प्रायश्चित करने के लिए बंगला छोड़कर निकल लेती है। पति के तमाम अनुरोधों को भी वह अनसुना कर देती है। कहानी के अंत में जैनेन्द्र जी ने लिखा-जहाँ चौधरी का शव जला था, वहीं जमुना किनारे कई साल तक एक झोपड़ी रही। कहते हैं, यहाँ एक पगली तपस्विनी रहती थी, जिसका काम कभी हँसना और कभी रोना था। इस हँसने और रोने का कोई क्रम न था। वह किसी से नहीं बोलती थी। यह रंग में इतनी सफेद थी कि लोग उसे यमुना-तीर की संरक्षिका प्रेतात्मा समझकर उससे दूर-दूर रहते थे। तब एक दिन वह झोपड़ी नहीं रही और न वह पगली ही फिर देखी गई।[8]

जैनेन्द्र जी ने इस कहानी में जहाँ चौधरी की देशभक्ति का वर्णन किया है, वहीं उस अंग्रेज महिला द्वारा चौधरी के प्रति ज्ञापित कृतज्ञता का भी मार्मिक चित्रण किया है। इस प्रकार की कहानियाँ देशवासियों के हृदय में अपने देश के प्रति समर्पण की भावना जागृत करती थी।

जैनेन्द्र कुमार का महात्मा गाँधी से भी निकट सम्पर्क रहा। गाँधीजी के पत्र भी समय-समय पर उन्हें मिलते रहते थे। 10.12.1934 को वर्धा से भेजे पत्र में बापू ने लिखा-भाई जैनेन्द्र कुमार, तुम्हारा खत मिला है। तुम्हारा निर्णय मुझे बहुत प्रिय लगा है। दिल्ली के इर्द-गिर्द की देहात ले लो। वहाँ सह परिवार रहो, तीन घंटे आजीविका के साधन में देते रहो और बाकी समय ग्राग उद्योग में देना। राज प्रकरण उसके साथ नहीं चलेगा। लोगों की सेवा ही सर्ववस्तु है। मैं इस मास के आखिर में दिल्ली आने की आशा रखता हूँ। उस समय मुझे मिलना और कुछ पूछना है, तो पूछना।

एक दूसरे पत्र में गाँधी जी ने लिखा-भाई जैनेन्द्रकुमार, 'दो चिड़िया', की प्रथम कहानी तो पढ़ ली। आगे बढ़ ही नहीं सका हूँ। इच्छा तो है ही। मुझको भाषा अच्छी लगी। तुम अपनी छोटी-मोटी बात अवश्य लिखा करो। हरध्यान सिंह जी वहाँ के एजेंट होंगे। उनसे मिलो और एक कोई देहात, इससे बेहतर हैं कि दिल्ली की हरिजन बस्ती, पसंद कर लो और उसे स्वच्छ करो और कराओ। शुद्ध चावल, आटा वगैरह का प्रचार करो। अपने जीवन के लिए तो फेरफार कर ही लिया होगा।[9]

विभिन्न महापुरुषों का सानिध्य प्राप्त करते हुए जैनेन्द्र जी ने पूरे स्वतंत्रता आन्दोलन में अपनी लेखनी के माध्यम से देश की महती सेवा की। स्वतंत्रता के बाद भी बराबर उनकी कलम लेखन कार्य करती रही, उन्होंने लगभग आठ हजार पृष्ठों में सर्जनात्मक और वैचारिक साहित्य की रचना की, जो आधुनिक हिन्दी साहित्य में अद्वितीय उदाहरण हैं।[10]

### *यशपाल जैन*

अलीगढ़ जिले के विजयगढ़ कस्बे में 1 सितम्बर 1912 को जन्मे यशपाल जैन ने 1929-30 में एक सामाजिक उपन्यास लिखकर अपनी साहित्य यात्रा प्रारम्भ कर दी।

महात्मा गाँधी से प्रभावित होकर श्री जैन ने देश सेवा को अपना आदर्श बनाया और अपने साहित्य में गरीबी, दहेज, आर्थिक विषमता, मद्यपान, शिक्षा और सामाजिक मूल्यों का ह्रास आदि समस्याओं पर तीक्ष्ण प्रहार किये तथा समाज को दिशा प्रदान की। 1938 में यशपाल जैन गाँधीवादी साहित्यिक संस्था 'सस्ता साहित्य मंडल' से जुड़ गये और इसी वर्ष 'जीवन सुधा' मासिक पत्रिका के सम्पादक के रूप में उन्होंने राष्ट्रीय आन्दोलन के सम्बन्ध में लिखना प्रारम्भ कर दिया। उन्होंने जीवन साहित्य, मधुकर और मिलन नामक मासिक पत्र-पत्रिकाओं का भी सम्पादन किया।

यशपाल जैन ने अनेक पुस्तकों का लेखन और सम्पादन किया। उनके द्वारा लिखी गयी कृतियाँ गाँधी की कहानी, गाँधी-हिन्दी दर्शन, भारत विभाजन की कहानी, सन् 42 का शहीद रमेश, स्व. हेमचन्द्र, समाज विकास माला (174 पुस्तकें नव-साक्षरों के लिए), कलश, सेतु निर्माता, भोर की आहट, राजकुमार की प्रतिज्ञा, अमृतघट (उपन्यास) आदि बहुत प्रसिद्ध हुई। उन्होंने कई स्मृति ग्रंथों का सम्पादन भी किया, जिनमें गाँधी : व्यक्तित्व, विचार और प्रभाग, गाँधी : संस्मरण और विचार, नेहरू : व्यक्तित्व और विचार, राजेन्द्र बाबू : व्यक्तित्व दर्शन, विनोबा : व्यक्तित्व और विचार, समन्वय के साधक : काका कालेलकर आदि प्रमुख हैं।[11]

### *अक्षयकुमार जैन*

30 दिसम्बर 1915 को विजयगढ़ (जिला-अलीगढ़) में जन्मे अक्षयकुमार जैन ने स्वतंत्रता सेनानी के साथ ही एक लेखक और पत्रकार के रूप में भी देश की सेवा की। श्री जैन की पहली कहानी 'परित्यक्ता' अक्टूबर 1934 में प्रकाशित हुई। उनकी कहानियाँ तथा लेख सभी प्रमुख समाचार पत्रों में छपने लगे।

जैन संदेश ने उनके विषय में लिखा-अक्षयकुमार जैन सुयोग्य कहानीकार हैं। उनकी रचनाएँ अधिकतर सार्वजनिक पत्रों में छपती हैं। इनकी परित्यक्ता नामक पुस्तक अभी कुछ वर्ष पहले ही प्रकाशित हुई है। पुस्तक में लेखक की खास कृतियों का संग्रह है। उनकी यह रचना सफल उतरी है। भाषा शैली उपयुक्त है, पर अंग्रेजी शब्दों की भरमार थोड़ी खटकती है। अक्षयकुमार जैन से हमें भविष्य में बहुत आशायें हैं।[12]

अक्षय जी इन आशाओं पर खरे उतरे तथा 1940 में उन्होंने एटा से प्रकाशित 'सुदर्शन' नामक मासिक पत्रिका के सम्पादक का पद ग्रहण किया। सम्पादक के रूप में श्री जैन ने देश की तत्कालीन परिस्थिति के अनुकूल राष्ट्रीय आन्दोलन के समर्थन में तथा ब्रिटिश सरकार के विरोध में लिखना शुरू कर दिया। उन्होंने आगरा से प्रकाशित प्रसिद्ध पत्र 'सैनिक' में भी अपनी सेवायें दी। इस पत्र के मुख्य सम्पादक कृष्णदत्त पालीवाल बड़े क्रांतिकारी और देशभक्त थे।[13]

अक्षयजी को बचपन से ही देश के महान् नेताओं का सानिध्य मिला था, जिसकी छाप उनकी लेखन शैली पर स्पष्ट दिखाई देती है। 1933 में वे काशी हिन्दू विश्वविद्यालय के छात्र रहते हुए विश्वविद्यालय के कुलपति महामना पंडित मदनमोहन मालवीय से बहुत अधिक प्रभावित हुए थे। मालवीयजी ने एक बार उन्हें अपने हाथों से प्रसाद भी खिलाया था।[14]

देशभक्ति से ओतप्रोत अक्षयकुमार जैन ने भारत छोड़ो आन्दोलन में जेल यात्रा की।[15] उसके बाद उन्होंने 1946 तक जैन समाज के प्रमुख साप्ताहिक पत्र 'वीर' का सम्पादन किया। 'वीर' में भी वे देश के आन्दोलन के बारे में लिखते रहे। 4 अप्रैल, 1947 को दिल्ली से नवभारत टाइम्स का प्रकाशन प्रारम्भ हुआ। श्री जैन प्रारम्भ से ही पत्र से जुड़ गये और 1955 में वे अखबार के प्रधान सम्पादक बने।

अक्षयकुमार जैन के साहित्य ने भी अपार ख्याति प्राप्त की। उनकी कृतियों में अमर शहीद इन्दिरा गाँधी, कहानियाँ बलिदान की, छत्रपति शिवाजी, जेल से जसलोक तक, देश प्रेग की कहानियाँ, बुझेगी नहीं मशाल, भारत-पाक युद्ध डायरी, याद रही बातें, युग पुरुष राम, विश्व के महापुरुष, साहसी संसार, हमारे परम वीर सेनानी आदि प्रमुख हैं।

## *शांतिस्वरूप जैन 'कुसुम'*

ग्राम धनोरा (जिला-मेरठ) में 24 अक्टूबर, 1923 को जन्मे शांति स्वरूप जैन अपने जीवन के अधिकांश वर्ष सहारनपुर में रहे और यही पर उन्होंने भारत छोड़ो आन्दोलन में सक्रिय भाग लेने के कारण जेल यात्रा की।

स्वतंत्रता आन्दोलन में श्री कुसुम ने अपने गीतों से उत्साह का संचार किया। सन् 1935 में बारह वर्ष की आयु में उन्होंने अपना पहला गीत 'हम करते वन्दन तेरा' मातृभूमि को समर्पित किया। उसके बाद कवि ने सहारनपुर में जगह-जगह जाकर काव्य गोष्ठियों में भाग लिया और अपने गीत सुनाये। शीघ्र ही

श्री कुसुम की रचनायें 'मनस्वी, शिक्षा सुधा, दीदी' पत्रिका एवं साप्ताहिक हिन्दुस्तान में छपने लगी। एक सभा में जिसमें अंग्रेज कलक्टर भी उपस्थित थे, कवि 'कुसुम' ने देशभक्ति से ओतप्रोत और भारतीय जनता को सम्बोधित करते हुए एक गीत पढ़ा-

जाग, जाग रे जाग
हाथ पसारे क्या तकता है?
मन चाही तू कर सकता है,
तोड़ तोड़ रे माँ के बन्धन
लिपटे काले नाग।[16]

इस प्रकार के गीतों से जैन कवि काफी प्रसिद्ध हो गये। आचार्य क्षेमचन्द्र 'सुमन' और कन्हैयालाल मिश्र 'प्रभाकर' ने उनकी रचनाओं को सराहा। 14 अगस्त से 21 नवम्बर 1942 तक श्री कुसुम भारत छोड़ो आन्दोलन में भाग लेने के कारण जेल में रहे। वहाँ भी उन्होंने अपने गीतों से कैदी भाइयों में उत्साह का संचार किया। उन्होंने लिखा-

लो फिर जंजीरें बोल उठीं,
लोहा लेने इन्सान चले,
भारत के वीर जवान चले,
सन् सत्तावन की याद लिये,
फिर से तकदीरें बोल उठीं।[17]

शांतिस्वरूप जैन ने स्वतंत्रता आन्दोलन के दौरान काफी संख्या में गीतों की रचना की। इन रचनाओं को स्वतंत्रता के बाद प्रकाशित भी किया गया।[18]

### *भगवत्स्वरूप जैन 'भगवत्'*

आगरा जनपद के एतमादपुर नामक कस्बे में सन् 1911 में जन्मे भगवत्स्वरूप जैन ने स्वतंत्रता आन्दोलन के दौरान बहुविध साहित्य की रचना की। उनकी कविताएँ, कहानियाँ और नाटकों ने तत्कालीन समाज को देशभक्ति की भावना से ओतप्रोत किया और साथ ही सामाजिक कुरीतियों को दूर करने में भी अपना योगदान दिया। उनकी रचनाएँ-'चाँद, अभ्युदय, विचार, सचित्र भारत, सुमित्र, हिन्दुस्तान, माया, मनमोहन तथा अनेकान्त' आदि अनेक पत्रों में प्रकाशित होती थी।

श्री भगवत् की पहली पुस्तक 'झनकार' सन् 1934 में लखनऊ से प्रकाशित

हुई। उसके बाद सन् 1944 तक उनकी 2 दर्जन से भी अधिक पुस्तकें जनता के बीच गयी और उन्हें व्यापक प्रशंसा मिली। इन पुस्तकों में कहानी संग्रह : 'क्रांतिकारी की माँ, दुर्ग द्वार, दो हृदय, उस दिन, आँसू, मानवी', नाटक : 'भाग्य, अत्याचार, गरीब, बलि, जो चढ़ी नहीं, आहुति', कविता संग्रह : 'तरुण गीत, झनकार, उपवन' आदि ने भारतीय जनता में अपूर्व उत्साह का संचार किया।

भगवत्स्वरूप जैन के कृतित्व की सफलता का यह प्रमाण है कि उनकी कई रचनाओं का अनुवाद मराठी भाषा में करके उनका प्रकाशन किया गया। उनके द्वारा विरचित अनेक गीत भी बहुत लोकप्रिय हुए और उनका रिकॉर्ड बनाकर जगह-जगह वितरित किया गया।[19] आगरा का प्रमुख साप्ताहिक पत्र 'सैनिक' भी बराबर उनकी देशभक्ति से ओत-प्रोत रचनाएँ प्रकाशित करता था।

देश भक्ति की कविताओं से भगवत्स्वरूप जैन निरन्तर देशवासियों को उनके अधिकारों के विषय में सचेत करते रहे तथा ब्रिटिश सरकार की आलोचना करते हुए भारत माता को स्वतंत्र कराने के लिए अपनी लेखनी चलाते रहे। दुर्भाग्यवश अति अल्प आयु में 5 दिसम्बर, 1944 को उनका निधन हो गया।[20]

### *आनन्दप्रकाश जैन*

15 अगस्त 1927 को मुजफ्फरनगर के शाहपुर कस्बे में जन्मे श्री जैन ने भारत छोड़ो आन्दोलन में सक्रिय भाग लिया और डेढ़ वर्ष की कठिन कारावास की सजा पायी।[21] जेल यात्रा से पूर्व ही श्री जैन लेखन के क्षेत्र में कदम रख चुके थे। 1941 में उनकी पहली कहानी 'जीवन नैया' प्रकाशित हुई। उसके बाद उन्होंने निरन्तर साहित्य रचना करके देश के राजनीतिक और सामाजिक जीवन पर अपनी छाप छोड़ी।[22]

आनन्दप्रकाश जैन एक महान लेखक थे। उनके जीवन पर शिवाजी विश्वविद्यालय कोल्हापुर (महाराष्ट्र) से सुश्री सुजाता प्रकाशचन्द्र मेहता ने 'आनन्द प्रकाश जैन : व्यक्तित्व तथा कृतित्व' विषय पर पीएच.डी. की उपाधि प्राप्त की।[23] इस शोध प्रबंध में उनके स्वतंत्रता सेनानी जीवन से लेकर साहित्यकार जीवन की ऊँचाइयों तक का वर्णन किया गया है। इस प्रकार आनन्दप्रकाश जैन ने देश के लिए अपना महत्वपूर्ण योगदान दिया।

## *सामाजिक कुरीतियों को दूर हटाने में जैन समाज का योगदान*

जैन धर्म के पाँच महाव्रतों में पहला महाव्रत 'अहिंसा' है। 'अहिंसा' के सिद्धान्त को जैन अनुयायी सर्वश्रेष्ठ मानते हैं। स्वतंत्रता आन्दोलन के दौरान महात्मा गाँधी ने अहिंसा को ही अपना अस्त्र बनाया और उसी के आधार पर हमारा देश स्वतंत्र हुआ।

*जीवदया प्रचारिणी सभा के कार्यकर्ताओं की बैठक का दृश्य*

स्वतंत्रता आन्दोलन के दौरान (1919-1947) तत्कालीन संयुक्त प्रान्त में जैन समाज ने अंग्रेजी सरकार का तो खुलकर विरोध किया ही, साथ ही समाज में फैली विभिन्न कुरीतियों को दूर हटाने के लिए भी काफी प्रयत्न किया।

आगरा में स्थापित श्री जीवदया प्रचारिणी सभा ने पूरे प्रदेश में पशुओं की बलियों को रोकने हेतु अपना बड़ा दल बनाकर महत्वपूर्ण कार्य किया। इस दल ने नवम्बर 1926 में पेंडत (जखैया) आगरा में होनेवाले विशाल मेले के अवसर पर दी जाने वाली पशु बलि को रुकवा दिया। इस मेले में हजारों की संख्या में लोग आते और कई मील दूर तक तम्बू गाड़कर ठहरते। आनेवाले यात्री देवी माँ को प्रसन्न करने के लिए पशुओं की बलि (विशेषकर सुअरों की) देते थे। जीवदया प्रचारिणी सभा ने इस कुरीति को समाप्त करने के लिए 115 स्वयंसेवकों का गिरोह एकत्रित किया। इस कार्य में अवागढ़ (एटा) की सेवासमिति, कुरावली सेवा समिति, फिरोजाबाद सेवा समिति और जसराना स्काउट कमेटी के स्वयंसेवकों ने भी अपना योगदान दिया।

इन सभी स्वयंसेवकों ने बलि देनेवाले यात्रियों को 'अहिंसा' का उपदेश दिया तथा समझाया कि देवी माँ बलि देने से प्रसन्न नहीं होती और बलि देना महान पाप है। बहुत संख्या में यात्रियों ने स्वयंसेवकों की बात को मानकर बलि नहीं दी, परन्तु कुछ यात्री आसानी से न माने, उन्होंने मेला परिसर से बाहर जाकर बलि देनी चाही, परन्तु स्वयंसेवकों ने लाला नेमिचन्द जैन (आगरा) के नेतृत्व में मौके पर पहुँचकर उनका यह प्रयास भी विफल कर दिया और पूर्ण रूप से हिंसाबंदी कर दी।

जीवदया प्रचारिणी सभा आगरा ने विन्देसरी देवी 'विंध्याचल' में प्रतिवर्ष होने

वाली 25 हजार पशुओं की बलि हिंसा को रोकने के लिए अथक परिश्रम किया, परन्तु उसे आधी से कुछ अधिक ही सफलता मिल पायी। पूर्ण सफलता हेतु सभा ने काफी प्रयत्न किया। सभा ने जीवन माता (सीकर) में प्रतिवर्ष नौदुर्गा के दिनों में होने वाले 5 हजार पशुओं के वध (बलि) को रोकने के लिए काफी प्रयत्न किया, जिससे वहाँ अधिकांश रूप से बलि प्रथा रुक गयी, परन्तु फिर भी माता के नाम पर कुछ अन्धभक्तों ने 36 बकरों की बलि दे दी।[24]

जीवदया प्रचारिणी सभा के कार्यकर्ताओं ने जगह-जगह जाकर बलि हिंसा पर रोक लगवायी। मौजा चौरसिया (जिला फर्रूखाबाद) के कछवाह क्षत्रिय महासभा के वार्षिक अधिवेशन पर पहुँचकर सभा के प्रचारकों ने अहिंसा पर प्रभावशाली व्याख्यान दिया। इस भाषण से प्रभावित होकर कछवाह महासभा ने अपनी पूरी जाति में बलि हिंसा पर रोक लगा दी। महासभा ने एक नियम भी पारित किया कि यदि कोई बिरादरी का आदमी किसी भी देवता पर किसी तरह की बलि करेगा, तो उसे जाति से खारिज किया जायेगा तथा 25 रुपया जुर्माना भी लगाया जायेगा। कछवाह क्षत्रिय महासभा के संरक्षक राजा सूर्यमान सिंह (अवागढ़) ने भी इस नियम को सख्ती से लागू करने का आह्वान किया।

जीवदया प्रचारिणी सभा के प्रयत्नों से स्टेट 'एका' जिला, मैनपुरी में प्रतिवर्ष दशहरे और नौ दुर्गा पर होने वाली सैंकड़ों पाढ़ा बकरों की बलि हिंसा को राजाज्ञा से सदा के लिए बन्द कर दिया गया। पहले यहाँ राजा की तरफ से भी बलि दी जाती थी।[25]

आगरा के सेठ अचलसिंह भी इन सामाजिक कुरीतियों को दूर करने हेतु प्रयत्न करते रहते थे। जनवरी 1935 में उन्होंने हरिजन बस्ती में घूमते हुए देखा कि कुछ हरिजन एक जिन्दा सुअर को आग में डाल रहे हैं और उसे खाने की तैयारी हो रही है। सेठ जी ने तुरन्त इस निन्दनीय कार्य को रुकवाया और उन लोगों को समझाकर आगे बढ़ गये। कुछ लोगों ने सेठ अचलसिंह को बताया कि हरिजनों में यह आम प्रथा है और काफी समय से चल रही है। इस बात को सुनकर सेठ जी बहुत चिन्तित हुए और उन्होंने इस सम्बन्ध में गाँधी जी को पत्र लिखा।

गाँधी जी सेठ अचलसिंह का पत्र पाकर बहुत परेशान हो गये। उन्होंने तुरन्त ही अचलसिंह को पत्र लिखा। अपने पत्र में गाँधी जी ने लिखा-भाई अचलसिंह, तुम्हारा पत्र मिला। सुअर की बात पढ़कर मैं तो व्याकुल चित्त बन गया हूँ। क्या आपने यह दृश्य पहली बार ही देखा? कितने हरिजन थे? यह देखकर आपने कुछ किया? यदि किया, तो उन लोगों ने क्या उत्तर दिया? यदि जिन्दा सुअर को आग में डालते थे, तो क्या वह चीखते नहीं थे? आप इस बारे में सूक्ष्म निरीक्षण करके मुझे लिखें। यदि यह प्रथा हरिजनों में सर्वसाधारण है, तो हमें बड़ा आन्दोलन करना

होगा। अगर जैसे आप लिखते हैं, वैसे हर जगह होता होगा, तो यह भयंकर पाप हरिजनों का नहीं हमारा है, वैसे मैं मानूंगा कि हमने उनकी घोर उपेक्षा की है। उसका ही यह परिणाम हो सकता है।[26] सेठ अचलसिंह ने महात्मा गाँधी के साथ मिलकर इस कुरीति को दूर करने हेतु काफी प्रयत्न किये।

काशी में जैन समाज द्वारा स्थापित 'अहिंसा प्रचारक संघ' ने भी पशुबलि रोकने हेतु प्रयास किये। संघ ने काशी के साथ-साथ हजारीबाग (बिहार) जिले के कोल्हुआ पहाड़ पर चैत्र की रामनवमी पर कालेश्वरी देवी के नाम पर होने वाली बलि को रोकने में भी सफलता प्राप्त की।[27]

देवबन्द, (जिला-सहारनपुर) में माँ काली के मन्दिर पर कुछ लोग रक्त और मदिरा से शक्ति का आह्वान करते थे। उस समय मंदिर में बकरों का वध किया जाता था। देवबन्द के प्रमुख समाजसेवी बाबू ज्योतिप्रसाद जैन ने अपने साथियों को साथ लेकर इस हिंसामय कार्य को बंद कराने हेतु आन्दोलन चलाया और काफी प्रयत्नों के बाद वे सफल हुए। इस सफलता में उनके सहयोगी स्वामी नारायणआनन्द का भी प्रमुख सहयोग रहा।

ज्योतिप्रसाद जैन ने माँ त्रिपुर बाला सुन्दरी के मेले में लगनेवाली मीट शॉप को सदैव के लिए बन्द कराने में सफलता प्राप्त की। श्री जैन ने वृद्ध विवाह और बाल विवाह का भी खुलकर विरोध किया। सन् 1925 में उन्होंने 'बूढ़े का विवाह' नामक एक नाटक लिखा-जो अत्यन्त लोकप्रिय हुआ। इस नाटक को उत्साहपूर्वक विभिन्न मंचों पर दिखाया जाता था, जो वृद्ध विवाह पर तीक्ष्ण प्रहार करता था।[28] इस प्रकार जैन समाज ने सामाजिक कुरीतियों को दूर हटाने में भी अपना महत्वपूर्ण योगदान दिया।

## *आजाद हिन्द फौज में जैन समाज का योगदान*

*नेताजी सुभाषचन्द्र बोस*

आजादी की लड़ाई में आजाद हिन्द फौज के सैनिकों ने नेताजी सुभाषचन्द्र बोस के नेतृत्व में अपना महत्वपूर्ण योगदान दिया। यद्यपि जापान की पराजय के बाद आजाद हिन्द फौज की योजना असफल हो चुकी थी।[29] परन्तु इस सेना ने उन राष्ट्रवादियों की हताश भावना को ढाढ़स बँधाया, जो निराशा और असहायता से त्रस्त हो चुके थे।

आजाद हिन्द फौज में जैन समाज ने भी अपना योगदान दिया। कर्नल डॉ. राजमल जैन 'कासलीवाल' ने फौज में चिकित्सा एवं स्वास्थ्य

सेवा के निदेशक एवं नेताजी के निजी चिकित्सक के रूप में महत्वपूर्ण सेवाएँ दी।

राजमल जैन का जन्म यद्यपि नवम्बर 1906 में जयपुर में हुआ था, परन्तु उनका काफी समय संयुक्तप्रान्त में ही व्यतीत हुआ। लखनऊ विश्वविद्यालय से 1929 में उन्होंने एम.बी.बी.एस. की डिग्री ली और उसके बाद उच्च शिक्षार्थ विदेश चले गये। 1931 में श्री जैन ने इंग्लैण्ड से डी.टी.एम. एण्ड एच. तथा 1932 में लंदन से एम.आर.सी.सी. की उपाधियाँ प्राप्त की। 1935 में वे इण्डियन मेडिकल सर्विसेज (आई.एम.एस.) के लिए चुने गये। आई.एम.एस. में चुने जाने के बाद अंग्रेजी सरकार में उन्होंने लेफ्टिनेंट कर्नल तक के विभिन्न पदों पर कार्य किया।

ब्रिटिश सरकार ने द्वितीय विश्वयुद्ध के समय डॉ. जैन को अपनी सेनाओं की चिकित्सा हेतु मलाया भेजा। वहाँ उनकी मुलाकात सुभाषचन्द्र बोस से हो गयी। नेताजी की प्रेरणा से राजमल जैन ने अपनी मातृभूमि की सेवा का व्रत लिया। उन्होंने अपनी सरकारी नौकरी त्याग दी और आजाद हिन्द फौज की सेवा करनी प्रारम्भ कर दी। उनकी योग्यता को देखते हुए नेताजी ने उन्हें आई.एन.ए. के मंत्रिमण्डल का सदस्य एवं चिकित्सा तथा स्वास्थ्य सेवाओं का निदेशक मनोनीत किया।

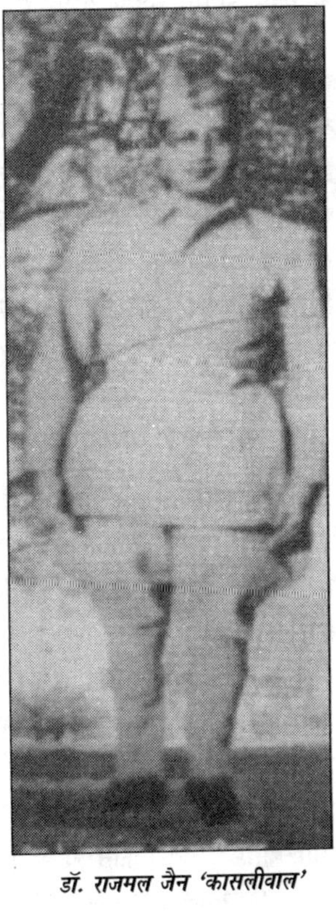

डॉ. राजमल जैन 'कासलीवाल'

सुभाषचन्द्र बोस डा. जैन पर बहुत अधिक भरोसा करते थे। अतः वे श्री जैन को उन नये स्थानों पर सारी व्यवस्था और भूमिका तैयार करने को भेज देते थे, जहाँ आजाद हिन्द फौज पहुँचने वाली होती थी। डॉ. जैन ने भी नेता जी की अभिलाषाओं के अनुरूप राष्ट्रभक्ति रो ओतप्रोत बहादुर सैनिक के रूप में कार्य किया। द्वितीय विश्वयुद्ध की समाप्ति पर अंग्रेजी सरकार ने उनसे नाराज होकर उन्हें गिरफ्तार कर लिया और लम्बे समय तक जेल में बंद रखा। जेल से श्री जैन मई 1946 में रिहा हुए।[30]

आजाद हिन्द फौज की सहायतार्थ जैन सन्तों ने भी जैन समाज का आह्वान किया और स्वयं भी इस सेना की सहायता की। अंग्रेजी सरकार ने आजाद हिन्द फौज के कुछ अफसरों के विरुद्ध वफादारी की शपथ तोड़ने और विश्वासघात का आरोप लगाकर उन पर मुकदमा चलाना प्रारम्भ कर दिया।[31] अंग्रेजी सरकार के इस रुख से पूरे देश में

विरोध की लहर फैल गयी। इन अफसरों को बचाने के लिए भारत के प्रख्यात वकीलों ने मिलकर 'आजाद हिन्द फौज बचाव समिति' का गठन किया। इस समिति को कार्य करने के लिए धन की भी आवश्यकता थी। अतः धन को एकत्रित करना प्रारम्भ किया गया। जैन समाज ने भी इस कार्य में बढ़-चढ़कर दान दिया।

ललितपुर के हसेरा गाँव में जन्मे प्रसिद्ध जैन सन्त श्री गणेशप्रसाद वर्णी का प्रवास नवम्बर 1945 में जबलपुर (म.प्र.) में चल रहा था। प्रातःकाल उनके प्रवचन सुनने के लिए बड़ी संख्या में श्रद्धालु उपस्थित थे। इन लोगों में मध्य प्रान्तीय सरकार के गृह सदस्य पंडित द्वारकाप्रसाद मिश्र, राष्ट्रीय कवि नरसिंह दास और कई धनपति रायबहादुर भी उपस्थित थे। प्रवचन के दौरान श्री वर्णी ने तत्कालीन परिस्थितियों का उल्लेख करते हुए आजाद हिन्द फौज की सहायतार्थ अपनी चादर को समर्पित कर दिया। उन्होंने कहा-भइया! मेरे पास सिर्फ दो चादर हैं। उनमें से मैं एक चादर देता हूँ। यह जितने में बिके सो बेच लो। मैं तो उन आजाद हिन्द फौजियों की रक्षा के लिए अपना हृदय और यह चादर, दोनों अर्पण करता हूँ।[32]

जैन संत के इस वाक्य का पूरी जनसभा में एक अनोखा प्रभाव पड़ा। सभा में उपस्थित एक श्रद्धालु ने वर्णी जी की चादर को 3001/- रुपये में लेकर पुनः उसे वर्णी जी को प्रदान कर दी। उपस्थित भक्तों ने भी यथाशक्ति धन का दान किया। इस धन को 'आजाद हिन्द फौज' की सहायता के लिए भेजा गया। जैन संत की भावना के प्रभावस्वरूप और राष्ट्रीय नेताओं के निरन्तर विरोध के कारण ब्रिटिश सरकार को आजाद हिन्द फौज के अफसरों की सजा को समाप्त करना पड़ा और सैनिक अफसरों को रिहा कर दिया गया। इस प्रकार जैन समाज के आम नागरिकों से लेकर जैन सन्तों ने भी आजाद हिन्द फौज में अपनी भरपूर मदद दी।

## *अन्य महत्वपूर्ण योगदान*

जैन समाज के अनेकों देशभक्तों ने जो प्रत्यक्ष रूप से आन्दोलन में भागीदारी नहीं कर पाये, अप्रत्यक्ष रूप से देश की सेवा की। ऐसे देशभक्तों में आगरा निवासी लाला भरोसीलाल जैन भी एक थे। लाला जी ने सावन कटरा स्थित अपना मकान प्रमुख क्रांतिकारी भगत सिंह को दे रखा था। भगत सिंह इस मकान में एक मैडिकल स्टुडेन्ट के रूप में काफी समय रहे। उन्होंने अपना छदम् नाम बलवन्त सिंह रखा हुआ था। लाला जी के मकान में पूरे प्रान्त एवं देश के क्रांतिकारी आते रहते थे। उनके मकान में काफी संख्या में विस्फोटक सामग्री रहती थी और वहीं बम भी बनाये जाते थे। यह स्थान इतना गुप्त था कि कोई भी यह न जान सका कि मकान में क्या होता है और कौन रहता है?

भरोसीलाल जैन सब कुछ जानते हुए भी इसलिए मौन रहते थे, क्योंकि वे मानते

थे कि क्रांतिकारी देश को आजाद कराने हेतु ही यह सब कार्य कर रहे हैं। उनका इसमें कोई भी निजी स्वार्थ नहीं है। लालाजी समय-समय पर देशभक्तों को आवश्यक वस्तुएं भी उपलब्ध कराते रहते थे।[33] इस प्रकार भरोसीलाल जैन ने अप्रत्यक्ष रूप से देश को अपना योगदान दिया।

बाबू मुन्नालाल जैन पोद्दार और उनके अनुज लाला तोताराम पोद्दार (फर्म मुन्नीलाल द्वारकादास, 76 बड़तला स्ट्रीट, कलकता) द्वारा निर्मित दिगम्बर जैन श्री पार्श्वनाथ मंदिर एवं धर्मशाला इटावा स्वतंत्रता संग्राम के दौरान क्रांतिकारियों की गतिविधियों का प्रमुख केन्द्र रही। इसके अंतर्गत आनेवाली जैन कन्या पाठशाला की प्रधानाध्यापिका श्रीमती कौशल्या देवी एवं व्यवस्थापक लाला मधुबनदास पोद्दार ने भी आगे बढ़कर स्वतंत्रता सेनानियों की मदद की। इटावा के श्री ज्ञानचंद जैन जरुरतमंद स्वतंत्रता सेनानियों, कवियों एवं लेखकों की सहायता करने हेतु आगे आये। वहीं श्री कृष्णलाल जैन एवं श्री शिखरचंद जैन ने विभिन्न समितियों में रहकर देश की सेवा की। उन्होंने सादा जीवन व्यतीत किया एवं सदैव खादी वस्त्र ही पहने।

आगरा के विख्यात हिंदी साहित्यकार, लेखक एवं समालोचक बाबु गुलाब राय (एम.ए.), सेठ मटरूमल बैनाड़ा एवं श्री ताराचंद रपरिया ने स्वतंत्रता आंदोलन के दौरान आंदोलनकारियों की हर प्रकार से सहायता की।[34] उनकी भाँति ही अन्य जैन स्वयंसेवकों ने भी अनेक प्रकार से भारतीय स्वतंत्रता आन्दोलन में अपनी भागीदारी की।[35]

### *सन्दर्भ*


1. जैन संदेश (साप्ताहिक पत्र), 21 दिसम्बर, 1939, पृष्ठ 9
2. अ. राय रुस्तम, प्रतिबंधित हिन्दी साहित्य, खण्ड 1, पृष्ठ 2
   ब. जैन ज्योति ऐतिहासिक व्यक्ति कोश, प्रथम खण्ड, पृष्ठ 180
3. WHO's WHO of Delhi Freedom Fighters, Volume II, Page 139, Gazetteer Unit, Delhi
4. प्रतिबंधित हिन्दी साहित्य, खण्ड 1, पृष्ठ 181-214
5. जैन ज्योति ऐतिहासिक व्यक्तिकोष, प्रथम खण्ड, पृष्ठ 180-181
6. जैनेन्द्र कुमार संचयिता, पृष्ठ 514, 518-522, 515
7. जैनेन्द्र के उपन्यासों में सांस्कृतिक एवं सामाजिक चेतना (अप्रकाशित शोध प्रबंध), शोधकत्री-कुमारी उषा रानी, पृष्ठ 11,8
8. फाँसी तथा अन्य कहानियाँ, पृष्ठ 1-5, 31-37, 40-45
9. जोशी, डॉ. ज्योतिष : जैनेन्द्र कुमार संचयिता, पृष्ठ 509, 510
10. जैन निर्मला : जैनेन्द्र रचनावली, खण्ड 1, भूमिका पृष्ठ 5
11. यशपाल जैन, व्यक्तित्व एवं कृतित्व (अप्रकाशित शोध प्रबंध), पृ.14, 320, 319, 318

12 जैन संदेश (साप्ताहिक पत्र), 21 दिसम्बर 1939, पृष्ठ 9, आगरा
13. हिन्दी पत्रकारिता को अक्षय कुमार जैन की देन, (अप्रकाशित शोध प्रबंध), पृष्ठ 309, शोधकर्ता-अजय कपिल, रुड़की
14. जैन अक्षय कुमार, याद रही मुलाकातें, पृष्ठ 20
15. हिन्दी-पत्रकारिता को अक्षय कुमार जैन की देन, पृष्ठ 17
16. कवि शांति स्वरूप 'कुसुम' व्यक्तित्व एवं कृतित्व, पृष्ठ 2,3,4,5,
17. शर्मा डॉ. के.के., सहारनपुर सन्दर्भ, पृष्ठ 193
18 आधुनिक जैन कवि, पृष्ठ 84
19. दिवंगत हिन्दी सेवी, द्वितीय खण्ड, पृष्ठ 606, 605
20. दिवंगत हिन्दी सेवी, द्वितीय खण्ड, पृष्ठ 606
21. भारतीय स्वतंत्रता संग्राम में मुजफ्फरनगर का योगदान, पृष्ठ 177
22. जैन आनन्द प्रकाश, कुणाल की आँखें (ऐतिहासिक उपन्यास)
23 जैन राजेश : वैशालिक की छाया में पृष्ठ 64
24. जैन मित्र (साप्ताहिक पत्र), 11 नवम्बर, 1926, पृष्ठ 10 (सचित्र)
25. वीर (पाक्षिक पत्र), 1 जून 1925, पृष्ठ 419, 418
26. जैसवाल प्रतापचन्द, सेठ अचल सिंह अभिनन्दन ग्रंथ, पृष्ठ 44,105
27. जैन संदेश (साप्ताहिक पत्र) 2 मई, 1940, पृष्ठ 5
28. बाबू ज्योति प्रसाद जैन व्यक्तित्व और कृतित्व, पृष्ठ 33, 34
29. स्वतंत्रता संग्राम, पृष्ठ 167, 168
30. जैन संदेश (राष्ट्रीय अंक), 23 जनवरी, 1947, पृष्ठ 16
31. स्वतंत्रता संग्राम, पृष्ठ 168
32. जैन संदेश (राष्ट्रीय अंक), 23 जनवरी, 1947, पृष्ठ 14, 15,16
33. भारतीय स्वतंत्रता संग्राम में आगरा का योगदान, पृष्ठ 173
34. साक्षात्कार–श्री सी.के. जैन (पूर्व महासचिव लोकसभा) मूल निवासी इटावा, दिनांक 28 फरवरी, 2014, गुड़गांव
35. कानपुर कल, आज और कल (खण्ड 1), पृष्ठ 91

# निष्कर्ष

भारतीय स्वतंत्रता आन्दोलन में उत्तर प्रदेश जैन समाज का योगदान ग्रंथ में उ.प्र. के जैन समाज द्वारा भारतीय स्वतंत्रता आन्दोलन में दिये गये योगदान पर प्रकाश डाला गया। जैन समाज ने राष्ट्रीय आन्दोलन के विभिन्न उपक्रमों में अपनी भागीदारी कर स्वतंत्रता आन्दोलन को आगे बढ़ाने में सहयोग दिया। 1919-1947 ई. तक चले राष्ट्रीय आन्दोलन पर महात्मा गाँधी का सर्वाधिक प्रभाव पड़ा। गाँधी जी बचपन से ही जैन धर्म से बहुत प्रभावित थे। उन्होंने जैन आचार-विचार का गहन अध्ययन किया। गाँधी जी ने श्रीमद् रायचंद जैन को अपना गुरू और परममित्र माना तथा उनसे समय-समय पर मार्गदर्शन भी लिया। सम्भवतः इसलिए उनके द्वारा चलाये गये सभी आन्दोलनों में 'अहिंसा' के सिद्धान्त का मुख्य रूप से पालन किया गया और इसी अहिंसा को अस्त्र बनाकर उन्होंने अंग्रेजी सरकार के विरुद्ध मोर्चा खोला।

पंजाब केसरी लाला लाजपतराय का जन्म जगराओं (पंजाब) के एक जैन परिवार में हुआ था। उन्होंने राष्ट्रीय आन्दोलन में अहम् भूमिका अदा की और देश पर बलिदान हो गये। इस प्रकार प्रमुख राष्ट्रीय नेताओं (महात्मा गाँधी, लाला लाजपतराय) की विचारधारा तथा जीवन पर जैन सिद्धान्तों का प्रभाव रहा।

उत्तर प्रदेश (तत्कालीन संयुक्त प्रान्त) में जैन समाज की संख्या बहुत कम थी। 1921, 1931, 1941 की जनगणना रिपोर्ट के अनुसार उत्तर प्रदेश में जैन समाज की जनसंख्या क्रमशः, 68, 111 (कुल जनसंख्या की 0.173 प्रतिशत), 67,954 (कुल जनसंख्या की 0.167 प्रतिशत) तथा 103029 (कुल जनसंख्या की 0.183 प्रतिशत) थी। उत्तर प्रदेश के 17-18 जिलों में मुख्य रूप से जैन समाज का निवास था। इन जिलों में मुजफ्फरनगर, मेरठ, बुलन्दशहर, अलीगढ़, मथुरा, आगरा, एटा, मैनपुरी, मुरादाबाद, इटावा, झाँसी, सहारनपुर, बिजनौर, इलाहाबाद, लखनऊ, कानपुर, देहरादून और बनारस जिले उल्लेखनीय हैं।

उत्तर प्रदेश के जैन समाज ने स्वतंत्रता आन्दोलन के दौरान देश के आर्थिक, सामाजिक और राजनीतिक विकास में भी अपना योगदान दिया। नजीबाबाद (बिजनौर) के साहू शांतिप्रसाद जैन, साहू श्रेयांसप्रसाद जैन आदि ने उत्तर प्रदेश के साथ ही दिल्ली, महाराष्ट्र, बिहार, बंगाल, राजस्थान आदि प्रान्तों में विभिन्न उद्योग

लगाये। इन उद्योगों ने देश के हजारों बेरोजगारों को रोजगार प्रदान किया। साहू परिवार ने कागज, चीनी, वनस्पति, सीमेंट, पाट निर्मित वस्तुएँ, भारी रसायन, नाइट्रोजन, खाद, पावर, एल्कोहल, प्लाइवुड आदि से सम्बन्धित उद्योगों की स्थापना की। साहू परिवार के अतिरिक्त उत्तरप्रदेश जैन समाज के अन्य उद्योगपतियों ने भी देश के आर्थिक विकास में अपनी महत्वपूर्ण भूमिका अदा की। इन उद्योगपतियों में सासनी (हाथरस) के छेदीलाल जैन एवं प्रकाशचन्द्र जैन ने 1932 में सासनी में उत्तर भारत के सबसे बड़े काँच कारखाने 'खण्डेलवाल ग्लास वर्क्स' की स्थापना की। इस कारखाने की शाखाएँ अन्य स्थानों पर भी खोली गयी।

आगरा के सेठ अचलसिंह ने उत्तर प्रदेश में नये-नये उद्योगों की स्थापना कराने हेतु काफी प्रयत्न किये। 1938 में सेठ जी ने उत्तर प्रदेश के तत्कालीन उद्योगमंत्री डॉ. कैलाशनाथ काटजू की सहायता से प्रदेश में विभिन्न उद्योग लगाने हेतु धनवानों को प्रोत्साहित किया। नवम्बर 1938 में सेठ जी ने लखनऊ में संयुक्त प्रान्तीय औद्योगिक सम्मेलन का आयोजन कराया। इस सम्मेलन में पूरे प्रदेश के उन प्रमुख कार्यकर्ताओं ने भागीदारी की, जो उद्योग लगाने में इच्छुक थे। यह सम्मेलन अपने उद्‌देश्यों में सफल रहा। सेठ अचल सिंह जो पशुधन को देश के आर्थिक विकास की रीढ़ मानते थे, ने देश के पशुधन को सुरक्षित रखने के लिए आगरा में 24-26 दिसम्बर 1945 को अखिल भारतीय पशु रक्षा सम्मेलन का विशाल आयोजन कराया। पूरे भारत में अपने तरह का यह अनूठा तथा प्रथम सम्मेलन था। इस सम्मेलन ने भारतवासियों के मन में अपने पशुधन के प्रति आकर्षण पैदा किया।

समाजसेवा हेतु विभिन्न शिक्षण संस्थाओं, औषद्यालयों, धर्मशालाओं आदि की स्थापना भी जैन समाज द्वारा की गई। इन संस्थाओं ने जाति-पाति के भेदभाव से ऊपर उठकर सच्चे मन से भारतीय नागरिकों की सेवा की। विभिन्न स्थानों पर कई डिग्री कॉलेज, 25-30 स्थानों पर जैन हाईस्कूल एवं इण्टरमीडिएट कॉलेज तथा लगभग 100 जूनियर प्राइमरी स्कूल व प्राथमिक पाठशालाएँ जैन समाज द्वारा खुलवाई गयी। जैन संत गणेशप्रसाद वर्णी, ब्रह्मचारी सीतलप्रसाद आदि ने प्रदेश में व्यापक भ्रमण करके विभिन्न सामाजिक कुरीतियों को समाप्त करने में अहम् भूमिका निभाई। जैन धनवानों ने अपने धन से कई सामाजिक ट्रस्टों की स्थापना की, जिसके माध्यम से उन्होंने अनेक प्रकार से समाजसेवा में हाथ बँटाया। कुछ जैन नागरिकों ने अंग्रेजों से प्रभावित होकर रायबहादुर की उपाधि ग्रहण कर ली, परन्तु उन्होंने देशद्रोही कार्यों में कभी सरकार का साथ नहीं दिया। पुरुषों के साथ-साथ जैन परिवार की महिलाओं ने भी समाजसेवा हेतु काफी कार्य किये। श्रीमती लेखवती जैन, श्रीमती चन्द्रवती जैन आदि महिलाओं ने समाजसेवा के आदर्श उदाहरण समाज के समक्ष प्रस्तुत किये।

भारतीय स्वतंत्रता आन्दोलन के दौरान राजनीतिक क्षेत्र में भी उत्तरप्रदेश के

जैन समाज ने अपना महत्वपूर्ण योगदान दिया। जैन समाज के कई कार्यकर्ताओं ने प्रादेशिक एवं राष्ट्रीय स्तर पर अंग्रेजों के विरुद्ध संघर्ष में भाग लिया। इन जैन कार्यकर्ताओं में सहारनपुर के बाबू अजित प्रसाद जैन, देवबन्द की श्रीमती लेखवती जैन, मुजफ्फरनगर के सुमत प्रसाद जैन, बिजनौर के बाबू रतन लाल जैन, नेमिशरण जैन, आगरा के सेठ अचल सिंह जैन, बनारस के बाबू अमोलक चन्द जैन आदि का नाम विशेष रूप से उल्लेखनीय है।

महात्मा गाँधी ने रौलट एक्ट, जलियाँवाला बाग हत्याकाण्ड एवं ब्रिटिश सरकार के विभिन्न अत्याचारों से त्रस्त होकर देश में 'असहयोग आन्दोलन' का आह्वान किया। असहयोग आन्दोलन के कार्यक्रम के अंतर्गत रचनात्मक एवं नकारात्मक दोनों पक्षों का समन्वय किया गया। रचनात्मक कार्यक्रमों के अंतर्गत देश में हिन्दू-मुस्लिम एकता, अहिंसा, सत्याग्रह, अछूतोद्धार एवं स्वदेशी का प्रचार किया गया। नकारात्मक कार्यक्रमों के अंतर्गत देश की जनता ने सरकारी कॉलेजों, परिषदों एवं न्यायालयों का बहिष्कार किया।

असहयोग आन्दोलन के दौरान जैन समाज का एक बड़ा सम्मेलन अहमदाबाद में हुआ, जिसमें पूरे भारत के जैन समाज ने बढ़-चढ़कर भागीदारी की। इस सम्मेलन में ब्रह्मचारी सीतलप्रसाद ने महत्त्वपूर्ण भूमिका निभाई। इस सम्मेलन में शामिल होकर जैन समाज के लोगों ने बड़ी संख्या में अपनी उपाधियों को त्याग दिया तथा संकल्प लिया कि वे देश को अंग्रेजी सरकार से मुक्त कराने में अपना पूर्ण सहयोग देंगे। इस सम्मेलन का महत्व इसी बात से लगाया जा सकता है कि तत्कालीन दैनिक समाचार पत्र 'आज' ने इसे प्रमुख रूप से प्रकाशित किया तथा सम्मेलन के उन महत्वपूर्ण प्रस्तावों को अलग से प्रकाशित किया, जो कि जैन समाज ने पास किये थे।

उत्तर प्रदेश के जैन समाज ने असहयोग आन्दोलन में रचनात्मक एवं नकारात्मक दोनों कार्यक्रमों में भाग लेकर अंग्रेजी सरकार का विरोध करने में अहम भूमिका निभाई। रचनात्मक कार्यक्रमों के अंतर्गत जैन समाज ने स्वदेशी वस्तुओं के प्रचार-प्रसार में पूरी लगन के साथ कार्य किया। 'अहिंसा' के सिद्धान्त को मानने वाले इस समाज के काफी कार्यकर्ताओं ने इस आन्दोलन के तहत अपनी विभिन्न उपाधियों को त्याग दिया। मुजफ्फरनगर के सुमतप्रसाद जैन, सहारनपुर के बाबू झुम्मनलाल जैन, बिजनौर के बाबू रतनलाल जैन, आगरा के बाबू चाँदमल जैन आदि ने अपनी वकालत छोड़ दी। जैन संत महात्मा भगवानदीन ने अपनी स्टेशनमास्टरी की सरकारी नौकरी को छोड़कर हस्तिनापुर में गुरुकुल कांगड़ी की तर्ज पर चल रहे ऋषभ ब्रह्मचर्याश्रम में छात्रों को देशभक्ति के लिए तैयार किया और अंग्रेजी सरकार से जमकर लोहा लिया। 1918 में राजनैतिक कैदी के रूप में बिजनौर जेल में बंदी रह चुके भगवानदीन जी ने सरकार द्वारा कैदियों के साथ मामूली डाकुओं जैसा बर्ताव

करने, उनके पैरों में डण्डा बेड़ियाँ डालने और रात में कई कैदियों को एक साथ एक जंजीर में बाँध कर प्रताड़ित किये जाने जैसे व्यवहार का सामना किया।

मुजफ्फरनगर, मेरठ, आगरा, सहारनपुर, बिजनौर, कानपुर जिलों में जैन समाज ने असहयोग आन्दोलन में महत्त्वपूर्ण भागीदारी की। इन जिलों के अतिरिक्त बुलन्दशहर, मथुरा, एटा, मैनपुरी, मुरादाबाद, इटावा झाँसी, इलाहाबाद, लखनऊ में जैन समाज के लोगों ने बढ़-चढ़कर इस आन्दोलन में भाग लिया।

अलीगढ़ के जैनेन्द्रकुमार के परिवार ने इस आन्दोलन में बाहरी प्रदेशों में जाकर भी देशभक्ति की मिसाल कायम की तथा जेलों की यात्राएं की। जैनेन्द्र कुमार की माता रामदेवी बाई जैन ने दिल्ली के पहाड़ी धीरज में एक जैन महिलाश्रम की स्थापना की। जिस में अध्ययन करने वाली लड़कियों को देशभक्ति की प्रेरणा दी जाती थी। आश्रम की छात्रायें किसी न किसी रूप में कांग्रेस की सेवा में लगी रहती थी। इस आन्दोलन के दौरान महिलाश्रम की तीन लड़कियों को पुलिस की मार खानी पड़ी तथा एक लड़की जो बाल विधवा थी, 6 महीने जेल में रही। जेल जाने के समय उसकी उम्र 18-19 वर्ष थी।

बनारस में जैन समाज द्वारा स्थापित 'स्याद्वाद जैन महाविद्यालय' ने असहयोग आन्दोलन में अपनी भागीदारी की। यहाँ के छात्रों ने विदेशी कपड़ों की होली जलायी तथा सरकारी परीक्षाओं का बहिष्कार करने में अपना सहयोग दिया। अहिंसा और सत्याग्रह के आदर्शों से प्रेरित जैन छात्रों ने महाविद्यालय में स्वदेशी चीजों के अतिरिक्त अन्य वस्तुओं के प्रयोग पर पूर्णतः पाबंदी लगा दी। लखनऊ के अजितप्रसाद जैन (एडवोकेट), ब्रह्मचारी सीतल प्रसाद, अतरौली के महात्मा भगवानदीन, आगरा के सेठ अचलसिंह जैन आदि राजस्थान के प्रसिद्ध क्रांतिकारी अर्जुन लाल सेठी (जैन) से प्रत्यक्ष रूप से जुड़े हुए थे। सेठी जी ने असहयोग आन्दोलन के दौरान 10 दिन तक आगरा में रहकर जनपदवासियों से विदेशी वस्त्रों को जलाने का आह्वान किया, जिसका व्यापक प्रभाव पड़ा। तत्कालीन पत्र 'आज' ने इन समाचारों को प्रमुख रूप से प्रकाशित किया। श्री सेठी की गिरफ्तारी के विरोध में भी उत्तर प्रदेश जैन समाज ने अपनी अहम् भूमिका निभाई।

महात्मा गाँधी ने 12 मार्च, 1930 को अपने 78 अनुयायियों के साथ साबरमती आश्रम से प्रस्थान करके 200 मील की पदयात्रा करते हुए 6 अप्रैल 1930 को दाण्डी के समुद्र तट पर पहुँचकर नमक कानून को भंग किया। नमक कानून के भंग होते ही पूरे देश में सविनय अवज्ञा आन्दोलन का प्रारम्भ हो गया। इस आन्दोलन के तहत पूरे देश में नमक बनाया गया। सत्याग्रही कार्यकर्ताओं ने जगह-जगह 'सत्याग्रह आश्रमों' की स्थापना की।

उत्तर प्रदेश के जैन समाज ने आन्दोलन का प्रारम्भ होते ही इसमें अपनी

सक्रिय भागीदारी की। मुजफ्फरनगर में सुमतप्रसाद जैन, उग्रसेन जैन के नेतृत्व में स्थानीय काली नदी पर नमक बनाया गया। मुजफ्फरनगर के सत्याग्रह आश्रम को कुँजा का आश्रम कहकर पुकारा जाता था। मु.नगर के आसपास के ग्रामीण इलाकों-शामली, चरथावल, कैराना, खतौली आदि स्थानों से कई जैन स्वयंसेवक इस आन्दोलन में भाग लेकर जेल गये।

मेरठ जनपद में भी बड़ी संख्या में जैन समाज के लोग इस आन्दोलन में शामिल हुए। मेरठ के सुन्दरलाल जैन ने अपने साथियों के साथ हिण्डन तट (वर्तमान गाजियाबाद) पर पहुँचकर नमक बनाया। मेरठ में 'लाल पोस्टर केस' में सुन्दरलाल जैन मुख्य अभियुक्त थे। अतरसैन जैन, रघुवीर सिंह जैन, गिरिलाल जैन आदि ने भी जेल यात्राएँ की। तत्कालीन मेरठ जनपद के बड़ौत, खेकड़ा, छपरौली, अमीनगर सराय के जैन समाज ने भी इस आन्दोलन में बढ़-चढ़कर भाग लिया। सिसाना (बागपत) के क्रांतिकारी विमल प्रसाद जैन ने 8 अप्रैल 1929 को केन्द्रीय असेम्बली में हुए बम विस्फोट की महत्वपूर्ण घटना की तैयारी में अनथक परिश्रम किया। दिल्ली षड़यंत्र केस के मुख्य अभियुक्त विमल प्रसाद जैन इस केस में 3 वर्ष केन्द्रीय कारागार दिल्ली, पुरानी जेल दिल्ली, मुलतान आदि कारागारों में रखे गए। उनके भाई धनकुमार जैन तथा जुगमन्दरदास जैन ने भी देश सेवा में भाग लिया और जेल यात्राएँ की।

आगरा में सेठ अचलसिंह के नेतृत्व गें जैन समाज ने बड़ी संख्या में इस आन्दोलन में भाग लिया। सेठजी इस आन्दोलन के दौरान स्थानीय कांग्रेस कमेटी के अध्यक्ष थे। महेन्द्र जैन एवं उनकी धर्मपत्नी श्रीमती अंगूरी देवी के साथ ही काफी संख्या में जैन स्वयंसेवकों ने इस दौरान जेल की यात्राएँ की। सहारनपुर में अजितप्रसाद जैन के नेतृत्व में नमक कानून तोड़ने में जनता ने भाग लिया। पूरे जिले में अंग्रेजी सरकार के विरुद्ध जनता की भावनायें भड़क उठी। झुम्मनलाल जैन के पुत्र हंस कुमार जैन ने इस आन्दोलन में सक्रिय होकर रुड़की छावनी में सिपाहियों को भड़काने हेतु इश्तहार बाँटे। इससे सम्पूर्ण छावनी में कोहराम मच गया। श्री जैन को गिरफ्तार करके 4 साल की सख्त कैद की सजा दी गयी। सहारनपुर के अन्य इलाकों रामपुर मनिहारन, देवबन्द, सरसावा आदि में भी जैन समाज के लोगों ने बढ़-चढ़कर आन्दोलन में भाग लिया।

बिजनौर में जिला कांग्रेस कमेटी की ओर से नमक आन्दोलन के प्रथम अधिनायक रतनलाल जैन के नेतृत्व में नमक बनाया गया। नेमिशरण जैन ने सपरिवार इस आन्दोलन में भाग लेकर जेल की यात्राएँ की। बिजनौर के अन्य इलाकों-नजीबाबाद, धामपुर, नहटौर आदि में रहनेवाले जैनी, इस आन्दोलन में सक्रिय भाग लेने के कारण जेलों में भेज दिये गये।

उत्तर प्रदेश के अन्य जिलों में भी इस वर्ग के लोगों ने आगे आकर इस आन्दोलन में अपना सक्रिय योगदान दिया। नमक कानून तोड़ने के साथ ही उन्होंने विदेशी वस्त्रों के बहिष्कार हेतु आन्दोलन चलाये। जैन मंदिरों में प्रयोग की जाने वाली विदेशी धोती-दुपट्टे को हटाकर स्वदेशी वस्त्रों का प्रयोग करना प्रारम्भ कर दिया गया। जैन नवयुवकों ने जैन मंदिरों में धरने देकर जैन समाज से विदेशी वस्त्रों के त्याग का संकल्प कराया। तत्कालीन समाचार पत्रों के अनुसार आगरा, नजीबाबाद (बिजनौर), इटावा, लखनऊ, बनारस, मुरादाबाद, खेकड़ा (मेरठ), ललितपुर, सहारनपुर के जैन समाज ने विदेशी वस्त्रों के बहिष्कार हेतु आन्दोलन चलाये और उनमें अभूतपूर्व सफलता प्राप्त की।

जैन स्वयंसेवकों ने उत्तर प्रदेश के साथ ही अन्य प्रदेशों में जाकर भी इस आन्दोलन में भाग लिया। अयोध्याप्रसाद गोयलीय (जैन) तथा जैनेन्द्रकुमार, जो इस आन्दोलन के दौरान दिल्ली में थे, ने सविनय अवज्ञा आन्दोलन में भाग लेकर जेल की यात्राएँ की।

भारतीय स्वतंत्रता आन्दोलन के अंतिम एवं महत्वपूर्ण पड़ाव भारत छोड़ो आन्दोलन में भी देशवासियों ने बढ़-चढ़कर भाग लिया। महात्मा गाँधी ने ब्रिटिश नीतियों के खिलाफ 17 अक्टूबर 1940 को व्यक्तिगत सत्याग्रह का प्रारम्भ कर दिया। इस सत्याग्रह का मूल उद्देश्य ब्रिटिश सरकार के इस दावे को गलत साबित करना था कि भारत युद्ध की तैयारी में पूरी तरह मदद दे रहा है। उत्तरप्रदेश के जैन समाज के व्यक्तियों ने व्यक्तिगत सत्याग्रह आन्दोलन के दौरान बड़ी संख्या में सत्याग्रह करते हुए अपनी गिरफ्तारियाँ दी।

बम्बई में 8 अगस्त 1942 को अखिल भारतीय कांग्रेस कमेटी के अधिवेशन में 'भारत छोड़ो' आन्दोलन का अनुमोदन किया गया। इस प्रस्ताव के पास होते ही महात्मा गाँधी ने अपने भाषण में कहा-'मैं तुरन्त आजादी चाहता हूँ। आप सब लोगों को इसी क्षण से अपने को एक आजाद नागरिक समझना चाहिए और इस तरह कार्य करना चाहिए, जैसे आप आजाद हों।' महात्मा गाँधी ने देशवासियों को मंत्र दिया 'करो या मरो'। उन्होंने कहा कि अब हमें यह संकल्प करना है कि अब हम गुलामी में जिन्दा नहीं रहेंगे। हम या तो अब भारत को आजाद करेंगे या आजादी प्राप्त करने का, प्रयत्न करते हुए अपने प्राण त्याग देंगे। अंग्रेजी सरकार ने कांग्रेस के इस निर्णय को भांपते ही आनन-फानन में महात्मा गाँधी सहित सभी शीर्षस्थ नेताओं को गिरफ्तार कर लिया और पूरे देश में सभी कांग्रेस संगठनों को गैर कानूनी घोषित कर दिया। देश में यह खबर फैलते ही जनता में व्यापक रोष उमड़ पड़ा। जगह-जगह नागरिकों ने सरकारी सम्पत्ति को नष्ट करना प्रारम्भ कर दिया। छात्र कॉलेजों और विश्वविद्यालयों से निकल आये और विद्रोहात्मक गतिविधियों में शामिल हो गये।

पुराने देशभक्त कार्यकर्ताओं के साथ ही बड़ी संख्या में नये कार्यकर्ताओं ने इस आन्दोलन में भाग लेना प्रारम्भ कर दिया।

उत्तरप्रदेश के जैन समाज ने इस आन्दोलन में भी बड़ी संख्या में भाग लिया। इस आन्दोलन में अहिंसा का पालन करने वाले जैन समाज ने भी हिंसक गतिविधियों में बढ़-चढ़कर भाग लिया। 'भारत छोड़ो' आन्दोलन में उत्तरप्रदेश के जैन छात्रें ने भी अपनी अहम् भूमिका अदा की। मुजफ्फरनगर के डी.ए.वी एवं एस.डी. इण्टर कॉलेज में अध्ययनरत् छात्रों ने पूरे शहर में सरकार विरोधी जुलूस निकाले। इस जुलूस में जैन छात्र भी बड़ी संख्या में सम्मिलित हुए। अंग्रेजी पुलिस ने इन विद्यार्थियों को गिरफ्तार कर लिया। बनारस के स्याद्वाद जैन महाविद्यालय के छात्रों ने सरकार विरोधी पर्चे छपवाये और उन्हें काशी की गली-गली में वितरित कराया। इन पर्चों से सरकार परेशान हो गयी और उसने इस अपराध में जैन छात्रों को गिरफ्तार कर लिया। जैन छात्र संघ के सदस्यों ने गांव-गांव जाकर सरकारी सम्पत्ति को नुकसान पहुँचाने अर्थात तोड़ने-फोड़ने का कार्य भी किया। इन छात्रों ने काशी के बड़े-बड़े नेताओं के नेतृत्व में जगह-जगह जाकर हड़ताल करायी। संस्कृत की छोटी से छोटी पाठशाला से लेकर क्वींस कॉलेज तक हड़ताल के लिए उन्होंने धावा बोला।

इस आन्दोलन के फलस्वरूप अंग्रेजी सरकार को यह पता लग गया कि देश में राष्ट्रीयता की भावना उस सीमा के पार पहुँच चुकी है, जहाँ जनता अपनी स्वतंत्रता के अधिकार को प्राप्त करने के लिए बड़ी से बड़ी तकलीफें उठाने और कुर्बानी देने को तैयार है। इस आन्दोलन के फलस्वरूप ही अंग्रेजी सरकार को यह स्पष्ट हो गया कि भारत में उनके साम्राज्यवादी शासन के सिर्फ गिने-चुने दिन ही शेष रह गये हैं।

विभिन्न जैन पत्र-पत्रिकाओं ने भी भारतीय स्वतंत्रता आन्दोलन को आगे बढ़ाने में अपनी विशेष भूमिका अदा की। इन पत्रों ने भारतीय जनता को देशभक्ति का पाठ पढ़ाया और अंग्रेजी शासन को उखाड़ फेंकने का संकल्प लेने में सहायता दी। प्रदेश से प्रकाशित एवं संचालित जैन पत्र-पत्रिकाओं ने निरन्तर जैन समाज को आन्दोलन से जोड़े रखा।

'जैन गजट' (साप्ताहिक पत्र) ने देशवासियों को स्वदेशी व्रत ग्रहण करके देश के कल्याण में सहयोगी बनने के लिए प्रोत्साहित किया। पत्र ने विदेशी वस्तुओं का बहिष्कार करने के लिए समाज को प्रेरित किया। इस पत्र ने आह्वान किया कि स्वदेशी वस्तुओं का प्रचार और अविष्कार करो। 'जैन गजट' ने अपने प्रत्येक अंक में स्वदेशी वस्तुओं के प्रचार-प्रसार एवं विदेशी वस्तुओं के बहिष्कार हेतु अनेक लेख लिखे।

'जैन हितैषी' मासिक पत्र ने जैन समाज को राष्ट्रीय आन्दोलन में भाग लेने हेतु प्रेरित किया। पत्र ने लिखा कि बिना स्वराज्य मिले हमारे देश का वास्तविक कल्याण नहीं हो सकता। जैन समाज का आह्वान करते हुए पत्र ने लिखा कि प्यारे

जैन भाइयों! इस आन्दोलन में तुम्हें बढ़-चढ़कर भाग लेना चाहिए। तुम्हारे शामिल हुए बिना यह आन्दोलन अधूरा लगता है। राजनीति के मैदान में आकर तुम्हें अंग्रेजी शासन से मुकाबला लेना चाहिए। इस शासन के नष्ट होने के बाद ही देश के समस्त प्राणियों का दुःख दूर होगा। इस प्रकार पत्र ने जैन समाज को राष्ट्रीय कार्यों में सहयोग देने के लिए समय-समय पर प्रेरित किया।

'वीर' (पाक्षिक पत्र) ने भी जैन समाज को आन्दोलन में भाग लेने को प्रोत्साहित किया तथा अंग्रेजी सरकार की खुले शब्दों में निन्दा की। एक अंक में पत्र ने लिखा कि वर्तमान सरकार की भारत पर राज्य करने की जो नीति है, वह किसी से छिपी नहीं है, यह सरकार बनियों की सरकार है। इस सरकार का मुख्य ध्येय भारत के धन से इंग्लैण्ड वासियों का पेट भरना है। पत्र ने आह्वान किया कि जैन समाज को ऐसी सरकार को समाप्त करने के लिए राष्ट्रीय नेताओं का साथ देना चाहिए तथा अपना धर्म समझकर सरकारी उपाधियों, सरकारी न्यायालयों, कौंसिलों, सरकारी विद्यालयों और विदेशी वस्त्रों का पूर्णतः बहिष्कार करना चाहिए।

'वीर' पत्र संयुक्त प्रान्त के उन जिलों की खबरों को प्रमुखता से प्रकाशित करता था, जिनमें स्वतंत्रता आन्दोलन का नेतृत्व जैन बन्धुओं द्वारा होता था। इनमें आगरा, मुजफ्फरनगर, सहारनपुर, बिजनौर, कानपुर, मेरठ आदि जिले प्रमुख थे। 'वीर' पत्र के विषय में इन्दौर से प्रकाशित मासिक पत्रिका 'तीर्थंकर' ने लिखा था-वीर पाठशालावादी और परीक्षाफल छापू अखबार नहीं था। वह जैन होते हुए भी एक व्यापक उदार राष्ट्रीय अखबार था। पत्र में आजादी, देशभक्ति, गाँधी, नेहरू, सुभाष चन्द्र बोस और ढिल्लन, सहगल, शाहनवाज की गिरफ्तारी के विरोध जैसे विषयों पर रचनाएँ छपती थी। राष्ट्रीय समाचारों, निर्णयों और घटनाओं को प्रमुखता से प्रकाशित किया जाता था। इनके साथ ताजा चित्र भी होते थे। वीर में छपे समाचारों को पढ़ने के लिए लोग टूट पड़ते थे। हर कस्बे में वीर के बहुत ग्राहक थे। ग्राहक के साथ ही इसमें लिखने वाले भी बहुत थे।

अंग्रेजी सरकार ने वाराणसी से प्रकाशित 'अहिंसा' (साप्ताहिक), हाथरस से प्रकाशित 'जैन मार्तण्ड' (मासिक), आगरा से प्रकाशित 'श्वेताम्बर जैन' (साप्ताहिक), हिन्दुस्तान समाचार (दैनिक पत्र), देवबन्द से प्रकाशित 'जैन प्रदीप' (मासिक) आदि जैन पत्र-पत्रिकाओं को सरकार विरोधी समाचार छापने के कारण कई बार नोटिस भेजा तथा उनसे जमानत माँगी गयी। तत्कालीन समाचार पत्र आज, जैन मित्र भी इस बात का समर्थन करते हैं।

ब्रह्मचारी सीतलप्रसाद ने जैन मित्र (साप्ताहिक) के सम्पादक के रूप में निरन्तर स्वतंत्रता आन्दोलन से सम्बंधित लेख एवं समाचार प्रकाशित किये। जैन मित्र ने अंग्रेजी सरकार को कई बार खुली चुनौती दी। एक अंक में पत्र ने लिखा

कि यह आन्दोलन सत्यतापूर्ण आन्दोलन है, अब यह सुलग चुका है। वह तब तक नहीं बुझ सकता, जब तक कि अन्याय, अत्याचार एवं पराधीनता के किले को भस्म न कर देगा। भारतीयों को पुर्नजन्म पर विश्वास है, इसलिए उन्हें मरने का डर नहीं है। सरकार को अपनी जितनी शक्ति अजमाना हो अजमा सकती है। एक अन्य अंक में 'जैन मित्र' ने लिखा कि महात्मा गाँधी का सत्याग्रह संग्राम जोरों पर चल रहा है। इसकी विशेषता यह है कि इस संग्राम का एकमात्र अमोध अस्त्र जैन धर्म का सिद्धान्त 'अहिंसा' धर्म है। बस यह संग्राम क्या है? अहिंसा धर्म की अपूर्व प्रभावना है। इसलिए आज जैनी बड़ी संख्या में इस अहिंसा संग्राम में भाग ले रहे हैं। पत्र ने आगे लिखा-जो जैन सेठ जिस्मानी (शारीरिक) दिक्कतें उठाने को तैयार नहीं हैं, उन्हें चाहिए कि वे स्वदेशी वस्त्रों का प्रचार करायें और गिरफ्तार हुए जैन स्वयंसेवकों के कुटम्बीजनों की सेवा करें।

'जैन मित्र' के माध्यम से ब्रह्मचारी सीतलप्रसाद समय-समय पर जनता से अपीलें करते रहते थे। उनके द्वारा की गई एक अपील थी-'जब देश में हाहाकार फैला है और महान् अहिंसात्मक युद्ध छिड़ रहा है और बड़े-बड़े नेता जेल में घोर कष्ट भोग रहे हैं, तब यह शोभता नहीं है कि हम दावतें करें व दावतें उड़ावें। हम अपने भाइयों से कहेंगे कि वे हाल में कोई भी जीमन कहीं न करे। दशलाक्षणी व रत्नत्रय व्रत (जैन समाज के त्यौहार) के उपलक्ष्य में जो जीमन करना हो, तो उनको बंद रखें और जो पैसा एकत्रित हो, उसे देश सेवा में दें।'

आगरा के महेन्द्र जैन द्वारा सम्पादित 'वीर संदेश' (मासिक पत्रिका) भारतवासियों में देश प्रेम की भावना जगाने में साधन बनी। इस पत्रिका में देश के राष्ट्रीय नेताओं के चित्र एवं समाचार प्रमुखता से प्रकाशित किये जाते थे। आगरा के कपूरचंद जैन ने विभिन्न समाचार पत्रों के माध्यम से देशसेवा में भाग लिया। प्रसिद्ध जैन साप्ताहिक पत्र 'जैन संदेश' के जन्मदाता कपूरचन्द जैन ने 'जैन संदेश' के माध्यम से राष्ट्रीय आन्दोलन के दौरान सक्रिय होकर कार्य किया। पत्र में प्रकाशित सम्पादकीय लेख विशेष रूप से पढ़े जाते थे। जैन संदेश ने देश के स्वतंत्र होने से पूर्व 23 जनवरी 1947 को अपने एक 100 पृष्ठीय राष्ट्रीग अंक का प्रकाशन किया, जिसमें जैन समाज द्वारा राष्ट्रीय आन्दोलन में की गयी भागीदारी का विस्तार पूर्वक उल्लेख किया गया।

उत्तरप्रदेश जैन समाज के प्रतिभावान लेखकों ने भी अपनी कलम के माध्यम से स्वतंत्रता आन्दोलन में अहम् भूमिका निभाई। इन लेखकों की रचनाएँ अंग्रेजी सरकार को ललकारती थी और उनमें साम्राज्यवादी सरकार का चुनौतीपूर्ण विरोध किया जाता था। इन लेखकों ने निबन्ध, कविता, कहानी, गद्य काव्य, उपन्यास आदि साहित्य के सभी अंगों में देशभक्ति से ओत-प्रोत लेखन कार्य किया। उत्तर प्रदेश

निवासी इन लेखकों में ऋषभचरण जैन, जैनेन्द्रकुमार जैन, यशपाल जैन, अक्षयकुमार जैन, शांतिस्वरूप जैन 'कुसुम', भगवत्स्वरूप जैन, आनन्दप्रकाश जैन प्रमुख थे।

इन लेखकों के लेखन में भारतवासियों की पीड़ा और उनका स्वाभिमान झलकता था। एक कहानी में जैनेन्दकुमार ने 'पुरे के चौधरी' नामक पात्र के माध्यम से अंग्रेजी कोर्ट के न्यायाधीश को कहलवाया-मैं तुम लोगों को यहाँ नहीं चाहता। तुम लोगों का राज मैं नहीं मानता। यह तुम्हारी मजिस्ट्रेटी भी मुझे स्वीकार नहीं है। तुम अंग्रेज हो, अपने देश में रहो। हम हिन्दुस्तानी हैं, हम यहाँ रह रहे हैं। तुम्हारे यहाँ जगह नहीं है, कम है-अच्छी बात है, तो फिर यहाँ रहो, पर आदमियों की तरह से रहो। यह तुम्हारी सिर पर चढ़ने की आदत कैसी है? सो ही हम नहीं चाहते, ऐसे जब तक रहोगे, तब तक हम तुम्हारे खिलाफ रहेंगे। भाई बनकर रहोगे। बराबर-बराबर के गोरे पन की ऐंठ में न रहोगे तो हम भी तुमसे ठीक व्यवहार करेंगे और फिर देखें कौन तुम्हारा बाल भी छू सकता है। परन्तु यदि ऐसे नहीं बनोगे, तो दम में जब तक दम है, तब तक हम तुम्हारे दुश्मन रहेंगे। यह वाक्यांश जैनेन्द्र कुमार द्वारा लिखे गये 'फाँसी' कथा संग्रह में संकलित है, जो 1933 में प्रकाशित हुआ था। इस प्रकार जैन लेखकों ने अपनी कलम के माध्यम से भी स्वतंत्रता आन्दोलन का बिगुल बजाया।

उत्तरप्रदेश के जैन समाज ने स्वतंत्रता आन्दोलन के दौरान समाज में फैली विभिन्न सामाजिक कुरीतियों को दूर करने के लिए भी काफी प्रयत्न किया। आगरा में स्थापित श्री जीवदया प्रचारिणी सभा के सदस्यों ने पूरे प्रदेश में पशुओं की बलियों को रोकने हेतु अपना बड़ा दल बनाकर कार्य किया। सभा के प्रयत्नों से पेंडत (जखैया आगरा), विन्देसरी देवी (विंध्यांचल), जीवनमाता (सीकर), मौजा चौरसिया (फर्रूखाबाद), स्टेट 'एका' (मैनपुरी) आदि स्थानों पर होने वाली पशुबलि को रोकने हेतु पूर्ण प्रयत्न किया गया और इस कार्य में सभा को काफी सफलता भी प्राप्त हुई। काशी के 'अहिंसा प्रचारक संघ' ने भी पशुबलि रोकने हेतु प्रयास किये। देवबन्द के बाबू ज्योतिप्रसाद जैन ने अपने कस्बे के माँ काली मंदिर पर दी जाने वाली बकरों की बलि को बंद कर दिया तथा वृद्ध विवाह और बाल विवाह का भी खुलकर विरोध किया।

जैन समाज ने आजाद हिन्द फौज में भी अपना योगदान दिया। कर्नल डॉ. राजमल जैन कासलीवाल ने आजाद हिन्द फौज में चिकित्सा एवं स्वास्थ्य सेवा के निदेशक एवं नेताजी के निजी चिकित्सक के रूप में महत्वपूर्ण कार्य किया। जैन संत गणेशप्रसाद वर्णी ने एक सभा में आजाद हिन्द फौज की सहायतार्थ अपनी चादर को समर्पित कर दिया। जैन संत की इस चादर से प्राप्त धनराशि को आजाद हिन्द फौज की सहायता हेतु भेजा गया।

इस प्रकार भारतीय स्वतंत्रता आन्दोलन के विभिन्न उपक्रमों में उत्तर प्रदेश के जैन समाज ने महत्वपूर्ण योगदान दिया।

# सन्दर्भ सूची

1. अहिंसा और सत्य (गाँधी जी), सम्पादक-रामनाथ 'सुमन', प्रकाशक-उत्तर प्रदेश गाँधी स्मारक निधि, सेवापुरी : वाराणसी, 1965
2. असहयोग आन्दोलन की झाँकियाँ (1921), प्रकाशक-सूचना और प्रसारण मंत्रालय, भारत सरकार, 1971
3. अचल सिंह अभिनन्दन ग्रन्थ, सम्पादक-प्रताप चन्द जैसवाल, प्रकाशक-सेठ अचलसिंह अभिनंदन ग्रन्थ समिति, 9/149, मोती कटरा, आगरा, 1974
4. अचल-चरित, लेखक-सूरजभान जैन 'प्रेम', प्रकाशक-सेठ जीवन परिचय प्रकाशन समिति, आगरा, 1958
5. अलीगढ़ जनपद का राजनैतिक इतिहास, लेखक-प्रो. चिन्तामणी शुक्ल, प्रकाशक-अवधेश कुमार शुक्ल, कृष्णापुरी, मथुरा, 1979
6. आधुनिक जैन कवि, सम्पादिका-श्रीमती रमा जैन, प्रकाशक-भारतीय ज्ञानपीठ, दुर्गाकुण्ड रोड, बनारस, 1952
7. आजादी की लड़ाई के जब्तशुदा तराने (संकलन), प्रकाशक-सूचना और प्रसारण मंत्रालय, पटियाला हाऊस, नई दिल्ली, 1998
8. आधुनिक भारत के शिल्पी लाला लाजपतराय, भाग-5, सम्पादक-विश्व प्रकाश गुप्त, प्रकाशक-राधा पब्लिकेशन्स, नई दिल्ली, 2006
9. इन्दिरा गाँधी अभिनन्दन ग्रंथ, प्रबन्ध सम्पादक-विश्वम्भरनाथ पाण्डे, प्रकाशक-एशिया पब्लिशिंग हाऊस, नई दिल्ली, 1975,
10. उत्तर प्रदेश में क्रान्तिकारी आन्दोलन का इतिहास, लेखक-डॉ. एन.सी. मेहरोत्रा, डॉ. पूनम शर्मा, प्रकाशक-आत्माराम एण्ड संस, कश्मीरी गेट, दिल्ली-6, 1999
11. उत्तर प्रदेश में गाँधी जी, प्रधान सम्पादक-रमानाथ 'सुमन', प्रकाशक-गाँधी साहित्य प्रकाशन, भवानी कुटीर, 59 शिवचरण लाल रोड, इलाहाबाद, 1970
12. उत्तर प्रदेश और जैन धर्म, सम्पादक-डॉ. ज्योतिप्रसाद जैन, प्रकाशक-ज्ञानदीप प्रकाशन, ज्योति निकुंज, चार बाग, लखनऊ, 1976
13. कवि शांति स्वरूप 'कुसुम' : व्यक्तित्व एवं कृतित्व, चौधरी चरण सिंह विश्वविद्यालय मेरठ द्वारा वर्ष 1998 में स्वीकृत अप्रकाशित शोध-प्रबंध, शोधकर्त्री-साधना तोमर
14. कुणाल की आँखें : आनन्द प्रकाश जैन, प्रकाशक-पराग प्रकाशन, 3/114, कर्ण गली विश्वासनगर शाहदरा, दिल्ली, 1991
15. क्रांतिकारी आन्दोलन : सुप्रसिद्ध प्रसंग (स्वतन्त्रता सेनानी ग्रंथमाला भाग-6) लेखक-फूलचन्द जैन, सम्पादक-मस्तराम कपूर, प्रकाशक-कन्सेप्ट पब्लिशिंग कम्पनी, दिल्ली, 1999

16. गोमटेश्वर सहस्त्राब्दी महोत्सव दर्शन 1981 (स्मारिका), सम्पादक-नीरज जैन, प्रकाशक -श्रवणबेलगोला दिगम्बर जैन मुजरई इन्स्टीट्यूशंस मैनेजिंग कमेटी, श्रवणबेलगोला (कर्नाटक), 1981
17. गोर्धनदास जैन अभिनन्दन ग्रन्थ, प्रबन्ध सम्पादक-स्वरूपचन्द जैन, प्रकाशक-श्री गोर्धनदास जैन स्वतन्त्रता संग्राम सेनानी अभिनंदन समारोह समिति, आगरा, 1996
18. डॉ. कामताप्रसाद जैन का व्यक्तित्व एवं कृतित्व, लेखक-शिवनारायण सक्सेना, प्रकाशक-मूलचन्द किसनदास कापड़िया, दि जैन पुस्तकालय, गाँधी चौक, सूरत
19. जेल में मेरा जैनाभ्यास : अचलसिंह जैन, प्रकाशक-श्री निहाल सिंह जैन, पूर्व सांसद, रोशन मौहल्ला, आगरा, 1990
20. जैन जागरण के अग्रदूत : अयोध्याप्रसाद गोयलीय, प्रकाशक-भारतीय ज्ञानपीठ, दुर्गाकुण्ड रोड, बनारस, जनवरी 1952
21. जैन समाज का वृह्द् इतिहास, लेखक एवं सम्पादक-डॉ. कस्तूरचन्द कासलीवाल, प्रकाशक-जैन इतिहास प्रकाशन संस्थान, किसान मार्ग, बरकत नगर, टोंक रोड़, जयपुर, 1992
22. जैन संस्कृति कोश (तृतीय खण्ड), प्रोफेसर भागचन्द्र जैन 'भास्कर', प्रकाशक-सन्मति प्राच्य शोध संस्थान, न्यू एक्टेंशन एरिया, सदर, नागपुर, 2002
23. जैन धर्म का इतिहास (द्वितीय खण्ड), कैलाश चन्द्र जैन, प्रकाशक-डी.के. प्रिन्ट वर्ल्ड (प्रा.) लि., श्री कुँज, बालीनगर, नई दिल्ली, 2005
24. जैन ज्योति ऐतिहासिक व्यक्तिकोश (प्रथम खण्ड) अ-अं, सम्पादक-डॉ. ज्योतिप्रसाद जैन, प्रकाशक-ज्ञानदीप प्रकाशन, लखनऊ, 1988
25. जैन धर्म, अहिंसा एवं महात्मा गाँधी, लेखक-आचार्य विद्यानन्द मुनि, प्रकाशक-कुन्द कुन्द भारती, 18-बी, स्पेशल इंस्टीट्यूशनल एरिया नई दिल्ली, 2007
26. जैनेन्द्र के उपन्यासों में सांस्कृतिक एवं सामाजिक चेतना, चौधरी चरण सिंह विश्वविद्यालय, मेरठ द्वारा वर्ष 2001 में स्वीकृत अप्रकाशित शोध प्रबन्ध, शोधकर्त्री-ऊषा रानी
27. जैनेन्द्र कुमार संचयिता, सम्पादक-डॉ. ज्योतिष जोशी, प्रकाशक-पूर्वोदय प्रकाशन, 7/8, दरियागंज, नई दिल्ली, 2002
28. जैनेन्द्र रचनावली, खण्ड-1, सम्पादक-निर्मला जैन, प्रकाशक-भारतीय ज्ञानपीठ, 18, इंस्टीट्यूशनल एरिया, लोदी रोड, नई दिल्ली, 2008
29. जीवन पथ पर : लेखक-डॉ. श्याम सिंह शशि, प्रकाशक-शिलालेख प्रकाशन, 4/32, विश्वासनगर, शाहदरा, दिल्ली-32, 1999
30. तनसुखराय जैन स्मृति ग्रंथ, सम्पादक मंडल-जैनेन्द्र कुमार जैन, यशपाल जैन, अक्षय कुमार जैन, प्रकाशक-तनसुख राय स्मृति ग्रंथ समिति, 21 अंसारी रोड, दिल्ली, 1982
31. दिल्ली के स्वतन्त्रता सेनानी (संक्षिप्त परिचय), भाग-1, प्रकाशक-दिल्ली प्रशासन, 1979
32. दिल्ली के स्वतन्त्रता सेनानी (स्वतन्त्रता सेनानी ग्रंथमाला भाग-10), लेखक-फूलचंद जैन, सम्पादक-मस्तराम कपूर, प्रकाशक-कन्सेप्ट पब्लिशिंग कम्पनी, दिल्ली, 1999
33. दिल्ली जैन डायरेक्टरी 1961, सम्पादक-डिप्टीमल जैन, प्रकाशक-जैन सभा, नई दिल्ली
34. दिल्ली जैन डायरेक्टरी 1975, सम्पादक-सतीश कुमार जैन, प्रकाशक-जैन सभा, दिल्ली

35. दिवंगत हिन्दी सेवी (प्रथम खण्ड), लेखक-क्षेमचन्द्र 'सुमन', प्रकाशक-शकुन प्रकाशन, 3625, सुभाष मार्ग, नई दिल्ली, 1981
36. दिवंगत हिन्दी सेवी (द्वितीय खण्ड), लेखक-क्षेमचन्द्र 'सुमन', प्रकाशक-शकुन प्रकाशन, 3625, सुभाष मार्ग, नई दिल्ली, 1983
37. प्रमुख ऐतिहासिक जैन पुरुष और महिलाएँ, लेखक-डॉ. ज्योतिप्रसाद जैन, प्रकाशक-भारतीय ज्ञानपीठ, नई दिल्ली, 2000
38. पूजन-पाठ-प्रदीप (जिनवाणी संग्रह), सम्पादक-श्रीकृष्ण जैन, प्रकाशक-शैली श्री पार्श्वनाथ दिगम्बर जैन संस्थान, पुरानी सब्जी मंडी, दिल्ली, 2008 (37वाँ संस्करण)
39. प्रतिबंधित हिन्दी साहित्य (खण्ड 1), सम्पादक-रुस्तमराय, प्रकाशक-राधाकृष्ण प्रकाशन प्राइवेट लिमिटेड, 2/38, अंसारी मार्ग, दरियागंज, नई दिल्ली, 1999
40. पंडित कैलाशचन्द्र शास्त्री अभिनन्दन ग्रन्थ, प्रबंध सम्पादक-बाबूलाल जैन, प्रकाशक-अभिनन्दन ग्रंथ समिति, रीवाँ (म.प्र.), 1980
41. पंडिता ब्रह्मचारिणी चन्दा बाई अभिनन्दन ग्रन्थ, सम्पादिका-श्रीमती सुशीला सुल्तान सिंह जैन, प्रकाशक-अखिल भारतीय दिगम्बर जैन महिला परिषद्, दिल्ली, 1982
42. फाँसी तथा अन्य कहानियाँ, लेखक-जैनेन्द्र कुमार, प्रकाशक-पूर्वोदय प्रकाशन, 7/8, दरियागंज, नई दिल्ली, 1933 व 1995
43. ब्रह्मचारी शीतलप्रसाद, लेखक-डॉ. ज्योतिप्रसाद जैन, प्रकाशक-अखिल भारतवर्षीय दिगम्बर जैन, परिषद्, दरीबाकलां, दिल्ली, 1985
44. बाबू ज्योति प्रसाद जैन : व्यक्तित्व एवं कृतित्व, सम्पादक-कुलभूषण जैन, प्रकाशक-श्रुत संवर्द्धन संस्थान, मेरठ, 2005
45. भगवान महावीर स्मृति ग्रंथ, प्रधान सम्पादक-डॉ. ज्योति प्रसाद जैन, प्रकाशक-श्री महावीर निर्वाण समिति लखनऊ (उ.प्र.), 1975
46. भारत का स्वतन्त्रता संघर्ष, लेखक-प्रो. बिपनचन्द्र, प्रकाशक-हिन्दी माध्यम कार्यान्वय निदेशालय, दिल्ली विश्वविद्यालय, दिल्ली, 1995
47. भारत का राष्ट्रीय आन्दोलन, लेखक-डॉ. दिनेश चन्द्र चतुर्वेदी, प्रकाशक-मीनाक्षी प्रकाशन, बेगम ब्रिज, मेरठ, 1989
48. भारतीय स्वतन्त्रता संग्राम का इतिहास, लेखक-रामगोपाल, प्रकाशक-भारत बुक सेन्टर, 17, अशोक मार्ग, लखनऊ, 1996
49. भारत में हिन्दी पत्रकारिता, सम्पादक-डॉ. रमेश जैन, प्रकाशक-बोहरा प्रकाशन, चौड़ा रास्ता, जयपुर, 1989
50. भारतीय स्वतंत्रता संग्राम में मुजफ्फरनगर का योगदान, लेखक-रघुनंदन वर्मा, अरुण गुप्त, प्रकाशक-स्वतंत्रता संग्राम सेनानी संगठन एवं जिला प्रशासन, मुजफ्फरनगर, 1997
51. भारतीय स्वतंत्रता संग्राम में आगरा का योगदान, लेखक-मनोहर लाल शर्मा, प्रकाशक-वीर पुस्तक मंदिर, नमक मण्डी, आगरा, 1990
52. भारतवर्षीय दिगम्बर जैन डायरेक्टरी, सन् 1914, प्रकाशक-सेठ खेमराज श्री कृष्णदास बम्बई

53. भारत छोड़ो आन्दोलन (स्वतन्त्रता सेनानी ग्रंथमाला भाग-8), लेखक-फूलचंद जैन, सम्पादक-मस्तराम कपूर, प्रकाशक-कन्सेप्ट प्रकाशन, नई दिल्ली, 1999
54. मेरे साथी : लेखक-महात्मा भगवानदीन, प्रकाशक-भारत जैन महामंडल वर्धा, 1952
55. मेरठ के पाँच हजार वर्ष, सम्पादक-विघ्नेश कुमार, प्रकाशक-हस्तिनापुर शोध संस्थान, मेरठ, 1996
56. मेरी जीवन गाथाः लेखक-गणेश प्रसाद वर्णी (भाग-1), सम्पादक-डॉ. पन्नालाल जैन, प्रकाशक-श्री गणेश वर्णी जैन ग्रंथमाला, वाराणसी
57. मूलचंद किशनदास कापड़िया अभिनन्दन ग्रन्थ, सम्पादक-डॉ. शेखरचन्द जैन, प्रकाशक-अभिनन्दन समारोह समिति, दिगम्बर जैन पुस्तकालय, सूरत
58. यशपाल जैन : व्यक्तित्व एवं कृतित्व, चौधरी चरण सिंह विश्वविद्यालय, मेरठ द्वारा वर्ष 1990 में स्वीकृत अप्रकाशित शोध प्रबन्ध, शोधकत्री-कु. शैलजा सारस्वत
59. याद रही मुलाकातें, लेखक-अक्षय कुमार जैन, प्रकाशक-राजपाल एण्ड संस, कश्मीरी गेट, दिल्ली, 1971
60. रजत-नीरांजना, सम्पादक-डॉ. परशुराम शुक्ल विरही, प्रकाशक-हरिनारायण चौबे, अध्यक्ष-नगर पालिका ललितपुर (उ.प्र.), स्वाधीनता रजत जयंती, 1972
61. लाजपतराय जीवन तथा कार्य, लेखक-फिरोजचन्द (अनुवादक-मोहिन्दर सिंह), प्रकाशक-प्रकाशन विभाग, सूचना और प्रसारण मंत्रालय, भारत सरकार, 1987
62. लेखवती जैन एम.एल.सी. अम्बाला का भाषण, 10 मई, 1935 (पुस्तिका), प्रकाशक-चन्द्रकुमार शास्त्री, मुजफ्फरनगर, 1935
63. विधि-वंशिका, लुहाड्या परिवार-सासनी, भाग-1, 2, सम्पादक-प्रद्युम्न कुमार जैन, इलाहाबाद, प्रकाशक-लुहाड्या परिवार, सासनी (हाथरस) उ.प्र., 2002, 2003
64. विमल प्रसाद जैन : क्रांतिकारी जीवन की कुछ झलकियाँ, लेखिका-रूपवती जैन, प्रकाशक-शकुन प्रकाशन, 3625 सुभाष मार्ग, नई दिल्ली, 1994
65. विन्ध्य प्रदेश के राज्यों का स्वतन्त्रता संग्राम का इतिहास, लेखक-श्यामलाल साहू, प्रकाशक-राजेन्द्र प्रिंटिंग प्रेस, निवाड़ी (म.प्र.), 1975
66. वैशालिक की छाया में : सम्पादक-राजेश जैन, प्रभाकिरण जैन, प्रकाशक-नेशनल पब्लिशिंग हाऊस, 2/35, अंसारी रोड, दरियागंज, नई दिल्ली, 2001
67. शहीदनामा (स्वतन्त्रता सेनानी ग्रन्थमाला भाग-4), लेखक-फूलचन्द जैन, सम्पादक-मस्तराम कपूर, प्रकाशक-कन्सेप्ट पब्लिशिंग कम्पनी, नई दिल्ली, 1999, विशेष सहयोग-राष्ट्रीय अभिलेखागार, नई दिल्ली
68. संस्कृति के चार अध्याय : रामधारी सिंह दिनकर, प्रकाशक-केदारनाथ सिंह, उदयाचल, राष्ट्रकवि दिनकर पथ, राजेन्द्र नगर, पटना, 1956 एवं लोकभारती प्रकाशन, 15-ए, महात्मा गाँधी मार्ग, इलाहाबाद
69. सत्य के प्रयोग (आत्मकथा), लेखक-मोहनदास कर्मचन्द गाँधी, अनुवाद-काशीनाथ त्रिवेदी, प्रकाशक-नवजीवन प्रकाशन मंदिर, अहमदाबाद-14, 1957
70. सांस्कृतिक चेतना और जैन पत्रकारिता, डॉ. संजीव भानावत, प्रकाशक-सिद्धश्री प्रकाशन,

तिलकनगर, जयपुर, 1990
71. साधु मेरा बाप था, लेखिका-रूपवती जैन, प्रकाशक-कन्सेप्ट पब्लिशिंग कम्पनी, नई दिल्ली, 1995
72. सहारनपुर सन्दर्भ, लेखक एवं सम्पादक-डॉ. के. के. शर्मा, प्रकाशक-सन्दर्भ प्रकाशन, गिल कॉलोनी (नारायणपुरी), निकट-नारायण मंदिर, सहारनपुर, 1986
73. सहारनपुर सन्दर्भ, भाग-2 (सहारनपुर की महान विभूतियाँ 1858-1988), लेखक एवं सम्पादक-डॉ. के.के. शर्मा, डॉ. सिप्रा बैनर्जी, प्रकाशक-सन्दर्भ प्रकाशन, सहारनपुर, 1996
74. स्वतन्त्रता संग्राम, बिपनचन्द्र, अमलेश त्रिपाठी, बरूण दे, प्रकाशक-नेशनल बुक ट्रस्ट इंडिया, नई दिल्ली, 1972
75. स्वतन्त्रता संग्राम, 'आज' स्वर्ण जयन्ती के अवसर पर प्रकाशित, प्रकाशक-आज कार्यालय, ज्ञानमण्डल लिमिटेड, वाराणसी ;उ.प्र.द्ध
76. स्वतंत्रता सेनानियों का बंदीनामा, भाग-1, लेखक-फूलचन्द जैन, सम्पादक-मस्तराम कपूर, प्रकाशक-कन्सेप्ट पब्लिशिंग कम्पनी, नई दिल्ली, 1999
77. स्वतंत्रता-संग्राम के सैनिक, जिला-मुजफ्फरनगर, सम्पादक-ठाकुर प्रसाद सिंह, प्रकाशक-सूचना विभाग, उत्तर प्रदेश, लखनऊ, 1969
78. स्वतंत्रता-संग्राम के सैनिक, जिला-मेरठ, भाग-16, सम्पादक-ठाकुर प्रसाद सिंह, प्रकाशक-सूचना विभाग, उत्तर प्रदेश, लखनऊ, 1970
79. स्वाधीनता आन्दोलन और मेरठ, आचार्य दीपंकर, प्रकाशक-जनमत प्रकाशन, 54/4, जागृति विहार, मेरठ, 1993
80. स्वतंत्रता-संग्राम के सैनिक, जिला-बुलन्दशहर, भाग-6, सम्पादक-ठाकुर प्रसाद सिंह, प्रकाशक-सूचना विभाग, उत्तर प्रदेश, लखनऊ, 1969
81. स्वतंत्रता-संग्राम के सैनिक, जिला-मथुरा, भाग-25, सम्पादक-ठाकुर प्रसाद सिंह, प्रकाशक-सूचना विभाग, उत्तर प्रदेश, लखनऊ, 1972
82. स्वतंत्रता-संग्राम के सैनिक, जिला-आगरा, भाग-33, सम्पादक-ठाकुर प्रसाद सिंह, प्रकाशक-सूचना विभाग, उत्तर प्रदेश, लखनऊ, 1972
83. स्वतंत्रता-संग्राम के सैनिक, जिला-एटा, भाग-29, सम्पादक-ठाकुर प्रसाद सिंह, प्रकाशक-सूचना विभाग, उत्तर प्रदेश, लखनऊ
84. स्वतंत्रता-संग्राम के सैनिक, जिला-मैनपुरी, भाग-30, सम्पादक- ठाकुर प्रसाद सिंह, प्रकाशक-सूचना विभाग, उत्तर प्रदेश, लखनऊ
85. स्वतंत्रता-संग्राम के सैनिक, जिला-मुरादाबाद, भाग-12, सम्पादक-ठाकुर प्रसाद सिंह, प्रकाशक-सूचना विभाग, उत्तर प्रदेश, लखनऊ, 1970
86. स्वतंत्रता-संग्राम के सैनिक, भाग-3, इलाहाबाद डिवीजन (जिला-इटावा, इलाहाबाद, कानपुर, फतेहपुर और फर्रूखाबाद), प्रकाशक-सूचना विभाग, उ.प्र. लखनऊ, 1968
87. स्वतंत्रता-संग्राम में फर्रूखाबाद जनपद का योगदान, सम्पादक-डॉ. बी.पी. गौतम, प्रकाशक-भावना प्रकाशन, 126, पटपड़गंज, दिल्ली, 1997
88. स्वतंत्रता संग्राम के सैनिक, भाग-1, झाँसी डिवीजन (जिला-जालौन, झाँसी, बाँदा,

हमीरपुर), सम्पादक-एस.पी. भट्टाचार्य, प्रकाशक-सूचना विभाग, उ.प्र., 1963

89. स्वतंत्रता संग्राम के सैनिक, जिला-सहारनपुर, भाग-15, सम्पादक-ठाकुर प्रसाद सिंह, प्रकाशक-सूचना विभाग, उत्तर प्रदेश, लखनऊ, 1969

90. स्वतंत्रता संग्राम के सैनिक, जिला-देहरादून, भाग-11, सम्पादक-ठाकुर प्रसाद सिंह, प्रकाशक-सूचना विभाग, उत्तर प्रदेश, लखनऊ, 1970

91. स्वतंत्रता संग्राम के सैनिक, भाग-14, गढ़वाल डिवीजन (जिला-उत्तरकाशी, चमोली, टिहरी गढ़वाल और पौड़ी गढ़वाल), सम्पादक-ठाकुर प्रसाद सिंह, प्रकाशक-सूचना विभाग, उ.प्र., 1970

92. स्वतंत्रता आन्दोलन और बनारस, सम्पादक-ठाकुर प्रसाद सिंह, प्रकाशक-विश्वविद्यालय प्रकाशन, वाराणसी, 1990

93. हिन्दी-पत्रकारिता को अक्षय कुमार जैन की देन, चौधरी चरण सिंह विश्वविद्यालय, मेरठ द्वारा वर्ष 1987 में स्वीकृत अप्रकाशित शोध प्रबन्ध, शोधकर्ता-अजय कपिल, रुड़की

**ENGLISH BOOK LIST**

94. CENSUS OF INDIA, 1921, UNITED PROVINCES OF AGRA AND OUDH, VOLUME XVI, PART I, REPORT, BY E.H.H. EDYE, I.C.S., SUPERINTENDENT CENSUS OPERATIONS, ALLAHABAD, PUB. : Superintendent Government Press, United Provinces, 1923

95. CENSUS OF INDIA, 1931, UNITED PROVINCES OF AGRA AND OUDH PART I, REPORT BY A.C. TURNER, M.B.E., I.C.S., SUPERINTENDENT CENSUS OPERATIONS, Pub. : The Superintendent Printing and Stationary United Provinces, Allahabad, 1933.

96. CENSUS OF INDIA, 1941, UNITED PROVINCES, VOLUME V TABLES, BY B. SAHAY, I.C.S., SUPERINTENDENT CENSUS OPERATIONS, ALLAHABAD, Published by The Manager of Publications Delhi, 1942.

97. Fighters For Freedom, WHO's WHO : 2 :, Varansi Division Editor-S.P. Bhattacharies, Pub.: Information Department U.P., Lucknow

98. MAHATMA GANDHI, ROMAIN ROLLAND (1866-1944 CELEBRATED FRENCH WRITER, THINKER AND PACIFIST), Published in Great Britian 1924.

99. MATHURA A GAZETTER, EDITOR - D.L. DRAKE BROCKMAN, I.C.S., Pub-Usha Publications, 1 Ansari Road, Darya Ganj, Delhi, 1911

100. PARLIAMENT OF INDIA, WHO's WHO, 1950, PUB. : PRINTED MANAGAR GOVT. OF INDIA PRESS, New Delhi, 1950

101. PARLIAMENT OF INDIA, COUNCIL OF STATES, WHO'S WHO, 1952, PUB.- COUNCIL OF STATES SECRETARIAT, NEW DELHI, August, 1953

102. PARLIAMENT OF INDIA, RAJYA SABHA, WHO'S WHO, 1955, PUB - RAJYA

SABHA SECRETARIAT, NEW DELHI, November, 1955

103. PARLIAMENT OF INDIA SECOND LOK SABHA, WHO'S WHO, 1957 (FIRST EDITION) PUB-LOK SABHA SECRETARIAT, NEW DELHI, July, 1957

104. PARLIAMENT OF INDIA RAJYA SABHA, WHO'S WHO, 1968, PUB-RAJYA SABHA SECRETARIAT, NEW DELHI, July, 1968

105. PROGRESSIVE JAINS OF INDIA, SATISH KUMAR JAIN (Released by HON'BLE SHRI B.D. JATTI, VICE PRESIDENT OF INDIA ON NOVEMBER, 27, 1975), PUB-SHRAMAN SAHITYA SANSTHAN, NEW DELHI

106. UTTAR PRADESH DISTRICT GAZETTEERS 'MUZAFFARNAGAR', EDITOR-DANGLI PRASAD VARUN (I.A.S.), Pub-Uttar Pradesh Government, 1980

107. UTTAR PRADESH DISTRICT GAZETTEERS 'MEERUT', EDITOR-SMT. ESHA BASANTI JOSHI (I.A.S.), Pub.-U.P. Government, 1965.

108. UTTAR PRADESH DISTRICT GAZETTEERS 'SAHARANPUR', EDITOR-D.P. VARUN (I.A.S.), Pub-U.P. Government, 1981.

109. UTTAR PRADESH DISTRICT GAZETTEERS 'BIJNOR', EDITOR-D.P. VARUN (I.A.S.), Pub-U.P. Government, 1981

110. UTTAR PRADESH DISTRICT GAZETTEERS 'BAHRAICH', EDITOR-KAILASH NARAIN PANDE, Pub-U.P. Government, 1988

111. UTTAR PRADESH DISTRICT GAZETTEERS 'VARANASI', EDITOR-SMT. ESHA BASANTI JOSHI (I.A.S.), Pub.-U.P. Government, 1965.

112. WHO'S WHO OF DELHI FREEDOM FIGHTERS, VOLUME II EDITOR-DR. UMA PRASAD THAPLIYAL, Gazetter Unit, Delhi Government, 1985.

## समाचार पत्र-पत्रिकाएँ

113. 'आज' (दैनिक समाचार पत्र), 1920-1947 के विभिन्न अंक, सम्पादक-बाबूराव विष्णु पराड़कर, काशी, प्रकाशक-ज्ञानमंडल लिमिटेड, बनारस

114. 'अनेकान्त' (मासिक पत्र), 1942-48 के विभिन्न अंक, सम्पादक-पं. जुगल किशोर मुख्तार, अयोध्याप्रसाद गोयलीय, दिल्ली आदि, प्रकाशक-वीर सेवा मंदिर, सरसावा, दिल्ली

115. 'जैन गजट' (साप्ताहिक), 1900-1925 के विभिन्न अंक, सम्पादक-पं. जुगल किशोर मुख्तार, देवबन्द आदि, प्रकाशक-अखिल भारतवर्षीय दिगम्बर जैन महासभा, देवबन्द/मथुरा/लखनऊ

116. 'जैन मित्र' (साप्ताहिक पत्र), 1926-31 के विभिन्न अंक, सम्पादक- ब्रह्मचारी सीतल प्रसाद आदि प्रकाशक-मूलचन्द किसनदास कापड़िया, दिगम्बर जैन पुस्तकालय, सूरत

117. 'जैन-संदेश' (साप्ताहिक पत्र), 1939-47 के विभिन्न अंक, सम्पादक-पं. कैलाश

चन्द्र जैन आदि, प्रकाशक-भारतवर्षीय दिगम्बर जैन संघ अम्बाला/मथुरा/आगरा, विशेष उल्लेखनीय : जैन सन्देश, राष्ट्रीय अंक, गुरूवार, 23 जनवरी 1947, आगरा

118. 'जैन-हितैषी' (मासिक पत्र), 1916-21 के विभिन्न अंक, सम्पादक-नाथूराम प्रेमी, प्रकाशक-जैन ग्रन्थ रत्नाकर कार्यालय, हीराबाग, गिरगाँव-बम्बई

119. 'जाति प्रबोधक' (मासिक पत्र), 1927-28 के अंक, सम्पादक-माईदयाल जैन, प्रकाशक-फूलचन्द जैन, आगरा

120. 'दिगम्बर जैन' (मासिक पत्रिका), 1928-32 के विभिन्न अंक, सम्पादक एवं प्रकाशक-मूलचंद किसनदास कापड़िया, सूरत

121. 'वीर' (पाक्षिक पत्र), 1922, 1924 व अन्य वर्षों के अंक सम्पादक-ब्रह्मचारी सीतल प्रसाद, बाबू कामता प्रसाद जैन, राजेन्द्र कुमार जैन आदि, प्रकाशक-अखिल भारत वर्षीय दिगम्बर जैन, परिषद्, मेरठ/दिल्ली

122. 'वीर-सन्देश' (मासिक पत्र), 1927, 1928 व अन्य वर्षों के अंक सम्पादक एवं प्रकाशक-श्री महेन्द्र जैन, महावीर प्रेस, आगरा

123. 'सैनिक' (साप्ताहिक पत्र), 1930-32 के विभिन्न अंक, सम्पादक एवं प्रकाशक-श्री कृष्णदत्त पालीवाल, आगरा

124. 'सत्योदय' (मासिक पत्र), 1918, 1920 के विभिन्न अंक, सम्पादक एवं प्रकाशक-चन्द्रसैन जैन वैद्यराज, इटावा (उ.प्र.)

125. 'तीर्थंकर' (मासिक पत्रिका), अगस्त-सितम्बर 1977, सम्पादक-डॉ. नेमीचन्द जैन, प्रकाशक-हीरा भैया प्रकाशन, 65 पत्रकार कॉलोनी, कनाड़िया रोड, इन्दौर (म.प्र.)

## *स्मारिकाएँ*

126. 'पुण्य स्मरण' (बाबू रतनलाल जैन की प्रथम पुण्य तिथि पर प्रकाशित स्मारिका) सम्पादक-डॉ. रामस्वरूप आर्य, प्रकाशक-बाबू रतनलाल जैन स्मृति समारोह समिति, बिजनौर, 1977

127. 'मन्थन' (अखिल भारतवर्षीय दिगम्बर जैन परिषद् के आगरा में हुए 35वें राष्ट्रीय अधिवेशन पर प्रकाशित स्मारिका), मुख्य सम्पादक-जितेन्द्र कुमार जैन, प्रकाशक-जैन परिषद् उ.प्र. 1/189, देहली गेट, आगरा, 2008

128. वर्णी जैन इन्टर कॉलेज ललितपुर की रजत जयंती पर प्रकाशित स्मारिका प्रकाशक एवं सम्पादक-रतनचन्द जैन, प्रधानाचार्य वर्णी जैन इण्टर कॉलेज, ललितपुर, 1977

129. 'वर्धमान' (बिजनौर अंक), वर्धमान कॉलेज बिजनौर की वार्षिक स्मारिका प्रधान सम्पादक-डॉ. गिरिराज शरण अग्रवाल, प्रकाशक-वर्धमान कॉलेज प्रबंधकारिणी समिति, 1998

130. 'संस्मरण' (स्याद्वाद महाविद्यालय, भदैनी (बनारस) के स्वर्ण जयन्ती अवसर पर प्रकाशित स्मारिका), सम्पादक-प्रो. खुशाल चन्द्र गोरावाला, प्रकाशक-स्याद्वाद महाविद्यालय, बनारस, 1955

131. अन्य महत्त्वपूर्ण स्रोत :

क) **Individual Collection (Manuscripts Division)** Nehru memorial Museum and library Teen Murti House New Delhi,

i) Achal Shingh (Seth) Papars, List No. 190 (LLVII)

ii) Jain Ajit Prasad Papars, List No. 150

iii) Jain Akshaya Kumar Papars, List No. 439

iv) Jain, Jainendra Kumar Papars, List No. 438

v) Jain, Nemichandra Papars, List No. 508

vi) Jain, Mahabir Prasad Papars, List No. 282

## ख) मौखिक इतिहास विभाग, तीन मूर्ति भवन, नई दिल्ली

1. श्री अक्षय कुमार जैन (प्रसिद्ध पत्रकार एवं स्वतन्त्रता सेनानी) से दिनांक 12.04.1991 को श्रीमती उषाप्रसाद द्वारा लिया गया साक्षात्कार
2. श्री जैनेन्द्र कुमार जैन (प्रसिद्ध साहित्यकार एवं स्वतन्त्रता सेनानी) से दिनांक 13.05. 1967 को डॉ. हरिदेव शर्मा द्वारा लिया गया साक्षात्कार

## ग) शोधकर्ता द्वारा लिये गये साक्षात्कार

1. डॉ. के.पी. जैन (सुपुत्र स्व. श्री अजित प्रसाद जैन स्वतंत्रता सेनानी, पूर्व केन्द्रीय मंत्री एवं राज्यपाल), सी-36, साऊथ एक्स पार्ट-2, रिंग रोड, नई दिल्ली, दिनांक 26.12.2008
2. डॉ. रमाकान्त जैन एवं श्री शशिकान्त जैन (सुपुत्र स्व. डॉ. ज्योति प्रसाद जैन, विख्यात इतिहासकार एवं साहित्यकार), ज्योति निकुँज, चार बाग, लखनऊ, दिनांक 27.12. 2007
3. श्री नरेन्द्र सिंह जैन (सुपुत्र स्व. सेठ अचल सिंह जैन, स्वतंत्रता सेनानी, उद्योगपति एवं पूर्व सांसद), बी.डी. जैन डिग्री कॉलेज, 32ए गार्डन रोड, आगरा, दिनांक 07.09.2008
4. श्री सुन्दर लाल बहुगुणा (विख्यात पर्यावरण विद्, स्वतंत्रता सेनानी एवं पद्मविभूषण से सम्मानित), 17.03.2009
5. श्री शिशिरकान्त जैन (सुपुत्र स्व. श्री विमल प्रसाद जैन क्रांतिकारी देशभक्त एवं दिल्ली षड्यंत्र केस के मुख्य अभियुक्त), 32 सुखदेव विहार, नई दिल्ली, 25.01.2009
6. श्री हृदय विक्रम जैन (सुपुत्र स्व. श्री अक्षय कुमार जैन स्वतंत्रता सेनानी एवं नवभारत टाइम्स के पूर्व प्रधान सम्पादक), सी-47, गुलमोहर पार्क, नई दिल्ली, 17.12.2008
7. श्री चिम्मनलाल जैन (महान् क्रांतिकारी देशभक्त एवं जेल यात्री), आवास-पथवारी, आगरा, दिनांक 06.09.2008
8. श्री मदन लाल बैनाड़ा (जैन समाज आगरा के अध्यक्ष एवं उद्योगपति), आवास-हरिपर्वत, आगरा, दिनांक 07.09.2008
9. श्री केशव देव जैन (वयोवृद्ध, ऋषभब्रह्मचर्याश्रम मथुरा के पूर्व प्रधानाचार्य एवं मथुरा के सहपऊ तहसील के निवासी जहाँ जैन समाज ने स्वतंत्रता संग्राम में बढ़चढ़कर भाग

लिया), स्थान-ऋषभ ब्रह्मचर्याश्रम चौरासी मथुरा, दिनांक 05.09.2008

10. श्री अरुण गुप्त (से.नि. उपसूचना निदेशक उ.प्र., स्वतन्त्रता सेनानी एवं मुजफ्फरनगर के प्रथम विधायक स्व. श्री केशवगुप्त जी के सुपुत्र), 502, द. सिविल लाईन मेरठ रोड, मुजफ्फरनगर, दिनांक 10.05.2008
11. श्री त्रिलोक चन्द जैन (स्वतंत्रता सेनानी एवं उद्योगपति), अम्बा विहार, मेरठ रोड, मुजफ्फरनगर, दिनांक 10.05.2008
12. श्री यतीन्द्र कुमार जैन (सुपुत्र स्व. श्री बलवीर चन्द जैन, रईस), 44, ठाकुरद्वारा मुजफ्फरनगर दिनांक 22.01.2007
13. श्रीमती रुकमणी जैन (सुपुत्री स्व. श्री सुमत प्रसाद जैन, स्वतंत्रता सेनानी एवं पूर्व संसद सदस्य), 78 नई मंडी, मुजफ्फरनगर, दिनांक 21.09.2008
14. सुश्री निर्मला देशपाण्डे (विख्यात गाँधी वादी, राज्यसभा सदस्य, पद्मविभूषण), दिनांक 17.02.2008, मुजफ्फरनगर आगमन पर
15. श्री अजित कुमार जैन 'बाबू निवास', (परिवारीजन स्व. श्री फूलचंद जैन स्वतंत्रता सेनानी एवं दानवीर) लक्ष्मण स्टील कम्पनी, लौहा मार्किट स्टेशन रोड, कानपुर, दिनांक 20.02.2009

णाणं

पयासयं

वीर नि.सं. 2470

ई.सन् 1944

भारतीय ज्ञानपीठ